序言

XU YAN

随着经济全球化和信息技术的迅速发展,企业生产、物资流通、商品交易、信息交换等的理念、方式和方法正在并将继续发生深刻的变革。与此相适应,作为企业降低生产成本、提高核心竞争能力、增加经济效益的"第三利润源",被彼得·德鲁克描述为最后一块"经济的黑暗大陆"的现代物流业正在世界范围内广泛兴起,并将成为21世纪中国的黄金产业之一。

现代物流泛指原材料、产成品从起点至终点及相关信息有效流动的全过程。它将运输、仓储、装卸、加工、整理、配送、信息等方面有机结合,形成完整的供应链,为用户提供多功能、一体化的综合性服务。"物流"这一概念是在20世纪50年代开始形成、60年代初才完善的。在此后的几十年间,随着世界经济贸易的高速发展,物流服务很快便从萌芽状态成长为国际生产、流通运输业中一种最为经济合理的综合服务模式。物流一词最早起源于美国,当初被称作"physical distribution"(PD),即"实物分配"或"货物配送",后来物流通常被称为"logistics"。我国自20世纪80年代初系统引进现代物流理论以来,特别是近几年,随着社会主义市场经济体制的初步建立、科学技术的迅速发展以及加入世贸组织,我国的物流业得到了快速发展,政府和企业也都逐渐意识到发展物流在优化资源配置中的重大作用和意义。现代物流作为推动经济发展的新的利润源和竞争资源,其所蕴涵的巨大潜力正在得到政府、企业和学术研究领域越来越多的重视。近几年的资料表明,物流业已成为我国经济领域中发展最快、最活跃、最具热点的一个行业。物流管理也成为当前理论研究、企业实践的热点,各高校的热门专业。

高素质人才是现代物流发展的关键因素。但是物流作为一项新兴的产业和一门新兴的学科,一方面由于其所涉及的产业活动的多样性和复杂性,另一方面由于国内对物流人才的培养还不完善和成熟,因此,物流人才匮乏与物流业的蓬勃发展不相称。人才的短缺严重制约了我国物流产业整体水平的提高,尤其大量从业人员无论是在理念、思维方式方面,还是在知识结构、创新能力方面,都与国际先进水平有不小的差距,这些直接影响到我国物流业现代化的速度。

物流,作为一门实践性很强的产业,需要许多应用型技术专门人才,而高职高专及实践型本科教育的根本任务正是培养生产、建设、管理和服务第一线所需要的,德、智、体、美全面发展的高等技术应用型专门人才。高职高专及实践型本科教育的学生应在掌握必要的基础理论和专门知识的基础上,重点掌握从事本专业领域实际工作所必需的基本知识和职业技能,因而对应这种形式的高职高专及实践型本科教材也应有自己的体系和特色。

　　为了从根本上提高我国物流从业人员的整体业务能力与管理水平，满足国内市场对物流应用型技术专门人才的需求，培养适应我国物流业飞速发展需要的物流专业人才，并适应我国高职高专及实践型本科教育在教学改革和教材建设上的需要，复旦大学出版社组织上海第二工业大学、上海对外贸易学院、苏州工业园区职业技术学院等在物流专业中办学特色鲜明、办学实力强的高校成立了"物流教学研究与教材出版编委会"，编撰了该套"物流管理系列教材"。该系列教材包括《现代物流管理》《物流设施与设备》《供应链管理》《商品学》《运输管理学》《物料与库存管理》《仓储与配送管理》《物流管理信息系统》，该教材丛书的编者都是活跃在教学研究与实践工作第一线的优秀教师和专家。

　　本系列教材紧密结合当今物流领域的实践，从强化与培养操作技能角度出发，较好地体现了本职业当前最新的实用知识与操作技术，对提高从业人员基本素质和基本能力有直接的帮助和指导作用。本系列教材内容丰富，几乎涵盖了现代物流管理中方方面面的理论和实践问题，书中既有先进理念的阐述，又有生动案例的分析，理论与实践紧密结合，相得益彰。

　　本系列教材编写体例的设计比较合理，以引导案例、正文、练习、案例讨论等作为每一章的内容安排，给读者带来学习上的方便性与直观性。同时，本教材的案例，基本上取材于国内公司在物流管理各个领域的实践与成功案例，尽量使西方的物流管理理论与中国的实践相结合。

国务院学位委员会学科评议组成员

中国物流学会副会长

复旦大学管理科学系主任

复旦大学现代物流管理研究中心主任

"十二五"普通高等教育本科国家级规划教材

普通高等教育"十一五"国家级规划教材

中国物流学会物华图书奖 一等奖

总顾问：国务院学位委员会学科评议组成员 中国物流学会副会长 **朱道立**

主 编：教育部高教司高职两年制物流专业教育指导方案研究项目负责人
教育部高职教育物流管理专业紧缺人才培养指导方案组组长 **黄中鼎**
教育部高等学校高职高专工商管理专业类教学指导委员会委员

复旦卓越·21世纪物流管理系列教材

现代物流管理

Xiandai Wuliu Guanli

（第四版）

黄中鼎 主 编

复旦大学 出版社

内容简介

　　本书第三版是"十二五"普通高等教育本科国家级规划教材。本书第二版是普通高等教育"十一五"国家级规划教材。

　　本书涉及现代物流管理的基本理论及主要功能，具体内容包括：物流的基本概念、物流系统、物流类型、包装、装卸搬运、运输、仓储保管、流通加工、配送与配送中心、企业物流管理、物流成本管理、物流客户服务、物流与电子商务和供应链管理等14个方面。

　　本教材紧密结合当前物流领域的实践，从强化培养操作技能角度出发，较好地体现了现代物流管理的最新实用知识与操作技术，在体例上也有新的突破。本书适合作为技术应用型高校物流及相关专业的教学用书，也适合于物流从业人员的培训和自学用书。

扫二维码获取课程配套线上资源

前言

全球新一轮科技革命的到来,为产业转型升级创造了重大机遇,智慧物流正在成为物流业转型升级的重要源泉。预计未来 5—10 年,物联网、云计算和大数据等新一代信息技术将进入成熟期,物流人员、装备设施以及货物将全面接入互联网,呈现指数级增长趋势,形成全覆盖、广连接的物流互联网,"万物互联"助推智慧物流发展。

当前,我国正处于新一轮科技革命和产业变革的关键时期。智慧物流通过连接升级、数据升级、模式升级、体验升级、智能升级和绿色升级全面助推供应链升级,这将深刻影响社会生产和流通方式,促进产业结构调整和动能转换,推进供给侧结构性改革,为物流业发展带来新机遇。

当前,我国物流业正处于重要的战略机遇期。随着产业结构调整和发展方式转换,物流业在国民经济中的基础性、战略性地位日益显现,焕发出新的生机和活力。

(1)我国已成为全球最大物流市场。我国是全球第二大经济体,第一制造业大国,带动物流市场呈供需两旺态势。2016 年,全国社会物流总额达 230 万亿元,其中工业品物流总额占 90% 以上。我国社会物流总费用超 11 万亿元,成为全球最大的物流市场。物流业从业人员超过 5 000 万人,占全国就业人员的 6.5%。其中,邮政快递业从业人员245 万人,同比增长 22%。

(2)消费型物流需求增长成为亮点。当前,我国人均 GDP 超过 8 000 美元。2017年上半年,最终消费对经济增长的贡献率为 64.3%,消费驱动经济增长特征明显。2016年,我国实现社会消费品零售总额 33 万亿元,名义增速高于同期 GDP 增长 3.7 个百分点。其中,网上零售额占社会消费品零售总额的 15.7%。持续扩大的消费带动消费型物流高速增长。

(3)社会物流效率进入快速提升期。2016 年,社会物流总费用与 GDP 的比率为14.9%,连续五年持续下降,出现较快回落趋势。一是受产业结构调整优化的影响。2016 年,服务业占 GDP 比重已上升为 51.6%。根据测算,服务业增加值占 GDP 的比重每上升 1%,社会物流总费用与 GDP 的比率下降 0.3—0.4 个百分点。二是受企业降本增效的影响。近年来,越来越多的企业加大技术装备改造升级力度,行业信息化、自动化、机械化及智能化趋势明显。

(4)一批领先物流企业引领行业发展。当前,我国物流企业法人单位近 30 万家,成为重要的企业群体。2016 年,中国物流企业 50 强企业主营业务收入共计 8 400 亿元,占物流业总收入的 11.5%,市场集中度小幅提升。截至 2016 年底,我国 A 级物流企业超

过 4 000 家，一批领先物流企业加快涌现。近年来，随着"互联网＋"时代的到来，一批平台型物流企业进入市场，线上线下企业加快联动融合。

（5）物流基础设施强化互联互通。随着第三次工业革命的到来，物流基础设施正在发生深刻变革。截至 2016 年底，我国高速公路和高速铁路里程分别达到 13.1 万公里和 2.2 万公里，双双位居世界第一。高速公路网连接了全国城镇人口超过 20 万的中等及以上城市、重要交通枢纽和边境口岸，拉近了城市间距离，降低了通行成本。截至 2015 年 7 月，全国物流园区超过 1 200 家。交通线路和园区节点等物流基础设施编织形成互联互通的物流网络。

（6）智慧物流成为转型升级新动能。当前，我国物流产业增速正在趋缓，传统的产业发展方式难以满足消费型需求快速增长的要求，现有的资源条件不足以支撑产业规模的持续快速增长。全球新一轮科技革命的到来，为产业转型升级创造了重大机遇，智慧物流正在成为物流业转型升级的重要源泉。

正是基于这样的经济背景，社会对物流人才的需求越来越迫切，物流专业仍然是目前高校的热门专业。然而高等教育的物流专业，其培养目标又是分为不同层次的，它对知识结构、能力要求是不一样的。

本书面向高等职业技术教育的物流专业，这一层次的教育目标应当定位于物流现场管理，这一岗位的从业人员既要懂得物流的一般理论，更要掌握物流的操作技能。因此，我们在编写教材时尽量将理论写得简明扼要，突出动手能力的掌握。在编写体例上附有丰富的习题和案例分析，以满足高职教育的需要。对于实践型的本科，该书也较适用。

本书自 2005 年 3 月出版以来，由于其体系的新颖性和内容的实用性（包括提供的课件光盘）受到广大高校师生的欢迎。2009 年 9 月出版了第二版，2014 年 12 月出版了第三版，这次第四版修订主要对第三篇的章节做了一些调整，增加了一些新的内容。

本书由上海第二工业大学黄中鼎教授担任主编，负责对全书框架结构的设计及最后定稿。

参加编写的人员有：黄中鼎编写第 1、2、3、4、10 章；刘飞驰（湖南生物机电职业技术学院）编写第 5 章；运乃通（天津工程职业技术学院）编写第 6、9 章；祝云舫（上海卢湾业余大学）编写第 7、8 章；汤向玲（上海城建职业学院）编写第 11 章；马靖莲（上海邦德职业技术学院）编写第 12 章；史进芹（上海建桥学院）编写第 13 章；林慧丹（上海第二工业大学）编写第 14 章。

在编写过程中，我们参阅了大量同行专家的有关著作、教材及案例，在此表示感谢。现代物流管理的理论与方法，当前还在发展与不断探索中，虽然我们为编写《现代物流管理》一书付出了艰辛的努力，但由于水平有限，难免出现疏漏和差错，恳请读者批评指正。

编　者

目录
MU LU

第一篇 绪 论

第三篇　物　流　管　理

第一篇

现代物流管理

绪　论

第一章 物流的基本概念

学习目标

学完本章,你应该能够:

(1) 懂得物流的定义及其内涵;

(2) 了解现代物流的形式及其发展;

(3) 了解现代物流的职能;

(4) 掌握现代物流合理化的目标。

基本概念

现代物流　物流的职能

虽然现代物流科学的出现仅有数十年的历史,但由于它的发展为国民经济与企业生产带来巨大的经济效益,因此受到人们的高度重视。国内外许多企业的生产实践表明:物流是"经济领域尚未开垦的黑暗大陆""物流是企业的第三利润源泉""物流领域是现代企业竞争最重要的领域之一"。在我国,物流科学远未普及,物流蕴藏的巨大效益还不为人们所认识,开展物流科学的研究,探索物流的规律,提高物流的科学化、合理化、现代化水平,已经作为经济发展中的重大理论和实践课题提到了议事日程。

本章介绍物流的基本概念、发展历史、职能及物流合理化的基本思路。

第一节　物流的定义及作用

一、物流的定义

自从人类进入文明社会,就产生了物流活动。传统的物流概念是指物质实体在空间和时间上的流动,我们长期以来称这种"流动"为"位移"。通俗地说,传统物流就是指商品在运输、装卸和储存等方面的活动过程。

现代物流是相对于传统物流而言的。它是在传统物流的基础上,引入高科技手段,通过计算机进行信息联网,并对物流信息进行科学管理,从而加快物流速度、提高准确

率、减少库存、降低成本，延伸并扩大了传统物流的职能。

关于物流的定义，目前国内有多种不同的表述。这里采用我国国家标准（GB/T18354—2001）中的物流定义：物流是指物品从供应地向接收地的实体流动过程，根据实际需要，将运输、储存、装卸、搬运、包装、流通加工、配送、信息处理等基本功能有机结合，形成完整的供应链，为用户提供多功能、一体化的综合性服务。

尽管现在对物流的解释不一，但就现代物流的实质内涵而言，它应包括以下四个主要方面：

(1) 实质流动（原材料、半成品及产成品的运输）。

(2) 实质储存（原材料、半成品及产成品的储存）。

(3) 信息流通（相关信息的联网）。

(4) 管理协调（对物流活动进行计划、实施和有效控制的过程）。

二、物流的价值

从整个物流的过程来说，物流是由"物"和"流"两个基本要素组成的。物流中"物"泛指一切物质，有物资、物体、物品的含义。而物流中的"流"泛指一切运动形态，有移动、运动、流动的含义，同时静止也是物质的一种特殊的运动形态。

物质在物流系统中流动的过程中，"物"的性质、尺寸、形状都不应当发生改变。也就是说，物流活动和加工活动不同，不创造"物"的形式价值，但是它克服了供给方和需求方在空间维和时间维方面的距离，创造了空间价值和时间价值，由此在社会经济活动中起着不可或缺的作用，这也就是物流活动的价值所在。因此，物流主要是通过创造空间价值和时间价值来体现其自身价值的。另外在特定情况下，它也可能创造一定的加工附加价值。

1. 空间价值

空间价值是指通过改变物质的空间距离而创造的价值。物流创造的空间价值是由现代社会产业结构、社会分工所决定的，主要原因是供给和需求之间的空间差。商品在不同地理位置有不同的价值，通过物流活动将商品由低价值区转移到高价值区，便可获得价值差，即空间价值。空间价值的实现主要有以下几种具体形式：从集中生产场所流入分散需求场所创造价值；从分散生产场所流入集中需求场所创造价值等。例如，山西的煤，埋藏在深山中和泥土、石块一样，没有任何价值，只有经过采掘、输送到别的地方用来作为发电、取暖的燃料的时候，才能实现其价值。它的使用价值是通过运输克服了空间距离才得以实现的，这就是物流的空间价值。

2. 时间价值

"物"从供给者到需求者之间有一段时间差，因改变这一段的时间差而创造的价值，称作时间价值。物流主要通过以下几种方式实现其时间价值：缩短时间创造价值；弥补时间差创造价值；延长时间差创造价值等。

例如，大米的种植和收获是季节性的，多数地区每年收获一次。但是对消费者而言，作为食品，每天都会有消耗，必须进行保管以保证经常性的需要、供人们食用实现其使用价值。这种使用价值是通过保管，克服了季节性产出和经常性消耗的时间距离后才得以实现的，这就是物流的时间价值。

3. 加工附加价值

有时,物流也可以创造加工附加价值。加工是生产领域常用的手段,并不是物流的本来职能。但是,现代物流的一个重要特点是根据自己的优势从事一定的补充性加工活动,这种加工活动不是创造商品的主要实体并形成商品,而是带有完善、补充、增加性质的加工活动,由此必然会形成劳动对象的附加价值。虽然在创造加工附加价值方面物流不是主要责任者,其创造的价值也不能与时间价值和空间价值相比拟,但这毕竟是现代物流有别于传统物流的重要方面。

三、物流的作用

尽管物流活动一般并不创造产品的价值,只创造附加价值,但物流在整个社会再生产过程中是一个不可省略或者说不可跨越的过程,而且随着经济和社会的发展,它在国民经济中的地位越来越重要。具体地说,物流的作用主要表现在七个方面。

1. 保值

物流有保值作用。也就是说,任何产品从生产出来到最终消费,都必须经过一段时间、一段距离,在这段时间和距离过程中,都要经过运输、保管、包装、装卸、搬运等多环节、多次数的物流活动。在这个过程中,产品可能会淋雨受潮、遭受水浸、生锈、破损、丢失等。物流的使命就是防止上述现象的发生,保证产品从生产者到消费者移动过程中的质量和数量,起到产品的保值作用,即保护产品的存在价值,使该产品在到达消费者时使用价值不变。

2. 节约

搞好物流,能够节约自然资源、人力资源和能源,为企业节约生产费用。

比如,集装箱化运输,可以简化商品包装,节省大量包装用纸和木材;实现机械化装卸作业和仓库保管自动化,能节省大量作业人员,大幅度降低人员开支。重视物流可节约费用的事例比比皆是。被称为"中国物流管理觉醒第一人"的海尔企业集团,加强物流管理,建设起现代化的国际自动化物流中心,一年时间将库存占压资金和采购资金,从 15 亿元降低到 7 亿元,节省了 8 亿元开支。

3. 缩短距离

物流可以克服时间间隔、距离间隔和人的间隔,这也是物流的实质。现代化的物流在缩短距离方面的例证不胜枚举。在北京可以买到世界各国的新鲜水果;邮政部门改善了物流,使信件大大缩短了时间距离,全国快递两天内就到,而美国联邦快递,能做到隔天送达亚洲 15 个城市;日本的配送中心可以做到上午 10 点前订货、当天送到。这种物流速度,把人们之间的地理距离和时间距离一下子拉得很近。随着物流现代化的不断推进,国际运输能力大大加强,极大地促进了国际贸易,使人们逐渐感到地球变小了,各大洲的距离更近了。

4. 增强企业竞争力、提高服务水平

在新经济时代,企业之间的竞争越来越激烈。在同样的经济环境下,制造企业,尤其是

家电生产企业,相互之间的竞争主要表现在价格、质量、功能、款式、售后服务的竞争上。但是在工业科技如此进步的今天,质量、功能、款式及售后服务,目前同类各企业的水平已经没有太大的差别,唯一可比的地方往往是价格。近几年全国各大城市此起彼伏的家电价格大战足以说明这一点。那么支撑降价的因素是什么? 如果说为了占领市场份额,一次、两次地亏本降价,待市场夺回来后再把这块亏损补回来也未尝不可。然而,如果降价后仍不奏效又会如何呢? 不言而喻,企业可能就会一败涂地。在物资短缺年代,企业可以靠扩大产量、降低制造成本去攫取第一利润;在物资丰富的年代,企业又可以通过扩大销售攫取第二利润。可是在当今新经济社会,第一利润源和第二利润源已基本到了极限,目前剩下的一块"未开垦的处女地"就是物流。降价是近几年家电行业企业之间主要的竞争手段,降价竞争的后盾是企业总成本的降低,即功能、质量、款式和售后服务以外的成本降价,也就是我们所说的降低物流成本。

国外的制造企业很早就认识到物流是企业竞争力的法宝,搞好物流可以实现零库存、零距离和零流动资金占用,是提高为用户服务、构筑企业供应链、增加企业核心竞争力的重要途径。在经济全球化、信息全球化和资本全球化的 21 世纪,企业只有建立现代物流结构,才能在激烈的竞争中求得生存和发展。

5. 加快商品流通、促进经济发展

配送中心的设立为连锁商业提供了广阔的发展空间。利用计算机网络,将超市、配送中心和供货商、生产企业连接,能够以配送中心为枢纽形成一个商业、物流业和生产企业的有效组合。有了计算机迅速及时的信息传递和分析,通过配送中心的高效率作业、及时配送,并将信息反馈给供货商和生产企业,可以形成一个高效率、高能量的商品流通网络,为企业管理决策提供重要依据;同时,还能够大大地加快商品流通的速度,降低商品的零售价格,刺激消费者的购买欲望,从而促进国民经济的发展。

6. 保护环境

环境问题是当今时代的主题,保护环境、治理污染和其他公害是世界各国的共同目标。因为各种环境问题会严重影响人的身心健康。例如,你走在公路上,有时会心烦地看到路面上一层黄土,这是施工运土的卡车夜里从车上漏撒的,碰上拉水泥的卡车经过,你会更麻烦;公路上堵车厉害,你连骑自行车都通不过去,噪声和废气使你不敢张嘴呼吸;深夜的运货大卡车不断地轰鸣,疲劳的你翻来覆去睡不着……

所有这一切问题都与物流落后有关。卡车撒黄土是装卸不当,车厢有缝;卡车水泥灰飞扬是水泥包装苦盖问题;公路堵车属流通设施建设不足。这些如果从物流的角度去考虑,都可以找到解决的办法。

比如,我们在城市外围多设几个物流中心、流通中心,大型货车不管白天还是晚上就都不用进城了,只利用小吨位货车配送,夜晚的噪声就会减轻;政府重视物流,大力建设城市道路、车站、码头,城市的交通阻塞状况就会缓解,空气质量自然也会改善。

7. 创造社会效益和附加价值

实现装卸搬运作业机械化、自动化,不仅能提高劳动生产率,而且也能解放生产力。

比如,日本多年前开始的"宅急便""宅配便",国内近年来开展的"宅急送",都是为消费者服务的新行业,它们的出现使居民生活更舒适、更方便。当你去滑雪时,那些沉重的滑雪

用具,不必你自己扛、自己搬、自己运,只要给"宅急便"打个电话就有人来取,人还没到滑雪场,你的滑雪板等用具已经先到了。

再如,超市购物时,那里不单单是商品便宜、安全,环境好,而且为你提供手推车,你可以省很多力气,轻松购物。手推车是搬运工具,这一个小小的服务,就能给消费者带来诸多方便,这也是创造了社会效益。

从以上的例子我们能够看到,物流创造社会效益。随着物流的发展,城市居民生活环境和人民的生活质量可以得到改善和提高,人的尊严也会得到更多体现。

关于物流创造附加值,主要表现在流通加工方面。比如,把钢卷剪切成钢板、把原木加工成板材、把粮食加工成食品、把水果加工成罐头;名烟、名酒、名著、名画都会通过流通中的加工,使装帧更加精美,从而大大提高了商品的欣赏性和附加值。

第二节　物流的职能

现代物流的职能是指物流活动应该具备的基本能力,以及通过对物流活动的有效组合,达到物流的最终经济目的。它一般由包装、装卸搬运、运输、储存保管、流通加工、配送,以及与上述职能相关的物流信息等构成。物流职能是一个系统工程,如果将物流这个系统比作一座建筑物的话,那么构成建筑物的有主体建筑和辅助建筑。同样,物流职能也可以分为主体职能和辅助职能。

一、主体职能

物流的主体职能包括运输、储存和配送。

1. 运输

在物流过程中的运输,主要是指物流企业或受货主委托的运输企业,为了完成物流业务所进行的运输组织和运输管理工作。比如,生产过程中的原材料运输,半成品、成品的运输,包装物的运输;流通过程中的物资运输、商品运输、粮食运输及其他货物的运输;在回收物流过程中,各种回收物品的分类、捆装和运输;在废弃物流过程中,各种废弃物包括垃圾的分类和运输;等等。无论哪一种物流,一般都离不开运输工作,可以说,运输工作是它的中心业务活动。而无论哪一种运输,都追求一个目标,即最大限度地实现运输合理化。

2. 储存

这里所说的储存,主要是指生产储存和流通储存。比如,工厂为了维持连续生产而进行的原材料储存、零部件储存;商业、物资企业为了保证供应、避免脱销所进行的商品储存和物资储存;在回收物流过程中,为了分类、加工和运送而进行的储存;在废弃物流过程中,为了进行分类和等待处理的临时储存;等等。这些储存业务活动,除了保证社会生产和供应外,也要实现储存合理化。当然,要做到储存合理化,需采取一些措施。比如,国外有的工厂实现"零库存",即按计划供应,随用随送、准时不误,避免积压原材料和资金。

3. 配送

配送是物流业一种新的服务形式,它的业务活动面很广。有物资供应部门给工厂的配

送，也有商业部门给消费者的配送，还有工矿企业内部的供应部门给各个车间配送原材料、零部件等。配送业务强调的是及时性和服务性。

二、辅助职能

在由储存、运输和配送构建的物流体系框架中，还存在着诸多辅助性的职能。不过，这些辅助性职能就整个物流体系而言，又是不可或缺的。甚至可以说，这些辅助性职能同样存在于每一次细微的物流活动中。概括地讲，辅助性职能主要有三个：包装、装卸搬运和流通加工。

1. 包装

包装也是物流的重要职能之一。包装不仅是为了商品销售，而且，在物流的各个环节——运输、储存、装卸、搬运当中，都需要包装。特别在运输和装卸作业时，必须强调包装加固，以避免商品破损。我国每年由于物品包装不善造成的损失是相当惊人的。

2. 装卸搬运

装卸搬运是物流业务中经常性的活动。无论是生产物流、销售物流还是其他物流，也无论是运输、储存或其他物流作业活动，都离不开物品的装卸搬运。所以说，装卸搬运在整个物流业务活动中，也是一项很重要的职能。在装卸搬运作业中，采用自动化、机械化、半机械化和手工操作等方式。

3. 流通加工

流通加工是指产品已经离开生产领域进入流通领域，但还未进入消费的过程中，为了销售和方便顾客而进行的加工。它是生产过程在流通领域内的继续，也是物流职能的一个重要发展。无论生产资料还是生活资料，都有一些物资和商品必须在商业或物资部门进行加工以后，才便于销售和运输。

三、信息管理职能

物流信息是联结物流各个环节业务活动的链条，也是开展、完成物流事务的重要手段。在物流工作中，每天都有大量的物流信息发生，如订货、发货、配送、结算等，这些信息都需要及时进行处理，才能顺利地完成物流任务。信息的积压或处理失当，都会给物流业务活动带来不利的影响。因此，如何收受、整理并及时处理物流信息，也是物流的重要职能之一。

物流信息管理通常包括以下内容：

（1）市场信息收集与需求分析。

（2）订单处理。

（3）物流动态信息传递。

（4）物流作业信息处理与控制。

（5）客户关系管理。

（6）物流经营管理决策支持。

第三节　现代物流管理的形成和发展

物流的发展不仅与社会经济和生产力的发展水平有关,同时也与科学技术发展的水平有关。按照时间顺序,现代物流的发展大体经历了四个阶段。

1. 初级阶段

20 世纪初,在北美和西欧一些国家,随着工业化进程的加快以及大批量生产和销售的实现,人们开始意识到降低物资采购及产品销售成本的重要性。单元化技术的发展,为大批量配送提供了条件,同时也为人们认识物流提供了可能。

第二次世界大战期间的 1941—1945 年,美国军事后勤活动组织为人们对物流的认识提供了重要的实证依据,推动了战后对物流活动的研究以及实业界对物流的重视。1946 年,美国正式成立了全美输送物流协会(AST&L)。这一时期可以说是美国物流的萌芽和初始阶段。

日本物流观念的形成虽然比美国晚很多,但发展十分迅速。日本自 1956 年从美国引入物流概念以来,在对国内情况进行调研的基础上,将物流称为"物的流通"。直至 1965 年,"物流"一词正式为理论界和实业界全面接受。"物的流通"一词包含了运输、配送、装卸、仓储、包装、流通加工和信息传递等各种活动。

2. 快速发展阶段

20 世纪 60 年代以后,世界经济环境发生了深刻的变化。科学技术的发展,尤其是管理科学的进步,生产方式、组织规模化生产的改变,大大促进了物流的发展。物流逐渐为管理学界所重视,企业界也开始注意到物流在经济发展中的作用,并将改进物流管理作为激发企业活力的重要手段。这一阶段是物流快速发展的重要时期。

在美国,由于现代市场营销观念的形成,使企业意识到顾客满意是实现企业利润的唯一手段,顾客服务成为经营管理的核心要素,物流在为顾客提供服务上起到了重要的作用。物流,特别是配送得到了快速的发展。

20 世纪 60 年代中期至 70 年代初是日本经济高速增长、商品大量生产和大量销售的时期。随着这一时期生产技术向机械化、自动化方向发展以及销售体制的不断改善,物流已成为企业发展的制约因素。于是,日本政府开始在全国范围内进行高速道路网、港口设施、流通聚集地等基础设施的建设。这一时期是日本物流建设的大发展时期,原因在于社会各方面对物流的落后和物流对经济发展的制约性等问题上都有了共同的认识。

3. 合理化阶段

20 世纪 80 年代至 90 年代初,物流管理的内容从企业内部延伸到企业外部,物流管理的重点已经转移到对物流的战略研究上。企业开始超越现有的组织机构界限而注重外部关系,将供货商(提供成品或运输服务等)、分销商以及用户等纳入管理的范围,利用物流管理建立和发展与供货厂商及用户的稳定的、良好的、双赢的、互助合作的伙伴式关系,形成了一

种联合影响力量，以赢得竞争的优势。物流管理已经意味着企业应用先进的技术，站在更高的层次上管理这些关系。电子数据交换、准时制生产、配送计划和其他物流技术的不断涌现以及应用与发展，为物流管理提供了强有力的技术支持和保障。

这一时期，欧洲的制造业已采用准时生产模式（JIT），产品跟踪采用条形码扫描。第三方物流于这一时期开始在欧洲兴起。

在这一阶段，日本经济发展迅速，并进入了以消费为主导的时代。虽然物流量大大增加，但由于成本的增加使企业利润并没有得到期望的提高。因此，降低经营成本，特别是降低物流成本成为经营战略中的重要特征。这一时期也称为物流合理化时代。

4. 信息化、智能化、网络化阶段

自 20 世纪 90 年代以来，随着新经济和现代信息技术的迅速发展，现代物流的内容仍在不断地丰富和发展。信息技术的进步，使人们更加认识到物流体系的重要性，现代物流的发展被提到了重要日程上来。同时，信息技术特别是网络技术的发展，也为物流发展提供了强有力的支撑，使物流向信息化、网络化、智能化方向发展。目前，基于互联网和电子商务的电子物流正在兴起，以满足客户越来越苛刻的物流需求。

二、我国物流发展现状

我国从 20 世纪 70 年代末从国外引进"物流"概念，80 年代开始启蒙及宣传普及，90 年代物流起步，21 世纪初物流"热"开始升温。根据我国物流现状和目前蓬勃发展的趋势来看，可以说，我国的物流已经步入了一个崭新发展阶段。

1. 现代物流的发展开始受到重视

近几年来，我国部分省市政府开始认识到物流对于推动经济发展、改善投资环境以及提高地区经济和工商企业在国内外市场竞争能力的重要性，已把发展现代物流作为一项涉及经济全局的战略性问题来抓。以天津、上海、深圳、山东为例，为了使地区经济持续高速发展，"三市一省"都从战略高度出发，把发展现代物流作为经济腾飞的重要措施和支撑点之一。

许多省、市对发展现代物流高度重视。近期，在这些省、市发展计划委员会的领导下，明确提出了"加快现代物流业发展的对策建议"。建议中明确指出：现代物流业发展水平正成为衡量地区综合竞争力的重要标志；发展现代物流是再创本地区发展新优势的重要举措；发展现代物流是本地区信息化、工业化、城市化、市场化的加速器。

2. 一些工商企业开始重视物流管理

我国一些工商企业已开始认识到物流是企业降低物资消耗、提高劳动生产率之外，能够使企业增加效益和增强竞争能力的"第三利润源泉"，不断强化企业的物流管理，并取得了明显的收效。

例如海尔集团，把物流能力摆在企业核心竞争力的位置，实施企业流程管理再造工程，将集团的采购、仓储、配送和运输等物流活动统一集中管理，成立了物流推进本部，下设采购事业部、配送事业部和储运事业部，对物流业务和物流资源优化重组，从而获得了巨大的经济效益。

一些商业企业为集中精力进行销售,扩大市场占有率,将产品的进货、储存和配送统一由自己的物流系统完成。例如,以111亿元的销售额列于"中国连锁业百强"之首的上海联华超市,其智能型配送中心的仓储面积达3.55万 m²,停车场地达13万 m²,前后两个装卸区可供25辆大型车辆同时进出配送货物。该中心采用了计算机管理和机械化操作,配送中心根据各超市网上传递的要货单,经计算机处理后,向各楼层发出指令,各楼层按指令配货到集散地装车,中心实施24 h服务,同时为30家超市配送,做到40 min送到门市部,实现了快速、高效的配送服务,日吞吐商品已达到7.8万箱,配送效率达到了国际先进水平。

3. 一批运输、仓储及货代企业逐步向物流企业发展

随着我国社会物流需求的增加以及对物流认识的深化,我国在计划经济体制下形成的一大批运输、仓储及货代企业,为适应新形势下竞争的需要,正努力改变原有单一的仓储或运输服务方向,积极扩展经营范围,延伸物流服务项目,逐渐向多功能的现代物流企业方向发展。

4. 国外物流企业开始进入中国

由于我国物流企业的经营规模、管理技术和管理水平都相对落后,其服务质量还很难满足一些企业,特别是跨国公司对高质量物流服务的需求。因此近几年来,国际上一些普遍看好我国物流市场的著名物流企业,陆续在我国许多地方建立物流网络及物流联盟。这些国外物流企业运用国际成功的物流服务经验,为客户提供完整而成熟的综合物流服务。

另一方面,这些物流企业的服务对象,大都是在我国境内的中外合资或外商独资企业。这种结合方式,形成了在我国境内两个外资企业之间的"强强联合"。

5. 一些物流企业开始重视物流服务质量管理

物流的本质是服务,物流服务质量是物流企业生命的保证,它直接关系到物流企业在激烈市场竞争中的成败。我国的一些物流企业开始把提高服务质量作为与国际接轨、进入国际物流领域的入门证。它们把质量保证思想运用到物流运作中,确立物流质量管理的关键要素,将每项要素的具体标准及要求汇编成《质量管理手册》,还专门设立了质量管理部,具体落实贯彻《质量管理手册》,使每一项业务运作从作业开始就实施质量控制和跟踪,保证了业务运作质量稳定可靠。

6. 信息技术和通信技术已逐步在物流业务中运用

我国在20世纪90年代初期,物流活动中开始应用计算机网络技术。1995年,国际互联网在商业领域开始获得应用,这使得信息技术在物流领域有了突破性进展,也促进了我国以网络物流为基础的物流业的迅速发展。利用互联网和电子数据交换系统(EDI),工厂及其各供应商可随时查看最新交易状况以及库存结构和数量,使物流总体效益逐步趋向最优化。

7. 为电子商务提供服务的物流企业得到发展

电子商务,是指通过计算机和计算机网络来完成商品交易等一系列商业活动的一种商品流通方式。目前,我国已出现为电子商务服务的、以高科技信息技术为基础的第三方物流企业。它们充分利用互联网、无线通信和条形码等现代信息技术,以代理的形式,对物流系

列实行统一管理,建立了全国性的、快速的、以信息技术为基础的、专门服务于电子商务的物流服务系统,为客户提供便捷的网上物流交易商务平台。

8. 物流研究和技术开发工作取得了一定进展

随着我国物流业的发展,从20世纪90年代开始,我国物流理论界不仅将国外先进的物流理论和经验向我国做了大量介绍,同时还借鉴国外物流理论研究成果并结合我国的实际,在物流系统建设、物流规划法、物流企业的发展战略方面都取得了丰硕的成果,对我国物流发展起到了积极的作用。

我国物流技术研究也取得了长足进步。例如,开发了激光导引无人运输车系统、巷道堆垛机、机器人穿梭车等技术,同时在物流信息技术和物流管理技术、网上仓库管理信息系统和汽车调度信息系统、卫星定位系统、配送物流系统等方面也取得了重大进展。

与发达国家相比,我国物流水平的差距还很大,与加入WTO以后新形势的要求还差得很远,亟须解决的问题还相当多。这主要表现在观念障碍、体制分割;第三方物流服务水平有待提高;物流技术装备落后,资源整合较差;特别是大多数生产制造企业还在朦胧之中,尚未觉醒。而美国、欧洲和日本却恰恰是生产制造企业最先重视物流,由这些物流的主体带动了国家物流产业的发展。所以我国物流发展水平的重要标志,除了物流基础设施、通信网络外,就是生产制造企业是否大部分实现了物流现代化。只有大部分生产制造企业切实重视了物流管理和物流技术,我国的物流才可以说是真正发展起来了。

三、国外物流管理简介

人们常说,物流水平代表着一个国家的经济发展程度,物流管理体现了各个国家民族性情和经济模式的差异。比如,日本注重物流成本测算,英国致力于构筑综合性物流体制,美国则以物流机械的现代化作为物流管理切入点。比较分析发达国家之间物流的差别,对于我们构建现代物流体系将有所帮助。

1. 日本:成本物流独树一帜

日本物流业的经历大致分为四个阶段。① 1953—1963年,初始阶段;② 1963—1973年,流通为主的阶段;③ 1973—1983年,消费为主的发展时期;④ 1983年至现在,物流现代化和国际化阶段。

在不断降低成本的过程中,日本总结出一套行之有效的成本物流管理方法,即通过成本管理物流,提高物流效益。成本核算涉及各个领域:供应物流、企业物流、销售物流、退货物流、废弃物流。具体到每一个项目,日本物流界也有严格的考核办法,著名的"五大效果六要素"说就是典型。

从细微处着手,在精细中见功夫,使日本的物流管理卓有成效,并在世界物流理论界独树一帜。

2. 美国:追求高度自动化

"工欲善其事,必先利其器",用这一句话来形容美国物流业的状况是最恰当不过的。其"器"便是物流机械。

早在第二次世界大战期间,美国军队为了卓有成效地调运军用物资,运用运筹学的理论方法,统筹安排人力运力,解决了一系列物流供应中出现的矛盾和问题,圆满完成了物资的调运和支援任务,被概括为"后勤供应"。战后,这种组织管理手段被应用于企业的生产管理,开拓了企业生产的崭新局面,取得了很好的经济效益。这实际上是美国物流业的初创阶段,也是世界范围内最初萌生的"物流"现象。现在,美国的物流已很广泛,涉及对需求的预测、存货控制、物料搬运、订货处理,厂址、仓库地点的选择,物资的采购、包装、退货处理和储存运输等。

撬动美国物流的杠杆之一是物流机械。为提高运输效率,降低运输成本,美国不断加大车辆载重量,一级长途营运企业汽车平均载重量从 1950 年的 5 t 逐年增加到现在的 30 t 至40 t。在液罐车上更是推陈出新,有可运送温度低达−185℃至−235℃压缩气体的保温液罐车,运送温度高达 205℃沥青的液罐车及运送熔融合金的带熔液罐车。现在美国物流管理领域,已实现了高度的机械化、自动化和计算机化。

值得一提的是,美国虽然十分重视发展机械化和自动化,但并非盲目追求全自动化,而是根据任务大小及其他制约条件,全面论证后再确定自动化项目的建设。例如,全军大型仓库 34 座,仅有 16 座仓库实现了全自动化管理,其余各库均是采用半自动化作业模式。美国的物流包装,也十分强调适用性,尤其对作战物资的包装,着重从强化包装质量入手,改进包装方法,方便物资的储存与运输。

3. 英国:建立综合物流体制

20 世纪 60 年代末期,英国组建了物流管理中心,开始以工业企业高级顾客委员形式出现,协助企业制定物流人才培训计划,组织各类物流专业性的会议,到了 70 年代,正式组建了英国管理协会。

该协会会员多半是从事出口业务、物资流通、运输的管理人员。协会以提高物流管理的专业化程度,并为运输、装卸等部门管理者和其他对物流有兴趣的人员提供一个相互交流的中心场所为宗旨。

由此,英国一再灌输综合性的物流理念,并致力于发展综合物流体制,以全面规划物资的流通业务。这一模式强调为用户提供综合性的服务。物流企业不仅向用户提供和联系铁路、公路以及水运、空运等交通运转工具,而且向用户出租仓库并提供其他的配套服务。在这一思想下建立的综合物流中心向社会提供以下业务:建立物送中心,办理海关手续,提供保税和非保税仓库,货物担保、医疗服务、消防设备、道路和建筑物的维护、铁路专用线、邮政电传系统、代办税收、就业登记,以及具有住、购物等多种功能的服务中心等。

英国多功能综合物流中心的建立,形成了英国综合性的物流体制,对整个欧洲影响很大。此外,计算机技术在英国的物流体系中也起到了举足轻重的作用。计算机辅助仓库设计、仓库业务的计算机处理,为英国现代物流揭开了新的一页。

第四节　物流合理化目标

一、距离短

物流是物质资料的物理性移动。这种移动即运输、保管、包装、装卸搬运、流通加工、配送等活动，最理想的目标是"零"。因为凡是"移动"都要产生距离，移动的距离越长，费用越大；反之，则费用越小。所以物流合理化的目标，首先是距离短。

拿运输来说，如果产品在产地消费，能大大节省运输成本，减少能源消耗；采取直达运输，尽量不中转，避免或减少交叉运输、空车返回，也能做到运距短；大中城市间采取大批量运输方式，在城市外围建配送中心，由配送中心向各类用户进行配送，就能杜绝重复运输，缩短运距。现在一些发达国家进行"门到门""线到线""点到点"的送货，进一步缩小了运输距离，大幅度减少了运输上的浪费。距离短还包括装卸搬运距离短，其中货架、传送带和分拣机械等都是缩短装卸搬运距离的工具。

二、时间少

这里主要指的是产品从离开生产线算起至到达最终用户的时间，包括从原材料生产线到制造、加工生产线这段时间，也就是物品在途时间少，如运输时间少、保管时间少、装卸搬运时间少和包装时间少等。如果能尽量压缩保管时间，就能减少库存费用和占压资金，节约生产总成本；在装卸、搬运时间少方面，可以举叉车作业、传送带作业、托盘化作业、自动分类机、自动化仓库等例证。装卸搬运实现机械化、自动化作业后，不仅大大缩短时间、节约费用、提高效率，而且通过装卸、搬运环节的有效连接，还可激活整体物流过程。在包装环节，使用打包机作业比人工作业不知要快多少倍。现代物流手段之一的模块化包装和模拟仿真等，都为物流流程的效率化提供了有利条件。所以说，尽量减少物流时间，是物流合理化的重要目标之一。

三、整合好

物流是一个整体性概念，是运输、保管、包装、装卸搬运、流通加工、配送以及信息的统一体，是这几个功能的有机组合。物流是一个系统，强调的是综合性、整合性。只有这样，才能发挥物流的作用，降低成本、提高效益。单一发展、一枝独秀并不可取。下面谈几个例子。

例1：一个企业花庞大投资建了一个全自动化立体仓库，实现了保管作业的高效率。可是该企业运输环节落后，交叉运输、空车往返，或者由于道路拥挤致使运输速度和效率低，不能与全自动化立体仓库匹配，自动化立体仓库意义不大。

例2：一个企业全自动化立体仓库建起来了，保管效率大幅度提高了，可是商品包装差，经常散包、破损，或者托盘尺寸和包装尺寸不标准、不统一，造成物流过程混乱，窝工现象不断。那么,建了全自动化立体仓库也只能发挥一个环节的作用,物流整体的效率还是没有太大的提高。

例3:一个企业运输、保管、包装和装卸四个环节都现代化了,只是信息环节落后,造成信息收集少、传递不及时、筛选分析质量差或者计算差错率高等,整个物流系统同样不能高效运转。

类似的例子不胜枚举,以上三个例子已足以说明物流合理化的目标之一——整合好是多么重要。当然,在条件不全部具备的情况下,先建一个现代的配送中心,第一步迈出去也能取得局部效果,这种做法也无可非议。

质量高是物流合理化目标的核心。物流质量高的内容有:运输、保管、包装、装卸搬运、配送和信息各环节本身的质量要高,为客户服务的质量要高,物流管理的质量要高等。

就运输和保管质量来说,送货的数量不能有差错、地址不能有差错,中途不能出交通事故、不能走错路,保证按时到达。在库存保管方面,要及时入库、上架、登记,做到库存物品数量准确、货位确切,还应将库存各种数据及时传递给各有关部门,作为生产和销售的依据,对库存数据和信息的质量要求也必须高标准。物流合理化目标的归结点就是为客户服务,客户是物流的服务对象,物流企业要按照用户要求的数量、时间、品种,安全、准确地将货物送到指定的地点。这是物流合理化的主体和实质。

物流质量高的另一个方面是物流管理质量。没有高水平的物流管理就没有高水平的物流,物流合理化的目标也就变成一句空话。

物流合理化目标中,既要求距离短、时间少、整合好、质量高,又要求费用省,这似乎不好理解。很可能有人认为,物流质量高了,为用户服务周到了,肯定要增加成本,反而又同时要求节约物流费用,不是相互矛盾吗?实际上如果真正实现了物流合理化,物流费用照样能省。比如,减少交叉运输和空车行驶会节约运输费用;利用计算机进行库存管理,充分发挥信息的功能,可以大幅度降低库存、加快仓库周转、避免货物积压,也会大大节省费用;采取机械化、自动化装卸搬运作业,既能大幅度削减作业人员,又能降低人工费用。装卸搬运的人工费用这笔开支在国外企业中所占的比例很高,我国也将逐渐上升,这方面费用节省的潜力很大。

物流活动必须保证安全,物流过程中货物不能出现被盗、抢、冻、晒、雨淋的现象,不能发生交通事故,确保货物准时、准地点、原封不动地送达。同时,诸如装卸、搬运、运输、保管、包装、流通加工等各环节作业,不能给周围环境带来影响,尽量减少废气、噪声、震动等公害,要

15

符合环保要求。

■ 小结和学习重点 ■

- 物流的定义及其内涵
- 物流的价值
- 物流的作用
- 物流的职能
- 物流发展的阶段
- 物流合理化的目标

现代物流是一个新兴的产业，其主要职能包括：包装、装卸搬运、运输、储存保管、配送、流通加工和物流信息管理等。现代物流形成的时间不长，但发展十分迅速，这是全球经济社会发展的客观需要。本章从介绍物流的定义和内涵入手，阐述物流的价值、作用和职能，最后归结到物流合理化的最终目标。

案例分析

香港地区成为世界市场物流枢纽的八大优势

香港地区是一个国际大都会，是世界上著名的国际金融中心、贸易中心、服务中心之一。香港地区回归祖国以来，进一步强化了这一地位。

香港地区之所以拥有这种地位，被誉为"东方之珠"，其中一个重要原因是物流业的高度发达。而香港地区物流的平稳发展完全得益于以下八个方面。

1. 拥有世界级的基建设施和懂两文三语的 IT 专才

香港地区拥有世界级的基建设施，又与制造业发达的珠江三角洲联系紧密，所以香港地区物流业的潜力无限。香港地区的 IT 专才，除了懂两文三语（两文：中文、英文；三语：普通话、英语、粤语）外，还熟悉内地的经营环境，并且有良好的法治意识。

2. 地理优势和税率低

地理优势方面，香港地区在北上和南下上所花的时间较其他地区短，且大部分工厂北移，所空置出来的商厦增加，其租金成本与新加坡相当。其次，香港地区主管级的住宅租金与我国上海及新加坡相比也不会过于昂贵。另外，香港地区无须征收消费税，加上税率低，大部分设备成本比邻区低 10%～25%。

3. 通讯网运营成本相当低

无论是长途电话，还是专用电讯网络，香港地区的通信网运营成本相当低。香港地区为亚太地区重要的商贸中心，拥有健全的金融体系及完善的司法制度，资金可以自由进出，有逾900个国际企业在香港地区设立总部。因此,香港地区有优势成为亚太地区的供应链管理枢纽。

4. 特区政府的良好规划是自由港发展的前提

在当今竞争日益剧烈的经济环境中,政府有必要制定统一的物流政策,使物流朝高科技、系统完善及效率高的方向发展,以控制成本及提高竞争力。特区政府成立了促进物流发展的"物流发展局",并根据物流发展局的意见,把发展"数码贸易运输网络"这个电子资讯平台的建设纳入研究课题。特区政府为提高香港地区作为亚洲运输及物流枢纽的地位,还在北大屿山选址发展现代化物流园,同时,加大香港地区的资讯和基础设施建设。

5. 拥有完善的海、陆、空运输设施和配套设备及全世界最繁忙的集装箱码头

香港地区拥有全世界最繁忙的集装箱码头。在海运方面,约80家国际集装航运公司每星期提供400条航线,开往全球500多个目的地。

在空运方面,66家国际航空公司每星期提供约3 800班定期航机,由香港地区飞往全球130多个目的地。现在,香港地区国际机场采用了最先进的设备和双跑道设计,以应付日益繁重的运输量。

在港口方面,9号码头第一期将投入服务,工程完工后,该码头将拥有4个深水及两个驳船泊位,容量将不少于260万个标准箱,而且也开始了10号码头的可行性研究。

陆路建设方面,港府正加紧建设公路,连接机场及各港口到港内各区。

此外,特区政府还积极兴建后海湾通往深圳及蛇口的跨海大桥、连接青衣岛至长沙湾工业区的9号干线等。

6. 完善的软件体系

香港地区在软件配套方面,拥有相对完善、为外国商家信任的法律体制,提供优质的国际性金融和保险服务。而港务、运输等行业也提供富有专业品质的24 h制的各式客户服务。

香港地区的各类配套设施、物流服务、货柜码头的服务效率及素质,均属国际水准。

在软环境方面,与物流有关的资讯公司、网站,甚至软件物流供应链管理设计公司,都有不同程度的参与。

7. 对物流人才的重视

为适应物流业的快速发展,提高物流人才素质,香港地区物流专业协会正积极引进国际认可的物流从业人员专业资格评审机制,还为进修物流课程的在职人士提供资助,以便提升香港地区物流业的整体技术水平,适应物流业日新月异发展的需要。

8. 区位优势是香港地区成为内地最大贸易伙伴的必然条件

包括港澳在内的珠江三角洲地区,目前已成为举世瞩目的强大制造中心,并正在向服务业、高增值行业转型,香港地区务求成为区内的物流枢纽,为内地以及整个东南亚地区提供服务。

香港地区是内地最大的贸易伙伴,内地也是香港地区转口货物的最大市场兼主要来源地,香港地区约有90%的转口货物是来自内地或以内地为目的地。

目前,香港地区部分物流企业已经在内地以合资的形式成立公司,还有超过10万家香港地区公司在内地采购。凭着香港地区拥有的一流运输设施和交通网络、全球首屈一指的航空货运中心地位,加上珠江三角洲的强大生产能力,两地结伴合作可以发展成为连接内地

与世界市场的物流枢纽。

思考

1. 香港地区为什么能成为亚太地区乃至世界的物流中心？
2. 香港地区物流业发展中哪些方面值得内地借鉴？

练习与思考

(一) 名词解释

物流　流通加工

(二) 填空

1. 物流中的储存，主要是指_____和_____。
2. 日本自 1956 年从_____引入物流的概念。

(三) 单项选择

1. 物流的最终职能是(　　)。
   A. 增加商品数量　　　　　　　　B. 提高商品质量
   C. 增加产品附加值　　　　　　　D. 提供综合性服务
2. 为美国物流发展提供重要实证依据的是(　　)。
   A. 军事后勤活动　　　　　　　　B. 企业生产
   C. 商品流通　　　　　　　　　　D. 交通运输

(四) 多项选择

1. 物流信息管理的内容有(　　)。
   A. 订单处理　　　　　　　　　　B. 客户关系管理
   C. 市场信息收集与需求分析　　　D. 物流动态信息传递
2. 物流是一个系统，强调的是(　　)。
   A. 综合性　　　B. 整合性　　　C. 时间最短　　　D. 成本最低

(五) 简答

1. 物流合理化的目标是什么？
2. 物流的作用有哪些？

(六) 论述

试论我国在本世纪初出现物流"热"的原因。

部分参考答案

(二) 填空

1. 生产储存　流通储存
2. 美国

(三) 单项选择

1. D　2. A

(四) 多项选择

1. ABCD　2. AB

第二章 物流系统

学习目标

学完本章,你应该能够:

(1) 了解系统的定义和系统的特征;

(2) 了解物流系统的定义和物流系统的构成;

(3) 阐述物流系统性要求的理由。

基本概念

系统 系统工程 物流系统 物流系统评价

用系统观点来研究物流活动是现代物流管理学科的核心问题。物流系统是由相互作用和相互依赖的物流要素所构成的、具有特定功能的有机整体,是社会经济大系统中的一个子系统或组成部分。就物流过程的每一个环节来讲,其作用的发挥不仅受到其内部各要素的制约和外部条件的影响,而且这些要素和环境总是处于不断的变化之中。因此,以系统理论和系统工程的原理来研究和开发物流系统,无论对发挥物流功能、提高物流效率、降低物流费用,还是在提高物流质量、满足社会对物质产品的各种需要上,都具有极为重要的意义。

第一节 系统的概念

一、系统的定义

"系统"这个词最早出现于古希腊语中,是"部分组成的整体"的意思。系统概念并不神秘,它广泛存在于自然界、人类社会和人类思维之中。大到浩瀚的银河系,小到肉眼看不到的原子核,从复杂的导弹系统到一种简单的产品,都可视为系统。如果撇开这些系统的生物的、技术的、生产的具体物质运动形态,仅仅从整体和部分之间的相互关系来考察,我们称这种由相互作用和相互依赖的若干部分(要素)组成的、具有特定功能的有机整体为系统。

二、系统的一般模式

系统是相对外部环境而言的，但是它和外部环境的界限又往往是模糊过渡的，所以严格地说系统是一个模糊集合。

外部环境向系统提供劳力、手段、资源、能量、信息，称为"输入"。系统以自身所具有的特定功能，将"输入"进行必要的转化处理活动，使之成为有用的产成品，供外部环境使用，称之为系统的"输出"。输入、处理、输出是系统的三要素。比如，一个工厂输入原材料，经过加工处理，得到一定产品作为输出，这就成为生产系统。

外部环境因资源有限、需求波动、技术进步以及其他各种变化因素的影响，对系统加以约束或影响，称为环境对系统的限制或干扰。此外，输出的成果不一定是理想的，可能偏离预期目标，因此，要将输出结果的信息返回给"输入"，以便调整和修正系统的活动，这称为反馈。根据以上关系，系统的一般模式如图2-1所示。

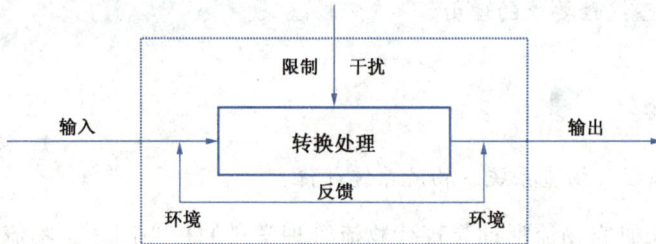

图 2-1　系统的一般模式

三、系统的特征

1. 集合性

系统是由两个或两个以上要素所构成的、具有特定功能的有机集合体，但该有机集合体的功能不是各要素功能的简单叠加。也就是说，系统不是各个要素的简单拼凑，它是具有统一性的一个系统总体。即使是把那些单个功能并不优越的要素经系统组合起来，但形成的系统总体却可以具有优越的功能，也可以产生新的功能。例如，继电器在电路中是起开关作用的，现在把许多继电器随便集中起来，其功能是不会发生任何变化的。但如果把这些继电器按照一定逻辑电路的要求巧妙地连接起来，就构成了一个计算机系统，它便会显示出与开关功能截然不同的新功能，即计算功能。

系统和要素的区分是相对的。一个系统只有相对于构成它的要素而言才是系统，而相对于由它和其他事物构成的较大系统，它却是一个要素（或称子系统）。

2. 相关性

构成系统的各要素之间必须存在某种相互联系、相互依赖的特定"关系"，即有机联系的整体才可称为系统。例如，电子计算机系统是把各种输入输出装置、记忆装置、控制装置、运算装置等硬件装置，以及程序等软件和操作人员等都作为组成部分，而且它们是以各种特定的"关系"相互有机地结合起来，这才形成了一个系统。

系统的要素间的特定关系是多种多样的，如原子内部的引力相互作用和电磁相互作用，生物体内部的同化与异化、遗传与变异，人类社会内部生产力与生产关系、经济基础与上层建筑的相互作用，等等。

3. 目的性

系统应具有一定的目的性，而且这种目的是人为的。没有明确目的的系统，不是系统工程的研究对象。这样，就把那些目前人类还不能改造和控制的自然系统从系统工程中排除了。例如太阳系，它是一种力学系统的自然系统，虽然它具有特定的功能，但是不存在目的。也就是说，人类还无法全部认识和改造它。系统工程所研究的人造系统或复合系统，是根据系统的目的来设定它的功能，所以，在这类系统中，系统的功能是为系统目的服务的。

4. 动态性

系统处于永恒的运动之中。一个系统要不断输入各种能量、物质和信息，通过在系统内部特定方式的相互作用，将它们转化为各种结果输出。系统就是在这种周而复始的运动、变化中生存和发展，人们也是在系统的动态发展中实现对系统的管理和控制。

5. 环境适应性

环境是存在于系统之外、与系统有关的各种要素。可以把环境理解为更高一级的系统。

系统是不能脱离环境孤立存在的。它必然要与环境发生各种联系，同时，也受到环境的约束或限制。环境不是一成不变的，环境的变化往往会引起系统功能的变化，甚至可能改变系统的目的。系统应具备一种特殊的能力，即自我调节以求适应保全的能力。这种能力使系统适应各种变化、排除干扰，以保全自己目的的实现。系统的这种能力就是环境适应性，也可称为"应变能力"。

四、系统工程

系统概念的提出，是科学研究方法的一个重要发展。系统概念的出现，不再把事物看成是孤立的、不变的，而是发展的、相互关联的一个整体。当然，仅有系统的概念还不能解决具体问题，现代科学技术把系统的概念应用具体化，建立了通过逻辑推理、数学运算，能定量地处理系统内部的关系等一整套系统分析方法——系统工程科学。

系统工程就是用科学的方法组织管理系统的规划、研究、设计、制造、试验和使用，规划和组织人力、物力、财力，通过最优途径的选择，使我们的工作在一定期限内收到最合理、最经济、最有效的成果。所谓科学的方法，就是从整体观念出发，通盘筹划、合理安排整体中的每一个局部，以求得整体的最优规划、最优管理和最优控制，使每个局部都服从于整体目标，发挥整体优势，做到人尽其才、物尽其用，避免资源的损失和浪费。

系统工程的核心内容包括系统管理理论和运筹学模型。

第二节　物流系统的构成

一、物流系统的总体框架

所谓物流系统,是指由各个相关要素有机结合而成的、提供高质量的物流服务的一个整体。其总体框架如图2-2所示。

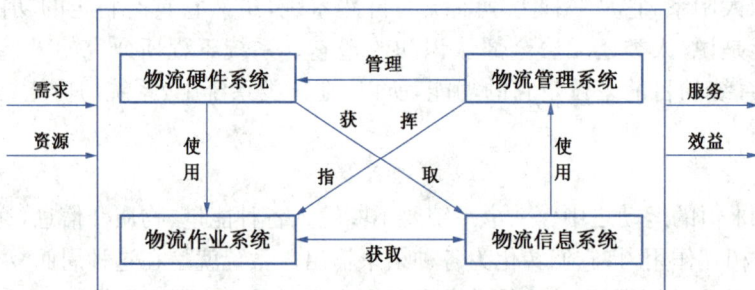

图2-2　物流系统的总体框架

1. 物流硬件系统

(1) 基础设施:公路、铁路、航道、港站(港口、机场、编组站)。

(2) 运输工具:货运汽车、铁道车辆、货船、客货船、货机、客货机。

(3) 物流中心(配送中心):仓库、装卸搬运机具、仓储货架、托盘、货箱、自动化设施。

2. 物流作业系统

物流作业系统,如图2-3所示。

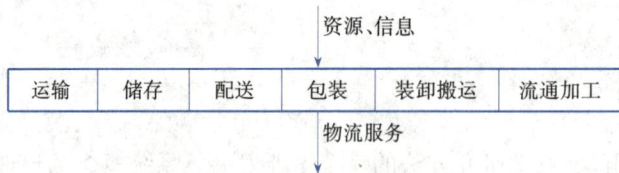

图2-3　物流作业系统

3. 物流管理系统

物流管理系统,如图2-4所示。

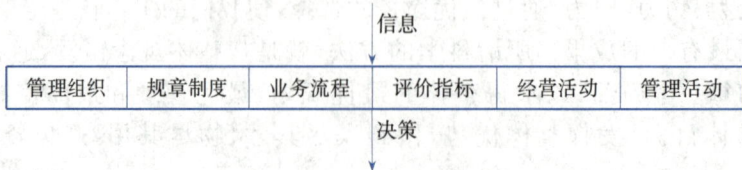

图2-4　物流管理系统

4. 物流信息系统

(1) 物流信息系统的层次结构,如图2-5所示。

(2) 物流信息系统的功能结构,如图2-6所示。

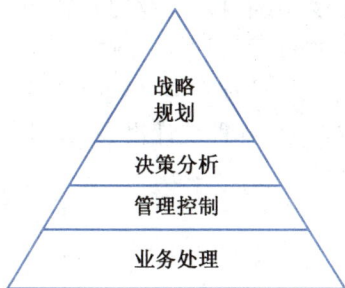

图2-5　物流信息系统的层次结构

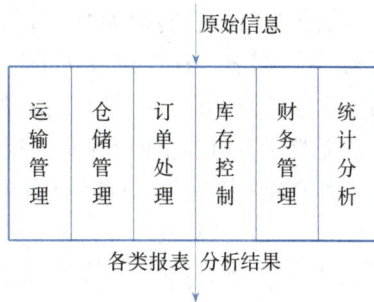

图2-6　物流信息系统的功能结构

二、物流系统的功能

物流系统与一般系统一样,具有输入、输出、处理(转化)、限制(制约)、反馈等功能。

1. 输入

通过提供资源、能源、机具、劳动力、劳动手段等,对某一系统发生作用,这一作用被称为外部环境对物流系统的"输入"。

物流系统的输入内容有:① 各种原材料或产品、商品;② 生产或销售计划;③ 需求或订货计划;④ 资源;⑤ 资金;⑥ 劳力;⑦ 合同;⑧ 信息。

2. 输出

物流系统以其本身所具有的各种手段和功能,在外部环境一定的制约作用下,对环境的输入进行必要的处理(转化),使之成为有用(有价值)的产品,或实现位置转移及提供其他服务等,这些被称为物流系统的"输出"。

物流系统的输出内容有:① 各种物品的场所转移;② 各种信息报表的传递;③ 各种合同的履行;④ 提供各种优质服务。

3. 处理(或转化)

物流系统本身的转化过程,即从"输入"到"输出"之间所进行的生产、供应、销售、回收、服务等物流业务活动,称之为物流系统的"处理(或转化)"。

物流系统的处理包括:① 各种生产设备、设施(车间、机器、车辆、库房、货物等)的建设;② 各物流企业进行的物流业务活动(包括运输、储存、包装、装卸搬运等);③ 各种物流信息的数据处理;④ 各项物流管理工作。

4. 限制、干扰

外部环境也因资源条件、能源限制、需求变化、运输能力、技术进步以及其他各种因素的影响,而对物流系统施加一定的约束,这种约束被称为外部环境对物流系统的"限制"或"干扰"。

对物流系统的限制、干扰因素主要有:① 资源条件;② 能源限制;③ 资金力量;④ 生

产能力；⑤ 价格影响；⑥ 需求变化；⑦ 市场调节；⑧ 仓库容量；⑨ 运输能力；⑩ 政策性波动。

5. 反馈

物流系统在把"输入"转化为"输出"的过程中，由于受系统内外环境的限制、干扰，不会完全按原来的计划实现，往往使系统的输出未达到预期的目标（当然，也有按计划完成生产或销售物流业务的），所以，需要把"输出"结果返回给"输入"，这被称为"信息反馈"。

物流系统的反馈内容主要有：① 各种物流活动分析；② 各种统计报表、数据；③ 典型调查；④ 工作总结；⑤ 市场行情信息；⑥ 国际物流动态。

三、物流系统性要求的理由

1. 从保证为客户服务质量的角度来谈

假如物流的七大环节，运输、保管、包装、装卸搬运、流通加工、配送和信息处理中，只有运输环节有问题，为客户送货不准时，或者送错了地方，那么即使其他环节效率再高，客户也会有意见；如果其他环节都没问题，只有保管环节出了错，由于仓库货物保管混乱，怎么也找不到主要的货，费了好大劲儿找到了，但误了送货时间，货主还是不满意；再如，运输、保管、装卸、信息处理各环节都正常，只有包装环节质量差，不能按客户要求的标准将货物包装好，影响了送货的质量，客户同样会有意见。依此推理，可以讲，物流的七大环节是保证客户满意的七个组成部分，哪一个环节都不能出问题，哪个环节都很重要，其中只要一个环节不协调，为客户服务的质量就无法保证。

2. 从物流七大环节的作业效率来说明

假如一个企业运输能力非常强，效率高、质量好，但保管、包装、装卸和信息处理各环节与运输环节相比有很大差距，那么整个物流效率也不可能高，如运输卡车如果排着队等在仓库门口，两个小时也装不完货的话，恐怕卡车在路上跑得再快也没用。假如一个企业投巨资建了全自动化立体仓库，保管的作业效率一下子提高了几倍，可遗憾的是，运输环节跟不上，配送没形成网络，在这种情况下，也同样不能很快把货送到用户手中，得不到客户满意。再如，运输、保管、包装、装卸搬运各环节效率都很高，只有电脑软件跟不上，信息传递不及时，可想而知，势必要影响整体效率。所以说，物流是一个系统，是一个整体，各环节相互关联、相互作用，缺一不可。

3. 从物流各环节的技术水平方面看问题

比如，运输、保管、包装、信息各环节的设备都先进，作业效率高、质量好，但只有装卸搬运环节设备落后，机械化作业水平不行，人工装卸效率低、质量差、作业时间长，或者由于抢时间、野蛮作业，造成包装破损，甚至出现作业事故，势必会影响整个物流过程的速度和质量；再如，运输、保管、装卸搬运和信息处理各环节的技术水平一致，效率很高，但包装环节技术含量低，包装机械少，主要靠人工作业，即便是每天工人加班加点，恐怕也难达到要求。如果总是与其他环节不匹配，整体物流就无法实现高效率。因此，物流各环节的技术水平的一致性同样是物流系统性要求的重要组成部分。

拿运输来讲，随着经济全球化的发展，国际运输业竞争越来越激烈，国际贸易也要求运输高效、安全、准确和快速。如果国际运输船队力量强大、运力充足，但是由于港口规模小，装卸机械化程度差，或者港区仓库面积不够等原因，轮船到港后不能马上进港卸货，这样，国际运输的船队规模再大也是多余的。如果港口已经现代化了，轮船能够及时进港，卸货也很快，但是货物装上卡车后一上公路就走不动，因为港口腹地运输网络和设施差，交通堵塞严重；或者说，货物按原定计划从船上卸下来，突然情况变化，需要将货物在港口仓库暂时保管几天，可是港口的仓库面积不足，货物没地方存放，也会出现很大麻烦。因此，物流是一根链条，各个环节必须配套和咬合，哪个环节也不能出现问题。

上面我们讲到的内容从几个方面证明了物流系统性的重要。实际上，系统性的另一层意思是统一性、协调性和整体性。物流系统犹如一部机器，由各部分零件组合在一起，协调动作、整体运行。

托盘只是一个物流器具，但也可以形成一个系统。托盘系统包括包装、运输、装卸、搬运、保管和信息处理。托盘是装卸机械化、保管自动化、包装标准化、运输效率化的基本构成因素，托盘尺寸的标准化关系到整个物流系统的效率。

使用托盘能够进行叉车装卸和搬运作业，可以大大提高作业速度和效率；利用托盘能实现托盘化堆码、单元化包装、单元化搬运和装卸，大幅度节约仓库空间，使货物出入库、保管实现全自动化；托盘尺寸一致了、统一了，能够将物品一下生产线就堆码在托盘上，实现运输、包装、装卸、搬运、保管一体化作业。这样，可以极大地缩短物流各环节的作业时间，节约物流各环节的费用，大幅度提高效率。因此，世界各国都十分重视托盘的利用和托盘的标准规格、尺寸的统一。在设计托盘规格尺寸时，应充分考虑与卡车车厢的宽度、集装箱的大小以及物品包装的尺寸相一致，以免出现搬运装卸的麻烦和浪费。

之所以要强调物流的系统性，一是物流本身就是一个系统，而不只是单一的运输和保管作业。只有物流七大环节整体合理化、机械化和现代化，才能真正节约费用、增加效益，提高效率和服务水平。二是物流各环节之间相互联系、相互制约，如果只重视一个方面，忽略另一方面，就会产生不协调。比如，不包装或简化包装，就要增加装卸、搬运和保管费用，降低运输效率；如想减少库存，则要增加配送次数，加大运输成本等。三是物流管理和物流技术本身也要求统一性和整体性。比如前面举的托盘例子，托盘的标准和规格与包装尺寸、卡车车厢宽度、集装箱宽度等都有一致性要求，这关系到装卸、运输效率。四是物流外围条件的系统要求。比如，要提高物流服务水平，加强为用户服务，但服务是什么标准，成本是否合算，这要根据企业销售、企业经营和企业市场战略的需要而定。也就是说，物流系统与商流系统乃至企业经营、城市规划、环境保护等众多企业外部环境因素相关，我们在追求物流系统整体最优的同时，还应该与相关的外部条件协调一致。

综上所述，物流并不是某一个环节的概念，而是一个系统性的概念，不能单纯地以为运输就是物流，或者保管就是物流，否则，就偏离了物流的实质。我们要清楚地认识到：物流是由运输、保管、装卸搬运、包装、流通加工、配送和信息处理七大环节（或称七大功能）组成的一个系统工程，七个环节的整合性、协调性、一致性、关联性、互动性、平衡性是物流的本质和生命力；物流强调的是七大环节的综合成本的降低和综合效益的提升，而不是局部的冒进和盲目超前；物流与商流、信息流和资金流密切相关，现代物流已与销售、电子商务和供应链

等连成一体，是综合设计、整体构思、协调发展的产物。

四、物流系统的特征

物流系统是新的系统体系，它具有系统的一般特征。同时，它又是一个十分复杂的系统——复杂的系统要素、复杂的系统关系等，使物流系统又具有其自身的特点。具体表现在以下三个方面。

1. 复杂性

首先，物流系统的对象异常复杂。物流系统的对象是物质产品，既包括生产资料、消费资料，又包括废旧废弃物品等，遍及全部社会物质资源，将全部国民经济的复杂性集于一身。其次，它拥有大量的基础设施和庞大的设备，而且种类各异。为了实现系统的各种能力，必须配有相应的物流设施和各种机械设备，如交通运输设施，车站、码头和港口，仓库设施和货场，各种运输工具，装卸搬运设备，加工机械，仪器仪表等。再次，物流系统的关系复杂。物流系统各个子系统之间存在着普遍的复杂联系，各要素关系也较为复杂，不像某些生产系统那样简单明了。而且，系统结构要素之间有非常强的"背反"现象，常称之为"交替损益"或"效益背反"现象。物流系统中许多要素在按新观念建立系统之前，早就是其他系统的组成部分，因此，往往较多地受原系统的影响和制约，而不能完全按物流系统的要求运行，对要素的处理稍有不慎，就会出现系统总体恶化的结果。最后，物流系统与外部环境联系极为密切和复杂。物流系统不仅受外部环境条件的约束，而且这些约束条件多变、随机性强。

2. 动态性

其一，物流系统与生产系统的一个重大区别在于，生产系统按固定的产品、固定的生产方式，连续或不连续地生产，很少发生变化，系统稳定时间较长。而一般的物流系统总是联结多个生产企业和用户，随需求、供应、渠道和价格的变化，系统内要素及系统的运行经常发生变化，难以长期稳定。其二，物流系统信息情报种类繁多，数据处理工作量大，而且信息流量的产生不均匀。其三，物流系统属于中间层次系统范畴，本身具有可分性，可以分解成若干个子系统；同时，物流系统在整个社会再生产中主要处于流通环境中，因此，它必然受更大的系统，如流通系统、社会经济系统的制约。

3. 广泛性

物流系统涉及面广、范围大，既有企业内部物流、企业间物流，又有城市物流、社会物流，同时还包括国际物流，物流系统几乎渗透到我们工作和生活的各个领域。

在对物流活动进行研究时，只有充分考虑物流系统的特征，才能建立一个高效低耗的物流系统，实现系统的各种功能。

第三节　物流系统评价

一、物流系统评价的目的

物流系统评价是指从技术和经济两个方面对建立物流系统的各种方案进行评价，

并从中选择出技术上先进可行、经济上合理的最优系统方案的过程。

系统功能、目的和要求的实现程度，是以系统的功能与为实现其功能所支付的费用之间的比例关系是否合理来衡量的。因此，物流系统评价的目的就是，在技术上可行的前提下，从系统功能、目标、要求和费用方面，对系统进行分析和评价，考核其满足程度，借以发现问题，提出改进措施，经过修改后建立或改进物流系统的最优方案，为决策提供科学依据。常用的评价方法是系统的价值分析。

系统的价值是系统的功能与所支付费用之间的比例关系，用公式可以表示为

$$价值(value) = 功能(function) / 费用(cost)$$

简记为：$V = F/C$。

这就是价值分析中所谓价值的含义。

所谓价值分析方法，实际上也是从技术上和经济上两个方面对系统进行的评价。因为系统功能的实现是以系统的技术上的先进实用为保障的，费用的多少则体现了系统在经济上的合理程度。因此，对系统的评价应该从系统的总评出发，综合评价系统价值各方面的得和失，尽可能把不同方面的评价尺度统一起来，这样才能得到真实、完整、可比的评价结果。

二、物流系统评价的原则

物流系统是一个非常复杂的人造系统，它涉及面广，构成要素繁多且关系复杂，这都给系统评价带来一定的困难。为了对物流系统作出一个正确的评价，应遵循下列基本原则。

1. 要保证评价的客观性

评价的目的是决策，因此，评价的质量影响着决策的正确性。也就是说，必须保证评价的客观性。必须弄清资料是否全面、可靠和正确，防止评价人员的倾向性，并注意人员的组成应具有代表性和独立性。

2. 要保证评价的整体性

坚持局部利益服从整体利益的原则。物流系统是由若干个子系统和要素构成，如果每个子系统的效益都是好的，那么，整体效益也会比较理想。在某些情况下，有些子系统是经济的，效益是好的，但从全局来看却不经济，这种方案理所当然是不可取的。反之，在某些情况下，从局部看某一子系统是不经济的，但从全局看整个系统却是较好的，这种方案则是可取的。因此，我们所要求的是整体效益化和最优化，要求局部效益服从整体效益。

3. 要坚持可比性和可操作性原则

指标体系的建立和评价指标的确定要坚持先进合理和可操作的原则。影响物流系统功能发挥的因素是非常多的，因此，在建立物流系统指标体系时，不可能面面俱到，但应在突出重点的前提下，尽可能做到先进合理，坚持可操作性。可操作性主要表现在评价指标的设置上，既要可行又要可比。可行性主要是指指标设置要符合物流系统的特征和功能要求，在具体指标的确定上，不能脱离现有的技术水平和管理水平而确定一些无法达到或无法评价的指标。可比性，主要指评价项目等内容含义确切，便于进行比较，评出高低。

4. 在定性分析的基础上坚持量化原则

这是对系统作出客观合理的评价结果的前提。在对物流系统进行评价时,应坚持定性分析与定量分析相结合的原则,并且在定性分析的基础上,以定量分析为主,既要反映物流系统实现功能的程度,又要确定其量的界限,争取对系统作出客观合理的评价结果,从而确定最优方案。

三、物流系统评价指标体系

要对不同的方案进行评价和选优,就必须建立能对照和衡量各个替代方案的统一尺度,以及评价指标体系(考察系统替代方案的维度)。评价指标体系是指衡量系统状态的技术、经济指标,它既是系统评价的基础,也是所建立的物流系统运行和控制的信息基础。建立一套完整的评价指标体系,有助于对物流系统进行合理的规划和有效的控制,有助于准确反映物流系统的合理化状况以及评价改善的潜力和效果。

(一) 物流系统评价指标体系的组成

1. 物流生产率

物流生产率指标是指物流系统投入产出转换效率的指标。物流系统的运行过程,是一定的劳动消耗和劳动占用(投入)完成某种任务(产出)的过程。物流系统的投入包括人力资源、物质资源、能源和技术等,各项投入在价值形态上统一表现为物流成本。物流系统的产出,就是为生产系统和销售系统提供服务。物流生产率指标是物流系统指标体系的重要组成部分,它通常又包括实际生产率、资源利用率、行为水平、成本和库存五个方面的指标。

(1) 实际生产率。它是指系统实际完成的产出与实际消耗的投入之比,如人均年仓储物品周转量、运输车辆每吨年货运量等。

(2) 资源利用率。物流系统的资源利用率是指系统需要的投入与实际投入之比,如运输车辆的运力利用率、仓储设备的仓容利用率等。

(3) 行为水平。物流系统的行为水平是指系统实际产出与期望产出之比,也就是对系统各生产要素工作额完成情况的评价,如每人每小时的实际件数与定额之比、生产费用与预算之比等。有时也用完成工作的规定时间与实际使用时间之比来衡量。

(4) 成本。物流系统的各项投入在价值形态上统一表现为物流系统成本。成本能有效地反映物流系统的运行状况,并且是评价物流过程中各项活动的共同尺度。但是,只比较两个不同的物流系统的绝对成本是没有意义的。因此,还需要通过比较成本与产出的单件质量或实物量,来衡量物流系统的实际生产率;或者通过实际成本与成本定额的比较,来衡量物流系统的行为水平。

(5) 库存。库存是指物流系统劳动占用形式的投入。库存的数量与周转速度是体现物流投入产出转换效率高低的重要标志,如库存周转天数、库存结构合理性等。

2. 物流质量

物流质量指标是物流系统指标体系的重要组成部分,它是对物流系统产出质量的衡量。

根据物流系统的产出,可将物流质量划分为物料流转质量和物流业务质量两个方面。

(1)物料流转质量。物料流转质量是对物流系统所提供的物品在品种、数量、质量、时间和地点上的正确性评价。① 品种和数量的正确性:物流过程中物品实际的品种和数量与要求的品种和数量的符合程度,常见的指标包括仓储物品盈亏率、错发率(既包括品种的差错,又包括数量的差错)等。② 质量的正确性:物流过程中实际质量与要求质量的符合程度,常见的指标有仓储物品完好率、运输物品完好率、进货质量合格率等。③ 时间的正确性:物流过程中物品流向的实际时间与要求时间的符合程度,常见指标有及时进货率、及时供货率等。④ 地点的正确性:物流过程中物品流向的实际地点与要求地点的符合程度,常见指标有错误送货率等。

(2)物流业务质量。物流业务质量是指对物流系统的物流业务在时间、数量上的正确性以及工作的完善性的评价。① 时间的正确性:物流过程中物流业务在时间上实际与要求的符合程度,常见的指标有对订单的反应时间、发货故障平均处理时间等。② 数量的正确性:物流过程中物流业务在数量上实际与要求的符合程度,常见的指标有采购计划完成率、供应计划完成率、供货率等。③ 工作的完善性:物流过程中物流业务工作的完善程度,常见的指标有对客户问讯的响应率、用户特殊送货要求满足率、售后服务的完善性等。

(二)物流系统评价指标体系的建立

根据系统的观点,系统评价指标体系是由若干个单项评价指标组成的有机整体。它应反映出系统目的的要求,并尽可能做到全面、合理、科学、实用。根据不同的衡量目的,物流系统指标的衡量对象可以是整个物流系统,也可以是供应物流、生产物流、销售物流以及回收、废弃物流等子系统,还可以是运输、仓储、库存管理、生产计划及控制等物流职能,乃至各职能中的具体的物流活动,由此形成不同的指标体系。

建立物流系统及其子系统的评价指标体系,可以遵循以下步骤:

第一,建立物流系统的目标体系。对于物流系统的整体来说,其指标体系应当能反映物流系统的目的,其实质是对物流系统的目的从几个不同的方面(即维度)用数量进行描述;同样的道理,对于其子系统来说,它是实现整个物流系统目的的一种手段,而这种手段只是物流系统整体目标的分解,依此类推,我们可以得到一个目标体系。

第二,根据目标体系确定评价指标体系。在这种情况下,我们可以根据该子系统的上一级子系统(或物流系统)的目标来制定它的评价指标体系。换句话说,就是根据系统展开后的目标体系来制定各子系统的评价指标。

第三,考虑各评价对象的影响因素,修改评价指标体系。物流系统及其子系统不是孤立的,它们常常受到诸如政治、法律、经济、技术和生态等各种各样因素的影响。因此,我们必须把物流系统内外的相互制约、错综复杂的因素层次化、条理化,并结合到相关的子系统中进行考虑。这样制定出来的评价指标体系既能保持它的合理性,又能保证它的完整性。下面以最有代表性的物流职能为对象,讨论如何建立指标体系。

1.运输

可对运输中的自备运输和外用运输分别建立指标体系,衡量其生产率和质量。其指标

体系如图 2-7 所示。

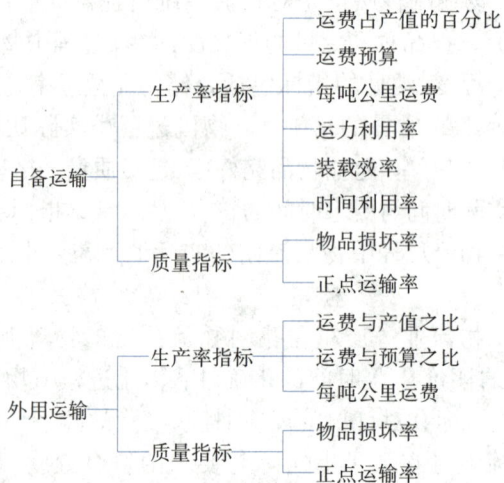

```
                                    ┌─ 运费占产值的百分比
                                    ├─ 运费预算
                         生产率指标 ─┼─ 每吨公里运费
                                    ├─ 运力利用率
              自备运输 ─┤            ├─ 装载效率
                        │           └─ 时间利用率
                        │           ┌─ 物品损坏率
                        └─ 质量指标 ─┤
                                    └─ 正点运输率
                                    ┌─ 运费与产值之比
                         生产率指标 ─┼─ 运费与预算之比
              外用运输 ─┤            └─ 每吨公里运费
                        │           ┌─ 物品损坏率
                        └─ 质量指标 ─┤
                                    └─ 正点运输率
```

图 2-7　运输子系统指标体系

2. 仓储

仓储有外用和自备两种，可分别对其建立指标体系，如图 2-8 所示。

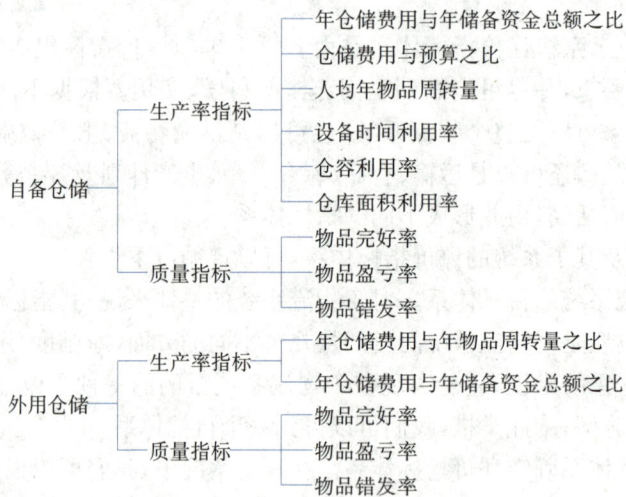

```
                                    ┌─ 年仓储费用与年储备资金总额之比
                                    ├─ 仓储费用与预算之比
                         生产率指标 ─┼─ 人均年物品周转量
                                    ├─ 设备时间利用率
              自备仓储 ─┤            ├─ 仓容利用率
                        │           └─ 仓库面积利用率
                        │           ┌─ 物品完好率
                        └─ 质量指标 ─┼─ 物品盈亏率
                                    └─ 物品错发率
                                    ┌─ 年仓储费用与年物品周转量之比
                         生产率指标 ─┤
              外用仓储 ─┤            └─ 年仓储费用与年储备资金总额之比
                        │           ┌─ 物品完好率
                        └─ 质量指标 ─┼─ 物品盈亏率
                                    └─ 物品错发率
```

图 2-8　仓储子系统指标体系

■ 小结和学习重点 ■

- 系统的定义和系统的特征
- 物流系统的概念和构成
- 物流系统性要求的理由
- 物流系统评价的原则和指标体系

用系统观点来研究物流活动是现代物流管理的核心问题。物流并不是某一个环节的概念，不能单纯地以为运输就是物流，或者以为保管就是物流，如果这样认为，就偏离了物流的实质。物流系统是新的系统体系，具有复杂性、动态性和广泛性的特征。对物流系统的评价，因其构成要素繁多复杂，而有一定的难度，要对不同物流方案进行评价，必须建立一套完整的评价指标体系。

案例分析

香港机场货运中心(HECTLO)的物流水平在世界上处于领先地位

香港机场货运中心是比较现代化的综合性货运中心，它的物流实现了高度的自动化，如在其1号货站，货运管理部对需要入库的货物按标准打包；之后，一般规格的包装通过货架车推到一列摆开的进出口，在电脑输入指令，货架车就自动进入轨道，运送到六层楼高布满货架的库房，自动进入指定的仓位。

需从库房提取的货物，也是通过电脑的指令，货物自动从进出口输送出来。巨型的货架，则用高3米、宽7米的升降机操运到仓库的货架。搬动货物主要用叉车、拖车，看不到人工搬运。

传统的仓储运输业与现代物流业的对比。传统储运的基本要求是做好货物的保管和运输，现代物流则包括运输、装卸、保管、加工、包装、配送、信息网络等，其要求是通过整体科学管理使物流过程做到最优化。基于此，社会化、现代化的物流中心，必须具备地点适中、一定的规模、完整的配套设施、拥有专业人才等条件，并不断提高信息化、现代化和国际化水平，以实现商流、物流、信息流、资金流的合一。

思考

1. 香港机场货运中心的物流水平为什么能在世界上处于领先地位？

练习与思考

(一) 名词解释

系统工程　物流系统　物流系统评价

(二) 填空

1. 物流系统总体框架包括_____、_____、_____和_____。

2. 评价运输的质量指标有_____、_____。

(三) 单项选择

1. 即使是那些功能并不优越的要素，经系统组合起来，形成的系统总体也可以具有优越的功能，这是系统的(　　　　)。

    A. 集合性　　　　　B. 相关性　　　　　C. 目的性　　　　　D. 动态性

2. 物流系统结构要素之间的"效益背反"现象,原因是物流系统的(　　　)。

　　A. 复杂性　　　　　　B. 动态性　　　　　　C. 广泛性　　　　　　D. 相关性

(四) 多项选择

1. 物流硬件系统包括(　　　)。

　　A. 基础设施　　　　　　　　　　　　B. 运输工具

　　C. 配送中心　　　　　　　　　　　　D. 信息系统

2. 物流系统评价指标体系包括(　　　)。

　　A. 物流生产率　　　　　　　　　　　B. 物流质量

　　C. 定性分析　　　　　　　　　　　　D. 定量分析

(五) 简答

1. 物流系统性要求的理由是什么?

2. 物流系统评价的原则有哪些?

3. 物流质量指标包括哪些方面?

(六) 论述

试论我国在 21 世纪初出现物流热的原因。

部分参考答案

(二) 填空

1. 物流硬件系统　物流作业系统　物流管理系统　物流信息系统

2. 物品损坏率　正点运输率

(三) 单项选择

1. A　2. A

(四) 多项选择

1. ABC　2. AB

第三章

物流类型

■ **学习目标** ■

学完本章,你应该能够:
(1) 了解现代物流的不同类型;
(2) 懂得第三方物流的概念;
(3) 懂得第三方物流是如何创造价值的;
(4) 了解国际物流系统的组成。

■ **基本概念** ■

社会物流 第三方物流 国际物流

第一节 物 流 分 类

为了便于研究,可以从物流系统的作用、物流活动的空间范围和物流活动的性质等不同角度将物流分成不同的类别。

一、按照系统的性质分类

物流是一个系统工程,按照物流系统所涉及的范围的不同,可以将物流分成以下三种类型。

1. 社会物流

社会物流也称为宏观物流或大物流,它是对全社会物流的总称,一般指流通领域所发生的物流。社会物流的一个标志是,它伴随商业活动(贸易)而发生,也就是说社会物流的过程和所有权的更迭是相关的。当前,物流科学的研究重点之一就是社会物流,因为社会物资流通网络是国民经济的命脉,流通网络分布的合理性、渠道是否畅通等对国民经济的运行有至关重要的影响,必须进行科学管理和有效控制,采用先进的技术手段,才能保证建立高效能、低运行成本的社会物流系统,从而带来巨大的经济效益和社会效益。这也是物流科学受到高度重视的主要原因。

2. 行业物流

同一行业中所有企业的物流称为行业物流。行业物流往往促使行业中的企业互相协作,共同促进行业的发展。例如日本的建筑机械行业,提出了行业物流系统化的具体内容,包括有效利用各种运输手段,建设共同的机械零部件仓库;实行共同集约化配送,建立新旧建筑设备及机械零部件的共用物流中心;建立技术中心,以共同培训操作人员和维修人员;统一建筑机械的规格;等等。目前,国内许多行业协会正在根据本行业的特点,提出自己的行业物流系统化标准。

3. 企业物流

企业物流是指在企业范围内进行相关的物流活动的总称。企业物流包括企业日常经营生产过程中涉及的生产环节,如原材料的购进、产成品的销售、商品的配送等都是属于企业物流。企业物流系统主要有两种结构形式:一种是水平结构,一种是垂直结构。

根据物流活动发生的先后次序,从水平的方向上可以将企业的物流活动划分为供应物流、生产物流、销售物流和回收与废弃物流四个部分。

企业物流的垂直结构主要可以分为管理层、控制层和作业层三个层次。物流系统通过这三个层次的协调、配合,实现其总体功能。

（1）管理层。其任务是对整个物流系统进行统一的计划、实施和控制,包括物流系统战略规划、系统控制和成绩评定,以形成有效的反馈约束和激励机制。

（2）控制层。其任务是控制物料流动过程,主要包括订货处理与顾客服务、库存计划与控制、生产计划与控制、用料管理、采购等。

（3）作业层。其任务是完成物料的时间转移和空间转移,主要包括发货与进货运输以及厂内装卸搬运、包装、保管、流通加工等。

二、按照活动的空间范围分类

按照物流的地理位置的不同,可以将物流分成以下三种类型。

1. 地区物流

地区有不同的划分原则。例如,按行政区域划分,有西南地区、华北地区等;按经济圈划分,有苏(州)(无)锡常(州)经济区、黑龙江边境贸易区等;按地理位置划分,有长江三角洲地区、河套地区;等等。地区物流系统对于提高该地区企业物流活动的效率,保障当地居民的生活环境,具有重要作用。研究地区物流应根据地区的特点,从本地区的利益出发组织好物流活动。例如,某城市建设一个大型物流中心,显然这对于当地物流效率的提高、降低物流成本、稳定物价是很有作用的。但是也会引起由于供应点集中、载货汽车来往频繁,而产生废气、噪声、交通事故等消极问题。因此物流中心的建设不单是物流问题,还要从城市建设规划、地区开发计划出发统一考虑、妥善安排。

2. 国内物流

国家或相当于国家的拥有自己的领土和领空权力的政治经济实体,所制定的各项计划、法令政策都应该是为其整体利益服务的。所以物流作为国民经济的一个重要方面,一般也都纳入国家总体规划的内容。全国物流系统的发展必须从全局着眼,对于部门和地区分割所造成的物流障碍应该清除。在物流系统的建设投资方面也要从全局考虑,使一些大型物流项目能尽早建成,从而能够更好地为国家整体经济的发展服务。

3. 国际物流

全球经济一体化,使国家与国家之间的经济交流越来越频繁,国家之间、洲际之间的原材料与产品的流通越来越发达,不置身于国际经济大协作的交流之中,本国的经济技术便很难得到良好的发展。因此,研究国际物流已成为物流研究的一个重要分支。

三、按照作用的分类

企业物流活动几乎渗入所有的生产活动和流通管理工作中,对企业的影响十分重要。按照物流在整个生产制造过程中的作用来看,物流可以分为:供应物流,主要指原材料等生产资料的采购、运输、仓储和用料管理等生产环节;生产物流,主要指生产计划与控制,厂内运输(装卸搬运),在制品仓储与管理等活动;销售物流,主要指产成品的库存管理,仓储发货运输,订货处理与顾客服务等活动;回收物流与废弃物流,包括废旧物资、边角余料的回收利用,各种废弃物的处理等。

1. 供应物流

所谓的供应物流就是物资从生产者、持有者至使用者之间的物质流通,即生产企业、流通企业或消费者购入原材料、零部件或商品的物流过程。对于生产型企业而言,是指对生产活动所需要的原材料、备品备件等物资的采购供应所产生的物流活动;对于流通领域而言,是指从买方角度出发的交易行为所发生的物流活动。企业的流动资金大部分是被购入的物资材料及半成品等所占用的,因此,供应物流的严格管理及合理化对于企业的成本控制有重要影响。

2. 销售物流

销售物流是指物资的生产者或持有者至用户或消费者之间的物流活动,即生产企业、流通企业售出产品或商品的物流过程。对于生产型企业而言,是指生产出的产成品的销售活动而发生的物流活动;对于流通领域,是指交易活动中从卖方角度出发的交易行为的物流。通过销售物流,生产企业得以回收资金,进行再生产的活动;流通企业得以实现商品的交换价值,获取差价收益。销售物流的效果直接关系到企业的存在价值是否被市场消费者认可,销售物流所发生的成本会在产品或商品的最终价格中得以体现。因此,在市场经济中为了增强企业的竞争能力,销售物流的合理化改进可以立即收到明显的市场效果。

3. 生产物流

生产物流是指从工厂的原材料购进入库起,直到工厂成品库的成品发送为止的这一过程的物流活动。生产物流是制造型企业所特有的物流过程,它和生产加工的工艺流程同步。原材料、半成品等按照工艺流程在各个加工点之间不停顿地移动、流转形成了生产物流。如生产物流中断,生产过程也将随之停顿。生产物流合理化对工厂的生产秩序、生产成本有很大的影响。生产物流均衡稳定,可以保证在制品的顺畅流转和设备负荷均衡,压缩在制品库存,缩短生产周期。

4. 回收物流

在生产及流通活动中,有一些材料是要回收并加以再利用的。例如,作为包装容器的纸

箱、塑料筐、酒瓶等；又如，建筑行业的脚手架等也属于这一类物资。还有其他杂物的回收分类后的再加工，如旧报纸、书籍可以通过回收、分类制成纸浆加以利用；特别是金属的废弃物，由于具有良好的再生性，可以回收重新熔炼成为有用的原材料。目前我国冶金生产每年有 30 Mt 废钢铁作为炼钢原料使用，也就是说我国钢产量中有 30% 以上是由回收的废钢铁重熔冶炼而成的。回收物流品种繁多，流通渠道不规则且多有变化，因此管理和控制的难度较大。

5. 废弃物流

生产和流通系统中所产生的无用的废弃物，如开采矿山时产生的土石、炼钢生产中的钢渣、工业废水以及其他一些无机垃圾等，已没有再利用的价值。但如果不妥善处理，会造成环境污染，就地堆放会占用生产用地以至妨碍生产。对这类物资的处理过程就产生了废弃物流。废弃物流没有经济效益，但是具有不可忽视的社会效益。为了减少资金消耗，提高效率，更好地保障生活和生产的正常秩序，对废弃物流合理化的研究是必要的。

除了上述三种分类方式，还可以根据物流的目的和角度的不同，将物流分成其他类型。图 3-1 表明了物流分类状况。

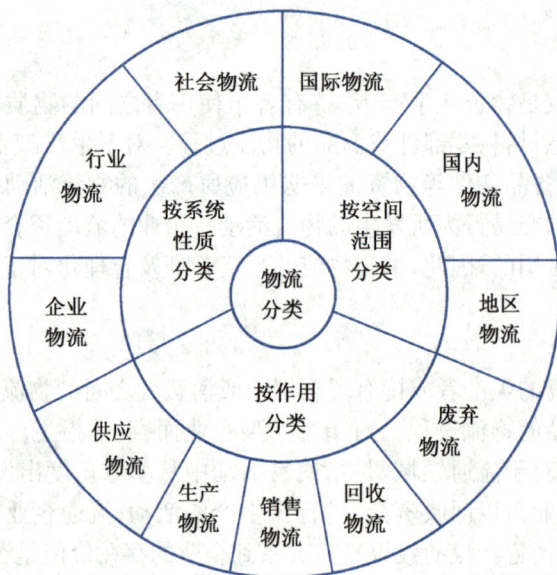

图 3-1　物流分类图示

第二节　第三方物流

一、第三方物流的概念

供应链活动中的公司为了建立相互之间更有意义的关系，越来越重视与其他公司，包括与顾客、原材料供应商及各种类型的物流服务供应商的紧密合作。其结果是使许多公司成为供应链成员，第三方物流的概念在这一过程中逐步形成。

"第三方"这一词来源于物流服务提供者作为发货人(甲方)和收货人(乙方)之间的第三方这样一个事实。我国国家标准(GB/T18354—2001)"物流术语"中,将第三方物流定义为:由供方与需方以外的物流企业提供物流服务的业务模式。定义中的物流企业自然被称为第三方物流公司。

第三方物流公司可广义地定义为提供部分或全部企业物流功能服务的外部公司。这一广义的定义是为了把运输、仓储、销售物流等服务的提供者都包括在内。在这一行业中既有许多小的专业公司,也有一些大的公司存在。

第三方物流的出现是运输、仓储等基础服务行业的一个重要的发展。从经营角度看,第三方物流包括提供给物流服务使用者所有物流活动。欧美研究者一般是这样定义第三方物流的:第三方物流是指传统的组织内履行的物流职能现在由外部公司履行。第三方物流公司所履行的物流职能,包含了整个物流过程或整个过程中的部分活动。

第三方物流是一个新兴的领域,已得到越来越多的关注。像许多流行的术语一样,第三方物流这一术语的表达运用常因人和因地的不同而使其含义有很大的区别。此外,还有一些别的术语,如合同物流(contract logistics)、物流外协(logistics outsourcing)、全方位物流服务公司(full-service distribution company 或 FS‐DC)、物流联盟(logistics alliance)等,也基本能表达与第三方物流相同的概念。一般的理解,第三方物流供应者并不是经纪人。一个公司要承担起第三方物流供应者的角色,必须能管理、控制和提供物流作业。

此外,从战略重要性角度看,第三方物流的活动范围和相互之间的责任范围较之一般的物流活动都有所扩大,以下定义就强调了第三方物流的战略意义:工商企业与物流服务提供者双方建立长期关系,合作解决托运人的具体问题。通常,建立关系的目的是发展战略联盟以使双方都获利。

这一定义强调了第三方物流的几个特征:长期性的关系、合伙的关系、协作解决具体的不同问题和公平分享利益以及共担风险。与一些基本服务如仓储、运输等相比,第三方物流提供的服务更为复杂,包括了更广泛的物流功能,需要双方最高管理层的协调。

第三方物流服务中,物流服务提供者需为托运人的整个物流链提供服务,供求双方在协作中建立交易关系或长期合同关系。这两种关系间还可以有多种不同的选择,如短期合同、部分整合或合资经营。物流服务供求双方的关系既可以只限于一种特定产品(如将汽车零部件配送给汽车经销商),也可以包括一组特定的物流活动,甚至还可以有更大的合作范围(如进出库运输、仓储、最终组装、包装、标价及管理)。在计算机行业中,物流服务提供者还可提供超出一般范围的物流服务,如在顾客的办公室安装、组装或测试计算机。

二、第三方物流服务的提供者

大多数第三方物流公司以传统的"类物流业"为起点,如仓储业、运输业、快递业、空运、海运、货代、公司物流部等。

1. 以运输为基础的物流公司

这些公司都是大型运输公司的分公司,有些服务项目是利用其他公司的资产完成的。其主要的优势在于公司能利用母公司的运输资产扩展其运输功能,提供更为综合性的整套

物流服务。

2. 以仓库和配送业务为基础的物流公司

传统的公共或合同仓库与配送物流供应商，已经将物流服务扩展到了更大的范围。以传统的业务为基础，这些公司已介入存货管理、仓储与配送等物流活动。经验表明，基于设施的公司要比基于运输的公司更容易、更方便地转向综合物流服务公司。

3. 以货代为基础的物流公司

这些公司一般无资产、非常独立，并与许多物流服务供应商有来往。它们具有把不同物流服务项目组合以满足客户需求的能力，正从货运中间商角色转为业务范围更广的第三方物流服务公司。

4. 以托运人和管理为基础的物流公司

这一类型的公司是从大公司的物流组织演变而来的。它们将物流专业的知识和一定的资源（如信息技术）用于第三方作业。这些供应商具有管理母公司物流的经验。

5. 以财务或信息管理为基础的物流公司

这种类型的第三方供应商是能提供如运费支付、审计、成本监控、采购跟踪和存货管理等管理工具（物流信息系统）的物流企业。

三、第三方物流是如何创造价值的

第三方物流供应方必须提供比客户自身进行运作更高的价值才能生存。它们不仅要考虑到同类服务提供者的竞争，还要考虑到潜在客户的内部运作。假设所有的公司都可以提供同等水平的物流服务，不同公司之间的差别将取决于它们的物流运作资源的经济性。如果财务能力是无限大的话，那么每一家公司都可以在公司内部获得并运用资源。因此，物流服务提供者与他们的客户之间的差别在于物流服务的可得性及其表现水平。由于在物流公司，内部资源是物流能力，而在客户公司里，物流仅仅是众多业务领域中的一小部分，这样，如果给定同样的资源，物流服务供应商就能够比客户公司在作业过程中获得更多的资源和技巧，从而更能够提供多种和高水平的服务。这样一个经济环境，促使物流服务供应方注重在物流上投资，从而能够在不同方面为客户创造价值。这就是所谓"战略核心理论"。下面将列举物流供应方创造价值的几个方面。

1. 运作效率

物流服务供应商为客户创造价值的基本途径是达到比客户更高的运作效率，并能提供较高的成本服务比。运作效率提高，意味着对每一个最终形成物流的单独活动进行开发（如运输、仓储）。例如，仓储的运作效率取决于足够的设施与设备及熟练的运作技能。一般认为，重视管理对服务与成本有正面的影响，因为它激励其他要素保持较高水平。重视管理在作业效率范畴中的另一个更重要的作用是提高物流的作业效率，即协调连续的物流活动。要提高运作效率，除了具备良好的作业技能外，还需要协调和沟通技能。协调和沟通技能在很大程度上与信息技术相关联，因为协调与沟通一般是通过信息技术这一工具来实现的。如果存在有利的成本因素，并且公司的注意力集中在物流方面，那么以低成本提供更好的服务是非常有可能的。

2. 客户运作的整合

带来增值的另一个方法是引入多客户运作，或者说是在客户中分享资源。例如，多客户整合的仓储或运输网络，客户运作可以利用结合起来的资源。整合运作的规模效益成为能取得比其他资源更高的价值。整合运作的复杂性大大地加强，需要更高水平的信息技术与技能。但是，拥有大量货流的大客户也会对此进行投资。由于整合的增值方式对于由单个客户进行内部运作的很不经济的运输与仓储网络也适用，因此，表现出的规模经济的效益是递增效益，如果运作得好，将取得竞争优势以及更大的客户基础。

3. 横向或者纵向的整合

前面讨论的创造价值的两种方法：运作效率和客户运作的整合注重的完全是内部，也就是尽量把内部的运作外部化。然而就像第三方的业务由顾客运作的外部化驱动，也是第三方供应方的内部创造价值的一步。纵向整合，或者说发展与低层次服务的供应商关系，是创造价值的另外一种方法。在纵向整合中，第三方供应方注重被视为核心能力的服务，或购买具有成本与服务利益的服务。根据第三方供应方的特性，单项物流功能可以外购或内置。横向上，第三方供应方能够结合类似的但不是竞争的公司，如扩大为客户提供服务的地域覆盖面。

无资产的、主要以管理外部资源为主的第三方物流服务提供商，是这种类型的受益的物流供应方。这类物流公司发展的驱动力是内部资产的减少，以及从规模和成本因素改进获得的利益。这类公司为客户创造价值的技能是强有力的信息技术（通信与协调能力）和作业技能。作业技能是概念性的作业技能，而非功能性的作业技能，因为对它来说，主要的问题是管理、协调和开发其他运作技能和资源。

4. 发展客户的运作

为客户创造价值的最后一条途径是使物流服务供应方具有独特的资本，即物流服务供应方能在物流方面拥有高水平的运作技能。我们这里所说的高水平运作技能（概念上的技能），指的是将客户业务与整个物流系统综合起来进行分析、设计等的能力。物流服务供应方应该使其员工在物流系统方案与相关信息系统工程的开发、重组等方面具有较高水平的理论知识。这种创造价值方法的目的不是通过内部发展，而是通过发展客户公司及组织来获取价值。这就是物流服务供应方基本接近传统意义上物流咨询公司要做的工作，所不同的只是这时候所提出的解决方案要由同一家公司来开发、完成并且运作。上述增值活动中的驱动力，在于客户自身的业务过程。所增加的价值可以看作源于供应链工程与整合。这种类型的活动，可以按不同的规模和复杂程度来开展。最简单的办法就是，在客户所属的供应链中创建单一的节点（如生产和组装地）或单一链接（如最后的配送）。单一节点和链接指的是第三方供应方运作，并在很大程度上在客户供应链管理和控制的一个或一些节点和链接。这也意味着，供应方运作、控制、管理着节点和链接内外两个方向上的物流。如果将整个供应链综合考虑，则容易产生更多的增值。除了作业上和信息技术方面，这些活动需要的技能还包括分析、设计和开发供应链，以及对物流和客户业务的高水平创新性概念的洞察能力。

物流运作的专门化使第三方物流公司可能在专门技术和系统领域内超越最有潜力的客户的能力，因为客户还要分配资源并同时关注其他几个领域。对于物流行业来讲，主要资源就是吸引有志于物流业的优秀人才。增值物流系统的发展对于第三方物流公司来讲是可取

的，在大多数情况下，通过在同一系统下运作多个客户的运作，供应商可以以更低的费用提供物流服务，一体化整合使其可能减少运输费用，并抵冲资金流量的季节性和随机性变动。这说明，供应商的战略是在提供的服务的质量上竞争而不在于价格上的竞争。

四、发展第三方物流关系的一般过程

1. 第三方服务关系的演变过程

有些第三方物流关系包括许多综合性的服务，而大部分第三方物流服务则是由少许的活动开始的。图 3-2 所示是这种第三方服务关系在一个公司演变的典型过程。

无外协 → 单项物流活动 → 多项活动（无整合）→ 多项活动（整合）→ 所有活动（无整合）→ 第三方合同物流

图 3-2　货主企业物流外协的选择

企业越来越习惯于使用由单一的第三方公司提供运输或仓储服务的实际情况，使第三方公司成为提供更广范围服务的候选公司。然而，当前只有有限的几个公司选择将全套供应链活动外协给第三方公司，如 1995 年美国戴尔计算机公司(Dell Computer)将所有供应链活动外协给 Roadway Logistics Service 的做法。这可以说，是预示第三方物流发展方向的一个重要的事件。

2. 第三方物流作业与传统作业的区别

一般来说，第三方物流作业与传统的作业有以下几个方面的区别：

(1) 第三方物流整合一个以上的物流功能。

(2) 第三方物流服务供应商一般不保存存货。

(3) 运输设备、仓库等虽然可以由两方中的任何一方拥有，但一般都由第三方公司控制。

(4) 外部供应者可提供全部的劳动力与管理服务。

(5) 可提供诸如存货管理、生产准备、组装与集运等方面的特殊服务。

五、物流外协第三方的做法与趋势

（一）物流外部化的方法

在欧美发达国家，很多公司采用多种方式外协其物流。其中，最为彻底的方式是关闭自己的物流系统，将所有的物流职责转移给外部物流合同供应商。对许多自理物流的公司来说，由于这样的选择变动太大，它们不愿意处理掉现有的物流资产、裁减人员，去冒在过渡阶段作业中断的风险。为此，有些公司宁愿采取逐渐外协的方法，按地理区域将责任移交分步实施，或按业务与产品分步实施。欧美公司一般采用以下方式来使移交平稳化。

1. 系统接管

这是大型物流服务供应商全盘买进客户公司的物流系统的做法。他们接管并拥有客户车辆、场站、设备和接收原公司员工。接管后,系统仍可单独为原企业服务或与其他公司共享,以改进利用率并分担管理成本。

2. 合资

有些客户更愿意保留配送设施的部分产权,并在物流作业中保持参与。对他们来说,与物流合同商的合资提供了注入资本和获得专业知识的途径。在英国,IBM 与 Tibbett & Britten 组成的 Hi-tech Logistics 即是一例。

3. 系统剥离

也有不少例子是自理物流作业的公司把物流部门剥离成一个独立的单位,允许它们承接第三方物流业务。最初由母公司为它们提供基本业务,以后则使它们越来越多地依靠第三方业务。

4. 管理型合同

对希望自己拥有物流设施(资产)的公司,仍可以把物流管理外协,这是大型零售商常采用的战略。欧盟国家把合同外包看成是改进物流作业管理的一种方法,因为这种形式的外协不是以资产为基础的,它给使用服务的一方在业务谈判中以很大的灵活性,如果需要,它们可以终止合同。

(二)物流服务采购的趋势

1. 以合同形式采购物流服务的比例增加

运输与仓储服务传统上是以交易为基础进行的。这些服务相当标准化,并能以最低价格购买。虽然公路运输行业的分散与竞争使行业中有众多小型承运人提供低价服务,但是购买此种运输服务有很大的缺点,那就是需要在日常工作中接触大量的独立承运人,这无疑会使交易成本上升,并使高质量送达服务遇到困难。不过,即使在这种市场上,企业也必须固定地使用相对稳定的几家运输承运人以减少麻烦,甚至在无正规合同的情况下,制造商也表现出对特定承运人的"忠诚"。当公司有一些特殊要求,需要一些定制的服务并对承运人的投资有部分参与时,临时招募式的做法将不再适合,它们必须签订长期合同。而当承运人专一服务于特定货主时,也要求有较长的合同期,最好能覆盖整个车辆生命期,以保障投资人的利益。

市场经济的发展和市场运作的规范,规避风险的要求,将使物流服务采购中以合同形式采购的比例越来越大。

2. 合同方的数量减少

虽然物流服务需求方可以在市场上寻找到大量的物流服务提供商为其服务,但一个明显的趋势是,合同形式下合同方数量较临时招募式做法下的供应商数量显著减少。减少合同方数量具有以下作用:① 降低交易成本;② 提供标准服务;③ 采用更严格的合同方的选择;④ 合同方在设计物流系统时更多地参与;⑤ 对长期伙伴关系发展更加重视;⑥ 采取零库存原则;⑦ 开发电子数据交换;⑧ 使物流设备越来越专业化;⑨ 改变相互依赖的程度。

物流服务外部化并集中于很少数量的合同商的情况,增加了客户的依赖性,使它更难以断绝(至少在短期内)与合同商之间的关系。

六、物流提供商与使用者关系的演变特征

1. 合同条款更加详细

许多早期物流服务合同的条款并不详细，这导致了不少误解与不满意。合同商与客户都吸取了教训，现在已不太容易犯早期的错误，对物流合同中应该注意的事项也已有了相当详细的清单。

2. 合同方与客户所有层次间沟通的改进

缺乏沟通是和使用者之间建立紧密关系的主要障碍。物流供应商常常抱怨得不到有关中短期的客户业务模式改变或长期战略发展的信息，而客户则抱怨得不到有关系统出了问题时的及时信息。

以密集的信息为基础，可以在托运人与承运人之间建立健康的长期关系。为了保证对关系认识的一致性，应使信息在两个组织间的各个管理层之间流动，并必须使之与每个公司的垂直沟通相结合。

3. 联合创新

对物流服务使用者的调查显示，他们对服务标准与作业效率基本满意，但是对创新与主动建议等方面则认为尚有不足之处。而物流合同商则认为，作为物流供给方，必须具有创新的自由，许多公司都抱怨得不到创新的自由，因为合同已严格规定了有关条款。而健康的长期关系需要双方的新思想与新观点及双方共同的创新意愿。

4. 评估体系的改进

采用如运送时间、缺货水平、计划执行情况等标准对短期合同物流的审计，并不足以为长期合同项目提供有效评估。对长期合同项目的评估，应该采用短期操作性评估与长期战略性评估相结合的方法。同时，既要考虑硬的可以统计、测量的参数，也要考虑统计上较难测量的"满意"参数。定量方法与定性方法的结合，提供了评估托运人和承运人合作关系的框架。

5. 采用公开式会计

虽然费用收取水平并不是第三方物流服务中的主要争议来源，但是，定价系统的选择会较大地影响合同双方关系的质量与稳定性，尤其是对专一型的服务。物流服务中单一性外协的缺点是无法与其他供应商的价格进行比较，因此，它们需要经常确认是否得到了与所付出的价格相对等的服务。越来越多的合同物流供应商通过提供详细的成本单，把管理费用单独列出与客户协商，并采用公开式会计及成本加管理费的定价方式，以打消客户的疑虑。因为公开式会计可以把服务于单个客户的成本区别开来，所以仅在专一的物流服务项目中适用。不过，即使在专一服务的情况下，合同双方的冲突也是难以避免的。

第三节 国际物流

国际贸易和国际物流是国际经济发展不可或缺的两个方面，国际贸易使商品所有权发生了交换，而国际物流则体现了商品在国际之间的实体转移，两者之间呈现出相互依赖、相

互促进和相互制约的关系。国际物流是在国际贸易产生和发展的基础上发展起来的,其高效运作又促进了国际贸易的发展。

一、国际物流的含义

国际物流是指货物(包括原材料、半成品、制成品)及物品(包括邮品、展品、捐赠物资等)在不同国家和地区间的流动和转移。由此可见,国际物流是相对国内物流而言的,是跨越国境的物流活动方式,是国内物流的延伸。

随着全球经济一体化的发展以及国际之间分工的日益细化,国与国之间的合作交往日趋频繁,加剧了物资在国际之间的交换,国际贸易获得空前的发展。在实现物权转移的同时,还需有效地把商品按质、按量地送到国际用户指定的地点,因此就必须依赖于高效的国际物流系统。因此,国际贸易的发展对国际物流提出了新的更高的要求。

国际物流从广义上理解,包括了各种形态的物资在国际之间的流动。具体表现为进出口商品转关、进境运输货物、加工装配业务进口的料件设备、国际展品等暂时进口物资、捐赠、援助物资以及邮品等,在不同国家和地区间所作的物理性移动。狭义而言,国际物流仅指为完成国际商品交易的最终目的而进行的物流活动,包括货物包装、仓储运输、分配拨送、装卸搬运、流通加工以及报关、商检、国际货运保险和国际物流单证制作等。因此,国际物流和国内物流的一个基本区别就在于生产与消费的异域性。只有当生产和消费分别在两个或两个以上国家或地区独立进行时,为了消除生产者和消费者之间的时空距离,才产生了国际物流的一系列活动。

国际物流相对于国内物流来说,其涉及的环节更多。在国际物流系统中,参与运作的企业及部门更为广泛,它们之间相互协作共同完成进出口货物的各项业务工作,因此国际物流运作的环境更为复杂。

二、国际物流的发展

国际物流是伴随着国际贸易的发展而发展起来的,是国际贸易得以实现的具体途径。因此,国际贸易的发展离不开国际物流。国际物流系统的高效运作,不仅能够使合同规定的货物准确无误地及时运抵国际市场,提高产品在国际市场上的竞争能力,扩大产品出口,促进本国贸易的发展,而且还能满足本国经济、文教事业发展的需要,从而满足本国消费者的需要。因此,国际物流的发展对一国国民经济的发展有着重要的作用。

第二次世界大战之前,虽然已经存在了国际之间的经济交往,但无论从概念上还是运作方式上都是较为简单的。其表现形式为经济发达的国家从殖民地和不发达国家廉价购入初级品,经加工后再将制成品高价返销殖民地和不发达国家,双方的贸易条件是极不平等的。

第二次世界大战后,由于跨国投资的兴起、跨国生产企业内部的国际贸易发展迅速,发展中国家的生产力水平提高以及发达国家和发达国家、发达国家和发展中国家的贸易总量不断增加,使国际贸易的运作水平有了新的变化。为了适应这一变化,国际物流在数量、规模以及技术能力上有了空前的发展。这一发展主要经历了以下几个阶段:

第一阶段:20世纪50年代,这是国际物流发展的准备阶段;

第二阶段：20世纪60年代，国际之间大规模物流阶段；

第三阶段：20世纪70年代，集装箱及国际集装箱船、集装箱港口的快速发展阶段；

第四阶段：20世纪80年代，自动化搬运及装卸技术、国际集装箱多式联运发展阶段；

第五阶段：20世纪90年代以来，国际物流信息化时代。

三、国际物流的特点

1. 国际物流和国内物流相比，其经营环境存在着更大的差异

国际物流的一个显著的特点就是各国的物流环境存在着较大的差异。除了由于生产力及科学技术发展水平、既定的物流基础设施各不相同外，各国文化历史及风俗人文的千差万别以及政府管理物流的适用法律的不同等物流软环境的差异尤其突出，使国际物流的复杂性远远高于一国的国内物流。例如，语言的差别会增加物流的复杂性，从地理上看西欧的土地面积比美国小得多，但由于它包括的国家众多，使用多种语言，如德语、英语、法语等，致使需要更多的存货来开展市场营销活动，因为贴有每一种语言标签的货物都需要有相应的存货支持。

2. 国际物流系统广泛，存在着较高的风险性

物流本身就是一个复杂的系统工程。而国际物流在此基础上增加了不同的国家要素，这不仅仅是地域和空间的简单扩大，而且还涉及了更多的内外因素，因此增加了国际物流的风险。例如，由于运输距离的扩大延长了运输时间并增加了货物中途转运装卸的次数，使国际物流中货物丢失和短缺的风险增大；企业资信及汇率的变化，使国际物流经营者面临更多的信用及金融风险。而不同国家之间政治经济环境的差异，可能会使企业跨国开展国际物流遭遇更多的国家风险。

3. 国际物流中的运输方式具有复杂性

在国内物流中，由于运输距离相对较短，运输频率较高，因此主要的运输方式是铁路运输和公路运输。但在国际物流中，由于货物运送距离远、环节多、气候条件复杂，对货物运输途中的保管、存放要求高，因此，海洋运输方式、航空运输方式尤其是国际多式联运是其主要运输方式，具有一定复杂性。国际多式联运就是由一个多式联运经营人使用一份多式联运的合同将至少两种不同的运输方式连接起来进行货物国际之间的转移，期间需经过多种运输方式的转换和货物的装卸搬运，与单一的运输方式相比具有更大的复杂性。

4. 国际物流必须依靠国际化信息系统的支持

国际物流的发展依赖于高效的国际化信息系统的支持。由于参与国际物流运作的物流服务企业及政府管理部门众多，包括货运代理企业、报关行、对外贸易公司、海关、商检等机构，使国际物流的信息系统更为复杂。国际物流企业不仅要制作大量的单证，而且要确保其在特定的渠道内准确无误地传递，因此耗费的成本很高，花费的时间很多。目前，在国际物流领域，EDI（电子数据交换）得到了较广泛的应用，它大大提高了国际物流参与者之间的信息传输的速度和准确性。但是由于各国物流信息水平的不均衡以及技术系统的不统一，在一定程度上阻碍了国际信息系统的建立和发展。

5. 国际物流的标准化要求较高

国际物流除了国际化信息系统支持外，统一标准也是一个非常重要的手段，这有助于国

际之间物流的畅通运行。国际物流是国际贸易的衍生物，它是伴随着国际贸易的发展而产生和发展起来的，是国际贸易得以顺利进行的必要条件。如果贸易密切的国家在物流基础设施、信息处理系统乃至物流技术方面不能形成相对统一的标准，那么就会造成国际物流资源的浪费和成本的增加，最终影响产品在国际市场上的竞争能力，而且国际物流水平也难以提高。目前，美国、欧洲基本实现了物流工具及设施标准的统一，如托盘采用 1 000 mm×1 200 mm 规格、集装箱有若干种统一规格及标准的条码技术等。

四、国际物流系统的组成

国际物流系统是由国际货物的包装、运输、仓储、装卸搬运、流通加工及国际配送子系统所组成。其中，国际货物的运输子系统和国际货物的仓储子系统是国际物流的两大支柱，通过运输克服了商品生产和消费的空间距离，通过仓储消除了其时间差异，满足了国际贸易的基本需要。

1. 运输子系统

国际物流运输是国际物流系统的核心子系统，其作用是通过运输使物品空间移动而实现其使用价值。国际物流系统依靠运输作业克服商品生产地和需求地之间的空间距离，创造商品的空间效应，商品通过国际物流运输系统由供给方转移给需求方。国际货物运输具有路线长、环节多、涉及面广、手续繁杂、风险性大、时间性强等特点。运输费用在国际贸易商品价格中占有很大比重。国际运输主要包括运输方式的选择、运输单据的处理以及投保等有关方面。

2. 仓储子系统

商品储存、保管使商品在其流通过程中处于一种或长或短的相对停滞状态，这种停滞是完全必要的。因为，商品流通是一个由分散到集中，再由集中到分散的源源不断的流通过程。国际贸易和跨国经营中的商品从生产厂或供应部门被集中运送到装运港口，有时需临时存放一段时间，再装运出口，是一个集中和分散的过程。它主要是在各国的保税区和保税仓库进行的，在国际物流仓储子系统中主要涉及各国保税制度和保税仓库建设等方面的问题。

保税制度是对特定的进口货物，在进境后，尚未确定内销或复出的最终去向前，暂缓缴纳进口税，并由海关监管的一种制度。这是各国政府为了促进对外加工贸易和转口贸易而采取的一项关税措施。

保税仓库是经海关批准专门用于存放保税货物的仓库。它必须具备专门储存、堆放货物的安全设施和健全的仓库管理制度以及详细的仓库账册，并配备专门的经海关培训认可的专职管理人员。保税仓库的出现，为国际物流的海关仓储提供了既经济又便利的条件。有时会出现对货物不知最后做何处理的情况，于是买主（或卖主）将货物在保税仓库暂存一段时间。若货物最终复出口，则无需缴纳关税或其他税费；若货物内销，可将纳税时间推迟到实际内销时为止。

从现代物流理念的角度看，应尽量减少储存时间、储存数量，加速货物和资金周转，实现国际物流的高效率运转。

3. 商品检验子系统

由于国际贸易和跨国经营具有投资大、风险高、周期长等特点，使得商品检验成为国际物流系统中重要的子系统。通过商品检验，确定交货品质、数量和包装条件是否符合合同规定。如发现问题，可分清责任，向有关方面索赔。在买卖合同中，一般都订有商品检验条款，其主要内容有检验时间与地点、检验机构与检验证明、检验标准与检验方法等。根据国际贸易惯例，商品检验时间与地点的规定可概括为三种做法：

一是在出口国检验。可分为两种情况：在工厂检验，卖方只承担货物离厂前的责任，运输中品质、数量变化的风险概不负责；装船前或装船时检验，其品质和数量以当时的检验结果为准。

二是在进口国检验。包括卸货后在约定时间内检验和在买方营业场所或最后用户所在地查验两种情况。其检验结果可作为货物品质和数量的最后依据。

三是在出口国检验、进口国复验。货物在装船前进行检验，以装运港双方约定的商检机构出具的证明作为议付货款的凭证，货物到达目的港后，买方有复验权。如果复验结果与合同规定不符，买方有权向卖方提出索赔，但必须出具卖方同意的公证机构出具的检验证明。

4. 报关子系统

国际物流的一个重要特征就是货物要跨越关境。由于各国海关的规定并不完全相同，因此，对国际货物的流通而言，各国的海关可能会成为国际物流的"瓶颈"。而要消除这一瓶颈，就必须要求国际物流经营人熟悉各国有关的通关制度，在适应各国通关制度的前提下，建立安全有效的快速通过系统，实现货畅其流。国际物流报关子系统的存在也增加了国际物流的风险性和复杂性。

5. 商品包装子系统

杜邦定律（美国杜邦化学公司提出）认为：63%的消费者是根据商品的包装装潢进行购买的，国际市场和消费者是通过商品来认识企业的，而商品的商标和包装就是企业的面孔，它反映了一个国家的综合科技文化水平。

现在我国出口商品存在的主要问题是：出口商品包装材料主要靠进口；包装产品加工技术水平低，质量上不去；外贸企业经营者对出口商品包装缺乏现代意识，表现在缺乏现代包装观念、市场观念、竞争观念和包装的信息观念，仍存在着"重商品、轻包装""重商品出口、轻包装改进"等思想。

为提高商品包装系统的功能和效率，应提高国际物流经营人和外贸企业对出口商品包装工作重要性的认识，树立现代包装意识和包装观念；尽快建立起一批出口商品包装工业基地，以适应外贸发展的需要，满足国际市场、国际物流系统对出口商品包装的各种特殊要求；认真组织好各种包装物料和包装容器的供应工作。这些包装物料、容器应具有品种多、规格齐全、批量小、变化快、交货时间急、质量要求高等特点，以便扩大外贸出口和创汇能力。

6. 装卸子系统

国际物流运输和储存子系统离不开装卸搬运，装卸搬运子系统是国际物流系统的又一重要的子系统。装卸搬运是短距离的物品移动，是储存和运输子系统的桥梁和纽带。能否高效率地完成物品的装卸搬运作业，是决定国际物流节点能否有效促进国际物流发展的关键因素。

7. 信息子系统

国际物流信息子系统主要功能是采集、处理和传递国际物流和商流的信息情报。没有功能完善的信息系统,国际贸易和跨国经营将寸步难行。国际物流信息的主要内容,包括进出口单证的作业过程、支付方式信息、客户资料信息、市场行情信息和供求信息等。

国际物流信息子系统的特点是信息量大、交换频繁,传递量大、时间性强,环节多、点多、线长,所以要建立技术先进的国际物流信息系统。国际贸易中 EDI 的发展是一个重要趋势,我国应该在国际物流中加强推广 EDI 的应用,建设国际贸易和跨国经营的高速公路。

上述国际物流子系统应该和配送子系统、流通加工子系统等有机联系起来,统筹考虑、全面规划,建立我国适应国际竞争要求的国际物流系统。

五、国际物流合理化措施

(1) 合理选择和布局国内、国外物流网点,扩大国际贸易的范围、规模,以达到费用省、服务好、信誉高、效益高、创汇好的物流总体目标。

(2) 采用先进的运输方式、运输工具和运输设施,加速进出口货物的流转。充分利用海运、多式联运方式,不断扩大集装箱运输和大陆桥运输的规模,增加物流量,扩大进出口贸易量和贸易额。

(3) 缩短进出口商品的在途积压,包括进货在途(如进货、到货的待验和待进等)、销售在途(如销售待运、进出口口岸待运)、结算在途(如托收承付中的拖延等),以便节约时间,加速商品资金的周转。

(4) 改进运输路线,减少相向、迂回运输。

(5) 改进包装,增加技术装载量,多装载货物,减少损耗。

(6) 改进港口装卸作业,有条件要扩建港口设施,合理利用泊位与船舶的停靠时间,尽力减少港口杂费,吸引更多的买卖双方入港。

(7) 改进海运配载,避免空仓或船货不相适应的状况。

(8) 国内物流运输段,在出口时,有条件要尽量做到就地收购、就地加工、就地包装、就地检验、直接出口,即称"四就一直"的物流策略。

小结和学习重点

- 社会物流、行业物流、企业物流的含义
- 第三方物流、国际物流的含义
- 第三方物流是如何创造价值的
- 国际物流的特点
- 国际物流合理化的措施

现代物流涉及的内容十分庞大,我们可以从不同的角度对现代物流进行不同的分类,目的是了解和掌握不同物流形式的特点,以便更好地管理。第三方物流是一个新兴的领域,已

得到越来越多的关注。第三方物流供应方必须提供比客户自身进行运作更高的价值。所以，发展第三方物流是现代物流发展的必然趋势。国际物流是伴随着国际贸易的发展而产生和发展起来的，是国际贸易得以实现的具体途径。国际物流和国内物流相比，其经营环境存在很大的差异。因此，它具有自身的特点，管理者必须遵循国际物流的特点，探索国际物流合理化的措施。

案例分析

河北第三方物流企业保定运输集团
如何向现代物流企业转型

从世界范围看，物流产业对经济发展作出了巨大贡献，这已被许多国家的实践所证实。而运输作为物流的重要环节，为实现低成本、高质量的服务，在整个物流过程中发挥着举足轻重的作用。

1. 公路运输业要从困境中走出来，必须融入现代物流

我国传统公路运输业要在发展现代物流业中扮演重要角色，成为物流业中的主力，就必须使公路运输业满足现代物流的要求。

首先，传统公路运输业要打破运输环节独立于生产环节之外的界限，通过供应链的管理建立起对公路运输业供、产、销全过程的计划和控制；其次，传统公路运输业要突破运力是运输服务中心的观点，强调客户第一的运输服务宗旨；再次，公路运输业应着眼于运输流程的管理和高科技与信息化。

目前，国外公路运输业与电子商务日益紧密地结合，并通过企业之间的兼并与联盟，加速向全球的扩张发展。而国内公路运输业在现代物流方面的现状是体制落后、设备陈旧，物流服务意识落后，公路运输支持系统特别是公路运输所需的软件及硬件开发技术薄弱，缺乏统一规划和标准。

运输是物流的重要环节，公路运输更是以其机动灵活，可以实现"门到门"运输，在现代物流中起着重要作用。而要使我国公路运输业从目前的困境中走出来，必须融入现代物流，成为真正意义上的"第三方物流"。

2. 保定运输集团的业务流程重组和应掌握的主要原则

针对保定运输集团（以下简称保运集团）货运业务组织状况，建议设立货运交易信息中心，提供信息沟通和中介服务功能，及时向社会通报自己对车辆、货物的需求，加快货物运输的效率。

针对保运集团目前计算机应用水平低、各部门互动性差的特点，建议加快实现计算机联网，成立交易信息中心，使客户不仅可以充分获取信息，直接进行组货或配载，同时还可以获得运管部门签发的路单、代办结算保险、处理运输纠纷等服务。

针对过去业务组织方面的缺陷，建议对其进行业务流程重组。

（1）成立信息核算中心，将涉及各种信息核算业务机构和岗位统一纳入到该系统中，统揽企业内所涉及的各种信息。

（2）成立运输经营中心，负责指挥公司的运输生产。

（3）成立质量监督中心，负责处理货物运输业务过程中出现的各种货物损失所产生的事务。

就整车货运的业务流程重组来看，承运业务和调车同时发生，验货业务和派车同时发生，验货同时所需车辆可以到位，这样原来的直链式业务就变成了两条并行的业务形式，可以使货物在货场停留时间减少到两天。而信息处理中心成为货运各部门的联络中心，它使以前相对独立的各部门计算机形成一个网络，加快了各部门的信息交流，使信息中心及时掌握公司的运行现状，从而保证货物的按时装载和发送。货车运行时间表，可以采用GPS智能定位系统，能够及时监控，使得公路运输的准确到达率和返回时间得以控制。

运输业除了要有服务的意识外，还要有服务技术手段的支持。要提高服务意识，同服务对象结成战略伙伴协作关系，在面对客户需求而自身资源有限时，能够积极地在市场上寻找合作伙伴、延伸供应链、整合市场资源为客户服务，主动地去了解供应商和客户的活动过程和运作要求，以至在物流服务的渠道结构发生变化的时候，为客户设计新的物流解决方案，建立新的市场竞争共同体。

传统公路运输业应主要掌握以下几个原则："不熟不做"原则；"集中一点"，即专业化服务原则；"客户是上帝"原则；"重点客户、重点服务"原则；"延伸服务"，即服务品种创新原则；"精益求精"，即服务技术创新原则。

3. 从企业经营形式和经营规模方面进行调整

针对保运集团的状况，应该从企业经营形式和经营规模方面进行调整，在经营形式上，要根据公路运输业的特点进行调整。

（1）突出特色服务，重点发展专业化运输、零担运输、快件运输、冷藏运输、大件运输、危险品运输和液体运输等业务，成为用户供应链中具有独特核心能力的专业运输企业，以自己的运输服务优势为依托，逐步发展物流服务。

（2）向客户提供以运输为主的多元服务，从运输本业出发，争取能够提供部分或全部的物流服务。要与用户建立起长期合作关系，参与供应链管理。要建立实时信息系统、GPS系统、存货管理、电子数据交换等，为用户提供物流信息反馈。

（3）实施技术创新，利用高新技术提高企业竞争力，调整发展战略。从保运集团目前的情况看，无论是物流服务的硬件还是软件，与提供高效率、低成本的物流服务要求还有较大的差距，信息的收集、加工、处理、运用能力，物流业的专门知识，物流的统筹策划和精细化组织、管理等能力都显不足。

4. 保运集团物流信息化建设应采取的措施

保运集团现在亟须的是现代化管理和信息技术的应用，为汽车运输业的现代化提供保证。

在物流信息化方面，建议保运集团建立公路运输货物计算机辅助管理系统，包括决策支持、车辆调度、人事管理、财务管理、内部结算等系统，可以大大减少管理人员，提高管理精度和效率。

开发应用 GPS 车辆跟踪定位系统、GIS 车辆运行线路安排系统,促进运输生产自动化。积极引进先进技术,建立 GPS 卫星定位系统,可精确地给车辆定位与导航,提高汽车的回程率;利用地理信息系统技术、卫星定位技术、电子数据交换技术来优化车辆运行调度,提高车辆运输效率。

利用现有集团内部的网络系统与全国统一的货运电子商务系统联网,提供全国的货源信息,统一调度、统一配载,传输和自动处理与道路运输相关的信息和单证票据,建立智能运输管理系统。

针对保运集团在管理方面存在的问题,建议对其进行现代企业制度的改革。在汽车运输企业建立现代企业制度,从根本上说是要转变管理机制和经营机制,依法组织运输、依法进行管理。

要实行政企分开,政府彻底从企业经营中退出;投资主体多元化,让民营资本进入公路运输业,这样才有利于建立现代企业制度。

提高传统公路运输业管理者的素质,因为高级管理人才在对于法律的认识程度上,有利于企业的法制化管理,这样才能使我国的公路运输法制体系得以迅速建立。

思考

1. 保定运输集团应该怎样进行业务流程重组?
2. 保定运输集团应如何加强物流信息化建设?
3. 保定运输集团应如何进行经营形式的调整?

练习与思考

(一) 名词解释

社会物流　第三方物流　国际物流

(二) 填空

1. 按照物流在整个生产制造过程中的作用来看,物流可分为_____、_____、_____、_____和_____。
2. 欧美公司实行物流外部化的一般方法有_____、_____、_____和_____。

(三) 单项选择

1. 按经济圈划分的物流称为(　　　　)。

　　A. 地区物流　　　　　　　　　　B. 国内物流
　　C. 国际物流　　　　　　　　　　D. 供应物流

2. 集装箱及国际集装箱船、集装箱港口的快速发展阶段是(　　　　)。

　　A. 20 世纪 50 年代　　　　　　　B. 20 世纪 60 年代
　　C. 20 世纪 70 年代　　　　　　　D. 20 世纪 80 年代

(四) 多项选择

1. 国际物流系统包括(　　　　)。

　　A. 运输子系统　　　　　　　　　B. 仓储子系统
　　C. 商品检验子系统　　　　　　　D. 报关子系统

2. 按照物流系统的性质分类,物流可分为( )。
　　A. 社会物流　　　　　　　　　B. 行业物流
　　C. 企业物流　　　　　　　　　D. 国际物流

(五) 简答

1. 第三方物流是如何创造价值的?

2. 国际物流的特点是什么?

3. 国际物流合理化的措施有哪些?

部分参考答案

(二) 填空

1. 供应物流　销售物流　生产物流　回收物流　废弃物流

2. 系统接管　合资　系统剥离　管理型合同

(三) 单项选择

1. A　2. C

(四) 多项选择

1. ABCD　2. ABC

第二篇　现代物流管理
物流职能

第四章 包装

学习目标

学完本章，你应该能够：

(1) 掌握包装的概念；

(2) 掌握包装材料、包装容器和包装机械的知识；

(3) 掌握包装技术、包装合理化；

(4) 了解包装的作用与分类；

(5) 了解绿色包装和集成包装。

基本概念

包装　包装机械装备　包装技术　包装合理化　绿色包装　集成包装

在物流过程中，为了保护产品、方便运输、促进销售，必须按一定的技术方法，采用容器、材料及辅助材料包封产品，并予以适当的装潢和标志。本章将对包装的有关概念、包装技术和包装合理化等内容进行介绍。

第一节　包装的意义与分类

一、包装在物流中的地位和作用

包装与物流的关系密切，是物流系统的重要组成部分，包装既是生产的终点，又是物流的起点，其作为物流起点的意义较之作为生产终点的意义更大。

(一) 包装的地位

无论是产品或是材料，在搬运、输送以前都要进行某种程度的包装捆扎或装入适当容器，以保证产品完好地运送到消费者手中。我国国家标准《物流术语》中对包装的定义如下："为在流通过程中保护产品，方便储运，促进销售，按一定技术方法而采用的容器、材料及辅助物的总体名称。也指为了达到上述目的而采用容器、材料和辅助物的过程中施加一定技

术方法等的操作活动。"

在由运输、仓储、包装、装卸搬运、配送等环节组成的物流系统中，包装是物流系统中的重要组成部分，需要和装卸搬运、运输和仓储等环节一起综合考虑、全面协调。比如，包装还是不包装？是简单包装还是精细包装？是大包装还是小包装？都应该结合商品的运输、保管、装卸搬运以及销售等相关因素综合考虑，只有多种相关因素协调一致，才能发挥整体物流效果。包装既要考虑物流系统的其他因素，同时物流系统又受包装的制约。

（1）就包装与运输的关系而言，为降低运输成本，充分发挥包装的功能，包装要考虑运输的方式。如果杂货运输时用货船载运，就必须严格地用木箱包装。而改用集装箱船载运后，货物只用纸箱包装就可以了。不同类型的包装，也决定了运输方式的选择。

（2）就包装与搬运的关系而言，如果用人工搬运，就应按人力可以胜任的重量单位进行包装，如果运输过程中全部使用叉车，就无需包装成小单位，只要交易上允许，则应尽量包装成大的单位。

（3）就包装与保管的关系而言，货物在仓库保管，如果需要码高，那么，最下面货物的包装应能承受压在上面的货物的总重量。以重量为 10 kg 的货箱为例，如果货物码放 10 层，那么，最下边的箱子最低承重应为 90 kg。如果设计了只能承重 90 kg 的包装，仓库再高也只能码放 10 层货物。

从上面可以看出，包装在物流系统中并不是孤立的，应从系统的观点去考虑。包装物的大小、形状、重量、体积要考虑如下因素：一要便于运输、保管和装卸搬运；二要便于堆码、摆放、陈列、提取、携带；三要便于拆卸、回收和再生利用。在包装配套化要求方面，要考虑包装与运输、保管、装卸搬运相配套问题。比如采用单元化包装，可以顺利实现铁路、公路，水运等各种运输方式的转换，达到快速、安全地入库、上架、下架、出库作业，从而提高装卸搬运效率，减少货物被损。

（二）包装的作用

从前述包装定义中，我们不难看出包装的作用，即保护产品、便于储运、促进销售等作用。

1. 保护产品

保护是包装最重要的作用。产品从生产厂家生产出来直到送达最终用户手中，要经过一定的时间和历程，这个过程要经过多次的运输和贮存。产品在运输过程中，会受到震动、挤压、碰撞、冲击以及风吹、日晒、雨淋等损害；在贮存过程中，会受到温度、湿度、虫蛀、鼠咬、灰尘的损害和污染。到了使用者手里以后，从开始使用到使用完毕，也要存放一段时间。适当的包装能起到防止各种可能的损害和保护产品使用价值的作用。

包装的作用之一是保护物品，使物品的形状、性能、品质在物流过程中不受损坏。完善的包装可以在一定程度上防止散包、破损、雨淋、受侵、变质、异味溢泄、变形、撞裂等现象发生。

2. 方便储运

包装在运输环节中的主要目的在于要便于装卸、储存和运输，从而保证按期将商品完好无损地送达目的地或消费领域。

在储运方面,包装上主要考虑的问题有:① 抵御在储运过程中温度、湿度、紫外线、雨雪等气候和自然条件因素对商品的侵害,减缓压力、振动、冲击、摩擦等外力对商品的作用。② 防止商品撒漏、溢泄、挥发而酿成污染事故。③ 包装的尺寸、重量、形态都必须有利于流通环节中装卸、搬运、保管等各项作业,通过包装还可以使物品形成一定的单位,作业时便于处置。如果包装规格尺寸不标准,不能进行集装单元化保管和运输,或者降低运输工具的装载效率,说明包装设计考虑不周。④ 提高运载工具的载重力和容积,缩短各种作业时间和提高作业效率。通过包装还可以使物品形成一定的单位,作业时便于清点、便于处置。

3. 促进销售

包装具有促进销售的功能,即商业功能。销售包装是指将包装连同商品一起销售给消费者的包装。销售包装主要目的在于美化商品、宣传商品,以扩大销售。生意经"货卖一张皮"就是阐明包装对促进销售的重要作用。产品进行包装以后,首先进入消费者视觉的往往不是产品本身,而是产品的包装。所以,能不能引起消费者的购买欲望,进而产生购买行为,在一定程度上取决于包装的好坏。特别是在自选市场里,包装起着"无声的推销员"的作用。一般来说,产品的内在质量是竞争能力的基础,但是,一种优质商品,如果没有一个良好的包装相匹配,就会降低"身价",并削弱市场竞争能力,这在国际市场上表现特别明显。

4. 便于使用

根据产品在正常使用时的用量,进行适当的包装,还能起到便于使用和指导消费的作用。比如,瓶装酒用 500 g 装或 250 g 装,使用比较方便;味精用 500 g 装,适用于食堂和饭店,50 g 装则适用于家庭;药片 1 000 片装适用于医院,10 片装则适用于个人等。这里包装的大小,并在包装上说明用法用量都起着便于使用的作用。

二、包装的分类

现代产品的品种繁多,性能、用途各异,对包装的要求也各不相同,这也使包装的类型繁多。

1. 按包装功能分类

按包装功能分类,可以把包装划分为工业包装和商业包装两类。

(1) 工业包装也称为运输包装,目的是保证商品在运输、保管、装卸搬运过程中不散包、不破损、不受潮、不污染、不变质、不变味、不变形、不腐蚀、不生锈、不生虫,即保持商品的数量和质量不变。工业包装主要发挥包装的保护产品和便于储运的作用,还要注意包装标志。

包装标志就是指在运输包装外部采用特殊的图形、符号和文字,以赋予运输包装件以传达各种信息功能。其作用有三点:一是识别货物,实现货物的收发管理;二是明示物流中应采用的防护措施;三是识别危险货物,暗示应采用的防护措施,以保证物流安全。

(2) 商业包装又称为销售包装,它主要是指根据零售业的需要,作为商品的一部分或为方便携带所做的包装。销售包装的设计是为了方便顾客、增强市场吸引力以及保护商品的安全。商业包装的功能包括定量功能、标志功能、便利功能和促销功能,目的在于促销或者便于商品在柜台上零售,或者为了提高作业效率。商业包装主要发挥包装的促销作用。

2. 按包装在流通过程中的作用分

包装也可以分为单个包装、内包装、外包装。

（1）单个包装也称为小包装，是物品送到使用者手中的最小单位，用袋或其他容器对物体的一部分或全部包裹起来，并且印有作为商品的标记或说明等信息资料。这种包装一般属于商业包装，应注意美观，以起到促进销售的作用。小包装主要发挥包装的促销作用和便于使用的作用。

（2）内包装是将物品或单个包装，或数个归整包装，或置于中间容器中，目的是为了对物品及单个包装起保护作用。

（3）外包装基于物品输送的目的，要起到保护作用并且考虑输送搬运作业方便，一般置入箱袋之中，根据需要对容器有缓冲防震、固定、防温、防水的技术措施要求。一般外包装有密封、增强功能，并且有相应的标志说明。常见的外包装有集装袋或集装包、托盘、集装箱。

内包装和外包装属于工业包装，更着重于对物品的保护，其包装作业过程可以认为是物流领域内的活动。而单个包装作业一般属于销售领域活动，是商业包装。

3. 按其他标志分类

（1）按产品经营方式分，有内销产品包装、出口产品包装和特殊产品（如珍贵文物、工艺美术品等）包装等。

（2）按包装制品材料分，有纸制品包装、塑料制品包装、金属包装、竹木器包装、玻璃容器包装和复合材料包装等。

（3）按包装使用次数分，有一次用包装、多次用包装和周转包装等。

（4）按包装容器（或制品）的软硬程度分，有硬包装、半硬包装和软包装等。

（5）按产品种类分，有食品包装、药品包装、机电产品设备（或仪器）包装、危险品包装等。

（6）按包装技术方法分，有防震包装、防湿包装、防锈包装、防霉包装等。

第二节　包装材料与包装机械装备

一、包装材料

包装材料是形成包装的物质基础，是包装各项作用发挥的具体承担者。包装材料具有以下性能：保护性能、加工操作性能、外观装饰性能、方便使用性能、节约费用性能、易处理性能等。正因为这样，包装材料的选择十分重要，它直接关系到包装质量和包装费用，有时还影响运输、装卸、搬运和仓储环节作业的进行。包装材料种类繁多，归纳起来主要有以下几种类别。

（一）纸和纸制品

利用纸进行包装的商品非常广泛，用量最多、品种最杂，这是由于纸作为包装材料具有耐摩擦、耐冲击、质地细腻、容易黏合、无味、无毒，价格相对较低的特点。运输用大型纸袋可用3～6层牛皮纸叠合而成,也可用牛皮纸和塑料薄膜做成复合多层构造。纸箱的原料是各种规格的白纸板和瓦楞纸板。瓦楞纸纸箱之所以被广泛利用,是因为它重量轻、耐冲击、容易进行机械加工和回收,价格也便宜,但要求其强度和耐压能力必须达到一定指标,在选材和尺寸设计时应加以注意。不同的包装可选用不同的纸。例如,牛皮纸可作为内包装和外包装,可做成纸袋,还可用做瓦楞纸面层;植物羊皮纸主要用于带装饰性的小包装,如用于包装食品、茶叶、药品等,可在长时间存放中防止受潮、干硬、走味。

(二)木质包装材料

木质包装材料,一般用于外包装,因为木材具有抗压、抗震、抗挤、抗冲撞能力。木制容器包括木箱、胶合板箱及木桶等。为了节省木材,常使用框架箱、栅栏箱或木条胶合板箱,为了增加强度也有加铁箍的。对于重物包装,常在底部加木制垫货板。近年来,木质包装材料有逐步被其他材料所替代的趋势。

(三)金属包装材料

饮料、煤气、天然气等液体和气体一般用金属和金属板作包装材料,用于包装的金属材料主要有以下几种。

1. 镀锡薄板

镀锡薄板俗称马口铁,是表面镶有锡层的薄钢板。由于锡层的作用,它除有一般薄钢板的优点以外,还有很强的耐腐蚀性,可加工成各种形状的容器。主要用于制造高档罐容器,如各种饮料罐、食品罐等。

2. 涂料铁

它是经过在镀锡薄板一面涂以涂料加工制成的,适于盛装各种食品,主要用于制造食品罐。

3. 铝合金

它是以铝为主要合金元素的各种铝合金。按照其他合金元素种类及含量不同,它有许多型号,分别可制铝箔、饮料罐、薄板、铝板及型材,可制成各种包装物,如牙膏皮、饮料罐、食品罐、航空集装箱等。也可与塑料等材料复合制成复合薄膜,用作商业小包装材料。铝合金包装材料的主要特点是隔绝水、汽及一般腐蚀性物质的能力较强,强度质量比较大,因而包装材料轻、无效包装较少、无毒、外观性能好、易装饰美化。

(四)塑料包装材料

塑料包装材料有:聚乙烯、聚丙烯、聚苯乙烯、聚氯乙烯以及钙塑材料等。

(1)聚乙烯又分为高压聚乙烯、中压聚乙烯和低压聚乙烯三种。其中,高压聚乙烯制成的薄膜,因透气性好、透明结实,适用于蔬菜、水果的保鲜包装。在美国60%以上的包装塑料为聚乙烯。

(2)聚丙烯的优点是无毒,可制成薄膜、瓶子、盖子,用于食品和药品包装。

(3)聚苯乙烯可用来制作罐、盒、盘等包装容器和热缩性薄膜。发泡聚苯乙烯塑料,大都用来做包装衬垫和内装防震材料。

（4）聚氯乙烯是大家通常所说的PVC,它可以用来制作周转塑料箱和硬质泡沫塑料,但在高温下可能分解出氯化氢气体,有腐蚀性。

（5）钙塑材料可用来制造钙塑瓦楞纸板、钙塑包装桶和包装盒等。

塑料包装制品的应用日益广泛,塑料袋及塑料交织袋已成为牛皮纸袋的代用品。塑料制品还用于酒、食油等液体运输容器的革新,开发了纸袋结合包装,其方法是将折叠塑料袋容器放入瓦楞纸箱中,以代替传统的玻璃瓶、金属罐、木桶等。塑料成型容器也得到广泛的应用,如聚乙烯容器,包括箱、罐等,特别是颜料业和食品业等塑料通用箱发展很快。

（五）玻璃、陶瓷包装材料

玻璃和陶瓷不仅抗腐蚀、强度高,用玻璃或陶瓷材料制成瓶、罐、坛子,用来盛装食品、饮料、酒类、药品等十分适宜,而且能进行装潢和装饰。玻璃用于运输包装,主要是指存装化工产品,如强酸类的大型容器;其次是指用玻璃纤维复合袋存装化工产品和矿物粉料。玻璃用于销售包装,主要是玻璃瓶和平底杯式的玻璃罐,用来存装酒、饮料、其他食品、药品、化学试剂、化妆品和文化用品等。

（六）复合材料

复合材料由多种材料复合而成,常见的复合材料有几十种,广泛利用的有:塑料与塑料复合、塑料与玻璃复合、金属箔与塑料复合、纸与塑料复合以及金属箔、塑料、玻璃复合等。

（七）包装用辅助材料

包装用的辅助材料主要有黏合剂、黏合带、捆扎材料等。

1. 黏合剂

用于材料的制造、制袋、制箱及封口作业。黏合剂有水型、溶液型、热熔型和压敏型几种。近年来,由于普遍采用高速制箱及封口的自动包装机,所以大量使用短时间内能够黏结的热融结合剂。

2. 黏合带

有橡胶带、热敏带、黏结带三种。橡胶带遇水可直接溶解,结合力强,黏结后完全固化,封口很结实;热敏带一经加热活化便产生黏结力,一旦结合,不好揭开且不易老化;黏结带是在带的一面涂上压敏性结合剂,如纸带、布带、玻璃纸带、聚乙烯树脂带等,也有两面涂胶的双面胶带,这种带子用手压便可结合,使用十分方便。

3. 捆扎材料

捆扎的作用是打捆、压缩、缠绕、保持形状、提高强度、封口防盗、便于处置和防止破损等。现在已很少用天然捆扎材料,而多用聚乙烯绳、聚丙烯绳、纸带、聚丙烯带、钢带、尼龙布等。

（八）生物包装材料

随着人们环境保护意识的增强,消费者对产品包装不仅要求其外观新颖美观,还要求包装材料无污染、易回收、易降解。因而,从农业原料或副产品中生产生物包装材料具有十分广阔的市场前景。新的生物包装材料已在不少国家和地区出现,如从棉籽蛋白中生产的包装薄膜、从小麦蛋白中研制成功的包装材料、以膨胀的淀粉为原料生产的包装材料等。这些新型的生物包装材料一经问世,便显示出强大的生命力。

德国一家个体农场利用玉米开发出可取代塑料包装材料的生物包装材料。该农场通过试验发现,把玉米粉制成浆料,通过压缩机挤压、膨胀后做成的颗粒,可有效承受冲击和压力,而且抗静电、防霉、不受潮、不污染环境。因此,很快在医药和化妆品工业产品包装中找到了市场。

发展生物材料包装工业大有可为。一是可以综合利用农林产品和副产品,达到增值的目的。尤其是不少农林资源丰富又需要进口塑料、金属等包装材料的发展中国家和地区,发展生物材料包装工业的收益更大。二是生物包装材料易回收利用,可以加工成牲畜饲料。三是生物材料易发酵和降解,不污染环境,符合环保要求。据此,专家预测,随着经济、科技的发展和工业化程度的提高,世界生物材料包装工业将会有一个较大的发展。

二、包装容器

包装容器是包装材料和造型结合的产物,常用的包装容器主要有瓦楞纸箱、木箱、托盘集合包装、集装箱和塑料周转箱等。

(一)包装袋

包装袋是柔性包装中的重要技术,包装袋材料具有较高的韧性、抗拉强度和耐磨性。一般包装袋结构是筒管状,一端预先封死,在包装结束后再封装另一端,一般采用充填操作。包装袋广泛适用于运输包装、商业包装、内装和外装。包装袋一般分成下述三种类型。

1. 集装袋

这是一种大容积的运输包装袋,盛装重量在 1 t 以上。集装袋的顶部一般装有金属吊架或吊环等,用于铲车或起重机的吊装、搬运。卸货时可打开袋底的卸货孔,即行卸货,非常方便。集装袋装卸货物及搬运都很方便,故装卸效率明显提高。

2. 一般运输包装袋

这类包装袋的盛装重量是0.5~100 kg,大部分是由植物纤维或合成树脂纤维纺织而成的织物袋,或者由几层柔性材料构成的多层材料包装袋,如麻袋、草袋和水泥袋等。主要包装粉状、粒状和个体小的货物。

3. 小型包装袋(或称普通包装袋)

这类包装袋盛装重量较少,通常用单层材料或双层材料制成。对某些具有特殊要求的包装袋也有用多层不同材料复合而成。包装范围较广,液状、粉状、块状和异型物等可采用这种包装。

上述几种包装袋中,集装袋适用于运输包装,一般运输包装袋适用于外包装及运输包装,小型包装袋适用于内装、个装及商业包装。

（二）包装盒

包装盒是介于刚性和柔性包装两者之间的包装技术。包装材料有一定柔性，不易变形，有较高的抗压强度，刚性高于袋装材料。包装结构是规则几何形状的立方体，也可裁制成其他形状。包装操作一般采用码入或装填，然后将开闭装置闭合。

包装盒整体强度不大，包装量也不大，不适合做运输包装，而适合做商业包装、内包装，包装块状及各种异形物品。

（三）包装箱

包装箱是刚性包装技术中的重要一类。包装材料为刚性或半刚性材料，有较高强度且不易变形。包装结构和包装盒相同，只是容积、外形都大于包装盒，两者通常以 10 L 为分界。包装操作主要为码放，然后将开闭装置闭合或将一端固定封死。

包装箱整体强度较高，抗变形能力强，包装量也较大，适合做运输包装、外包装，主要用于固体杂货包装。包装箱的类型主要有以下四种。

1. 瓦楞纸箱

瓦楞纸箱是用瓦楞纸板制成的箱形容器。按瓦楞纸箱的外形结构分类，有折叠式瓦楞纸箱、固定式瓦楞纸箱和异形瓦楞纸箱三种。

2. 木箱

木箱是流通领域中常用的一种包装容器，其用量很大。木箱主要有木板箱、框板箱、框架箱三种。这三种中比较常见的是木板箱，木板箱一般用作小型运输包装容器，能装载多种性质不同的物品，所起的作用是抗拒碰裂、溃散、戳穿，有较大的耐压强度，能承受较大负荷，制作方便。但木板箱的箱体较重，体积也较大，其本身没有防水性。

3. 塑料箱

一般用作小型运输包装容器，其优点是自重轻、耐蚀性好，可装载多种商品，整体性强，强度和耐用性能满足反复使用的要求；可制成多种色彩以对装载物分类，手握搬运方便，没有尖刺，不易伤手。

4. 集装箱

由钢材或铝材制成的大容积物流装运设备，从包装角度看，也属一种大型包装箱，可归属于运输包装的类别之中，也是大型反复使用的周转型包装箱。

（四）包装瓶

包装瓶是瓶颈尺寸有较大差别的小型容器，是刚性包装中的一种，包装材料有较高抗变形能力，刚性、韧性要求也较高。个别包装瓶介于刚性与柔性材料之间，瓶的形状在受外力时可能发生一定程度的变形，但是外力一旦撤除，仍可恢复原来的瓶形。包装瓶结构的瓶颈口径远小于瓶身，且在瓶颈顶部开口；包装操作是填灌操作，然后将瓶口用瓶盖封闭。包装瓶按外形，可分为圆瓶、方瓶、高瓶、矮瓶和异形瓶等若干种。瓶口与瓶盖的封盖方式有螺纹式、凸耳式、齿冠式和包封式等。

包装瓶包装量一般不大，适合美化装潢，主要做商业包装、内包装使用，也可用于包装液体、粉状货等。

(五)包装罐(筒)

包装罐(筒)是罐身各处横截面形状大致相同,罐颈短,罐颈内径比罐身内颈稍小或无罐颈的一种包装容器,是刚性包装的一种。包装材料强度较高,罐体抗变形能力强。包装操作是装填操作,然后将罐口封闭,可用做运输包装、外包装,也可用做商业包装、内包装。

包装罐(筒)主要有以下三种。

1. 小型包装罐

这是典型的罐体,可用金属材料或非金属材料制造,容量不大,一般是用作销售包装、内包装,罐体可采用各种方式装饰美化。

2. 中型包装罐

外形也是典型罐体,容量较大,一般做化工原材料、土特产的外包装,起到运输包装作用。

3. 集装罐

这是一种大型罐体,外形有圆柱形、圆球形、椭球形等,卧式、立式都有。集装罐往往是罐体大而罐颈小,采取灌填式作业,灌填作业和排出作业往往不在同一罐口进行,而是另设卸货出口。集装罐是典型的运输包装,适合包装液状、粉状及颗粒状货物。

三、常用的包装技术装备

包装技术装备指完成全部或部分包装过程的一类机器。包装过程包括充填、裹包、封口等主要包装工序,以及与其相关的前后工序,如清洗、干燥、杀菌、计量、成型、标记、紧固、多件集合、集装组装、拆卸及其他辅助工序。

包装技术装备具有重大作用,它能大幅度地提高生产效率;改善劳动条件,降低劳动强度;节约原材料,降低产品成本;保证产品卫生,提高包装质量;降低包装成本,节约储运费用;延长保质期,方便产品流通;减少包装场地面积,节约基建投资。

包装技术装备种类繁多,从不同的角度考虑可有不同的分类方法,下面按包装装备的功能分类。

1. 充填技术装备(充填机)

充填技术装备是将精确数量的包装品装入到各种容器内。按计量方式不同,可分为容积式充填机、称重式充填机、计数式充填机。如高黏(浓)度充填设备,可用来填充沙拉、年糕、豆馅、鱼酱、肉酱等。

2. 液体灌装技术装备(灌装机)

将液体产品按预定的量充填到包装容器内的机器。按灌装原理,可分为重力灌装机、负压力灌装机、等压灌装机、真空灌装机等。液体灌装机,具有高效全能的自动化控制、快速高压冲洗、卡瓶颈灌装抓盖封口等特点。

3. 裹包技术装备(裹包机)

裹包是用一层或多层柔性材料全部或局部裹包产品或包装件。按裹包方式,可分为全

裹式裹包机、半裹式裹包机、缠绕式裹包机、拉伸式裹包机、贴体包装机、收缩包装机。

4. 封口技术装备

将容器的开口部分封闭起来的机器。按其封口方式，可分为无封口材料的封口机、有辅助封口材料的封口机。

5. 贴标技术装备

在产品或包装件上加贴标签，有半自动贴标机和全自动贴标机。

6. 清洗技术装备

清洗包装材料、包装件等，使其达到预期清洗程度的机器。按清洗方式不同，可分为机械式、电解式、化学式、干式、湿式、超声波式、静电式。

7. 干燥技术装备

干燥技术装备是为了减少包装材料、包装件的水分，使其达到预期干燥程度的机器。按干燥方式，可分为技术与装备式干燥机、加热式干燥机、化学式干燥机。

8. 杀菌技术装备

杀菌技术装备是清除或杀死包装材料、产品或包装件上的微生物，使其降到允许范围内的机器。

9. 捆扎技术装备

捆扎技术装备用于捆扎或结扎封闭包装容器的机器。

10. 集装机械

将若干个产品或包装件包装在一起而形成一个销售和运输单元的机器。

第三节　包装技术与包装合理化

包装技术是指在包装作业过程中所采用的技术及方法。使用这些技术和方法，借助一定的包装机械设施，完成产品的包装。

一、包装技术选择应考虑的因素

包装技术的选择应遵循科学、经济、牢固、美观和适用的原则，要综合考虑以下各种因素。

1. 内装物的性质

内装物是包装件的主体，因其性质不同对包装的要求也各异。有的内装物要求防震缓冲，如家电产品、陶瓷用品等；有的内装物要求防潮防锈，如钢铁制品、仪器设备等；有的内装物要求防腐保鲜，如食品等。在选择包装技术之前，应对内装物的各种物理、化学和生物化学性质进行充分的了解。

2. 流通过程环境条件因素

在选择包装技术时，要对储运方式、气候条件温度与湿度变化等进行充分的调研，必要时还必须跟踪观察和实地测试。

3. 包装材料、容器（或制品）和包装技术装备的选择

这些是服务于包装技术方法的，包装技术要与之相适应。

4. 经济效果

经济效果既要考虑包装材料或容器成本，也要考虑储运费用以及废品的处理费用。同时还要考虑用户经济承受力，避免过分包装。

5. 标准和法规

必须遵守国际的、国家的、地方的或企业的有关标准，以及商标法、海关法、食品卫生法、医药管理条例等有关法规。

二、各种包装技术

（一）防震包装技术

防震包装又称缓冲包装，在各种包装方法中占有重要地位。所谓防震包装就是指为了缓冲内装物体受到冲击和振动，保护其免受损坏所采取的一定的防护措施。产品从生产出来到开始使用要经过一系列的保管、堆积、运输和装卸过程，在任何环节中，都会有外力作用于产品之上，并可能使产品发生机械性的损坏，如堆积过程主要受静压力作用、运输过程主要受震动作用、装卸过程主要受冲击力作用，这些外力可能使包装件产生位移、塑性变形、振动破损等。为了防止产品遭受损坏，就必须要进行防震包装，以设法减少外力的影响。

防震包装方法应该根据内装物的形状、特性，流通过程中的环境条件，缓冲材料的特性等因素综合选定。防震包装方法一般分为全面防震包装、部分防震包装和悬浮（或悬吊）缓冲包装三大类。

（二）防潮、防湿、防水包装技术

采用防湿、防潮、防水包装的目的，其一是阻隔外界水分的侵入；其二是减少、避免由于外界温、湿度的变化而引起包装内部产生返潮、结露和霉变现象。

防湿、防水用的密封材料有压敏胶带、防水胶粘带、防水胶黏剂以及密封用橡胶皮等。用于纸箱、胶合板箱等表面防水处理的防水涂料有石蜡和清漆等，用于包装箱外的覆盖材料应具有一定的强度和耐水、耐老化、耐高低温、耐日晒等特性。

（三）防锈包装技术

防锈包装的目的是防止内装物锈蚀，如在产品表面涂刷防锈油（脂）或用气相防锈塑料薄膜或气相防锈纸包封产品等。

防锈包装一般由清洗产品、干燥去湿和防锈处理等道工序组成。防锈处理的方法很多，如防锈油脂封存包装、气相防锈剂封存包装、可剥性塑料封存包装等。

（四）防霉包装技术

防霉包装是在流通与储存过程中，为防止内装物长霉菌影响质量而采取一定防护措施的包装。例如，对内装物进行防潮包装，降低包装容器内的相对湿度；对内装物和包装材料进行防霉处理等。防霉包装能使包装及其内装物处于霉菌被抑制的特定条件下，保持其质

量完好和延长保存期限。

防霉技术的运用可根据产品和包装的性能和要求的不同，而采取不同的防霉途径和措施，可从使用的材料、产品和包装三个方面着手分别加以解决。从材料方面来说，要通过对材料长霉筛选，首先要选用耐霉材料，必要时要对材料采用改进分子结构或配方组成的办法使其达到防霉的要求；从产品方面来说，要对产品通过结构设计、制造工艺、表面隔离以及采用添加防霉剂处理的办法达到防霉的要求；从包装方面来说，要根据霉菌的生理特性，控制霉菌的生长条件，改进包装结构、工艺过程来达到防霉的目的。

（五）防虫包装技术

商品在流通过程中要在仓库储存，而储存中主要危害之一是仓虫。仓虫不仅蛀食商品和包装材料，而且其排泄物会污染商品。防虫包装就是为了保护内装物免受虫类侵害而采取一定防护措施的包装。如在包装材料中掺入杀虫剂，有时在包装容器中使用驱虫、杀虫剂或脱氧剂，以增强防虫效果等。

（六）危险品包装技术

危险品种类繁多，按其危险性质，交通运输及公安消防部门规定了十大类，即爆炸性物品、氧化剂、压缩气体和液化气体、自燃物品、遇水燃烧物品、易燃液体、易燃固体、毒害品、腐蚀性物品、放射性物品等，有些物品同时具有两种以上危险性能。下面介绍几种主要的对危险品包装技术上的要求。

1. 易燃、易爆商品

对于易燃、易爆商品，如有强烈氧化性的、遇有微量不纯物或受热即急剧分解而引起爆炸的产品，防爆炸包装的有效方法是采用塑料桶包装，然后将塑料桶装入铁桶或木箱中，并应有自动放气装置。对易燃、易爆品要在包装上贴上包装标志，如图 4-1 所示。

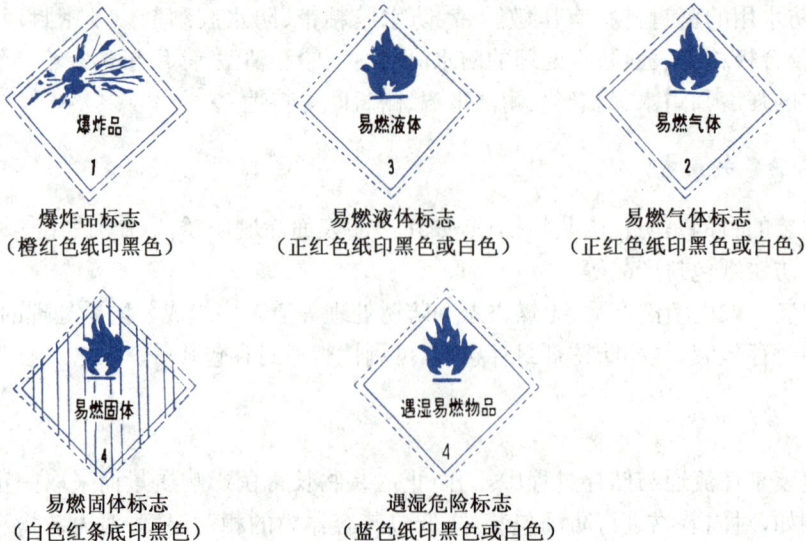

爆炸品标志
（橙红色纸印黑色）

易燃液体标志
（正红色纸印黑色或白色）

易燃气体标志
（正红色纸印黑色或白色）

易燃固体标志
（白色红条底印黑色）

遇湿危险标志
（蓝色纸印黑色或白色）

图 4-1　易燃、易爆标志

2. 有腐蚀性的商品

对有腐蚀性的商品,要注意防止商品和包装容器的材质发生化学变化。如使用金属类的包装容器,要在容器壁涂上涂料,防止腐蚀性内装物对容器的腐蚀。腐蚀品包装标志如图 4－2 所示。

图 4－2　腐蚀性物品标志

图 4－3　自燃物品标志
（上白下红印黑色）

3. 易自燃商品

对易自燃商品的包装,宜将其装入具有一定壁厚（一般不少于 1 mm）的铁桶中,桶内壁须涂耐酸保护层,桶内盛水,并使水面浸没商品,桶口要封闭。如遇水容易引起燃烧的物品,应用坚固的铁桶包装,桶内充入氮气。如果桶内不充氮气,则应安装放气装置。图 4－3 所示为易自燃品包装标志。

4. 有毒商品

对有毒商品的包装要明显地标明有毒的标志,图 4－4 所示为有毒品的标志。包装主要要求是严密不漏气,如用塑料袋或沥青纸袋包装的,外面应再用麻袋或布袋包装,使其与外界隔绝。

有毒气体标志
（白纸印黑色）

有毒品标志
（白纸印黑色）

剧毒品标志
（白纸印黑色）

图 4－4　有毒商品标志

（七）特种包装技术

1. 真空包装技术

真空包装是将产品装入气密性包装容器,抽出容器内部的空气,使密封后的容器内达到预定真空度的一种包装方法。

2. 充气包装技术

充气包装是将产品装入气密性包装容器,用氮、二氧化碳等气体置换容器中气体的一种包装方法。

3. 收缩包装技术

收缩包装就是用收缩薄膜裹包物品（或内包装件），然后对薄膜进行适当加热处理，使薄膜收缩而紧贴于物品（或内包装件）的包装技术方法。

4. 拉伸包装技术

拉伸包装是 20 世纪 70 年代开始采用的一种新包装技术，它是由收缩包装发展而来的。拉伸包装是依靠机械装置在常温下将弹性薄膜围绕被包装件拉伸、紧裹，并在其末端进行封合的一种包装方法。

（八）集合包装技术

集合包装是将一定数量的包装件或包装产品，装入具有一定规格、一定强度和长期周转使用的更大包装容器内，形成一个合适的搬运单元的一种包装技术，包括集装箱、集装托盘、集装袋、滑片集装、框架集装和无托盘集装等。

在现代运输包装系统中，集合包装越来越显示出其优越性，发挥着越来越大的作用。这些作用主要体现在：便于实现产品装卸、运输的机械化和自动化；简化了产品流通环节，加速了产品的流通；节省包装费用，降低运输成本；促进了包装规格的标准化。

集装箱是集合包装容器中最主要的形式，能为铁路、公路和水路运输所通用。它能一次装入若干运输包装件、销售包装件或散装货物。

集装箱是一种包装方式，也是一种运输设备，它能满足下列要求：具有坚固耐久性，能反复使用；适用于在一种或几种运输方式中运输，在途中转运时，箱内货物不需换装；有快速装卸和搬运装置，特别是便于从一种运输工具转移到另一种运输工具；便于货物装满和卸空；具有 $1\ m^3$ 或 $1\ m^3$ 以上的大容积。

三、包装合理化

包装是一个重要产业，随着经济的发展和销售竞争的激烈化，包装所消耗的材料、资金越来越多，浪费现象、过剩包装十分严重，因此科学包装、减少浪费应引起足够的重视。包装在物流系统中发挥着一定的作用，在一定的程度上增加了产品的价值，但也不可避免地增加了产品的重量、增加了产品的体积，使产品的成本上升。合理包装就是要尽量利用包装的优点，减少包装的缺点，使包装达到综合效用最好。

（一）包装合理化的一般要求

达到包装合理化，不是某一方面做好了就行了，要从包装总体效果上考虑，从包装材料、包装技术、包装方式的合理运用上入手，并符合以下几方面要求。

1. 保护商品，造型美观

设计产品包装，首先要能保护产品。因此，设计要科学，要能够保证产品在运输和储存中不被损坏；同时，包装的造型要美观大方、生动形象，图案设计要新颖，对顾客有吸引力。

2. 包装样式的尺寸要考虑与货柜、货台、货架的尺寸相匹配，形成倍数关系

包装样式的尺寸要考虑与相应货柜、台、架的尺寸相匹配后进行设计，这样才能使载货

的效率高。这样的匹配将降低输送成本,减少库存费用。

3. 每箱装货量标准化

每箱装货量都必须是一个标准整数。这样既能够提高装货效率,又简化了验收手续,还给库存管理带来方便。

4. 包装样式与保管、运输相适应

特别是物流量大的产品,包装样式要利于运输的装载量和库存保管的堆高,以提高运输和保管的效率。包装式样要尽可能简化,利用拼装、压缩等方式,才能提高装货率。

5. 包装样式要与搬运相适应

包装样式设计上要考虑搬运工作是否容易迅捷。例如,纸箱包装两边各留一个洞孔,以便于把手插进搬运。

6. 必须易于入库,易于开包

工业包装的一大要求是易于入库和易于开包以提高作业效率,故设计优良的包装应考虑企业生产线的作业要求,能使入库和开包顺利进行。

7. 既坚固结实又容易处理

从保护品质的方面着想,应该采用坚固的包装,能够承受外部的压力与冲击;同时,为了废料的回收处理,包装材料也应便于迅速处理。

8. 注意所选包装材料的价值

包装材料及包装手续的费用在商品价格中占着一定的比重,要采用价值分析法降低包装成本,从而使物流总成本降低。例如,在选择材料时依据替代性原则,选择价格较低的材料。

9. 不断探索先进的包装作业方法

使用先进的包装作业方法,提高工作效率,有时甚至只变更施工顺序,就能提高工作效率、降低包装成本。

10. 包装设计经济实用

包装设计要尽可能做到既能节约包装费用,又能节约储运费用,而且使用方便。主要体现在以下几方面:

(1) 选用的包装材料要尽量便宜。

(2) 要设计多用途和能多次使用的包装。

(3) 要尽可能合理地利用包装空间。

(4) 要避免过分的包装。

11. 包装要与产品的价值相符合

由于产品包装已成为产品的一部分,所以产品包装必须与产品价值相符合,不搞"一等产品二等包装"。不考虑产品内容、用途和销售对象,而单纯追求包装装潢的精美华丽,以此来吸引顾客,其结果往往是主次颠倒、弄巧成拙。

12. 显示出产品的特点

要能够从包装的图案、形状和色彩等方面显示出产品的特点和独特风格。例如,化妆品的包装,要色彩艳丽、造型优美、装潢雅致;贵重的工艺品的包装,要材质华贵、造型独特、装潢富丽;儿童品的包装,要五彩缤纷、活泼美丽;食品的包装,要喜庆吉祥。

13. 选用符合产品性质和消费者心理的色彩

色彩对人们的兴趣、爱好等心理活动有很大的调节作用。因此，在产品包装装潢的设计中要注意选用适当的颜色，要考虑不同年龄、不同地区、不同民族对色彩的不同爱好。例如，笨重的产品采用淡色的包装，会使人觉得比较轻巧；轻巧的产品采用深色包装，会产生庄重的感觉；食品和洗涤剂采用乳白色或淡绿色包装，会使人感到卫生清洁；药品采用绿色包装，给人以健康安宁、充满生机的感受。

14. 文字设计一目了然

有些产品的性能、使用方法、使用效果常常不能直视显示，而需要用文字加以说明。包装设计上，要抓住顾客对产品消费的需要，指导其消费。例如，药品类产品，要说明成分、功效、用量、禁忌及是否有副作用等；服装类产品，应说明用料、规格、尺码、洗涤和保存方法等。

（二）包装合理化发展的趋势

1. 包装的轻薄化

由于包装只是起附加作用，并不主要决定产品使用价值。因此，在强度、寿命、成本相同的条件下，更轻、更薄、更短、更小的包装，可以节约材料、提高装卸搬运和运输的效率，减少废弃包装材料的数量，使包装的综合成本降低。

2. 包装的单纯化

包装的单纯化主要是从提高包装作业的效率上考虑的。包装的单纯化要求包装材料及规格应尽量单纯化，包装形状和种类也应单纯化。包装材料品种少了，可使管理方便，并减少了浪费；包装形状和规格单一，有利于提高作业效率，实现机械化。

有些商品采取无包装或简易包装，比有包装或复杂包装有利，总物流成本合理。国外有的商店采取大包装或简易包装的办法，把节约下来的包装费用来降低商品售价，吸引消费者，这也是包装的营销策略之一。包装能简化的应尽量简化，没必要包装的可采用无包装化。无包装化物流既能节约包装费用，降低整体物流成本，又能省去包装物的回收和处理作业。散装水泥物流、管道运输等都是无包装化物流的例子。一些厂家不在提高产品质量上下功夫，而是把精力放在商品包装上，使商品过度包装，这是不应提倡的。

3. 符合集装单元化和标准化的要求

单元化和标准化是包装过程中必须考虑的问题。包装要符合集装单元化和标准化，要求包装的规格尺寸相一致，要与托盘、集装箱相匹配，要与运输车辆和搬运机械相匹配。因为只有包装规格尺寸一致，才能实行模块化包装；包装实现了单元化和标准化，才能批量化作业；有了批量化装卸搬运、保管和运输，才能提高效率、节约费用，物流才能实现机械化和自动化。包装单元化和标准化是现代化物流的重要标志，也是单元化物流的基础。

4. 包装的机械化与自动化

为了提高作业效率和包装的现代化水平，各种包装机械的开发和应用是很重要的。由于被包装物品种繁多，包装材料和包装方法又各不相同，因而出现了各式各样的包装机械。其中有高度自动化的，也有半自动化和手动的。一个相当庞大的包装机械产业为各种产品提供着包装技术装备。

5. 注意与其他环节的配合

包装是物流系统组成的一部分,需要和装卸搬运、运输、仓储等环节一起综合考虑、全面协调。包装要便于运输、保管和装卸搬运,要便于堆码、摆放、陈列、提取、携带,要便于回收和再生利用。

6. 有利于环保

包装是产生大量废弃物的环节,处理不好可能造成环境污染。包装材料最好可反复多次使用,并能回收再生利用;在包装材料的选择上,还要考虑不对人体健康产生影响,对环境不造成污染,即所谓的"绿色包装"。绿色包装将成为今后包装业发展的主流。

四、绿色包装

随着人们环境保护意识的增强,消费者对产品包装不仅要求其外观新颖美观,还要求包装材料无污染、易回收、易降解。所谓"绿色包装",是指对生态环境不造成污染,对人体健康不造成危害,能循环使用和再生利用,可促进持续发展的包装。也就是说,包装产品从原材料选择、制造、使用、回收和废弃的整个过程均应符合生态环境保护的要求。它包括了节省资源、能源,避免废弃物产生,易回收再循环利用,可焚烧或降解等具有生态环境保护要求的内容。

绿色包装不仅有利于环境治理,还可带来巨大的经济效益,如包装材料的回收、利用具有明显的经济效益和生态效益。绿色包装主要包括纸包装、可降解塑料包装、生物包装和可食性包装等。

我国绿色包装意识不强,随着包装工业规模日益扩大,大量包装废弃物对环境危害也随之加大,包装产品的回收率还达不到包装产品总产量的 20%。包装废弃物处理已成为严重的问题,如果不对此进行治理,我们生活的空间将被垃圾所包围。尤其是近年来广泛使用的一次性轻型难以降解塑料包装材料,回收利用很难,带来了严重的环境影响。因此在我国必须进行一次绿色包装革命。

发展绿色包装应从以下几方面做好工作。

(一)使用绿色包装材料

绿色包装材料可分为以下几种。

1. 再生的包装材料

再生利用即回收之后重新使用。再生的方法有两种:一种是物理方法,是指直接彻底地净化粉碎,无任何污染物残留,处理后的包装材料用于再生包装容器;另一种是化学方法,是指将回收的塑料经粉碎洗涤之后,使用解聚剂在碱性催化剂的作用下,使其解聚成单体或者部分解聚成低聚物,纯化后再将单体或者低聚物重新聚合成再生包装材料。

2. 可食性包装材料

人工合成可食性包装膜在水中容易溶解,无色、无味、无毒,具有韧性、高抗油性,能食用。

3. 可降解材料

可降解材料是指特定环境下,在特定时间内造成性能损失,其化学结构发生变化的一种

塑料。它既具有传统塑料的功能和特性，又可以在完成使用寿命以后，通过阳光中紫外线的作用或者土壤和水中的微生物作用，在自然界中分裂降解和还原，最终以无毒的形式重新进入生态环境中，回归自然。

4. 以农业原料或副产品为包装材料

从农业原料或副产品中生产生物包装材料，具有十分广阔的市场前景。人们利用农林原料作为包装材料的历史很悠久。例如，利用香蕉树叶、棕榈叶、椰子树叶等作为包装食品的材料，在非洲以及太平洋和拉丁美洲一些地区极为普遍；利用植物乳汁或粮食提炼成的蛋白质糖衣或油脂薄膜作为食品包装材料，在亚洲一些国家也很盛行。

（二）可重复包装材料

包装物品可以反复使用。

1. 采用通用包装

按标准模数尺寸制造瓦楞纸、纸板及木制、塑料制通用外包装箱，这种包装箱不专门安排回收使用，由于其通用性强，无论在何地都可转用于其他包装。

2. 周转包装

有一定数量规模并有较固定供应流转渠道的产品，如牛奶、啤酒、饮料等，可采用周转包装瓶、盒、箱，多次反复周转使用。

3. 梯级利用

一次使用后的包装物，用完转做他用或用毕后进行简单处理便可转做他用。有的包装物在设计时，就设计成多用途，在一次使用完毕以后，可再使用其他功能。

（三）用法律、法规来规范包装

为了保护我国环境，要加强在包装方面的立法工作，用法律手段来约束和打击不符合环境治理标准的包装。不少发达国家制定了包装法规，我们可以借鉴。

▐ 小结和学习重点 ▐

- 包装的概念及作用
- 包装材料及包装容器
- 包装合理化及绿色包装的做法

本章从包装的概念入手，分析了包装的作用，即保护产品、便于储运、促进销售和方便使用。包装的种类繁多，不同的类型有不同的特点，要注意区分。

包装材料是形成包装的物质基础，是包装各项作用发挥的具体承担者。要把握各种包装材料的性能和特点，以便正确选用包装材料，提高包装质量，降低包装费用。包装技术装备指完成全部或部分包装过程的一类机器。包装技术装备具有重大作用，它能大幅度地提高生产效率，改善劳动条件，降低产品成本，提高包装质量等，要认识这些包装设备，熟悉这些装备的性能。

包装技术是指在包装作业过程中所采用的技术及方法。使用这些技术和方法,借助一定的包装机械设施,完成产品的包装。通过包装技术的学习,要对常用的包装技术有一定的了解。合理包装就是要尽量利用包装的优点,减少包装的缺点,使包装达到综合效用最好。要掌握包装合理化的要点及包装合理化的发展趋势,通过分析我国包装工业的现状,提出今后我国发展包装业的具体做法。

案例分析

日本的食品包装

在日本,食品界掀起"绿色包装"革命,很有成效,一些公司采取了较好的包装做法。

它们不搞华丽的外包装,而是千方百计地节约加工费用、节省材料,最终降低成本。日本90%的牛奶都是以有折痕线条的纸盒包装出售,这本身就是对使用者的很好教育,使小孩自小就接触和使用有环保功能的"绿色"产品。这种容易压扁的包装不但生产成本较低,而且能够减少占用的空间,方便送往再循环系统并减少运输成本。还有日本常见的饮料Yakltt健康饮品,使用一种底部可以撕开、进行了特别设计的杯形容器。在撕开底部后,人们能够轻易地把容器压扁,方便送往再循环。日本东京每年都举行包装设计比赛,获奖的包装设计将被广泛地使用。其中一种获奖的饮料包装,后来被普遍使用,这种饮料的包装由100%再循环的纸板盒和盒子内的盛饮料的袋子组成,人们能够较轻易地把纸盒和袋子分开,送去再循环时就较容易处理。另一种开始被消费者接受的新包装设计是立式装,由于开袋子比开瓶子更容易使内部液体溢出,因此袋子的开口都务必进行特别设计,以方便打开。这类袋装主要是取代塑料瓶子,比较两者,前者的塑料使用只及后者的1/5。

日本味之素公司设计推出的包装,丝毫没有显现华丽的外表,而只是用白色单瓦楞纸进行最节省的包装,标贴印刷也是朴实无华。日本三得利公司推出的啤酒易拉罐包装,喝完以后只要按其罐体形态提示的方向,左右扭曲便可缩小体积,方便回收。

日本的"绿色包装"的优秀设计,大多数能减少循环时的困难,更重要的是它们有利于维护人体的健康。日本一些专家认为,许多没有包装必要的食品,完全可以放弃包装。例如一些蔬菜、水果,可以不需要销售包装,这样有助于保持蔬菜、水果的营养与新鲜。

思考

1. 上面案例在包装上体现了一种什么观念?
2. 结合案例总结一下绿色包装的具体做法。

练习与思考

(一) 名词解释

包装　包装技术　绿色包装

（二）填空

1. 包装的作用主要有_____、_____、_____、_____。

2. 木质包装材料，一般用于_____，因为木材具有_____、_____、_____和抗冲撞能力。

3. 包装技术装备是指完成全部或部分包装过程的_____。包装过程包括充填、裹包和_____等主要包装工序，以及与其相关的前后工序。

（三）单项选择

1. 下列属于包装用辅助材料的有（_____）。

　　A. 聚乙烯、聚丙烯、聚苯乙烯　　　　B. 镀锡薄板、涂料铁、铝合金

　　C. 纸和纸制品　　　　　　　　　　　D. 黏合剂、黏合带、捆扎材料

2. 为了缓冲内装物体受到冲击和震动，保护其免受损坏所采取的一定的防护措施的包装为（_____）。

　　A. 防震包装技术　　　　　　　　　　B. 防潮、防湿、防水包装技术

　　C. 防锈包装技术　　　　　　　　　　D. 防霉包装技术

3. 下列不符合绿色包装材料的有（_____）。

　　A. 可食性包装材料　　　　　　　　　B. 再生的包装材料

　　C. 不可降解的塑料袋　　　　　　　　D. 可降解材料

（四）多项选择

1. 按包装功能分类可分为（_____）。

　　A. 工业包装　　　　B. 商业包装　　　　C. 内包装　　　　D. 外包装

2. 包装材料所具有的性能有：保护性能、加工操作性能、（_____）等性能。

　　A. 外观装饰性能　　　　　　　　　　B. 方便使用性能

　　C. 节约费用性能　　　　　　　　　　D. 易处理性能

3. 下列符合包装合理化的是（_____）。

　　A. 必须易于入库，易于开包

　　B. 包装样式要与搬运相适应

　　C. 每箱装货量标准化

　　D. 包装要与产品的价值相符合

（五）简答

1. 包装容器的种类有哪些？

2. 包装技术有哪些？并给予简单说明。

3. 谈谈包装合理化的发展趋势。

（六）论述

结合我国包装工业的现状，说明在我国要实施绿色包装应做哪些工作？

部分参考答案

（二）填空

1. 保护产品　方便储运　促进销售　便于使用

2. 外包装　抗压　抗震　抗挤

3. 一类机器　封口

1. D　2. A　3. C

1. AB　2. ABCD　3. ABCD

第五章 装卸搬运

学习目标

学完本章,你应该能够:
(1) 明确装卸搬运的概念和特点;
(2) 熟悉装卸搬运的分类和方法;
(3) 掌握装卸搬运的原则和合理化;
(4) 熟悉装卸搬运活性及合理化;
(5) 了解装卸搬运机械及选择。

76

基本概念

装卸 搬运 搬运活性 装卸搬运合理化 集装化

第一节 装卸搬运的概念

一、装卸搬运的概念

按照我国的物流术语国家标准,装卸(loading and unloading)是指:"物品在指定地点以人力或机械装入运输设备或卸下。"搬运(handing/carrying)是指:"在同一场所内,对物品进行水平移动为主的物流作业。"装卸搬运是物流的基本功能之一。

一般来说,在同一地域范围内(如车站范围、工厂范围、仓库内部等),装卸是改变"物"的存放、支撑状态的活动,主要指物体上下方向的移动。而搬运是改变"物"的空间位置的活动,主要指物体横向或斜向的移动。在实际操作中,装卸与搬运是密不可分的。因此,在物流科学中并不特别强调两者的差别,而是作为同一种活动来对待,全称为"装卸搬运"。有时候或在特定场合,单称"装卸"或单称"搬运",也包含了"装卸搬运"的完整含义。

在习惯使用中,物流领域(如铁路运输)常将装卸搬运这一整体活动称作"货物装卸";在生产领域中,常将这一整体活动称为"物料搬运"。实际上,活动内容都是一样的,只是领域不同而已。

此外,搬运的"运"和运输的"运",两者的区别主要是物体的活动范围不同:搬运是在同一区域的小范围内——物流节点内进行的,而运输则是在较大范围内——物流节点间进行的。两者是量变到质变的关系,中间并无一个绝对的界限。

二、装卸搬运在物流中的地位

装卸搬运是物流的基本功能之一,是整个物流环节不可或缺的一环。

在物流过程中,运输能产生"空间效用",保管能产生"时间效用",装卸搬运虽然不能创造出新的效用,但却是物流各项活动中出现频率最高的一项作业活动。无论是商品的运输、储存和保管,还是商品的配送、包装和流通加工,都离不开装卸搬运。

由于每次装卸活动都要花费很长时间,所以装卸效率的高低往往成为决定物流速度的关键。例如,据统计,我国火车货运以 500 km 为分界点,运距超过 500 km,运输在途时间多于起止的装卸时间;若运距低于 500 km,则装卸时间超过在途时间。又例如,美国与日本之间的远洋船运,一个往返需 25 d,其中运输时间 13 d,而装卸时间则占了 12 d。

又由于装卸活动所消耗的人力很多,所使用的装卸机械设施也很多,所以装卸搬运费用在物流成本中所占的比重也较大。例如,据统计,俄罗斯经铁路运输的货物,装卸搬运的次数少则 6 次,多的达几十次,装卸搬运费用占运输总费用的 20%～30%。我国铁路运输中,装卸作业费大致占运费的 20% 左右,船运则占 40% 左右。又例如,我国对生产物流的统计表明,机械工厂每生产 1 t 成品,需进行 252 吨次的装卸,搬运成本为加工成本的 15.5%。

此外,由于在频繁的装卸搬运中,需要接触货物,也可能导致货物的破损、散失。所以,装卸搬运也是在物流过程中,造成货物破损、散失、损耗、混合等损失的主要环节。例如,袋装水泥袋破损和水泥散失主要发生在装卸过程中,而玻璃、机械、器皿、煤炭等产品在装卸时也最容易造成损失。

由此可见,装卸效率的高低、装卸质量的好坏、装卸成本的大小,都与整个物流活动关系非常密切,是降低物流费用、影响物流效率、决定物流技术经济效果的重要环节,对提高物流总体效益具有重要作用,其重要性不容低估。

阅读资料

据统计资料分析表明,中等运距的海运成本中,两端港口的费用占三分之二,即两端港口及其之间的运输共三个环节,每一环节的费用各占三分之一。虽然港口费用不仅是装卸费用,但装卸费用仍然是港口费用的主要部分。所以,提高港口装卸效率一直是物流经营人追求的目标之一。改善港口装卸效率和降低装卸成本的主要途径是成组化和集装化。

第二节　装卸搬运的作用和特点

一、装卸搬运的作用

装卸搬运的基本功能是改变物品的存放状态和空间位置。无论是在生产领域还是在流通领域，装卸搬运都是影响物流速度和物流费用的重要因素，影响着物流过程的正常进行，决定着物流系统的整体功能和效益。

装卸搬运在物流过程中的作用表现在以下几方面。

1. 附属作用

装卸搬运是伴随着生产过程和流通过程各环节所发生的活动，是不可缺少的组成部分，是整个物流过程的关键所在。例如，据统计，美国工业产品生产过程中，装卸搬运费用占成本的20%～30%；德国企业物料搬运费用占营业额的1/3，日本物料搬运费用占国民生产总值的10.73%。又如，流通过程中的"汽车运输"，就实际包含了附属的装卸搬运；仓储中的保管活动，也包含了装卸搬运活动。所以，如果没有附属性的装卸搬运活动，运输、保管等物流活动都无法完成。

2. 支持作用

装卸搬运也是保障生产过程和流通过程各环节得以顺利进行的条件。装卸搬运质量的好坏、效率的高低都会对生产和流通其他各环节产生很大的影响，或者生产过程不能正常进行，或者流通过程不畅。例如，据国外统计，在中等批量的生产车间里，零件在机床上的时间仅占生产时间的5%，而95%的时间消耗在原材料、工具、零件的搬运或等待上，物料搬运费用占全部生产费用的30%～40%。又如，车、船的装卸不当，会导致运输途中货损增加，甚至造成翻车、翻船等重大事故；卸货不当，会造成下一步物流活动的困难，或者使得劳动强度、作业工作量的大幅度增加。许多物流活动都需要在有效的装卸搬运支持下才能实现高水平。

3. 衔接作用

装卸搬运又是衔接生产过程和物流过程各环节之间的桥梁，制约着各个生产环节和各个物流环节之间的活动；是物流活动各功能之间能否形成有机联系和紧密衔接的关键，是整个物流的"瓶颈"。一旦忽视了装卸搬运，无论在生产领域还是在流通领域，轻则造成生产、流通秩序的混乱，重则造成生产、流通活动的停顿。例如，我国一些港口由于装卸设备、设施不足以及装卸搬运组织管理等原因，曾多次出现过压船、压港、港口堵塞的现象，严重影响了生产和流通。又如，装卸搬运将运输与仓储、仓储与配送、仓储与流通加工衔接起来，将不同的运输方式衔接起来，甚至在仓储、配送活动场所的内部，在制造企业的各个生产环节之间，如果没有装卸搬运活动的衔接，就不可能顺利完成其业务流程。

由此可见，改善装卸搬运作业，不断提高装卸搬运合理化程度，对提高物流系统整体功能有着极其重要的作用。

二、装卸搬运的组成

装卸搬运作业有对输送设备(如车辆、辊道等)的装入、装上和取出、卸下作业,也有对固定设备(如保管货架等)的入库、出库作业。它的基本作业可以分为以下六个方面:

(1) 装卸,将货物装上或卸下运输工具。

(2) 搬运,将货物在短距离内移动。

(3) 堆码,将物品或包装货物进行码放、堆垛等。

(4) 取出,将物品从保管场所取出。

(5) 分类,将物品按品种、发生方向、顾客要求等进行分类。

(6) 集货,将物品备齐,以便随时装货。

三、装卸搬运的目的

装卸搬运活动的主要目的见表5-1。

表 5-1 装卸搬运活动的主要目的

目　的	内　容
1. 提高生产力	顺畅的装卸搬运系统,能够消除"瓶颈"以维持和确保生产水平,使人力有效利用,减少设备闲置
2. 降低装卸搬运成本	减少每位劳工及每单位货品的搬运成本,并减少延迟、损坏和浪费
3. 提高库存周转率,以降低存货成本	有效率地装卸搬运,可以加速货品移动及缩短搬运距离,进而减少总作业时间,使得存货存置成本及其他相关成本都得以降低
4. 改善工作环境,增加人员、货品搬运的安全性	良好的装卸搬运系统,能使工作环境大为改善,不但能保证物品搬运的安全,减少保险费率,而且能使员工保持良好的工作情绪
5. 提高产品品质	良好的装卸搬运可以减少产品的毁损,使产品品质提升,减少客户的抱怨、投诉
6. 促进配销成效	良好的装卸搬运,可增进系统作业效率,不但能缩短产品总配销时间、提高客户服务水平,还能提高空间利用率,从而提高公司营运水平

四、装卸搬运的质量

装卸搬运活动的质量,可以用下面一组公式表示,即

$$装卸搬运损失率 = \frac{装卸搬运损失量}{期内吞吐量}$$

$$装卸搬运质量 = 1 - 装卸搬运损失率$$

$$= 1 - \frac{装卸搬运损失量}{期内吞吐量}$$

$$= \frac{期内吞吐量 - 装卸搬运损失量}{期内吞吐量}$$

五、装卸搬运的特点

装卸搬运在整个物流过程中占有很重要的位置。在流通领域中，一方面物流过程各环节之间的衔接，是依赖装卸搬运活动把它们有机地结合起来，从而使物品能在各环节之间形成"物流"；另一方面各种不同的运输方式，也是依赖装卸搬运活动，才能形成联合运输。而在生产领域，装卸搬运作业已成为生产过程中不可缺少的组成部分，成为直接生产的保障系统。

装卸搬运的特点主要表现在以下几个方面。

1. 均衡性与被动性

装卸搬运的均衡性主要是针对生产领域而言的。因为均衡性是生产的基本原则，所以生产领域的装卸搬运基本上也是均衡的、平稳的、连续的。

而装卸搬运的被动性主要是针对流通领域而言的。因为流通领域的装卸搬运是随车、船的到发和货物的出入库而进行的，作业常常是突击的、波动的、间歇的。所以，对波动作业的适应能力是装卸搬运的特点之一。

2. 稳定性与多变性

装卸搬运的稳定性主要是指生产领域的装卸搬运作业。因为生产领域的装卸搬运作业对象是稳定的，或略有变化，但也有一定的规律，所以生产领域的装卸搬运具有稳定性。

而装卸搬运的多变性主要是指流通领域的装卸搬运作业。因为流通领域的装卸搬运作业的对象是随机的，货物的品种、形状、尺寸、重量、体积、包装、性质等千差万别，输送工具类型又各不相同，这就决定了装卸搬运作业的多变性。所以，对多变作业的适应能力是装卸搬运的又一特点。

3. 局部性与社会性

装卸搬运的局部性主要是针对生产领域而言的。因为生产领域的装卸搬运作业的设备、设施、工艺、管理等涉及的面一般限于企业内部，所以具有局部性。

而装卸搬运的社会性主要是针对流通领域而言的。因为流通领域的装卸搬运作业涉及的面和因素是整个社会的，如装卸搬运的收货、发货、车站、港口、货主、收货人等都在变动。所以，所有装卸作业点的装备、设施、工艺、管理方式、作业标准都必须相互协调，才能发挥整体效益。这也是装卸搬运的又一特点。

4. 单纯性和复杂性

装卸搬运的单纯性主要是指生产领域中的装卸搬运，大多数是只单纯改变物料的存放状态或空间位置,作业比较单纯。

而装卸搬运的复杂性主要是指流通领域中的装卸搬运,是与运输、储存紧密衔接的,为了安全和输送的经济性原则,基本上都要进行堆码、满载、加固、计量、取样、检验、分拣等作业,比较复杂。所以,对复杂作业的适应能力也是装卸搬运的特点之一。

由此可见,只有根据装卸搬运的特点,合理组织装卸搬运作业,才能不断提高装卸搬运的效率和效益,有效完成装卸搬运工作。

第三节　装卸搬运的分类和方法

一、装卸搬运的分类

装卸搬运是附属于货物的运输和保管的物流作业活动,在货物运输过程中,要伴随着向货车等运输设备的装货、卸货等作业活动,在货物保管过程中要伴随着向仓库和货场等储存设施的入库、出库等作业活动。一般说来,从不同角度,装卸搬运可以按如下标志进行分类。

(一)按物流设施属性分类

1. 自用物流设施装卸
这是指在工厂、自用仓库和配送中心等商品的发货、进货设施场所中进行的装卸搬运。

2. 公用物流设施装卸
这是指在仓库、车站、铁路、港口及机场等进行的装卸搬运,分别称为仓库装卸、车站装卸、铁路装卸、港口装卸和航空港装卸等。

(二)按装卸搬运的物流设施、设备对象分类

1. 仓库装卸
这是指在仓库、堆场、物流中心等处所进行的装卸搬运,配合货物的入库、出库、维护保养等活动进行,并且以堆垛、拆垛、上架、拣货、挪动、移送等操作为主。

2. 汽车装卸
这是指对汽车进行的装卸搬运作业。其特点一般是一次的装卸批量不大,由于汽车的灵活性,可以减少或根本减去搬运活动,而直接、单纯利用装卸作业达到车与物流设施之间货物过渡的目的。

3. 铁路装卸
这是指在铁路车站对火车车皮中货物的装进及卸出,其特点是一次作业就实现一个车皮的装进或卸出,很少有像仓库装卸时出现的整装零卸或零装整卸的情况。铁路装卸包括汽车在铁路货物和站旁的装卸作业,铁路仓库和理货场的堆码、拆散、分拣、配货、中转作业,铁路车辆在货场及站台的装卸作业等。

4. 港口装卸
这是指在港口进行的各种装卸搬运作业,包括码头前沿的装卸船作业,也包括各方的

支持性装卸搬运,如前方与后方间的搬运作业、港口仓库的码摆拆垛作业、港口理货场的堆取用转作业、后方的铁路车辆和汽车的装卸作业等。有的港口装卸还采用小船在码头与大船之间"过驳"的办法,其装卸的流程较为复杂,往往经过几次的装卸及搬运作业才能最后实现船与陆地之间货物过渡的目的。

5. 飞机装卸

这是指在机场对飞机进行的装卸作业。

(三) 按装卸搬运对象分类

1. 散装货物装卸

这是指对煤炭、粮食、矿石、化肥、水泥等块状、粒状、粉状货物进行的装卸搬运。其特点是一般从装点直到卸点,中间不再落地,物品直接向运输设备、商品装运设备或储存设备装卸与出入库,是集装卸与搬运于一体的装卸搬运作业。这种作业常采用重力法、倾翻法、机械法、气力法等方法。

2. 单件货物装卸

这是指对以箱、袋等包装形态名称的货物进行单件、逐件的装卸搬运。目前,对长、大、笨、重的货物,或者集装会增加危险的货物等,仍采用这种传统的装卸搬运作业。

3. 集装货物装卸

这是指先将货物集零为整,形成集合包装或托盘、集装箱等集装货物,再进行的装卸搬运。其特点是有利于机械操作,可以提高装卸搬运效率,减少装卸搬运损失,节省包装费用,提高顾客服务水平,便于达到储存、装卸搬运、运输、包装一体化,实现物流作业机械化、标准化。

(四) 按装卸搬运物品的属性分类

1. 成件包装物品的装卸搬运

这是指对为了装卸搬运方便,已临时捆扎或装箱,从而形成装卸搬运单元的货物进行的装卸搬运。

2. 超大超重物品的装卸搬运

这是指对流通过程中,单件物品的重量超过 50 kg,或单件物品的体积超过 $0.5\ m^3$ 的货物进行装卸搬运。

3. 散装物品的装卸搬运

这是指对煤炭、水泥、粮食、化肥等散装货物进行连续装卸搬运,或运用装卸搬运单元技术(如装袋等)进行装卸搬运。

4. 流体物品的装卸搬运

这是指对气态或液态物品被盛放在一定的容器内(如瓶、桶等),形成成件包装物品后,再进行装卸搬运;或采取罐装车形式,再进行相应的装卸搬运。

5. 危险品的装卸搬运

这是指对化工产品、压缩气体、易燃易爆物品之类的危险品,按特殊的安全要求进行装卸搬运。特别要注意,必须按照特殊要求,严格操作程序,确保装卸搬运作业的安全。

（五）按装卸搬运的内容分类

1. 堆垛作业

堆垛作业是把货物从预先放置的场所,移动到卡车等运输工具或仓库等保管设施的指定场所,再按要求的位置和形状,将货物整齐、规则地摆放成货垛的作业活动。

2. 拆垛作业

拆垛作业就是堆垛作业的逆向作业。

3. 分拣作业

分拣作业是在堆垛、拆垛作业前后或配货作业之前发生的作业,是把货物按品种、出入库先后顺序进行分拣分类整理,再分别放到规定位置的作业活动。

4. 配货作业

配货作业是指向卡车等运输工具装货作业前和从仓库等保管设施出库装卸前发生的作业,是按照不同客户的要求,把货物从所定位置,按品种、规格、作业先后顺序、发货对象等进行分类、配货、集中,并分别送到指定位置的作业。

5. 搬送作业

搬送作业是为了进行装卸、分拣、配送活动而发生的货物移动的作业,包括水平、垂直、斜行搬送以及几种组合的搬送。

6. 移送作业

移送作业是指用传送带对货物进行运送的作业。

（六）按装卸搬运机械的作业方式分类

1."吊上吊下"方式

采用各种起重机械从货物上部起吊,依靠起吊装置的垂直移动实现装卸,并在吊车运行的范围内或回转的范围内实现搬运和依靠搬运车辆实现小搬运。由于吊起及放下是垂直运动,因此这种装卸属于垂直装卸。

2."叉上叉下"方式

采用叉车从货物底部托起货物,并依靠叉车的运动进行货物位移,搬运完全靠叉车本身,货物可不经中途落地直接放置到目的处。这种方式垂直运动不大而主要是水平运动,因此这种装卸属于水平装卸。

3."滚上滚下"方式

主要指港口装卸的一种水平装卸方式。利用叉车或半挂车、汽车承载货物,连同车辆一起开上船,到达目的地后再从船上开下,称"滚上滚下"方式。利用叉车的滚上滚下方式,在船上卸货后,叉车必须离船;利用半挂车、平车或汽车,那么,拖车先将半挂车、平车拖拉至船上后,拖车开下离船而载货车辆连同货物一起送到目的地,然后原车开下或拖车上船拖拉半挂车、平车开下。

滚上滚下方式需要有专门的船舶,对码头也有不同要求,这种专门的船舶称"滚装船"。

　　滚装船，是在海上航行的专门用于装运汽车和集装箱的专用船。上海江南造船厂建造的 24 000 吨级滚装船，可装载 4 000 辆汽车或 350 个集装箱。在装卸时，集装箱挂车用牵引车拉进拉出船舱；汽车则可直接开进或开出。这种船的装卸速度比一般集装箱船快 30%，装卸费用比集装箱低 2/3 左右；也无需在港口安装大型超重装卸设备。

4. "移上移下"方式

　　是指在两车之间（例如火车和汽车）进行靠接，然后利用各种方式，不使货物垂直运动，而靠水平移动从一个车辆上推移到另一车辆上，称为"移上移下"方式。移上移下方式需要使两种车辆水平靠接，因此，站台或车辆货台需要进行改变，并配合移动工具实现这种装卸。

5. "散装散卸"方式

　　是指对散装物进行装卸。一般从装点将货物直接输送到卸点，中间不再落地，这是集装卸与搬运于一体的装卸方式。这种装卸常采用一些特殊的装卸搬运设备，如皮带输送机、气力输送装置、螺旋输送机和斗式提升机等，利用机械、气力等原理对煤炭、粮食、化肥、水泥等散装货物进行作业。

　　除此之外，装卸搬运还可按装卸机械分为传送带装卸、吊车装卸、叉车装卸、各种装载机装卸等。

二、装卸搬运的方法

　　装卸搬运的基本方法，可以分别从作业对象、作业手段、作业特点、作业方式的角度进行划分。

（一）按装卸作业对象分类的方法

1. 单件作业法

　　单件作业法是指将货物单件、逐件进行装卸搬运的方法，这是人工装卸搬运阶段的主导方法。当前，当装卸机械涉及各种装卸搬运领域的时候，单件、逐件装卸搬运的方法也依然存在。主要适用于：一是单件货物本身特有的安全属性；二是装卸搬运场合没有或不适宜采用机械装卸；三是货物形状特殊、体积过大，不便于采用集装化作业等。

2. 集装作业法

　　集装作业法是指先将货物集零为整（集装化）后，再对集装件（箱、网、袋等）进行装卸搬运的方法。这种方法又可按集装化方式的不同，分为集装箱作业法、托盘作业法、货捆作业法、滑板作业法等。

　　（1）集装箱作业法。集装箱的装卸搬运作业在港口是以跨车、轮胎龙门起重机、轨道龙门起重机为主进行垂直装卸，以拖挂车、叉车为主进行水平装卸。而在铁路车站则以轨道龙门起重机为主进行垂直装卸，以叉车、平移装卸机为主进行水平装卸。

（2）托盘作业法。托盘作业法是用叉车作为托盘装卸搬运的主要机械，即叉车托盘化。水平装卸搬运托盘，主要采用搬运车辆和滚子式输送机；垂直装卸搬运托盘，主要采用升降机、载货电梯等；而在自动化仓库中，则采用桥式堆垛机和巷道堆垛机完成在仓库货架内的取、存装卸。

（3）货捆作业法。货捆作业法是先将货物货捆单元化（集装袋、网等），再利用带有与各种框架集装化货物相配套的专用吊具的门式起重机、桥式起重机和叉车等进行装卸搬运作业，是颇受欢迎的集装化作业方式。

（4）滑板作业法。滑板作业法是用与托盘尺寸相一致的带翼板的滑板承放货物，组成搬运作业系统，再用带推拉器的叉车进行装卸搬运作业。

3. 散装作业法

散装作业法是指对煤炭、建材、矿石等大宗货物，以及谷物、水泥、化肥、粮食、原盐等货物采用的散装、散卸的方法。目的是提高装卸效率，降低装卸成本。主要有重力法、倾翻法、机械法、气力输送法等。

（1）重力法作业。重力法作业是利用货物的势能来完成装卸作业的方法。比如，重力法卸车是指底开门车或漏斗车在高架线或卸车坑道上自动开启车门，煤炭或矿石等散装货物依靠重力自行流出的卸车方法。

（2）倾翻法作业。倾翻法作业是将运载工具的载货部分倾翻，从而将货物卸出的方法。比如，自卸汽车靠液压油缸顶起货箱实现货物卸载。

（3）机械作业法。机械作业法是指采用各种装卸搬运机械（如带式输送机、链斗装车机、单斗装载机、抓斗机、挖掘机等），通过舀、抓、铲等作业方式，达到装卸搬运的目的。

（4）气力输送法。气力输送法是利用风机在气力输送机的管内形成单向气流，依靠气体的流动或气压差来输送货物的方法。

（二）按装卸作业手段和组织水平分类的方法

1. 人工作业法

人工作业法是一种完全依靠人力，使用无动力器械来完成装卸搬运的方法。

2. 机械化作业法

机械化作业法是指以各种装卸搬运机械，采用多种操作方法来完成货物的装卸搬运作业的方法。机械化作业方法是目前装卸搬运作业的主流。

3. 综合机械化作业法

综合机械化作业法要求作业机械设备和作业设施、作业环境的理想配合，要求对装卸搬运系统进行全面的组织、管理、协调，并采用自动化控制手段（如电子计算机控制与信息传递），以完成高效率、高水平的装卸搬运作业。这是代表装卸搬运作业发展方向的作业方法。

（三）按装卸作业特点分类的方法

1. 间歇作业法

间歇作业法是指以间歇运动完成对货物装卸搬运的作业方法，即在两次作业中存在

一个空程准备过程的作业方法,如门式和桥式起重机作业。间歇作业法的特点是有较强的机动性,装卸地点可在较大范围内变动。主要适用于货流不固定的各种货物,尤其适用于包装货物、大件货物,散装货物也可采用这种方法。

2. 连续作业法

连续作业法是指在装卸搬运过程中,通过连续输送机械,进行连续不断的装卸作业的方法,如带式输送机、链斗装车机作业。连续作业法的特点是作业线路固定,动作单一,输送均匀,中间无停顿,货间无间隔,便于实现自动控制。在装卸量较大、装卸对象固定、货物对象不易形成大包装的情况下,适宜采用这种方法。

(四) 按装卸作业方式分类的方法

1. 垂直装卸法

垂直装卸法(也称为吊装吊卸法)是指采取提升和降落的方式对货物进行装卸搬运的方法。这是采用比较多的一种装卸方法,其所用的装卸设备通用性较强,应用领域较广,如起重机、叉车、提升机等。但这种装卸方法消耗的能量较大。

2. 水平装卸法

水平装卸法(也称为滚装滚卸法)是指采取平移的方式对货物进行装卸搬运的方法。这种装卸搬运方法不改变被装货物的势能,比较省力,但需要有专门的设施,如能和汽车水平接靠的适高站台、汽车和火车之间的平移工具等。

第四节　装卸搬运的原则和合理化

一、装卸搬运的原则

装卸搬运的原则是指装卸搬运活动要求达到的目标和应当遵循的基本原则。由于装卸搬运在整个物流活动中起着十分重要的作用,根据装卸搬运的目标和特点,人们在长期的生产实践中,总结出了装卸搬运的基本原则,这对于提高物流系统整体效用具有十分重要的作用。

装卸搬运是物流过程中的重要环节,它在生产领域及各个物流环节中起着支持和衔接的重要作用。因此,装卸搬运的合理与否,直接影响到整个物流系统的效率和经济效益。

(一) 装卸搬运的目标

为了实现装卸搬运的合理化,在满足装卸搬运作业要求的前提下,装卸搬运要尽量实现装卸搬运的距离短、时间少、质量高、费用省的目标。

1. 装卸搬运距离要短

搬运距离的长短与搬运作业量的大小和搬运作业的效率是联系在一起、密切相关的。在装卸搬运作业中,货物装卸搬运不发生位移是不可能的,从合理搬运的角度看,搬运距离应该越短越好。距离移动越长,费用越大;反之,距离移动越短,则费用越小。所以,装卸搬运距离尽量短,是装卸搬运的目标之一。其效果是节省劳动消耗,缩短搬运时间,减少搬运中的消耗。

2. 装卸搬运时间要少

时间少主要是指货物从开始装卸搬运到完成装卸搬运的时间要少。如果在装卸搬运作业中,通过机械化、自动化作业,尽量缩短装卸搬运时间,不但能节约费用、提高效率,而且能提高物流速度,激活整体物流过程,及时满足客户的需求。所以,装卸搬运时间尽量少,是装卸搬运的又一重要目标。

3. 装卸搬运质量要高

质量高主要是指能够按客户要求的数量、品种,安全、及时地将货物装卸搬运到指定的位置,这是为客户提供优质服务的主要内容之一,也是保证生产顺利进行的重要前提。所以,装卸搬运质量要高,是装卸搬运的核心目标。

4. 装卸搬运费用要省

在装卸搬运的目标中,既要求装卸搬运距离短、时间少、质量高,又要求费用省,这似乎不易理解。而实际上,如果真正实现装卸搬运作业机械化、自动化和物流现代化,既能大幅度削减作业人员,降低人工费用,又能提高装卸搬运效率,降低装卸搬运成本,装卸搬运费用肯定也能随之较大幅度节省。

(二) 装卸搬运的基本原则

1. 安全文明原则

所谓安全文明原则是指在装卸搬运作业中,要坚持文明装卸,杜绝"野蛮装卸";要坚持按照装卸搬运工艺的要求进行操作,采取措施保证货物完好无损,保障作业人员人身安全。同时,针对不同的装卸搬运作业,要科学组织管理,不能因装卸搬运作业而损坏装卸搬运的设备和设施及运载与储存的设备和设施。

2. 省力节能原则

现代装卸搬运作业强调要把装卸搬运成本费用控制到最低,其中省力节能是最关键因素。节约劳动力,降低能源消耗,是装卸搬运作业的最基本的要求和原则。因此,在满足装卸搬运作业要求的前提下,应该尽量实现装卸搬运作业的省力化和节能化。

例如,对火车、卡车进行卸车时,利用滑板、滑槽或无动力的小型传送带倾斜安装在货车、卡车或站台上,使货物依靠本身重量完成装卸搬运作业。这种方法不需要复杂的设备,不消耗能源,可大大减轻作业人员的劳动强度,达到省力节能的目的,从而也降低了装卸搬运作业成本。这是最经济的手段,且方便有效。

3. 装卸搬运次数最小化原则

虽然装卸搬运是物流过程中不可避免的作业活动,但是装卸搬运活动本身并不增加货物的价值和使用价值,相反却增加了货物损坏的可能性和成本。所以,应该将装卸搬运的次数控制在最小的范围内。动作即费用,最少的装卸搬运是最好的装卸搬运。减少装卸次数,就意味着减少装卸作业量,从而减少装卸劳动消耗,节省装卸费用。同时,还能减少货物损耗,加快物流速度,减少场地占用和装卸事故。因此,通过合理安排作业流程、采用合理的作业方式、仓库内合理布局以及仓库的合理设计等,来实现货物装卸搬运次数最小化;同时,通过分析各项装卸搬运作业环节的必要性,千方百计地取消、合并装卸搬运作业的环节和次

数,消灭重复无效、可有可无的装卸搬运作业。例如,车辆不经换装直接过境;大型的发货点铺设专用线;门到门的集装箱等,都可以大幅度减少装卸搬运环节和次数。

例如,在某港口码头上,集装箱装卸桥上设置一个转运台,上面可以放置4个集装箱,堆场装卸搬运桥可直接从台上将集装箱转运到堆场上,不必通过底盘车转运,这样可以减少卸作业数,据称效率可以提高10%。

4. 装卸搬运程序化原则

装卸搬运作业应遵循一定的程序,尽量做到流水化作业,不间断、不停顿。工序之间要相互协调、紧密衔接;作业路径应当最短和直线;作业流程应尽量简化;作业过程不要移船、调车,以免干扰装卸作业的正常进行;必须进行换装作业的,尽量不使货物落地,直接换装,以减少装卸次数,简化装卸程序;等等。例如,铁路车辆的装卸,可组织1~2条流水线作业;船舶的装卸,根据吨位的大小,可组织一到几条流水线作业。

例如,在港口的件杂货物卸船到入库的操作过程中,一般要经过四道工序,即:舱内作业工序→起落舱工序→水平搬运工序→库场堆码工序。在这四道工序中,舱内作业工序和堆码工序由于需要采用人力作业,效率一般较低,由此会制约整条作业线的能力发挥,根据程序化原则协调,一方面应在这两道工序中多设置几个作业点,同时,在起落舱以及水平搬运环节,应尽量避免能力的过多剩余造成的浪费。

5. 机械化原则

所谓机械原则是指在装卸搬运作业中用机械作业替代人工作业的原则。实现装卸搬运作业的机械化是实现省力化和效率化的重要途径。通过机械化,可改善装卸搬运作业环境,大大减轻劳动强度,增强作业的安全性,提高作业效率和效益。机械化的原则同时也包含了将人与机械合理地组合到一起,充分发挥各自的优势。在许多场合,简单机械的配合同样也可以达到省力化和提高效率的目的,而片面强调全自动化会造成装卸搬运作业费用的膨胀。例如,在发达工业国家,由于劳动力成本较高,大多采用机械化、自动化。而在发展中国家,由于劳动力廉价,经济落后,机械化程度就相对较低,但发展趋势是机械化程度将会越来越高。又如,我国目前在件杂货装卸搬运中,普遍采用的是在标准货板上堆放货物,然后用叉车搬运货物的方式,代替原先货物堆码时用人力堆放的作业,大大减轻了工人的劳动强度。

6. 系统化原则

所谓系统化原则是指将各个装卸搬运活动作为一个有机的整体实施系统化管理。装卸搬运作业涉及物流过程的其他很多环节和装卸搬运系统内部的很多要素,都必须相互兼顾、协调统一,才能发挥装卸搬运系统的整体功能。所以,应该运用综合系统化的观点,对装卸搬运进行分析研究,以提高装卸搬运的协调性,提高装卸搬运系统的柔性,从而适应多样化、高度化的物流需求,提高装卸搬运的效率。例如,铁路车站在实践中总结的"进车为装车作准备,装车为卸车作准备,卸车为出货作准备"的作业原则,正是系统化原则的体现和应用。

二、装卸搬运的合理化

装卸搬运的基本原则是装卸搬运合理化经验的总结,也是合理化的基本要求。因此,装卸搬运合理化,首先必须坚持装卸搬运的基本原则;其次是按照合理化的需求进行装卸搬运作业。

（一）不合理的装卸搬运

对于装卸搬运的合理化,很难有一个绝对的标准,但是,在装卸搬运作业时,必须避免由于不合理的装卸搬运而造成的损失。不合理的装卸搬运,具体表现在以下几个方面:

1. 过多的装卸搬运次数

在整个物流过程中,装卸搬运是反复进行、发生频率最多的活动,又是发生货损的主要环节,所以,过多的不必要的装卸搬运必然导致损失的增加。同时,从发生的费用来看,一次装卸的费用相当于几十千米的运输费用,所以,每增加一次装卸搬运,费用也就会有较大比例的增加。此外,过多的装卸搬运次数,还会大大减缓整个物流的速度,影响物流效率。

2. 过大包装的装卸搬运

包装过大过重,在装卸搬运作业中,实际上就会反复在包装上消耗过多不必要的劳动,因而形成无效装卸,造成损失。

3. 无效物质的装卸搬运

进入物流过程的货物,有时混杂着没有使用价值或对用户来讲使用价值不对路的各种掺杂物,如煤炭中的矸石、矿石中的水分杂质、石灰中的未烧熟石灰及过烧石灰等。在反复装卸搬运时,实际上也是在对这些无效物质在反复消耗过多不必要的劳动,因而形成无效装卸,造成损失。

可见,不合理的无效装卸搬运,增加了装卸搬运成本,增加了货物损耗,降低了物流速度,如能防止和减少无效装卸搬运,则可节省装卸劳动,提高装卸效率,使装卸搬运合理化。

（二）装卸搬运的合理化

装卸搬运合理化的主要目标是节省时间,节约劳动力,降低装卸成本。为此,可以从以下几方面着手。

1. 防止无效装卸搬运

无效装卸搬运即不合理的装卸搬运,应尽量避免,可以采取多种措施。例如,尽量减少装卸次数,尽可能缩短搬运距离,以减少人力、物力的浪费和货物损坏的可能性;增强包装的轻型化、简单化、实用化,避免过度包装,减少无效负荷;努力提高被装卸货物的纯度,只装卸搬运必要的货物,对有些货物先去除杂质再装卸搬运;充分发挥装卸搬运机械设备的能力和装载空间,中空的物件可以填装其他的物品再进行搬运,以提高装载效率;采用集装方式,进行多式联运,避免对于单件货物的反复装卸搬运处理;等等。

2. 提高装卸搬运活性

装卸搬运活性是指把货物从静止状态转变为装卸搬运运动状态的难易程度,提高装卸搬运活性是装卸搬运合理化的一项重要内容。

货物所处的状态不同,装卸搬运的难易程度也不一样,则活性也就不同。如果很容易转变为下一步的装卸搬运而不需要做过多装卸搬运前的准备工作,则活性就高;反之,则活性低。为了区别活性的不同程度,可用"活性指数"来表示。"活性指数"从 0~4 共分 5 个等级,分别表示活性程度从低到高。装卸搬运活性指数见表 5-2。

表 5-2　装卸搬运活性指数

货物状态	散放态	集放态	集装态	装载态	运动态
图　　示	集中整理抬起移动				
货物支撑情况	直接置地	置于容器	置于托盘	置于车内	置于传送带
货物移动机动性	移动时需逐个用人力搬运	可以人工一次搬运	可方便地使用机械搬运	不需借助其他机械便可搬运	货物已处于移动状态
动作移动数	4	3	2	1	0
动作取消数	0	1	2	3	4
活性指数（活度）	0	1	2	3	4
搬运难度	大				小
消耗劳动	多				少
活　　性	小				大

　　表 5-2 中所列的是货物的五种基本的可搬运状态，即散放态、集放态、集装态、装载态和运动态。移动任何一批货物，不外乎需要 4 个动作，即集中、整理、抬起和移动，且每经过一个搬运的基本动作，货物可搬运状态的活性就提升一个等级。表中把移动动作的取消数定义为活性指数（或称活度），这个数值是对货物活性的定量描述。货物的活性指数越大，就越容易装卸搬运。因此，提高装卸搬运活性是装卸搬运合理化的一项重要内容。在组织装卸搬运作业时，应该灵活运用各种装卸搬运机械设备，合理设计作业工序，前道作业要为后道作业着想，货物放置时要有利于下次搬运不断改善装卸搬运作业。例如，装于容器内并垫放的货物较散放于地面的货物易于搬运；在装上时要考虑便于卸下，在入库时要考虑便于出库；还要创造易于搬运的环境和使用易于托运的包装。总之，要提高装卸搬运活性，从而使装卸搬运作业合理化，节省劳力、降低消耗、提高效率。

3. 集装单元化原则

　　所谓集装单元化原则，是指将货物集中扩大成一个作业单元进行装卸搬运的原则。集装单元化是实现装卸搬运合理化、降低物流费用的重要手段。为了提高装卸、搬运和堆存效率，提高机械化、自动化程度和管理水平，应根据装卸搬运设备能力，尽可能扩大货物的物流单元（例如采用托盘、集装箱等），这对装卸搬运作业的改善是至关重要的原则。通过集装单元化，不仅有利于实现装卸搬运机械化、标准化，提高装卸搬运效率；而且可以提高货物质量，防止货物在物流过程中的损坏和丢失，数量的确认也变得更加容易。例如，目前在装卸搬运作业中广泛使用托盘，通过叉车与托盘的结合，可以大大提高装卸搬运的效率；而发展较快的集装箱单元更是一种标准化的大单元装载货物的容器，集装箱装卸、运输是实现散杂货物装卸、运输的合理化、效率化的重要手段，已成为国际上普遍采用的一种重要的革命性的装卸、运输方式。

4. 合理选择装卸机械、方式和方法

（1）装卸搬运机械化是提高装卸搬运效率的重要环节。

首先，装卸搬运机械的选择必须根据装卸搬运货物的性质来决定。对以箱、袋或集装包装的货物，可以采用叉车、吊车、货车装卸；对散装粉粒体货物，可以利用传送带装卸；对散装液体货物，可以直接向装运设备或储存设备装取。

其次，要通过各种集装方式，形成机械设备最合理的装卸搬运量，使所选择的装卸机械能充分发挥自己的效能，达到最优效率，实现规模装卸搬运。追求规模效益的方法，主要是通过各种集装，实现间歇装卸时一次操作的最合理装卸量，从而使单位装卸成本降低；同时，通过散装，实现连续装卸的规模效益。

（2）在装卸搬运过程中，必须根据货物的种类、性质、形状、重量来确定装卸搬运方式。在装卸时，对货物的处理大体有"分块处理""散装处理"和"单元组合处理"三种方式。

例如，在货物的装卸搬运过程中，可按普通包装对货物进行逐个装卸，即"分块处理"；对粉粒状货物不加小包装而进行原样装卸，即"散装处理"；对包装的货物以托盘、集装箱、集装袋等为单位组合后再进行装卸，即"单元组合处理"。实现单元组合，可以充分利用机械进行操作，提高装卸作业的有效程度。

（3）合理分解装卸搬运活动，对于改进装卸搬运各项作业，提高装卸搬运效率有着重要的意义。所以，应尽量采用现代化管理方法和手段，如排队论、网络技术、人-机系统的应用等，以改善作业方法，从而实现装卸作业的连贯、顺畅、均衡和装卸搬运的合理化以及高效化。

5. 利用或清除重力影响

在装卸搬运作业中，货物的重力影响是不可避免的，所以，首先应尽可能利用货物本身的重量，进行有一定落差的装卸，以节省劳力和能耗，这是装卸搬运合理化的重要方式。例如，高站台、低货位、滑溜化的作业方法在我国运输工具和铁路装卸搬运作业中已被广泛应用。散货、散粮、石油等货物均可利用重力装船和装车。在某些情况下，件货也可借助滑板利用重力装船。

同时，还应尽可能消除货物重力的不利影响，同样也能减少装卸劳动的消耗。例如，进行两种运输工具的换装时，采用不落地搬运就比落地搬运要好，如能通过适当安排，将甲乙两工具靠接，使货物从甲平移到乙，就能有效消除重力影响，实现装卸搬运合理化。又如，在进行人力装卸时，尽可能做到"持物不步行"，即货物的重量由台车、传送带等负担，人的力量只用于使载货车辆水平移动，也能大大减轻劳动强度，做到装卸搬运合理化。

此外，在保证货物搬运、装卸和堆存安全的前提下，尽可能减少附加工具的自重和货物的包装物重量，也是减少重力影响的一个重要方面。例如，某港站在装卸搬运桶装沥青时，原先采用专用吊具，吊具自重约 20 多 kg。通过对吊具的改进，这种专用吊具自重减到了7 kg。从而使起重机的起货能力得到了提高，装卸效率也得到了提高。

6. 保持物流均衡畅通

装卸搬运是整个物流过程中必不可少的重要环节。最为理想的情况是保持装卸搬运作

业连续不断地进行,使货物顺畅地流动,将运输、保管、包装和流通加工等物流活动有序地连接起来,保持整个物流过程的均衡顺畅。然而,装卸搬运在某种意义上,又是运输、保管活动的辅助活动,要受运输等其他环节的制约,其节奏不能完全自主决定,必须综合各方面因素妥善安排,才能使物流量尽量均衡。

所以,近年来,工业发达的国家为了对运输线路的终端进行装卸搬运合理化的改造,创建了所谓的"复合终端",即对不同运输方式的终端装卸场所,集中建设不同的装卸设施。例如,在复合终端内集中设置水运港、铁路站场、汽车站场等,这样就可以合理配置装卸、搬运机械,使各种运输方式有机地联结起来,从而提高设备、设施的共同利用率;取消中转搬运,提高转运效率;减少装卸搬运次数,加快物流速度;使装卸搬运合理化,并保持整个物流过程的均衡畅通,提高物流系统的整体功能。

第五节　装卸搬运机械及其选择

一、装卸搬运机械及其分类

装卸搬运机械是指用来搬移、升降、装卸和短距离输送物料和货物的各种机械。它是实现装卸搬运作业机械化的主要组成部分和物质技术基础,也是实现装卸搬运合理化、效率化、省力化的重要手段。

装卸搬运机械种类很多,为了适应装卸搬运行业发展的需要,在我国已形成一个门类齐全的装卸搬运设备制造业(即起重运输机械制造业)。同时,为了运用和管理方便,常按以下方法进行分类。

(一) 按装卸搬运机械的作业性质进行分类

装卸搬运机械按作业性质,可分为装卸机械、搬运机械和装卸搬运机械三大类,其具体分类见表5-3。

表5-3　装卸搬运机械按作业性质分类

机 械 类 型	机 械 名 称	特　　　点
装卸机械	手动葫芦 固定式起重机	结构简单、专业作业效率高、成本低,但功能单一,会降低系统效率
搬运机械	各种搬运车、手推车 带式输送机	同上
装卸搬运机械	叉车 跨运车 龙门起重机 气力装卸输送机械	两种作业操作合二为一,系统效果较好

(二) 按装卸搬运机械的用途进行分类

装卸搬运机械按用途,可分为单件作业机械、集装作业机械和散装作业机械三大类,其具体分类见表5-4。

表5-4　装卸搬运机械按用途分类

机械类型	机 械 名 称	特　　　点
单件作业机械	桥式类型起重机 门式类型起重机 臂式类型起重机 梁式类型起重机 悬挂输送机 辊子输送机 带式输送机 板式提升机 电梯、升降台、升降机 大型叉车、侧叉、跨车 件货装(卸)船(车)机 各种类型分拣设备 盘式输送机 链式输送机	单件作业使用的各种装卸搬运机械,也可用于各种集装单元的装卸搬运作业
集装作业机械	集装箱龙门起重机 岸臂集装箱起重机 集装箱叉车 集装箱跨车 侧面类型集装箱装卸车 水平类型集装箱装卸车 滚装类型集装箱装卸车 挂车和底盘车 牵引车 叉车 托盘搬运车、移动器 堆垛机 码盘机、卸盘机、给盘机 汽车尾板装卸装置	专门用于搬运集装箱货物
散装作业机械	斗式类型装卸机 斗轮类型装卸机 侧翻类型装卸机 抓斗类型装卸机 连续输送机 气力输送装置	专门用来装载搬运散装货物

（三）按装卸搬运机械的结构特点进行分类

装卸搬运机械按结构特点，可分为起重机械、连续输送机械、工业车辆和专用装卸机械四大类，其具体分类见表 5 - 5。

表 5 - 5　装卸搬运机械按结构特点分类

机械类型	机 械 名 称	特　　点
起重机械	轻小起重机械： 葫芦、绞车 升降机： 电梯、升降机 起重机： 桥式类型起重机 门式类型起重机 臂式类型起重机 梁式类型起重机	间歇作业，重复循环，短时载荷，升降活动，使货物在一定范围内上下、左右、前后移动
连续输送机械	有牵引构件的输送机： 带式输送机 板式输送机 链式输送机 悬挂输送机 斗式提升机 板式提升机 自动扶梯 无牵引构件的输送机： 螺旋输送机 振动输送机 辊子输送机 气力输送装置： 悬浮式气力输送装置 推送式气力输送装置	连续动作，循环运动，持续载荷，路线一定
工业车辆	叉车： 前移式叉车 插腿式叉车 平衡重式叉车 跨车 侧叉 人力搬运车： 台车、手推车 手动液压托盘搬运车 升降式搬运车 动力搬运车： 轨道无人搬运车 牵引车、挂车、底盘车 单斗装载机	轮式无轨底盘上装有起重、输送、牵引、承载装置，可以在设施内进行流动作业

机械类型	机械名称	特点
专用装卸机械	翻车机 堆取料机 堆垛机、拆垛机 集装箱专用装卸机械 托盘专用装卸机械 船航专用装卸机械 车辆专用装卸机械	带专用取物装置的起重、输送机械与工业车辆的综合，一般进行专门作业
	分拣专用机械： 押出式 浮出式 斜行式 倾斜落下式	在计算机的控制下连续动作，将不同的货物搬运到各自被指定的位置

二、装卸搬运机械的选择及其原则

不同种类的货物、不同的装卸搬运场所以及不同的输送方式，对所需要的装卸搬运机械也不尽相同。合理选择装卸搬运机械，对于降低装卸搬运费用、提高装卸搬运效率，具有十分重要的意义。

装卸搬运机械的选择，应该本着经济合理、提高效率、降低费用的总要求，在考虑货物的特性、作业的特性以及经济性等诸方面的因素后，才能作出综合判断，以便使所选择的装卸搬运机械能发挥出最大的效益。

装卸搬运机械的选择，具体应遵循以下几个基本原则。

1. 根据货物的特性进行选择

货物的特性是指货物的种类，如散货、包装货物等。货物种类不同，或者货物性质不同，则装卸搬运这些货物的机械设备也有所不同。所以，要在考虑货物特性的基础上，从作业安全和效率出发，选择合适的装卸搬运机械。一些不同货类所使用的装卸搬运机械，见表 5-6。

表 5-6　一些不同货类所使用的装卸搬运机械

货类	在装卸搬运作业中可使用的典型机械
件杂货	门机、运输工具吊杆
木材	门机、堆场龙门吊、木材抓斗
集装箱	岸臂式装卸搬运桥、堆场轮胎式龙门吊
干散货	移动式卸船机、堆场斗轮式堆取料机
散粮	吸粮机、夹皮带机、斗式提升机
液体货	输送管道

2. 根据作业的特性进行选择

作业的特性包括作业的性质、作业的场合、作业的运动形式、作业量、作业搬运距离等，装卸搬运机械的选择应该尽可能与作业的特性相适应。应注意如下几点：

（1）明确作业的性质是单纯的装卸、单纯的搬运还是装卸、搬运兼顾，从而可选择更合适的装卸搬运机械。

（2）不同的作业场合，需要选择不同的装卸搬运机械。例如，在铁路专用线、仓库等场合，可选择龙门起重机；而在集装箱港口码头，则可选择岸臂集装箱装卸桥、集装箱跨运车等。

（3）针对水平、垂直、斜向三种典型的装卸搬运作业运动形式，也需要选择不同的装卸搬运机械。例如，水平运动，可选择卡车、牵引车等；垂直运动，可选择提升机、起重机等；而斜向运动，则可选择连续运输机、提升机等。

（4）作业量的大小，也影响到所需要选择的装卸搬运机械的类型和数量。例如，对作业量大的，应选择作业能力较强的大型专用机械；而对作业量小的，则可选择中小型通用机械。

（5）对长距离搬运，一般选择火车、船舶、载货汽车、动力牵引车等运输设备；而对较短距离搬运，则可选择叉车、跨运车、连续运输机械等机械设备。

3. 根据综合经济性进行选择

选择装卸搬运机械还必须考虑机械设备的质量、价格、安全、能耗、装配拆卸、维护保养、通用性、利用率等因素。

除了考虑以上因素，最终还要从经济性的角度综合考虑各方面的因素，权衡利益得失，进行全面分析比较，在多个适用方案中选择出最经济合理、先进、优质的装卸搬运机械。

同时，因为选择装卸搬运机械是作为企业的设备投资，资金、规模、影响都比较大，所以投资必须经济、适当、合理。就是说，必须在一定的经营规模下，取得最好的经济效果。它们之间对企业影响的逻辑关系可由图5-1表达。

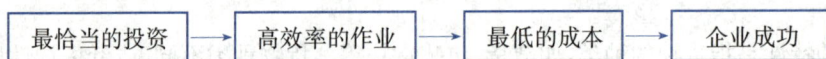

$$\boxed{最恰当的投资} \rightarrow \boxed{高效率的作业} \rightarrow \boxed{最低的成本} \rightarrow \boxed{企业成功}$$

图5-1　装卸搬运机械设备投资对企业的影响

▌ 小结和学习重点 ▌

- 装卸搬运的概念
- 装卸搬运的方法
- 装卸搬运的原则和合理化
- 装卸搬运活性及合理化

装卸搬运是物流的基本功能之一，是整个物流环节不可或缺的重要环节。装卸搬运虽然不能产生新的价值和效用，但却是物流各项活动中出现频率最高的一项作业活动，在物流系统中发挥着举足轻重的作用，是影响物流速度和物流费用的重要因素，决定着物流系统的整体功能和效益。所以，必须在坚持装卸搬运的基本原则的前提下，按照装卸搬运合理化的要求,改善装卸搬运作业,以节省时间、节约劳动力、降低装卸成本、提高装卸效率,从而提高物流速度、降低物流费用、提高物流系统的整体效率和经济效益。

 案例分析

联华便利物流中心装卸搬运系统

联华公司创建于1991年5月,是上海首家发展连锁经营的商业公司。经过11年的发展,已成为中国最大的连锁商业企业。2001年销售额突破140亿元,连续3年位居全国零售业第一。联华公司的快速发展,离不开高效便捷的物流配送中心的大力支持。目前,联华共有4个配送中心,分别是两个常温配送中心、一个便利物流中心、一个生鲜加工配送中心,总面积7万余平方米。

联华便利物流中心总面积8 000 m²,由4层楼的复式结构组成。为实现货物的装卸搬运,配置的主要装卸搬运机械设备为:电动叉车8辆、手动托盘搬运车20辆、垂直升降机2台、笼车1 000辆、辊道输送机5条、数字拣选设备2 400套。在装卸搬运时,操作过程如下:对来货卸下后,把其装在托盘上,由手动叉车将货物搬运至入库运载处,入库运载装置上升,将货物送上入库输送带。当接到向第一层搬送指示的托盘在经过升降机平台时,不再需要上下搬运,而直接从当前位置经过一层的入库输送带自动分配到一层入库区等待入库;接到向二至四层搬送指示的托盘,将由托盘垂直升降机自动传输到所需楼层。当升降机到达指定楼层时,由各层的入库输送带自动搬送货物至入库区。货物下平台时,由叉车从输送带上取下托盘入库。出库时,根据订单进行拣选配货,拣选后的出库货物用笼车装载,由各层平台通过笼车垂直输送机送至一层的出货区,装入相应的运输车上。

先进实用的装卸搬运系统,为联华便利店的发展提供了强大的支持,使联华便利物流运作能力和效率大大提高。

思考

1. 试分析该物流配送中心先进的自动化装卸搬运系统是如何实现装卸搬运作业的。

练习与思考

(一)名词解释

装卸　搬运　装卸搬运活性　集装单元化

(二)填空

1. 搬运是在同一场所内(通常是指在某一个物流节点,如仓库、车站或码头等),对物品进行以_____为主的物流作业。

2. 装卸搬运活性是指把货物从静止状态转变为装卸搬运运动状态的_____,装卸搬运活性指数共分_____个等级,货物的活性指数越大,则搬运难度_____。

3. 装卸搬运技术很多,目前的装卸搬运技术主要表现在＿＿＿＿＿＿技术上。

(三) 单项选择

1. 搬运活性指数是用来表示各种状态下的物品的搬运难度,它可以分为(   )个等级。

    A. 2   B. 3   C. 4   D. 5

2. 放于搬运车、台车或其他可移动挂车上的货物,它的搬运活动指数是(   )。

    A. 0 级   B. 1 级   C. 2 级   D. 3 级

3. 物流过程中,运输、仓储、包装和装卸搬运各环境的改善,不能仅从单方面考虑,应将各环节作为一个系统来看待,考虑综合效益。在物料搬运中体现了(   )。

    A. 集装化原则   B. 系统化原则

    C. 提高搬运灵活性原则   D. 无效搬运原则

4. 以下 4 个选项中,(   )是属于搬运的原则,又属于搬运的目标。

    A. 利用重力的影响和作用   B. 提高搬运灵活性

    C. 消除无效搬运   D. 人身和财产安全

(四) 多项选择

1. 装卸搬运合理化的主要目标是(   )。

    A. 节约时间   B. 节约劳动力

    C. 作业自动化   D. 降低装卸成本

2. 不合理的装卸搬运具体表现在(   )几个方面。

    A. 过多的装卸搬运次数   B. 过大包装的装卸搬运

    C. 过长的装卸搬运时间   D. 无效物质的装卸搬运

(五) 简答

1. 简述装卸搬运的概念和特点。

2. 简要说明装卸搬运的基本原则。

3. 简要说明实现装卸搬运合理化的途径。

4. 简要介绍装卸搬运灵活指数的 5 个等级。

(六) 论述

1. 试分析不合理的装卸搬运表现在哪些方面? 如何实现装卸搬运的合理化。

2. 为什么商品装卸搬运不能产生新的价值和效用,但它仍然在物流系统中发挥着举足轻重的作用?

部分参考答案

(一) 名词解释

装卸是指物品在指定地点以人力或机械装入运输设备或卸下。

搬运是指在同一场所内,对物品进行水平移动为主的物流作业。

装卸搬运活性是指把物品从静止状态转变为装卸搬运运动状态的难易程度。

集装单元化是指将货物集中扩大成一个作业单元进行装卸搬运。

(二) 填空

1. 水平移动

2. 难易程度　5　越小(越容易)

3. 集装化

1. D　2. D　3. C　4. C

1. ABD　2. ABD

第六章 运 输

学习目标

学完本章,你应该能够:
(1) 掌握有关运输的概念、各种运输方式的分类和作用;
(2) 掌握各种运输方式的运输技术;
(3) 了解在物流运输中所使用的有关技术和决策方法。

基本概念

运输 运输方式 运输工具 运输技术 运输管理 运输线路

100

第一节 运输的概念、作用和分类

一、运输的概念

运输是指"人"和"物"的载运及输送,这里专指"物"的载运及输送。它是在不同的地域范围间(例如,两个国家、两个城市、两个工厂之间,或一个大企业内相距较远的两个车间之间),以改变"物"的空间位置为目的的活动,是对"物"进行的空间位移。它与搬运的区别在于,运输是较大范围的活动,而搬运是在同一地域之内的活动。

运输是实现人和物空间位置变化的活动,与人类的生产和生活息息相关。可以说,运输的历史与人类的历史同样悠久。早在18世纪中叶,运输还处在发达的手工业阶段,亚当·斯密就论述了运输(主要是帆船和马车)对社会分工、对外贸易、促进城市和地区的经济繁荣等方面起着重大的作用。在此后的近两个世纪中,运输经历了从旧式运输工具到机械运输工具的根本性变革,继而发展到现代各种运输方式全面发展的新阶段。

二、运输的作用

1. 运输是社会物质生产的必要条件之一

运输是国民经济的基础和先行条件。马克思将运输称为"第四个物质生产部门",即将运输看成是生产过程的继续,这个继续虽然以生产过程为前提,但如果没有这个继续,生产过程则不能最终完成。虽然"运输"的这种生产活动和一般生产活动不同,它并不创造新的物质产品,不增加社会产品数量,不赋予产品以新的使用价值,而只是变动其所在的空间位置,但这一变动却使生产能够继续下去,使社会再生产不断推进。因此,我们将其看成是一个物质生产部门。

运输作为社会物质生产的必要条件,表现在以下两个方面:

(1) 在生产过程中,运输是生产的直接组成部分,没有运输,生产内部的各环节就无法联结。

(2) 在社会上,运输是生产过程的继续,这一活动联结生产与再生产、生产与消费,联结国民经济各部门、各企业,联结着城乡,联结着不同国家和地区。

2. 运输可以创造"场所效用"

同种"物"由于空间场所不同,其使用价值的实现程度不同,其效益的实现也不同。由于改变场所而最大限度地发挥其使用价值,最大限度地提高了产出投入比,就称之为"场所效用"。通过运输,将"物"运到场所效用最高的地方,就能发挥"物"的最大潜力,实现资源的优化配置。从这个意义上来讲,也相当于通过运输提高了"物"的使用价值。

3. 运输是"第三利润源泉"的主要源泉

这是因为:

(1) 运输是运动中的活动,它和静止的保管不同,要靠大量的动力消耗才能实现,而且运输又承担着大跨度空间转移的任务,所以活动的时间长、距离长、消耗大。消耗的绝对数量大,其节约的潜力也就大。

(2) 从运费来看,运费在全部物流费用中占最高的比例,若综合分析计算社会物流费用,运输费在其中约占50%的比例,有些产品的运费甚至还高于产品的生产费。所以,节约的潜力是很大的。

(3) 由于运输总里程大,运输总量巨大,通过运输合理化可大大缩短运输吨公里数,从而获得比较大的节约。

4. 运输是物流的主要功能要素之一

按物流的概念,物流是"物"的物理性运动,这种运动不但改变了"物"的时间状态,也改变了"物"的空间状态。而运输承担了改变空间状态的主要任务,是改变空间状态的主要手段,再配以搬运、配送等活动,就能圆满地完成改变空间状态的全部任务。

在现代物流观念未诞生之前,甚至就在今天,仍有不少人将运输等同于物流,其原因是物流中很大一部分责任是由运输担任的,是物流的主要部分。

三、运输方式的分类

运输在物流系统中是最为重要的构成要素,选择何种运输方式对于物流效率的提高是十分重要的。在决定运输方式时,必须权衡运输系统要求的运输服务和运输成本,可以以运输工具的服务特性作为判断的基准:运费、运输时间、频度、运输能力、货物的安全性、时间的准确性、适用性、伸缩性、网络性和信息化等。

1. 公路运输

这是主要使用汽车，也可以使用其他车辆（如人力车、畜力车）在公路上进行货、客运输的一种方式。公路运输主要承担近距离、小批量的货运和水运，铁路运输难以到达地区的长途、大批量货运及铁路、水运优势难以发挥的短途运输。由于公路运输有很强的灵活性，在有铁路、水运的地区，较长途的大批量运输也开始使用公路运输。

公路运输主要优点是灵活性强，公路建设期短，投资较低，易于因地制宜，对收货、到站设施要求不高。可以采取"门到门"运输形式，即从发货者门口接货直接运到收货者门口，而不需转运或反复装卸搬运。公路运输也可作为其他运输方式的衔接手段。公路运输的经济半径，一般在 200 km 以内。

2. 铁路运输

这是使用铁路列车运送客、货的一种运输方式。铁路运输主要承担长距离、大批量的货运，在没有水运条件的地区，几乎所有大批量货物都是依靠铁路，是在干线运输中起主力运输作用的运输形式。

铁路运输优点是速度快，运输不太受自然条件限制，载运量大，运输成本较低。主要缺点是灵活性差，只能在固定线路上实现运输，而且需要其他运输手段的配合和衔接。铁路运输经济里程一般在 200 km 以上。

3. 水路运输

这是使用船舶运送客、货的一种运输方式。水运主要承担大批量、长距离的运输，是在干线运输中起主力作用的运输形式。在内河及沿海，也常有小型水运运输工具使用，担任补充及衔接大批量干线运输的任务。

水运的主要优点是成本低，能进行低成本、大批量、远距离的运输。但是，水运也有显而易见的缺点，主要是运输速度慢，受港口、水位、季节和气候影响较大，因而一年中中断运输的时间较长。水运有以下四种形式：

（1）沿海运输。这是使用船舶通过大陆附近沿海航道运送客、货的一种方式，一般使用中小型船舶。

（2）近海运输。这是使用船舶通过大陆邻近国家海上航道运送客货的一种运输形式，视航程可使用中型船舶或小型船舶。

（3）远洋运输。这是使用船舶跨大洋的长途运输形式，主要依靠运量大的大型船舶。

（4）内河运输。这是使用船舶在内陆的江河湖川等水道进行运输的一种方式，主要使用中、小型船舶。

4. 航空运输

这是使用飞机或其他航空器进行运输的一种形式。航空运输的单位成本很高，因此，主要适合运载的货物有两类：一类是价值高、运费承担能力很强的货物，如贵重设备的零部件、高档产品等；另一类是紧急需要的物资，如救灾抢险物资等。

航空运输的主要优点是速度快，不受地形的限制，在火车、汽车都无法到达的地区也可依靠航空运输，因而有重要意义。

5. 管道运输

这是利用管道输送气体、液体和粉状固体的一种运输方式。其运输形式是靠物体在管道内顺着压力方向循序移动实现的,和其他运输方式重要的区别在于管道设备是静止不动的。管道运输的主要优点是,采用密封设备,在运输过程中可避免散失、丢失等损失,也不存在其他运输设备本身在运输过程中消耗动力所形成的无效运输问题。

另外,运输量大,适合于量大且连续不断运送的物资。

四、各种运输方式特点的比较

上述五种运输方式各有特点,现列于表6-1—表6-5。

表6-1 公路运输的特点

优 点	缺 点
可以直接把货物从发货地送到收货地	不适宜大批量运输
适于近距离运输,且近距离运输费用较低	长距离运输运费相对昂贵
容易装车	易污染环境和发生事故
适应性强	消耗能量多

表6-2 铁路运输的特点

优 点	缺 点
不受天气影响,稳定安全	短距离货运运费昂贵
具有定时性	货车编组、解体需要时间
中长距离运货运费低廉	运费没有伸缩性
可以大批量运输	无法实现门对门服务
可以高速运输	车站固定,不能随处停车
可以按计划运行	货物滞留时间长
网络遍布全国,可以运往各地	不适宜紧急运输

表6-3 水路运输的特点

优 点	缺 点
长距离运输,运费低廉	运输速度较慢
原材料可以散装上船	港口设施需要高额费用
适用于重物和大批量运输	运输时间难以保证准确
节能	易受天气影响

表6-4　航空运输的特点

优　　点	缺　　点
运送速度快	运费偏高
包装简单	受重量限制
安全、破损少	地区不能离机场太远

表6-5　管道运输的特点

优　　点	缺　　点
快速、简便、经济、计量正确	受货种限制
没有包装费用、不受天气影响	易沉淀、积垢，清管成本高
安全、环保	

第二节　运输技术与管理

一、公路运输技术

（一）公路运输工具

汽车具有独立的原动机，能自行驱动，是不依赖轨道运行的陆上运输工具，是公路运输工具的核心。

在物流领域中使用的汽车种类很多，主要有如下几种。

1. 普通货车

按载重量的不同，分为轻型货车、中型货车和重型货车；按有无车厢板，分为平板车、标准挡板车和高挡板车。

（1）轻型货车。载重吨位在2 t以下，较多为低货台，人力装卸比较方便，主要用于市内运输、集货、配送和宅配运输等。

（2）中型货车。载重吨位在2～8 t，主要用于市内运输，我国常用于城市与城市、城市与乡村之间的运输。

（3）重型货车。载重吨位在8 t以上，通常是高货台，主要用于长途干线的运输。

2. 厢式货车

厢式货车具有载货车厢，还具有防雨、隔绝等功能，安全性能好，能防止货物散失、被盗等；但由于自重较重，所以无效运输比例较高。主要种类有：

（1）按货厢高度分为高货厢、低货厢两种。高货厢底座为平板，虽不大适合人力装卸，但车上堆垛没有障碍；低货厢的货台在车轮位置有凸起，影响装车。

（2）按开门方式分为后开门式、侧开门式、两侧开门式、侧后开门式、顶开式和翼式。后开门式适用于后部装卸，方便手推车等进入装卸，车货与站台接近，占用站台位置短，有利于多辆车装卸；侧开门式适用于边部叉车装卸，货车侧部与站台接近，占用站台长度较长；顶开式适用于吊车装卸；翼式适用于两侧同时装卸。

3. 专用车辆

专用车辆适用于装运某种特定的用普通货车或厢式货车装运效率较低的货物。这种车的通用性较差，往往只能单程装运，运输成本高。主要包括汽车搬运车、水泥车、油罐车、洒水车、混凝土搅拌车和冷藏挂肉车等。

4. 自卸车

这种车辆力求使运输与装卸有机结合，在没有良好的装卸设备的条件下，依靠车辆本身的附设设备进行装卸作业，如翻卸车、随车吊、尾部带升降板的尾板车等。

5. 牵引车和挂车

牵引车又称拖车，是专门用于拖挂和牵引挂车的。牵引车分为全挂式和半挂式两种。挂车本身没有发动机驱动，而是通过杆式或架式拖挂装置，由牵引车或其他的汽车牵引；挂车只有与牵引车或其他汽车一起组成汽车、列车，才能构成一个完整的运输工具。

挂车有全挂车、半挂车、轴式挂车和重载挂车等。半挂车与半挂式牵引车一起使用，其部分质量是由牵引车的底盘承受；全挂车是由全挂式牵引车或一般汽车牵引；轴式挂车是一种单轴车辆，专用于运送长大件货物；重载挂车是一种大载重量的挂车，可以是全挂车，也可以是半挂车，专用于运输笨重的特大货物，其载货量可达 300 t。由于挂车结构简单、保养方便，并且自重小，在运输过程中使用挂车可以提高运输的效率。

（二）公路运输设备

汽车站（场）是保证车辆正常运行的营业场所，主要包括以下几方面。

1. 停车场（库）

停车场（库）的主要功能是保管停放车辆。按其保管条件，可分为暖式车库、冷式车库、车棚和露天停车场四类；按其空间利用程度，可分为单层停车场和多层停车场，多层停车场通常需要配备供车辆发生垂直位移的斜道、旋转车道或升降机。

停车场（库）内还要按照车辆回场后的工艺过程，设立清洗、例保、加油和检验等有关设备，以及必要的照明、卫生和消防设施。

2. 货运站

汽车货运站有时也称为汽车站或汽车场，其主要任务是安全、方便、及时地完成货物运输生产作业。

货运站的布局除了生产、生活用房外，主要是停车场的设置。大型汽车站还设有保养场、修理厂和加油站等，小型车站设有修车场和一二级保养站。

3. 公路

公路是一种线性工程构造物。它主要承受汽车荷载的重复作用和经受各种自然因素的长期影响。因此，对于公路的要求，不仅要有缓和的纵坡、平顺的线形，而且要有牢固可

靠的人工构造物、稳定坚实的路基、平整而不滑的路面以及其他必要的防护工程和附属设备。

公路的基本组成部分包括：路基，路面，桥梁，涵洞，隧道，防护工程（护栏、挡土墙、护脚），排水设备（边沟、截水沟、盲沟、跌水、急流槽、渡（抛）水槽、过水路面、渗水路堤），山区特殊构造物（半山桥、路台、明洞）。此外，为了适应行车，还设置行车标志、加油站、路用房屋、通信设施、附属工厂及绿化栽植等。

我国公路常用的路面主要有碎石路面、砾石级配路面、加固土路面、沥青表面处理路面、沥青灌入式路面、沥青碎石路面、沥青混凝土路面和水泥混凝土路面。不同的面层类型适合于不同等级的路面。

4. 桥隧

桥隧是桥梁、涵洞和隧道的简称，都是为车辆通过自然障碍（河流、山岭）或跨越其他立体交叉的交通线而修建的建筑物。桥梁和涵洞的共同点在于车辆在其上面运行，主要用来跨越河流，一般桥梁的单跨径较涵洞大，总长较涵洞长。根据公路的有关规范，凡单孔标准跨径小于 5 m，或者多孔跨径总长小于 8 m 的就是涵洞；大于上述规定的则为桥梁。隧道与涵洞相似，但隧道主要用于穿越山丘，车辆是在隧道内运行。

（三）公路的分级

根据交通量及其使用性质，公路可分为五个等级。

1. 高速公路

专用汽车分向、分车道行驶并全部控制出入（全部立体交叉）的干线公路。四车道高速公路一般能适应的载荷，按各种汽车折合成小客车的远景设计年限平均昼夜交通量为 25 000—55 000 辆；六车道高速公路一般能适应交通量为 45 000—80 000 辆；八车道高速公路一般能适应交通量为 60 000—100 000 辆。实际上，地形与地质条件特别困难的地区，高速公路也有修建成两车道的，如贵阳至遵义的贵遵高速公路。两车道就不可能有专门的超车道，超车一般在每隔一定距离设置的超车区进行。

2. 一级公路

一般能适应按各种汽车折合成小客车的远景设计年限平均昼夜交通量为 15 000—30 000 辆，车道数为 4，通往重点工矿区、港口和机场，专供汽车分向、分车道行驶的公路。

3. 二级公路

一般能适应按各种汽车折合成中型载货汽车的远景设计年限平均昼夜交通量为 3 000—7 500 辆，车道数为两，为连接政治、经济中心或大工矿区、港口和机场等地的专供汽车行驶的公路。

4. 三级公路

一般能适应按各种汽车折合成中型载货汽车的远景设计年限平均昼夜交通量为 1 000—4 000 辆，车道数为两。

5. 四级公路

一般能适应按各种汽车折合成中型载货汽车的远景设计年限平均昼夜交通量为双车道

1 500 辆以下、单车道 200 辆以下,车道数为一或两。

(四)公路运输管理

在我国现有的公路运输等级企业中,普遍都按照国际标准 ISO9002 质量体系的认证要求,为社会提供设备先进、技术精湛、经验丰富的优质运输服务。特别是对于在运输中有特殊要求的大型物件,如电站设施、航天器具、核电设备、精密仪器、珍贵文物和其他物资,国家工程建设项目中单件重量百吨以上的大型物件的运输装卸作业,对运输企业以及运输过程的生产管理提出了更高的要求。

例如,上海交运大件起重运输有限公司,是具有我国公路大件运输类别最高的四类企业之一,可以承运我国公路大件运输最高级别的四级大件,即长度≥40 m,或宽度≥6 m,或高度≥5 m,或重量≥300 t 的大型物件,曾为全国各地的国家重点工程提供了海陆多式联运的全方位运输服务。

20 世纪 90 年代初,公司研究开发了上海市科技成果——公路大件运输系统控制法,达到了"安全可靠、技术合理、经济合算、时间节约"的整体优化目标。该项技术成果应用以来,不仅为上海市重点工程建设运送了内环线高架桥、杨浦大桥、南浦大桥等大型超长、超重的板、梁,以及人民广场地下变电站超百吨重的大型进口变压器和长 51 m 的"三联供"工程关键设备甲醇吸收塔等,而且还为国家重点建设承运了中国最重的工业设备单件——重达 650 t 的南京化工集团运往中国台湾的巨型储罐,宽达 15 m、长 13.7 m 的华能石洞口电厂超临界机组冷凝器,运输途中晃动不得超过 1.5 cm 的秦山核电厂心脏部件吊篮,福建郊尾的重达 330 t、要求三维冲击值小于 0.1 g 的大型变压器以及运距达到 1 800 多 km 的西安飞机制造厂的宽达 5.4 m 的压力齿圈等大批"超重、超长、超宽、超高"的大型物件,为我国现代化建设作出重要贡献。

二、铁路运输技术

(一)铁路运输工具

1. 铁路机车

机车又称火车头,是铁路运输的动力,列车的运行和机车车辆在车站上作有目的的移动均需机车的牵引或推送。机车可分为蒸汽机车(东风型)、内燃机车(东方红型)和电力机车(韶山型)。

2. 铁路车辆

在物流领域中,所使用的铁路车辆主要有以下几种。

(1)平车。平车是铁路上大量使用的通用车型,无车顶和车厢挡板,自重较小、装运吨位较高,装卸也较为方便,必要时可装运超宽、超长的货物。这种车辆主要用于装运大型的机械、集装箱、钢材和大型的建材等。在这种平车基础上,采用相应的技术措施,可发展为集装箱车、车载车、袋鼠车等。

(2)敞车。敞车也是铁路上的一种主要车型,无车厢顶,但设有车厢挡板(低挡板、高挡

板）。主要装运建材、木材、钢材和袋装、箱装的杂货，以及散装矿石、煤炭等货物。

（3）棚车。该车是铁路上主要的封闭式车型，比较多地采用侧滑开门式，便于小型叉车、手推车进入车厢内装卸；也有车顶设滑动顶棚式，拉开后和敞车类似，可采用吊车从上部装卸。主要用于装运防雨、防潮和防止丢失、散失较贵重的货物。

（4）罐车。罐车是在铁路上专门用于装运气、液、粉等货物的主要车型。有横卧圆筒型、立置筒型、槽型和漏斗型等类型，可分为装载轻油用罐车、黏油用罐车、酸类罐车、水泥罐车和压缩气体罐车等。

（5）漏斗车。漏斗车主要适用于散装货物的机械化装卸。

（6）保温及冷藏车。保温及冷藏车是能保持一定的温度、进行温度调控，以及能够进行冷冻运输的车辆，从而适应冬夏季节生、鲜食品的运输。

（7）特种车。特种车是指装运特殊货物的车辆，如长大件货物车、牲畜装运车、木材装运车和甘蔗装运车等。

3. 铁路车列

车列是按有关规定而编挂在一起的若干车辆。车列挂上机车，并配备列车乘务员和列车标志，就是列车。由大功率机车或多机牵引编成 5 000 t 以上的列车，称为重载列车。为了提高运输能力，将两列或两列以上的普通列车合并运行以节省运行线路，此种列车称为组合列车。

（二）铁路运输设备

铁路线路承受机车车辆和列车的质量，并且引导它们的运行方向，所以它是运行的基础。铁路线路由路基、桥隧和轨道三部分组成，轨道由钢轨、联结零件、轨枕、道床、防爬设施和道岔组成。

我国以往使用的钢轨以每米质量为 38 kg，43 kg 和 50 kg 的居多，目前主要干线上多已铺设每米质量为 60 kg 的钢轨。每米质量为 70 kg 的钢轨正在研制中。采用重轨有助于增加线路的强度与稳定性，减少维修量，提高通过能力。一般线路上，铺设的钢轨长度为12.5 m 和 25 m。钢轨在连续铺设时，相邻钢轨之间要留有"轨缝"，以便适应温度变化时的热胀冷缩。

为了减少列车对钢轨接头的冲击振动，增加列车运行的平稳性和减少维修量，各国正在迅速推广"无缝轨道"。"无缝轨道"一般由 25 m 长的钢轨联结而成，用高强度螺栓、扣板式扣件或弹性扣件"锁定"在轨枕上，阻止钢轨的热胀冷缩。钢轨是用联结零件固定在轨枕（木枕或钢筋混凝土枕）上的。两根钢轨头部内侧之间与轨道中心线相垂直的距离称为轨距。我国绝大多数铁路线路轨距为 1 435 mm，这也是国际上多数国家通用的轨距，称为标准轨距。较其大者称为宽距，如独联体国家、巴基斯坦、孟加拉国、印度境内有大量的宽轨铁路，轨距为 1 676 mm；较其小者为窄轨，如马来西亚、越南、缅甸、巴基斯坦、孟加拉国、印度及我国云南省境内有轨距为 1 000 mm 的米轨、762 mm和 610 mm 的寸轨。

为了适应各种运输的要求，提高经济效益，通常按相应的规定标准将轨道分成几类，见表 6-6。

表 6-6 轨道的分类标准

条件	项目		单位	轨 道 类 型			
				重 型	次重型	中 型	轻 型
营运	年通过能力		Mt·km/km	>30	30~18	18~8	<8
	最高行车速度		km/h	120	120	100	70
轨道	轨枕	钢轨	km/m	60	50	43	38
		钢筋混凝土枕	根/km	1 760	1 760	1 760~1 600	1 600~1 520
		土 枕		1 840	1 840~1 760	1 760~1 600	1 600
	道床材料			碎石	碎石	碎石	各种材料

（三）铁路运输线路

根据我国经济发展的总体规划中,在 20 世纪末 21 世纪初,工农业生产总值要实现翻两番的伟大目标。而且,规划指出"铁路运输已成为制约国民经济发展的一个重要原因,运输能力同运输量增长的需要很不适应。为了改变这种局面,铁路系统必须进行一系列的重点建设,加快发展速度,提高运力"。根据这个精神,我国的铁路运输把基本建设的重点放在加强既有铁路的技术改造上,并适当地安排一些必要的新线建设,提出"北战大秦,南攻衡广,中取华东"的战略。同时加速牵引动力的改造,提高机车车辆的修造能力,着重于铁路各项运输设备的配套,以提高运输能力,解决运输薄弱环节。

1979 年以来,在加强铁路编组站方面,已经建成或正在改建、扩建的大型路网性编组站就有郑州北、丰台西、沈阳西、孟家沟、南京东和南翔等编组站;在增修第二线方面已完成 4 400 多 km 的线路,主要是京广铁路衡广段,包括重点工程"大瑶山双线电气化隧道"的通车,沪宁铁路第二线配套工程,陇海铁路郑州至徐州,胶济、京包铁路全线,以及南北的同蒲、京承、滨州、滨绥、沈丹、浙赣等铁路的部分第二线;在发展铁路电气化方面,先后建成有陇海铁路郑州至兰州、太焦铁路长治至月山,以及贵昆、成渝、川黔、襄渝、京秦、丰沙、大和、石太等电气化铁路共 4 700 多 km。

随着经济的发展,我国的煤运任务大量增加,煤炭运量占铁路货运量的 40% 以上。为此,铁道部把新铁路建设的重点放在解决煤炭运输上。

新建的兖石铁路是自京沪铁路的程家庄至黄海之滨的日照港(石臼港),全长 308 km,是兖州煤田和腾枣煤田出产煤炭的一条出海通道。新兖铁路自京广铁路的新乡,再长亘黄河,进入山东东明而抵兖州,全长 315 km。新兖铁路与兖石铁路、太焦铁路连接,成为平行于陇海铁路东段的东西干线,是山西煤炭出海的一条通道。正在建设中的"大秦双线电气化铁路",更是中国第一条以运煤为主、开行"重载单元列车"的现代化铁路,这一条铁路将是山西、内蒙古和宁夏等地区煤炭外运的重要通道,对开发山西煤炭基地,增加内蒙古、宁夏煤炭

的调出量将发挥重要作用。

近年来,世界范围内的货物列车重载运输技术迅速发展,重载运输已经遍及五大洲和几乎所有的铁路大国。重载运输技术已被国际公认是铁路货运发展的方向,重载运输取得的效益已由各国的实际运输业绩所证实。"提高轴重"是世界各国重载运输一致采用的一项重要举措,长期的运行考核证明,这项措施既提高了运输收入,又降低了维修成本。同时,又提出进一步强化新技术、新装备的研究开发,以推动重载运输取得更大的进展。

重载运输代表了铁路货物运输领域的先进生产力,在多个重载运输国家,如美国、加拿大、澳大利亚、南非、巴西和瑞典等国,由于推行重载运输极大地提高了铁路劳动生产率,目前这些国家的铁路货运收入均达到了历史上的最高水平。

我国铁路的重载运输与提速战略相配合,近几年来,在客运列车大面积提速的前提下,5 000 t重载列车的开行范围已遍及五大繁忙干线,重载新线也正在修建。

1. 铁路货运的重载运输技术

重载运输从概念的提出到蓬勃发展经历了一个技术不断进步的过程。北美铁路是重载运输发展最早的地区,20世纪70年代末美国一级铁路开始了重载运输。由于大力发展重载运输技术,以1980年为指数100%,1999年北美一级铁路生产率(即每1美元运营成本所获得的tmi〔吨英里〕周转量)提高了171%(达到271%)。货车平均容量提高了15.1%,事故率降低了64%,运行成本(10亿tmi的支出)下降了65%,在北美货运市场的占有份额从1980年的37.5%增加到1999年的40.3%。其他运输方式是:公路29.4%,石油管道16.8%,水运13.1%,航空4%。目前,北美一级铁路的货运收入已经达到历史上的最高水平。

澳大利亚的纽曼矿山铁路全长427 km,是一条单线内燃牵引准轨铁路,始建于1969年,BHP公司负责经营铁矿、铁路及港口。BHP公司从1973年开始研究采用重载运输技术,劳动生产率逐年提高,成本逐年下降。以2000年与1980年相比,燃油消耗下降43%,每百万吨矿石运输所需人力从30人减少到5人,机车车辆无故障运行时间由300万 km上升到920万 km,可靠性上升3倍,机车车辆利用率提高了36%,车轮、钢轨寿命提高了3~5倍。2000年,BHP公司的年效益(利润)高达500亿澳元,创造历史上最高水平,其中重载运输发挥了重要作用。

澳大利亚的昆士兰煤运重载铁路全部是轨距为1 067 mm的窄轨铁路,它连接着昆士兰六大煤矿系统与煤炭输出港口的6个大码头,煤运重载铁路全长2 000 km,其中70%是电气化铁路。澳大利亚昆士兰煤矿是世界上最大的煤矿之一,煤产量逐年上升:1994年为8 500万 t,1997年上升到9 500万 t,1999年上升到11 450万 t,2000年达到12 600万 t。在窄轨的条件下,澳大利亚煤运重载列车采用交流传动的电力或内燃机车牵引轴重为26 t的重载敞车,每列车牵引重量达万吨,采用底开门运煤敞车自动卸煤,每个卸煤站每小时可卸煤4 000 t。在Gladstone煤码头,共有两条卸煤列车灯泡线,长度为3.3 km,每年可卸煤3 600万 t,煤码头上采用全自动传输装置装船,每个船位年装船量可达4 000万 t,两个船位的年装船量达8 000万 t以上,经济效益十分显著。

南非铁路有两条重载铁路线,OREX铁矿重载铁路为单线准轨,全长860 km,COALink运煤重载铁路为窄轨复线,全长600 km,这两条线由于在20世纪70年代末采用重载运输技术,运量与效益逐年提高。以2000年与1980年相比,OREX铁矿线年运量从900万 t提高到 2 600 万 t，COALink 煤运线年运量从 1 900 万 t 提高到 6 800 万 t。运量成倍地提高，也使效益成倍地增加。现在，南非铁路已经在其他普通窄轨线路上将轴重从 16～18 t 提高到 20～22 t，并开行了长大编组重载列车。

2. 提高载重是重载运输的关键

提高载重是重载列车降低运行成本的最有效措施。美国所有一级铁路的标准载重 1990 年后已达 33 t，加拿大一级铁路标准载重于 1995 年改为 33 t。通过长期的运行考核，在 33 t 载重的作用下，美国一级线路的维修成本从 1990 年的 37.8 亿美元下降到 1999 年的 28 亿美元，降低了 25.9%。值得注意的是，美国、加拿大的一级线路的运输密度是很高的，每日都要运行万吨级重载煤运列车 90～325 列，年运量达 2.2 亿～2.5 亿 t。据 1998 年美国宗教学会（AAR）统计，北美重载运输收入主要有 3 项：煤运收入 80 亿美元，化学产品运输收入 47 亿美元，汽车及设备运输收入 32 亿美元。澳大利亚 BHP 重载线路的载重已经提高到 35 t，巴西卡拉齐斯重载铁路的载重达到 30 t（窄轨），南非重载铁路的载重达到 26 t（窄轨），瑞典重载铁路已将轴重由 25 t 提高到 30 t；俄罗斯铁路正在将货车载重提高到 27 t，并且正在加紧研究适用于 35 t 载重的轨道零部件；印度铁路在 2001 年开始计划将重载列车载重提高到 25 t。

3. 重载运输采用的新技术、新装备

进入新世纪以来，各国铁路已纷纷拟订重载技术研究开发的新计划，力图在 21 世纪初在更高的起点进一步强化新技术、新装备的研究开发，以便在更大的范围内推进重载运输，取得更大的经济效益。根据各国专家的分析论证，国际上于 21 世纪初研究开发的重载运输新技术主要包括以下各方面：

（1）采用 IT 技术改进整个重载运输管理服务系统，包括电子商务、电子咨询与追踪、电子预告及快捷可靠的运输服务系统。

（2）采用 IT 技术包括 GPS 技术改进重载运输的通讯信号及自动控制系统，保证指挥系统有效决策，并满足客户的各种需求。

（3）采用 IT 技术建立轨道与设备的连续自动监测诊断系统，包括改进钢轨探伤技术、建立优化的轨道维修体系。

（4）建立车载及道旁的机车车辆安全性能参数监测系统，包括应力应变式、声学检测和图像显示式等。

（5）广泛地应用系统工程的观点，深入研究轮轨相互作用、列车与线路桥梁的相互作用，优化设计货运机车和货车，而不单纯是各部件的组装集成。以市场和维修的需求，而不是用技术来决定重载列车的性能参数标准。

（6）加强重载铁路节约能源与环境保护的研究。

（7）进一步研究 40 t 轴重的系统问题。

（8）进行交流传动重载机车进一步提高黏着力、提高整体效率与可靠性的研究。

（9）对重载列车电控空气制动系统（ECP）的深化研究。

（10）对重载列车遥控及无人驾驶的研究。

（11）对货车车体新型材料（复合材料、铝合金、不锈钢等）的研究。

（12）对新一代钢轨材料的研究。

（13）对重载单元列车缩短周转时间的系统研究。

（四）铁路运输的管理

先进的铁路运输应采用先进技术，加速铁路现代化建设。其中包括：

（1）在机车车辆方面，采用大功率牵引动力和新型车辆，以扩大列车编组、提高列车重量、加快行车速度。

（2）在信号方面，大力发展自动化、半自动化闭塞系统，推行电气集中、调度集中及调度监督，以提高运行速度和保障行车安全。

（3）在通信方面，发展长途小同轴电缆，增加长途电缆，载波机向 300 路、960 路等多路方向发展。

（4）实现铁路长途电话自动化，向 300～6 000 门容量的多门纵横制自动交换机方向发展；此外，还要发展光纤通信、专用通信，如调度电话、区段电话和列车无线调度电话等。

（5）货运方面，要加快发展集装箱运输，提高机械化装卸水平，以减轻劳动强度。

（6）在线路养护机械化方面，除自行研制的捣固机、铺轨机、卸渣机、道床整形机、长轨运输车和清筛机以外，我国还引进了成套大型养路机械，提高了线路质量；桥隧建设方面也不断创新，修建了一批桥式新颖的桥梁和技术复杂的隧道，建成了一批技术先进的制造钢梁和混凝土梁的桥梁厂。我国在提高铁路综合运输能力，保证列车安全运行，节约能源，采用新技术、新工艺、新材料等方面作出了很大的努力。

三、水路运输技术

（一）水路运输工具

水路运输工具也称为浮动工具（或称浮动器），包括船、驳、舟和筏。船和驳是现代水路运输工具的核心。船是装有原动机的，而驳则是没有动力装置的。

1. 集装箱船

集装箱船是专用装载集装箱或混装集装箱的高速货船。集装箱船具有瘦长的船体外形，为了减少风浪影响，一般都采用球鼻艏船型。各种货物在装船前先装入标准货箱（集装箱，也称货柜），集装箱的装卸通常由岸上起重机进行。集装箱船一般不配备装卸设备。

2. 散装船

散装船是用于装运谷物、煤炭、矿石和盐等散装货物的船舶。散装货物一般都是廉价的原材料或农产品，因此散装货船的运量很大，通常都是单向运输。

散装货船的大小分三个等级：约 3 万 t 的方便型、6 万 t 的巴拿马极限型和 10 万 t 以上的海峡型。由于吨位越大，单位运费越低，因此，个别航线的散装货船有达到 30 万 t 以上的。为了适应散装货物有流动、散落的特性，散装货物一般采用抓斗进行装卸作业。由于运输单一货种的散装船在回程时船舶的结构形式和设备装置不能满足另一种货物要求，为了提高船舶的利用率，出现了谷物/矿石、矿石/石油，以及矿石/散货/石油等两用或三用的多用途散装货船，其载货量大多超过 10 万 t，最大达 30 万 t。

3. 油船

油船，又称为油轮，是用来专门装运散装石油（原油及石油产品）类、液体货物类的船舶，是远洋运输中的特大型、大型船舶。油船上的货物是通过油泵和输油管进行装卸的，因此，油船上不需设吊货杆或起货设备。目前，油船载货量在 5 万 t 以上的已很普遍。大型油船在 20 万～30 万 t，超大型油船已达到 50 万 t 以上。

4. 液化气船

液化气船是专门用来装运经液化的天然气体和石油气体的船舶。其中，专门装运液化天然气的船，称为液化天然气船；专门装运石油液化气的船，称为液化石油气船。液化气船的液舱结构不同于其他货船，它采用全密封的金属罐。目前，大型液化石油气船考虑到建造费用问题，大多采用冷冻式。

5. 滚装船

滚装船是用来专门装运以载货车辆为货物单元的船舶，是一种快速运输货物的新型船舶。它的优点是船和码头都不需设置起重设备，载货汽车能够带货自行上船或下船，装卸速度快、效率高，是实现水陆直达运输的好方法。由于载货车需占用大量的货舱容积，因此，货舱的利用率低，运输成本高。

6. 载驳船

载驳船是专门用来装运以载货驳船为货物单元的船舶。载驳船的运输方法是先将各种货物装在统一规格的驳船里，再将驳船装到载驳船上，到达中转港后卸下驳船，然后用拖船或推轮将驳船队或驳船拖带或顶推到目的港。它的最大优点是装卸效率高，且不受港口水深的影响，不需占用码头泊位、不需装卸机械、不需对货物换装倒载。目前，比较常见的驳船有"拉西"型和"西比"型两种。

7. 冷藏船

冷藏船是指设有冷藏设备，专门用来装运易腐、鲜活货物的船舶。其吨位一般较小，大都在几百至几千吨。

8. 运木船

运木船是专门用来装运木材的船舶。船上一般都设有起重量较大的装卸设备，运木船的吨位一般在 5 000 t～20 000 t。

（二）水路运输设备

1. 港口

港口通常是指水港，是由水域和陆域两大部分组成。水域是供船舶进出港以及在港内运转、锚泊和装卸作业使用的，因此，要求它有足够的深度和面积，水面基本平静、流速和缓，以使船舶安全操作；陆域是供货物装卸、堆存和转运使用的，主要包括码头和泊位、仓库和堆场、铁道专用线和汽车线、装卸机械和辅助生产设施等部分，因此，要求陆域要有适当的高程、岸线长度和纵深。

（1）港口按用途，可分为商港、渔港、工业港、军港和避风港。

① 商港。主要供旅客上下和货物装卸转运用的港口。商港又可分为一般商港和专业港。一般商港是用于旅客运输和装卸转运各种货物的港口，如我国的上海港、天津港、大连港、宁波港，荷兰的鹿特丹港，美国的纽约港，英国的伦敦港，日本的神户港等；专业港是专门进行某一种货物或以此种货物为主的装卸，如我国的秦皇岛港、舟山港主要进行煤炭运输，

舟山港的岱山基地专门从事石油运输,中国香港的维多利亚港主要从事集装箱运输,澳大利亚的丹皮尔港以装运铁矿石为主。

② 渔港。专为渔船服务的港口,如沈家门渔港。

③ 工业港。固定为某一工业企业服务的港口。它专门负责为该企业进行原料、产品和所需物资的装卸转运工作,如宝钢港、甘井子港等。

④ 军港。专供军舰船使用的港口,如旅顺港。

⑤ 避风港。供大风情况下船舶临时避风用的港口,一般只有一些简单的系靠设备。

(2) 港口按地理位置,可分为海港、河港和湖港。

① 海港。在自然地理和水文气象条件方面具有海洋性质,而且是专为海船服务的港口。它又分为海湾港(如大连港、青岛港、横滨港、神户港)、海峡港(如湛江港、新加坡港、维多利亚港等)和河口港(如上海港、黄埔港、鹿特丹港、纽约港、伦敦港等)。

② 河港。位于江河沿岸、最具有河流水文特性的港口。例如,我国长江沿岸的重庆、武汉和南京等港,松花江沿岸的哈尔滨、佳木斯港,西江两岸的梧州港、贵港等。

③ 湖港(水库港)。位于湖泊或水库岸边的港口。世界上位于北美五大湖区的湖港最具影响。

(3) 港口按受潮汐影响的程度,可分为开敞港、闭合港和混合港。

① 开敞港。港内水位潮汐变化与港外相同,即港内水域和海洋连通的港口,我国现有的港口多属于此类。

② 闭合港。港口水域与外海隔开,使港内水位不受潮汐的影响,以保证低潮时港内仍有足够水深供船舶停靠,如伦敦港、利物浦港和阿姆斯特丹港等。

③ 混合港。既有闭合的港池,又有开敞的港池的港口,如比利时的安特卫普港。

(4) 港口按在水运系统中的地位,可分为世界性港、国际性港和地区港。

① 世界性港。是指在各大陆之间有庞大货流活动的主要口岸,是国际货物集散的枢纽,如维多利亚港、新加坡港、上海港、伦敦港和马赛港等。

② 国际性港。是指与国外一些港口有海运业务联系的港口,如深圳港、大连港、青岛港和宁波港等。

③ 地区港。是指主要为某一地区社会经济服务的港口,如营口港、福州港和威海港等。

2. 水运航线

水运航线是指船舶在两个或多个港口之间从事客货运输的路线。水运航线由航道、航标和灯塔构成。航道是以水上运输为目的所规定或设置(包括建设)的船舶航行通道,是具备一定深度和宽度的适用于航行的长条水体。航道的航运条件由深度、宽度、曲度、流速、流向和流态 6 个因素组成。航标是河流、湖泊、运河和水库等水域中的导航设施,是供准确标示航道的方向、界限、航道内其他附近的水上或水下障碍物和建筑物,揭示出航道的最小深度及供船舶测定方位之用。灯塔是航标中功能最为丰富的一种,一般有人看守,主要用于海上航运,起到船舶测定方位及向船舶提供及时的航运环境信息的作用。

航线按自然地理环境,可分为海运航线和内河航线。其中海运航线按其不同的要求,大致可分为三类:① 根据航运的范围,可分为国际大洋航线、地区性的国际航线和沿海航线;② 按船舶运行的形式,可分为定期航线和非定期航线;③ 按海运的航程,可分为近洋航线和远洋航线。

国际大洋航线是指通往一个或几个大洋的航线,是世界性的航线,各国船舶都可自由航行。其中除大西洋、太平洋、印度洋三大航线外,还有从大西洋通过地中海、印度洋到太平洋区域横贯几个大洋的航线。

目前,国际大洋航线中以国际贸易的货运量大小来看,大西洋航线为最大,太平洋航线及印度洋航线次之,现分别介绍之。

(1)大西洋航线。大西洋水域辽阔,是世界第二大洋,大西洋北部沿岸较南部沿岸海岸线曲折,有许多深入大陆的内海和海湾,因此,这里有许多天然良港,如北海、波罗的海、地中海、加勒比海、哈得逊湾和圣劳伦斯沿线的港口。

大西洋的主要航线有:

① 西北欧—北美东海岸航线;

② 西北欧、北美东岸—加勒比海航线;

③ 西北欧、北美东岸—地中海、苏伊士运河去东方航线;

④ 西北欧、地中海—南美东海岸航线;

⑤ 西北欧、北美大西洋岸—好望角、东方航线;

⑥ 南美东海岸—好望角航线。

(2)太平洋航线。太平洋是世界第一大洋,太平洋地区有 30 多个国家和地区,沿岸有许多优良的港口,如上海、中国香港、新加坡、横滨和神户都是世界大港,中国香港和新加坡还是重要的国际航运市场。

太平洋的主要航线有以下几组:

① 远东—北美西海岸航线;

② 远东—加勒比海、北美东海岸航线;

③ 远东—南美西海岸航线;

④ 远东—东南亚航线;

⑤ 远东—澳新航线;

⑥ 澳新—北美东西海岸航线;

⑦ 北美—东南亚航线。

(3)印度洋航线。印度洋是世界第三大洋,面积占地球海洋总面积的 1/5 左右。印度洋沿岸有 30 多个国家和地区,由于其特殊的地理位置,沿岸各港终年不冻,一年四季均可通航。其航线可以将大西洋与太平洋连接起来。

印度洋上的航线可分为如下几组:

① 横贯印度洋东西的航线,如远东—东南亚—地中海—西北欧航线等;

② 进出印度洋北部国家,如缅甸、孟加拉国、印度、巴基斯坦等各港口的航线;

③ 进出波斯湾沿岸国家的航线,如南印度洋,经东非的索马里、肯尼亚、坦桑尼亚附近,绕道好望角通往大西洋,到达西欧和北美的航线等;

④ 进出非洲东岸国家的航线。

地区性的国际航线通过的只是一个或几个海区,可到达区内各国的港口,如我国至朝鲜、日本或东南亚各地的航线,地中海区域航线,波罗的海区域航线等。

沿海航线专供各国船舶在该国港口之间使用，一般为国内航线，如我国上海至大连线、青岛至上海线、上海至天津线等。

（三）水路运输技术

随着我国改革开放的不断深入，我国的国际贸易发展迅速，2002 年对外贸易进出口总额达 6 208 亿美元，在此带动下，外贸货物运量持续上升，港口的外贸货物吞吐量达 7.8 亿 t，比上年增长 18.4%。2002 年，水路货运量基本与国民经济同步增长，全国全年水路货运量完成 14.2 亿 t，货物周转量完成 27 510.6 亿 tkm。其中，内河运输货运量 7.6 亿 t，货物周转量 1 508.7 亿 tkm；沿海运输货运量 3.6 亿 t，货物周转量 4 269.2 亿 tkm；远洋运输货运量 3.0 亿 t，货物周转量 21 732.7 亿 tkm。2002 年，全国港口吞吐量为 28.0 亿 t，其中沿海港口 17.2 亿 t、内河港口 10.8 亿 t。国内及国际航线的集装箱运输量增长显著，达到 1 231.7 万标准箱（TEU）[①]，比上年增长 16.5%。

与此同时，我国为了缓解集装箱快速发展对水运基础设施需求的压力，重点加强了沿海主要港口集装箱码头的建设，大连大窑湾、天津港、青岛前湾、上海外高桥、宁波北仑、深圳盐田、南京龙潭等都在兴建大型深水集装箱专用泊位。尤其是为加强建设上海国际航运中心，开工建设了洋山深水港和长江深水航道治理。

洋山深水港区是上海国际航运中心的集装箱深水枢纽港区，工程规划建设集装箱专用泊位 50 个左右，年吞吐能力 1 500 万 TEU 以上。目前，洋山深水港一二三期工程将合并运作，整个码头岸线将长达 5.6 公里，港区的总面积达到 299.285 万平方米，整个工程将于 2013 年全面完成，成为上海建设国际航运中心的重要战略基地。

随着世界经济全球化进程的加快和我国国民经济结构调整的深入，我国的港口建设将继续以建设上海国际航运中心为重点，加快沿海港口的建设，尤其是大型专业化集装箱、原油、铁矿石码头的建设；还将通过新建和技术改造，使港口适应货物结构性变化和专业化、大型化、集约化的运输发展的需要；还要积极推动部分老港区的功能调整，改善主要出海口航道及主要港口进出口航道的通航条件。因此，2003 年我国已新增深水泊位 17 个，新增港口吞吐能力 3 400 万 t。

在水运生产中，港口是最主要的物流结点，由于港口生产专业性强，船舶装卸货物和对货物的处理是由各种不同的企业来完成的。从船舶进入港口到船舶离开港口，船舶必须经过如下的过程：

（1）由海关、边防、卫生和港监组成的联合检查，即联检。

（2）在港口导航设备和引航员的引航下（有时还需要拖轮的帮助），通过入港航道进入港口。

（3）在锚地等待指泊。

（4）泊位确定以后，在引航员和拖轮的帮助下进入港口准备靠泊。

（5）对港口作业水面清理后，由港口的系缆工人将船舶系在码头的系缆桩上，船舶靠泊完成。

---

① 标准箱系集装箱运量统计单位，以长 20 ft（英尺）的集装箱为标准。

（6）船舶卸货。船舶卸货之前需要办妥有关的手续，港口需要做好卸货前的一切准备工作。

例如，做好货物存放库场的准备工作，准备必要的装卸机械和搬运工具，在理货公司理货的同时，由码头工人和机械司机配合进行货物卸船。

（7）在船舶卸货的同时可以进行船舶的供给补充。

（8）船舶的装货和卸货之间可能需要移泊，移泊的过程仍然是由引航员在拖轮的帮助下进行。

（9）船舶装货。货物装船之前，必须办妥有关的手续，并在船舶到达港口之前做好船舶装货前的各项准备工作。港口必须准备合适的装船机械和工具，并配备必要的码头工人和机械司机。在货物装船之前或同时，还要进行理货。

（10）货物装船完毕后，船舶必须在联检合格之后方可离港。

（11）船舶出港同样需要由引航员在拖轮的帮助下才能出港。

为了使货物在港口内实施其位移，港口必须提供货物装卸业务、货物堆存业务、货物陆上运输、货物的驳船运输和货物仓储业务等服务。

根据提供服务的不同，港口为实现货物位移而参与作业的企业包括码头货物装卸企业、货物陆上运输企业、驳船运输企业和货物仓储企业。

总之，为了适应国际贸易和我国经济发展的需要，铁路、公路、海运和内河要协调地发展，以形成综合运输能力。

四、航空运输技术

（一）航空运输工具

用于物流领域的航空运输设备主要有货机和客货机两类。客货机以运送旅客为主，运送货物为辅。货机专门用于运送各类货物。现役货机多由客机改装而来，目前世界上最大的货机是 B747F，该机可载货 100 t，拥有 56 m³ 的载货容积或 29 个航空标准箱舱位。世界上主要的飞机机型有波音系列（BO）、麦道系列（MD—）、空中客车系列（A—）、图（TU—）系列。除了这些主要机型外，我国还有运（YN—7）系列、安（AN4）、雅克（YK2）等。

（二）航空运输设备

1. 空港

空港惯称为机场，具有执行客货运业务和保养维修飞机、起飞、降落或临时停机等用途。一般由飞行区、客货运输服务区和机务维修区三部分组成。机场的布局是以跑道为基础来安排的，并以此布置滑行道、停机坪、货坪、维修机坪以及其他飞机活动场所。我国最重要的空港有北京首都机场、上海机场、广州白云机场等。

根据机场的通信导航设备、跑道灯光设备、目视助航设备、仪表着陆系统和雷达引航能力等条件，可以把机场分为不同的等级和进近着陆种类。

（1）一级机场。供国内和国际远程航线使用，能起降 160 t 以上（起飞全重）的飞机。机

场跑道通常为二类或二类精密进近跑道,4E 或 4D 级跑道。

（2）二级机场。供国内和国际中程航线使用,能起降 70～160 t(起飞全重)的飞机。机场跑道通常为一类或二类精密进近跑道。

（3）三级机场。供近程航线使用,能起降 20～70 t(起飞全重)的飞机。机场跑道通常为一类精密进近跑道。

（4）四级机场。供短途航线和地方航线使用,能起降 20 t 以下(起飞全重)的飞机。机场跑道通常设有相当的仪表、着陆设备和简易目视助航设备。

2. 空运航线

空运航线是地球表面的两个点之间的连线相对应的空中航行线路,是对飞机飞行规定的线路,也称为航空交通线,它规定了飞机飞行的具体方向、起讫与经停地点以及所使用的航路。航路是一条特别规划的飞行通道,即以空中走廊形式划定的飞行管制区,它有一定的宽度(一般为 15 km)和飞行高度层,其中设有无线电导航设备。每架飞机都是在自己专用的空中走廊飞行,与其他的飞机保持一定的空间间隔。

我国空运航线有固定航线和非固定航线两类。固定航线包括国内航线和国际航线。国内航线是指飞机飞行的线路起讫地点均在本国国境以内的航线,它又分为两类:一类是连接首都北京和各省(区)以及连接两个省或几个省(区)的航线,称为国内干线;另一类是在一个省(区)以内的航线,称为省(区)内航线或地方航线。国际航线是指飞机飞行的线路跨越本国国境,通达其他国家的航线。航线分为国内和国际,运输也分为国内和国际。国内运输主要在国内航线上进行。但若国际航线包含有国内航段,则在这个航线上也可以从事国内运输。

国际航空运输市场还可分为国家派对市场(如美英航空运输市场)、地区派对航空运输市场(如北美—欧洲,即北大西洋航空运输市场)、城市派对航空运输市场(如纽约—巴黎航空运输市场)、世界航空运输市场四类。从法律上分,又可分为受雇运输市场(把替别人运输作为商业活动)、自身运输市场(用自己的运输工具运送自己的员工、货物);受雇运输又分为公共运输和合同运输。

例如,我国民航企业可以在自己经营的北京—上海—东京国际航线上,以北京—上海航段载运国内客货。在国际民航法上,这种经营权叫做境内业务权(或国内载运权),一般是不给予外国民航的。国际运输方多是在国际航线上进行,但是,国内航线的航班上也载运用于国际运输性质的联程客货。

(三) 航空运输管理

1. 主要国际航线

（1）北大西洋航线。它是连接欧洲与北美之间的最重要的国际航线,集中分布于中纬地区的北大西洋上空,来往于欧洲的伦敦、巴黎、法兰克福、马德里、里斯本和北美的纽约、费城、波士顿、蒙特利尔等主要国际机场之间,是目前世界上最繁忙的国际航线。

（2）北太平洋航线。它是连接北美和亚洲之间的重要航线,穿越浩瀚的太平洋以及北美大陆,是世界上最长的航空线。它东起北美大陆东岸的蒙特利尔、纽约等地,横穿北美大陆后,从西海岸的温哥华、西雅图、旧金山、洛杉矶等地飞越太平洋,途中有位于太平洋当中的火奴鲁鲁(檀香山)等中继站,西到亚洲东部的东京、北京、上海、中国香港、曼谷、马尼拉等城市。

(3) 欧亚航线。它是横穿欧亚大陆连接大陆东西两岸的重要航线,又称西欧—中东—远东航线。它对东亚、南亚、中东和欧洲各国之间的政治、经济联系起到重要作用。

(4) 欧非航线。

(5) 欧洲—拉美航线。

(6) 北美—拉美航线。

(7) 北美—非洲航线。

(8) 北美—大洋洲航线。

(9) 亚洲—大洋洲航线。它是联系东亚、南亚、东南亚与大洋洲之间的重要航线。

(10) 北极航线。它是穿越北极上空的重要航线。

2. 世界航线分布特点

航线最密集的地区和国家为欧洲、北美、中东和日本等地。航线最繁忙的海域为北大西洋和北太平洋。

航线走向的总趋势呈东西向,主要的国际航线集中分布在北半球的中纬度地区,大致形成一个环绕纬圈的航空带。

在纬向航空带的基础上,由航线密集区向南辐射,形成一定的经向航线的分布。另外,航线与航站共同组成一定的运输网络结构。

3. 中国国际航线的分布

(1) 中国的国际航线以北京为中心,通过上海、广州、乌鲁木齐、大连、昆明和厦门等航空口岸向东、西、南三面辐射。

(2) 国际航线的主流呈东西向。向东连接日本、北美,向西连接了中东、欧洲,是北半球航空圈带的重要组成部分。

(3) 中国的国际航线是亚太地区航空运输网的重要组成部分。它与南亚、东南亚、澳大利亚等地有密切的联系。

4. 我国国内航线的分布

(1) 我国国内航线集中分布于哈尔滨—北京—西安—成都—昆明一线以东的地区。其中又以北京、上海、广州的三角地带最为密集。整体上看,航线密度由东向西逐渐减小。

(2) 航线多以城市对为主,以大中城市为辐射中心。

(3) 国内主要航线多呈南北向分布。在此基础上,又有部分航线从沿海向内陆延伸,呈东西向分布。

(四) 航空运输市场——确定航线和枢纽

在双边航空协定中,确定航线是国际通航中的重要问题,一般在其附件"航线表"中列出。所谓航线,是指国际航班的走向,通常由始发点、经停点、目的点和以远点相连接的航迹构成。航线与航空运营权利紧密相连。选择航线及其经停点,是一个复杂的问题,要将政治上、经济上、技术上等诸因素结合起来,予以综合考虑,审慎确定。由于与航空运营权利紧密相连,其中间经停点和以远点又涉及第三国,若要获得充分的运营权利,往往要经过复杂的

谈判过程。

1. 选择航线及其经停点的准则

（1）要服从国家的外交政策，为促进对外人员往来，对外经济和文化交流服务。

（2）航线沿途现有和潜在的客货源丰富，并且具有良好的经营环境。应在可靠的市场调查和科学的业务预测基础上，选择航线及其经停点，切不可主观臆断。

（3）要从有关国家争取到尽可能充分的航空运营权利，以利于组织和发展航空运输业务。

（4）在技术上具备通航的条件。

2. 枢纽机场与中枢结构

枢纽—中枢结构是指一个航空公司将其所有航线或一个地区所有航线的运营都围绕着一个中心，即枢纽机场来安排，各条航线以枢纽为起点，呈辐射状伸展至各个目的地。但我国的航空运输目前还没有形成枢纽的概念，更没有建立自己的航空枢纽的物质准备。这就提出了今后建立我国航空枢纽的艰巨任务。

五、管道运输技术

（一）管道运输设备

1. 管道站

管道站又称为输油（气）站，是对沿管道干线为输送油品（油气）而建立的各种作业站（场）的总称，是给液流增加能量（加压）、改变温度、提高液流流动性的场所。按管道站所处位置的不同，可分为首站、末站和中间站；中间站按其设备的不同，又可分为中间泵站、加热站、热泵站、分（合）输站和减压站等。

（1）首站。首站是长输管道的起点，通常位于油（气）田或港口附近。其任务主要是接受来自油（气）田的原油（天然气）或来自炼厂的成品油，经计量、加压（有时还加热）后输往下一站。此外，还有发送清管器、油品化验、收集和处理污油等作业。有的首站还兼有油品预处理任务，如原油的脱盐、脱水、脱机械杂质、加添加剂或热处理等。

（2）末站。末站位于管道的终点，往往是收油单位的油（气）库（如炼厂的原油库）或转运油库，或者两者兼而有之。接受管道来的油（气），将合格的油品经计量后输送给收油单位，或者改换运输方式，如转换为铁路、公路或水路继续运输，以解决管道运输和其他运输方式之间输量的不均衡问题。

（3）中间站。中间站位于管道沿线。中间站的设置一般是根据输油工艺中水力和热力计算，以及沿线工程地质、建设规则等方面的要求来确定的。中间站的主要任务是给油（气）流提供能量（压力、热能），它可能是只给油（气）品加压的泵站，也可能是只给油（气）品加热的加热站，或者是两者兼而有之的热泵站。

2. 长输管道

管道运输是借助管道运送气体、液体、固体的运输技术。通常是指长距离输送管道（简称长输管道），主要设备有干管、沿线阀室和通过河流、铁路、公路、峡谷等的穿（跨）越结构物以及管道防腐用的阴极保护设施等。沿线阀室是必要时为截断流体、进行相应作业而设置的。长输管道沿途每隔一定距离设有截断阀,阀门设在地下阀井或地上阀室;大型穿(跨)越结构物两端也必须设截断阀,以便发生事故时可及时截断管内的流体,防止事故扩大,组织抢修。为防止土壤对管线的腐蚀,管外都涂有防腐绝缘层,并加以阴极保护等防护措施。管道通常按管径大小区分,但由于管道的普及性较差,尤其是线路专用性极强、网络性较差,加上运输量的弹性较小,管径的大小更多取决于需求的大小,因此目前还没有比较明确的标准。

管道按所输送的物品形态不同,可分为油品管道、气体管道和固体料浆管道三类。输油管道管径从几百毫米到 1 220 mm 不等,输气管径从几百毫米到 1 420 mm 不等,输煤管道管径从几百毫米到 1 220 mm 不等。我国目前的管道主要是油品管道和气体管道。

传统的管道运输常见于城市生活和工业生产的自来水输送系统、污水排放系统、煤气或天然气输送系统及工业石油输送系统等。新兴的管道运输,主要指用管道来输送煤炭、矿石、邮件和垃圾等固体货物的运输系统。在一些国家里,管道运输已成为一个独立的交通运输部门——管道运输业。

管道运输是一种理想的运输技术,它把运输途径和运输工具集中在管道中,具有许多突出的优越性:

首先,管道运输是一种连续运输技术,每天 24 h 都可连续不断地运输,效率很高;

其次,管道一般埋在地下,不受地理、气象等外界条件限制,可以穿山过河,跨漠越海,不怕炎热和冰冻;

再次,管道运输的环境效益好,封闭式地下运输不排放废气粉尘、不产生噪声,减少了环境污染;

最后,管道运输投资少,管理方便,运输成本低。据计算,建设一条年运输能力为 1 500 万 t 煤的铁路,需投资 8.6 亿美元,而建设一条年运输能力为 4 500 万 t 煤输送管道只需 1.6 亿美元。管理人员也只有铁路运输的 1/7。管道运输的成本一般只有铁路运输的 1/5,公路运输的 1/20,航空运输 1/66。

(二) 管道运输方式

运送固体货物的管道运输,一般有以下几种方式。

1. 水力管道运输

把需要运送的粉末状或小块状的固体(一般是煤或矿石)浸在水里,依靠管内水流浮流运行。管道沿线设有压力水泵站,维持管内水压、水速。管道起点设有调度室,控制整个管道运输。终点设有分离站,把所运货物从水中分离出来,并进行入库前的脱水、干燥处理。这种水力管道运输的缺点是固体货物损耗较大,管道磨损严重,一些不能同水接触的货物受到限制。

2. 水力集装箱管道运输

运输原理同水力管道运输一样,不同的是预先用装料机把货物装在用铝合金或塑料制成的圆柱形集装箱内,然后让集装箱在水流中运行。管道终点设有接收站,用卸料机把货物从箱内卸出,空箱从另一管道回路送回起点站。优点是货物和能源消耗以及管道磨损都比

较小。

3. 气力集装箱管道运输

同水力管道运输的主要区别是用高压气流代替高压水流,推动集装箱在管内运行。由于气流压力较大,集装箱大小和管道直径配合适宜,箱体沿管道壁顺气流运行,运输速度可达20～25 km/h。管道两端设有调度室、装卸货站,用电子技术自动控制。气力集装箱管道运输除了用来运输矿物、建筑材料外,一些国家还用来运送邮包、信件和垃圾。主要缺点是动力消耗太大,集装箱耐压技术要求高。

4. 真空管道气压集装箱运输

在管道两端设立抽气、压气站,抽出集装箱前进方向一端的空气,在集装箱后面送入一定气压的空气,通过一吸一推,使集装箱运行。对箱体和管壁的光滑度、吻合度要求较高,但动力消耗较小。

5. 电力牵引集装箱管道运输

不用水流或气流推动箱体,靠电力传送带或缆索牵引集装箱在管内的水中漂浮前进。这种方法由于管道不承受压力,可用廉价材料制作管道。

从 19 世纪中叶起,汽油机、柴油机等新式机器出现,世界对于石油和天然气的开采量增加。这时运输石油的主要工具是船舶,有时也用马车、汽车、铁路。这种运载方式不仅费时费钱,而且很不安全,有发生火灾的危险,为改变这种状况,一些人提出采用管道运输的方法。刚开始,人们用铸铁管道做输油管,但由于漏油量太大而未能得到实际应用。1895 年,质地较好的钢管生产出来了,再过几十年,修管道所遇到的技术难题也被一一攻克,铺设大量的输油管道条件已经成熟。随着汽油机、压气机的出现,管道中石油的流动也获得了动力推动,石油管道开始普及。世界上第一条实用运输管道,是美国于 1957 年在西弗吉尼亚州建成的水力输煤管道,全长 110 km,管道直径 254 mm,每年运输 100 万 t 煤。经过 30 年的发展,管道运输已成为工业国家重要的运输技术,用以运输各类矿物、煤炭、石油、天然气、工农业产品、邮包、信件和垃圾等。

如今管道不仅能在地面上修建,而且可以铺设于河底、海底,或者遇水架桥,不受地形地貌的限制等优点越来越为各国高度重视,纷纷开始修建管道。管道,作为运输工具中一位姗姗来迟的"小弟弟",却发挥着越来越重要的作用。

(三) 管道运输技术

浆体管道运送是使用最多的管道运输方式。这里介绍三种典型的浆体管道运输技术。

1. 精矿浆体管道输送——磁铁精矿管道输送

由选矿厂房选出的精矿浆通过安全筛进行处理,筛下合格粒度精矿浆经过底流泵送入浓缩池进行浓缩,筛出不合格粒度(超过允许上限粒度)精矿浆送入磨机进行再磨,磨好后再通过加压泵返回安全筛进行筛分。对进入浓缩池前和排出浓缩池后的矿浆要进行磁化和脱磁,其目的分别是为了提高其沉降性能和有利于悬浮。浓缩池的溢流水经处理后循环使用,浓缩池的浓缩矿浆经底流泵送入流态化矿仓进行调节,以适应批量输送的需要。当输送系统停机时,流态化矿仓的上清液返回浓缩池。当输送系统开机时,流态化矿仓内沉积的精矿,通过高压水喷嘴重新造浆,其浓度要高于输送浓度,然后排入搅拌槽。同时,在搅拌槽内加入石灰乳和脱氧剂,以保证浆体为碱性(通常要求 pH 值＝10～11),并除去浆体和冲洗水中的游离氧,由搅拌槽排出的矿浆经喂料泵给入安全环管进行一系列检测。当浓度较低时就返回浓缩池,当浓度合格时则直接给入主泵和加压泵,通过管道送往终点流态化矿仓进行调节,以适应批量输送的需要。当输送系统停机时,流态化矿仓的上清液返回浓缩池,不论输送系统是停机还是开机,流态化矿仓内沉积的精矿,均通过高压水喷嘴重新造浆,通过底流经底流泵返回过滤机,浓缩池的溢流水经处理后回收使用或外排。当主泵的压力较高时,则意味着管道结垢或局部有异物沉积,引起管道磨阻损失增大,这时就要在首站泵出口发射清管器,在终端接收清管器,降低管道磨阻损失,恢复常压工作。

2. 煤浆管道输送

管道输煤可以是洗煤厂产出的精煤,也可以是煤田产生的原料煤。输送终端可以是其他用户或水运码头(管道运输与水运相结合),输煤粒度取决于用户需要或经济粒度的要求,输送浓度取决于经济浓度的要求。

采出原料煤首先给入缓冲仓,经反击式破碎机进行破碎。然后,再经棒磨机加水细磨,棒磨机排料经泵打入安全筛,筛下合格粒度煤浆流入搅拌槽,筛出不合格粒度煤粒返回棒磨机再形成闭路循环。经搅拌槽调制成比较均匀的设计浓度,再经底流泵给入安全环管并向首站主泵喂料。根据需要再经一个或几个中间泵站加压送到终端搅拌槽,再经底流泵给入热交换器,以提高温度和过滤效果。通过热交换器后再给入过滤式离心脱水机,离心液返回脱水机入口形成闭路循环。脱水机溢流(脱出水)给入浓缩池,经底流泵将煤泥打入板框式压滤机,板框式压滤机的滤液再返回浓缩池形成闭路循环。板框式压滤机的滤饼含水量较高,再经管式干燥机干燥,干燥后水分可降至 5％,脱水机的脱水煤含水量可降至 15％,然后送入煤场堆存。

3. 尾矿浆体管道输送

尾矿浆体管道输送是常见的浆体管道输送。早期的输送浓度较低,随着浆体管道输送技术的发展,为了节水节能,目前的输送浓度已逐步提高到 40％～50％。由主厂房排出的尾矿浆一般浓度较低,通过尾矿自流槽给入浓缩池进行浓缩,以提高浓度。底流经打入加压泵,通过尾矿输送管道送往尾矿库。浓缩池溢流水经环水泵返回主厂房循环使用。由于尾矿库筑坝工艺的需要,必须采取高浓度输送中的浓度筑坝措施,即在尾矿库澄清池内适当位置设置泛船泵站,以收回澄清水,澄清水的一部分给到坝上尾矿管,稀释后的中浓度尾矿浆向库内排放,澄清水的其余部分回收使用。根据主厂房生产工艺的不同和尾矿出路的不同,浓缩工艺也多种多样。例如,当生产工艺为阶段磨矿、阶段选择时排出两种尾矿,粗选排出尾矿粒度较粗、浓度较高,精选排出尾矿粒度较细、浓度较低。实行分而治之的浓缩工艺,即将粗尾矿排入一级浓缩池,其排矿浓度高于设计浓度;细尾矿排入二级浓缩池,其排矿浓度低于设计浓度。两种尾矿在总砂泵站处混合后输出,亦可将粗尾矿直接排入二段浓缩池,细尾矿先排入一段浓缩池,其排矿浓度低于设计浓度,底流再排入二段浓缩池。二段浓缩池为提高给矿浓度的综合尾矿,其排矿浓度为输送浓度,通过总砂泵站输出。两种浓缩工艺各有优缺点。当然,也可采用常见的一段浓缩工艺,对综合尾矿进行一次浓缩处理。当粗料级尾矿用来做建筑材料或坑内矿水砂充填时,要进行单独处理。总之,设计时要根据具体情况确定适宜的浓缩工艺。

第三节　物流过程中的运输决策

一、物流运输的合理化

由于运输是物流中最重要的功能要素之一，物流合理化在很大程度上依赖于运输合理化。

运输合理化的影响因素很多，起决定性作用的有五个方面的因素，称之为合理运输的"五要素"。

1. 运输距离

在运输时，运输时间、运输货损、运费、车辆或船舶周转等运输的若干技术经济指标，都与运输距离（简称运距）有一定的比例关系，运距长短是运输是否合理的一个最基本因素。缩短运输距离从宏观、微观上都会带来好处。

2. 运输环节

每增加一次运输，不但会增加起运的运费和总运费，而且必须要增加运输的附属活动，如装卸、包装等，各项技术经济指标也会因此下降。因此，减少运输环节，尤其是同类运输工具的环节，对合理运输有促进作用。

3. 运输工具

各种运输工具都有其使用的优势领域，对运输工具进行优化选择，按运输工具特点进行装卸运输作业，最大限度发挥所用运输工具的作用，是运输合理化的重要一环。

4. 运输时间

运输是物流过程中需要花费较多时间的环节，尤其是远程运输。在全部物流时间中，运输时间占绝大部分，所以，运输时间的缩短对整个流通时间的缩短有决定性的作用。此外，运输时间短，有利于运输工具的加速周转，充分发挥运力的作用，有利于货主资金的周转，有利于运输线路通过能力的提高，对运输合理化有很大贡献。

5. 运输费用

运输费用简称运费，在全部物流费用中占很大比例，运费高低在很大程度上决定整个物流系统的竞争能力。实际上，运输费用的降低，无论对货主企业来讲还是对物流经营企业来讲，都是运输合理化的一个重要目标。运费的判断，也是各种合理化实施是否行之有效的最终判断依据之一。

二、我国物流运输的现状

物流技术是指人们在物流活动中所使用的各种工具、设备、设施和其他物质手段，以及由科学知识和劳动经验发展而形成的各种方法、技能和作业程序等。按技术形态分类，前者称为物流硬技术，后者称为物流软技术。按技术的应用范围划分，物流技术包括了运输技术、仓储技术、装卸技术、搬运技术、包装技术、配送技术、流通加工技术、物流管理技术和信息处理技术等。按技术的思想来源或科学原理分类,物流技术源于机械技术、电子技术、信息及通信技术、自动控制技术、计算机技术、管理学理论和方法、应用数学方法等。

我国的物流业仍处于起步发展阶段,为适应未来经济的发展,促进我国物流业的发展,提高我国物流业的整体素质和管理水平,必须解决当前所面临的困难和问题。

1. 物流发展的环境问题

(1) 明确国家宏观物流发展方针和政策,加强对物流的发展指导。

(2) 解决物流发展管理体制的建设问题。

(3) 解决物流服务体系建设滞后、制约我国物流发展的问题。

(4) 解决第三产业领域改革相对滞后的问题。

2. 物流发展的认识问题

物流发展水平是与经济发展水平密切相关的,尽管我国具有发展现代物流的良好前景,但无法回避当前物流效率低下、技术落后和服务市场尚待培育的现状。从实际情况分析,国内企业发展物流存在着以下误区:

(1) 发展物流就是使用现代化设施和添置高技术设备。

(2) 只要有物流设施,有生产或销售物流,就可以经营和运作物流。

(3) 物流是利润丰厚的行业。

随着现代物流在我国的迅猛发展,国内运输、仓储及其他传统物流企业,正面临着企业结构与经营模式向现代物流服务转型的问题,以及物流业发展区位依托的问题等。

近十几年来,我国经济发展的区域化特征越来越明显,中心城市在区域经济发展中的地位和作用越来越大,中心城市的累积扩散效应已使其成为所在经济区域物流活动的高密度地区,在区域物流组织和管理中具有举足轻重的作用,已经成为现代物流业发展的区位依托。

三、新型运输决策

根据全球物流的发展态势,我们可以看到,真正的"物流热"是伴随着电子通信和互联网等信息技术而起来的。信息技术成为现代物流发展的基本支撑点,没有信息化就没有现代物流,这已经成为不争的事实。同时,电子商务和网络技术的迅猛发展,使得网上的虚拟沟通把全球联为一体,在虚拟空间中的社会经济活动可以做到"零距离"沟通。然而,这恰恰给实物的流动提出了更高的要求,人们正期待着更快速、更安全、更准确和更节省的物流模式。

1. 管理改革型

从管理的角度来看,世界各国在发展物流时的做法主要有:信息化、JIT 采购与配送、流程再造与整合、个性化服务、咨询式物流销售服务、双赢式物流服务、建立战略联盟关系。

发展现代物流的类似做法大家还可以举出很多,这些做法本质上都是企业改善或调整自身管理与经营策略的行为,我们可以把上述做法称为管理改革型物流发展模式。其根本任务是从管理上消除物流过程中的一切障碍,选择最合理的物流流程和运作模式。其中信息化表面上是通过信息技术来推动现代物流的发展,但这一技术量化的目的是提升物流管

理水平。

2. 产业渗透型

物流产业之所以是一种新型的产业，是因为它原来在产业定位中不被看作一个独立的产业类型，即使现在，物流产业仍然是在形成过程中，还不具备自己的产业体系。物流产业正在以行业延伸和渗透的形式出现，当前最明显的延伸与渗透方式有：传统货运代理向现代综合物流的产业升级、由传统储运向现代物流的转变、海陆空运输企业向现代综合物流扩展延伸、制造企业衍生的专业物流服务、邮政速递业瞄准物流大市场。

近年来，许多传统的货运代理企业纷纷制定了向现代物流转型升级的战略，这类企业的货代业务操作特点跟现代物流比较接近，可以较方便地升级为现代物流企业，提供最具有物流特色的"第三方物流服务"。传统储运企业的原有业务多以出租仓库、堆场为主，有的会为客户提供简单的配送服务。如今，它们正积极地向现代物流转变，除了提供更为周到的配送服务，还把原来的仓库、堆场按现代物流的要求与标准进行改造，同时推出包装、辅助加工等增值服务。有些作为承运人的船运公司、铁路、民航、公路运输企业，也都扩张或延伸自己的业务，为客户提供综合性物流服务。

某些大型的生产制造企业原来都有运输部门，承担自身产品的分拨与配送功能。因为看好现代物流这一市场，一些制造企业的运输部门纷纷成立独立的实体，按现代物流的业务流程对内对外提供服务。

各传统行业向现代物流的渗透均呈现出各自不同的优势，孰优孰劣或者谁是最后的赢家，目前还很难作出定论，这要看谁更符合物流发展的规律。当然，也有可能是各物流企业共同发展、互相补充，促进全社会物流的进步与繁荣。

3. 政府促动型

世界各国，尤其是一些发达国家，都十分重视现代物流的发展，并且制定了各种促进物流发展的政策法规，采取了许多积极的、有利于物流发展的措施。日本政府近年来在交通运输和物流领域相继出台了一系列新的、具有战略性质的措施，引起了世人的关注。例如，日本政府确定了新世纪交通运输技术战略，把电子信息通信技术广泛地应用于交通运输和物流领域，发展该领域的系统化和网络化技术，并使其适时更新换代，从而全方位地提高和保证交通运输的安全性，以及物流的准确、快速、节省和高效性。日本政府的另一战略为重振造船业，发展海洋运输。日本国土交通省排除各方面阻力，提出了对日本的七大造船企业进行结构调整的计划，明确提出将7家造船企业合并为3—4家。到目前为止，日本新组合的四大造船企业联合体框架已经形成。澳大利亚联邦政府则积极建立全国物流联盟网，联盟网由政府指导协调，为生产企业和物流企业的物流业务提供便利与服务。美国在运输与物流领域采取一体化管理，海陆空运输以及物流相关的管理部门都纳入美国运输部（DOT）的统一管辖之内。荷兰是物流领域中的又一个强国，鹿特丹是众所周知的国际大港口，近年来，荷兰国会在促进本国物流的发展中更是大胆改革，积极探索创新。根据规划，荷兰正在筹建一条连接阿姆斯特丹 Schiphol 机场与 Aalsmeer 花卉市场的地下管道物流线路。如果这种尝试得到成功并加以推广，必将从根本上改变城市物流"配送"的模式。

4. 技术革命型

管理上的挖潜是有极限的，当供应链管理达到最优，通过管理创新消除一切不合理的中

126

间环节后,最后便实现全面的 JIT 采购与配送。但是,人们已经意识到,当管理、政策与环境趋于最优,并且互联网与电子商务得到高度发展时,物流发展中的新问题又将出现。假设有一天我们完全打破了当前物流过程中的部门壁垒、地区分割,各环节均能做到一路畅通,物流是否就达到人们期待的最理想的程度? 显然不是。其物流流动的速度也只能达到现有几种运输方式的最高运行速度而已。这时,物流进一步发展的障碍就在运输速度和交通环境方面了。如果说目前正在进行的物流技术革命主要体现在信息化、自动化方面的话,那么,下一轮的物流技术革命就是要向传统的船舶、火车、汽车和飞机这四种运输方式提出挑战。至于这种运输革命是什么,运输领域的专家们已经为第五种运输方式——管道运输,做出了定位。随着容器式管道物流的发展,人们将看到,管道不仅可以输送气体、微粒、浆体和液体,实际上,管道可以运送任意形状的物品,特别是可以克服现有几种运输方式(轮船、火车、汽车、飞机)的种种局限。管道运输节省能源,不污染环境,安全性、方便性更高,是解决网上购物配送的最有效的解决途径。如果能建成真空管道,那么就可以达到比飞机更快的运输速度。

小结和学习重点

- 运输的概念
- 运输的方式
- 运输的工具
- 运输的技术
- 运输的管理

通过本章对运输的基本要领和各种运输工具、运输方式的学习,掌握不同的运输组织、运输管理的手段,为有效地进行运输的合理决策打好基础。

运输是物流的根本活动内容,商品在流通领域的位置变化,可以使用不同的运输工具、采用不同的运输方式,根据需要作出相应的运输决策。

运输是一个完整的系统,需要各个环节的密切配合,并且需要在生产实际中广泛地使用先进的设施、设备和科学的管理手段,保证运输过程的完整和完好。

案例分析

中外运空运公司为摩托罗拉公司提供的物流服务

中外运空运公司是中国外运集团所属的全资子公司,是具有较高声誉的大型国际、国内航空货运代理企业之一。下面是中外运空运公司为摩托罗拉公司提供"第三方物流服务"的情况介绍。

一、摩托罗拉公司对物流服务的要求和考核标准

1. 摩托罗拉公司对物流服务的要求

一是要提供 24 h 的全天候准时服务。主要包括：保证摩托罗拉公司中外业务人员，天津机场、北京机场两个办事处及双方有关负责人的通讯联系 24 h 畅通；保证运输车辆 24 h 运转；保证天津与北京机场办事处 24 h 提货、交货。

二是要求服务速度快。摩托罗拉公司对提货、操作、航班和派送都有明确的规定，时间以小时计算。

三是要求服务的安全系数高。要求对运输的全过程负全责，要保证航空公司及派送代理处理货物的各个环节都不出问题，一旦某个环节出了问题，将由服务商承担责任，赔偿损失，而且当过失达到一定程度时，将被取消做业务的资格。

四是要求信息反馈快。要求公司的电脑与摩托罗拉公司联网，做到对货物的随时跟踪、查询，掌握货物运输的全过程。

五是要求服务项目多。根据摩托罗拉公司的货物流转需要，通过发挥中外运空运公司系统的网络综合服务优势，提供包括出口运输、进口运输、国内空运、国内陆运、国际快递、国际海运和国内提货的派送等全方位的物流服务。

2. 摩托罗拉公司选择中国运输代理企业的基本做法

首先，通过多种方式对备选的运输代理企业的资信、网络、业务能力等进行周密的调查，并给初选的企业少量业务试运行，以实际考察这些企业服务的能力与质量，对于不合格者，取消代理资格。

摩托罗拉公司对获得运输代理资格的企业进行严格的月度作业考评，主要考核内容包括运输周期、信息反馈、单证资料、财务结算、货物安全和客户投诉。

二、中外运空运公司的主要做法

1. 制定科学规范的操作流程

摩托罗拉公司的货物具有科技含量高、货值高、产品更新换代快、运输风险大、货物周转快以及仓储要求零库存的特点。为满足摩托罗拉公司的服务要求，中外运空运公司从 1996 年开始设计并不断完善业务操作规范，并纳入了公司的程序化管理。对所有业务操作都按照服务标准设定工作和管理程序，先后制定了出口、进口、国内空运、陆运、仓储、运输、信息查询、反馈等工作程序，每位员工、每个工作环节都严格按照设定的工作程序进行，使整个操作过程井然有序，提高了服务质量，减少了差错。

2. 提供 24 h 的全天候服务

针对客户 24 h 服务的需求，中外运空运公司实行全年 356 d 的全天候工作制度，周六、周日（包括节假日）均视为正常工作日，厂家随时出货，中外运空运公司随时有专人、专车提货和操作。在通讯方面，相关人员从总经理到业务员实行 24 h 的通讯畅通，保证了对各种突发性情况的迅速处理。

3. 提供门到门的延伸服务

普通货物运输的标准一般是从机场到机场，由货主自己提货，而快件服务的标准是从门到门、库到库，而且货物运输的全程都在代理的监控之中，因此收费也较高。中外运空运公司对摩托罗拉公司的普通货物虽然是按普货标准收费的，但提供的却是门到门、库到库的快件服务,这样既使得摩托罗拉公司的货物运输及时,又保证了安全。

4. 提供创新服务

从货主的角度出发,推出新的更周到的服务项目,最大限度地减少货损,维护货主的信誉。为减少摩托罗拉公司的货物在运输中被盗,中外运空运公司在运输中增加了打包、加固的环节;为防止货物被雨淋,又增加了一项塑料袋包装;为保证急货按时送到货主手中,中外运空运公司还增加了手提货的运输方式,解决了客户的急难问题,让客户感到在最需要的时候,中外运空运公司都能及时快速地帮助解决。

5. 充分发挥中外运空运公司的网络优势

经过 50 年的建设,中外运空运公司在全国拥有了比较齐全的海、陆、空运输与仓储、码头设施,形成了遍布国内外的货运营销网络,这是中外发展物流服务的最大优势。通过中外运空运公司网络,在国内为摩托罗拉公司提供服务的网点已达 98 个城市,实现了提货、发运、对方派送全过程的定点定人和实施信息跟踪反馈,满足了客户的要求。

6. 对客户实行全程负责制

作为摩托罗拉公司的主要货运代理之一,中外运空运公司对运输的每一个环节负全责,包括从货物由工厂提货到海陆空运输以及国内外的异地配送等各个环节。对于出现的问题,积极主动地协助客户解决,并承担责任和赔偿损失,确保了货主的利益。中外运空运公司 6 年来为摩托罗拉公司提供的服务,从开始的几票货发展到面向全国,双方在共同的合作与发展中,建立了相互的信任和紧密的业务联系。随着中美达成关于中国加入 WTO 的双边协定,又为中美贸易与合作开辟了更加广阔的前景。在新的形势下,中外运空运公司和摩托罗拉公司正在探讨更加广泛和紧密的物流合作。

思考

1. 运用所学的运输理论,简单归纳摩托罗拉公司对物流运输的要求和标准。
2. 中外运空运公司针对上述要求和标准采取了哪些措施?

练习与思考

(一) 名词解释

运输　管道运输　港口　空港

(二) 填空

1. 公路运输的经济半径,一般在_____km 以内。
2. 铁路线路由_____、_____和轨道三部分组成。

(三) 单项选择

1. 公路货运的优点有(　　)。
   A. 适应性强　　　　　　　　　　B. 不适宜大批量运输
   C. 具有定时性　　　　　　　　　D. 不受天气影响
2. 中国的国际航线以(　　)为中心。
   A. 上海　　　　B. 北京　　　　C. 广州　　　　D. 厦门

(四) 多项选择

1. 运输合理化的影响因素有(　　)。

A. 运输距离   B. 运输环节   C. 运输工具   D. 运输时间

2. 水运的形式主要有（   ）。

A. 沿海运输   B. 近洋运输   C. 远洋运输   D. 内河运输

（五）简答

1. 怎样理解运输的作用？

2. 运输有哪些方式？

3. 新型运输决策有哪些方面内容？

部分参考答案

（二）填空

1. 200   2. 路基   桥隧

（三）单项选择

1. A   2. B

（四）多项选择

1. ABCD   2. ABCD

第七章 仓储保管

学完本章,你应该能够:
(1) 掌握仓储保管的有关概念,了解仓储在现代物流中的作用;
(2) 掌握仓库的基本概念、功能和分类;
(3) 掌握仓库管理的基本制度;
(4) 掌握仓库温、湿度的控制与调节方法;
(5) 掌握仓储货物保养和维护的基本知识;
(6) 掌握库存合理化及库存管理的基本方法。

基本概念

仓储　仓库　仓库的分类　货物养护　零库存

第一节　仓储保管的作用

一、仓储保管的有关概念

货物的仓储保管与运输不同,主要发生在物流网络的节点处,处于相对静止的状态。据估算,仓储保管和装卸搬运成本约占物流总成本的 1/4。仓储的前后两端都由"运输"来连接,它以货物的进库为起点,以货物的出库为终点。

在货物整个物流过程中,仓储通常占用了最长的时间,并因此需要进行相应的养护、适当的进出库管理、适当的仓库管理等,以防止出现交接差错、货物变质。

仓储保管与仓库有着密切的联系,仓储保管的全部活动几乎都是发生在仓库里。相关概念有以下十个:

(1) 仓储(storing)是指保护、管理、贮藏货物。与运输相对应,仓储主要以协调需求、供应在时间上的差异为目的,以充分实现产品的价值,满足社会需求。一般而言,仓储具有保管功能,即仓储保管。

（2）仓库（warehouse）是储存保管货物的建筑物和场所的总称。

（3）保管（storage）是对货物进行保存及对其数量、质量进行管理控制的活动。

（4）储备（reserves）是指货物储存起来以备急需的活动。有当年储备、长期储备、战略储备等之分。

（5）库存（inventory）是指处于储存状态的货物。广义的库存还包括处于制造加工状态和运输状态的货物。

（6）经常库存（cycle stock）是指在正常的经营环境下，企业为满足日常需要而建立的库存。

（7）安全库存（safety stock）是指为了防止不确定性因素，如大量突发性订货、交货期突然延期等而准备的缓冲库存。

（8）库存周期（inventory cycle time）是指在一定范围内，库存货物从入库到出库的平均时间。

（9）仓库管理（warehouse management）是对库存货物和仓库设施及其布局等进行规划、控制的活动。

（10）仓库布局（warehouse layout）是指在一定区域或库区内，对仓库的数量、规模、地理位置和仓库设施、道路等各要素进行科学规划和总体设计。

二、仓储的作用

1. 仓储是物流的主要功能要素之一

在物流中，运输承担了改变空间状态的重任，物流的另一个重任，即改变"物"的时间状态则是由仓储来承担的。因此，在物流系统中，运输和仓储保管是并列的两大主要功能要素，被称为物流的两大支柱。

2. 仓储是社会物质生产及生活顺利进行的必要条件

仓储可以调节供需矛盾。例如，农业生产具有较强的季节性，而农产品的需求却是基本平稳持续的，这两者之间的矛盾要通过仓储来解决；在工业生产中，需求和供给之间也存在类似的问题，如大规模、大批量生产有利于降低成本，而需求却常常表现为基本平稳持续的状况。

仓储的作用，被形象地称为"蓄水池"的作用。在供过于求时，起着蓄积供应货物、延缓供应时间的作用；在供不应求的时期，起着调剂供应不足的作用。在信息化时代就仓储环节而言，尽管需求、仓储和供应之间信息流通发生障碍的可能性越来越少、障碍发生的程度越来越小，但由于未来的不确定性，仓储的作用仍然非常重要。仓储的盲目性减少了，人们就能有效控制仓储的规模，降低仓储环节的费用，使仓储的目的性更加明确，更具有针对性。如遇雨季时，蓄水池（水库）常常面临两难的选择：在蓄水量达到一定规模后，是继续蓄水还是开闸泄水？如果继续蓄水，则上游持续大量来水时，将可能带来毁灭性的后果；如果不再蓄水，干旱季节可能无水可用，造成供应短缺。在决定蓄水池（水库）的蓄水量时，良好的信息支持显然能很好地指导工作。现代的仓储常常面临类似的问题。

对于企业而言，仓储常常可以满足营销的需要。为了减少缺货，常常需要更接近客户的仓储。仓储还可以起到协调各运输方式间运输能力差距的作用。例如,船舶的运量大,海运船一般是万吨以上,内河船也以百吨或千吨计;每辆铁路货车约能装 50～60 t,一列火车的运量可达数千吨;汽车的运量最小,一般每车只有 4～10 t。不同运输方式之间需要进行转运时,由于运输能力很不匹配,这种运力的差异往往要通过仓库或货场的仓储进行调节和衔接。

3. 仓储可以创造时间价值

仓储是物流系统功能的两个主要的基本功能要素之一。物流系统的作用,归根结底就是要保证社会经济生产、生活的顺利进行,即在需求、供给都存在的情况下,实现供给与需求。也就是说,要改变货物的空间/时间状态,帮助货物实现其价值和使用价值。改变空间状态的任务主要由运输完成,而改变时间状态的任务则主要由仓储完成。通常,企业创造产品或服务的四种价值,它们是形态价值、时间价值、空间价值和占有价值。而仓储主要创造时间价值。

4. 仓储是"第三利润源泉"的重要源泉之一

供求关系的改变必然影响产品的价格。在供不应求时,产品价格将比供过于求时高得多。事实上,由于仓储具有这一特点,从利润获取的角度看,它也常常成为企业"第三利润源泉"的重要组成部分。

在"第三利润源泉"中,仓储是其中的主要部分之一。仓储作为一种停滞,时刻有冲减利润的趋势,在"存"的过程中使用价值降低,各种仓储成本支出又必然起到冲减利润的作用。仓储形成"利润"的"源泉"有以下几个方面的重要原因:① 有了仓储保证,就可免除加班赶工,省去了增大成本的加班赶工费。② 有了仓储保证,就无需紧急采购,不致加重成本使利润减少。③ 有了仓储保证,就能在有利时机进行销售,或者在有利时机购进,这当然增加了销售利润,或者减少了购入成本。④ 仓储是大量占用资金的一个环节,仓库建设、维护保养和进库出库又要耗费大量人力、物力和财力,仓储过程中的各种损失,也是很大的消耗。因而,仓储中节约的潜力也是巨大的。通过仓储的合理化,可减少仓储时间、降低仓储投入、加速资金周转,以依靠低成本来增加利润。

三、仓储的副作用

仓储是一种必要的活动。但由其特点决定,也经常存在冲减物流系统效益、恶化物流系统运行的趋势。所以甚至有人明确提出,仓储中的"库存"是企业的癌症,主要原因在于仓储的代价太高。

（1）固定费用支出。库存会引起仓库建设、仓库管理、仓库员工福利等费用开支增加。

（2）机会损失。仓储货物占用资金所付之利息,以及这部分资金如果用于另外项目可能会有更高的收益,所以,利息损失和机会损失都是很大的。

（3）陈旧损失与跌价损失。货物在库存期间可能发生各种物理、化学、生物、机械等损失,严重时会失去全部价值及使用价值;随仓储时间的增加,存货无时无刻不在,一旦错过有利的销售期,就不可避免出现跌价损失。

（4）保险费支出。近年来为分担风险,我国已开始对仓储物采取投保缴纳保险费方法,

保险费支出在有些国家、地区已经达到相当大的比例，在网络经济时代，社会保障体系和安全体系日益完善，这个费用的支出还会呈上升的趋势。

（5）进货、验收、保管、发货、搬运等可变费用。

（6）仓储可能增加企业经营风险。不适当的仓储可能导致成本上升。在货物价值一定的情况下，无论增加什么工作环节，都会导致成本的上升，仓储也不例外。同时，仓储还将导致占用流动资金，影响企业的正常运作。仓储的风险不仅表现在增加了成本、占用了流动资金，而且也表现为仓储品的价值减少。一方面，仓储过程中货物将出现有形损耗，同时也可能出现无形损耗。这在高新技术行业尤其明显，如计算机产品，近年来降价很迅速；另外，如食品类，存在有效期，过了有效期，货物就失去了价值。

上述各项费用和风险都是降低企业效益的重要因素，再加上在企业运营过程中，仓储对流动资金的占用高达 40%～70%，在非常时期，有的企业库存竟然占用了全部流动资金，使企业无法正常运转。所以，有些经济学家和企业家将其看成是"洪水猛兽"，看成是企业的负担或包袱。

无论是褒扬还是贬低，都不能根本改变现代社会需要仓储这一现实，相反却证实了仓储有利和有害的两重性。仓储好比一把双刃剑，既要看到其有利的一面，也必须积极防止其有害的一面。物流科学的研究，就是要在物流系统中充分发挥仓储有利的一面，而扼制其有害的一面。

第二节　仓库的种类和管理

一、仓库的概念

仓库是储存保管货物的建筑物和场所的总称。仓库的概念可以理解为用来存放货物，包括生产资料、工具或其他财产，以及对其数量和价值进行保管的场所和建筑物等设施，还包括用于防止减少或损伤货物而进行作业的土地或水面。从社会经济活动看，无论生产领域还是流通领域都离不开仓库。

二、仓库的功能

仓库的一个最基本的功能就是储存货物，并对储存的货物实施保管和控制。但随着人们对仓库概念的深入理解，仓库也担负着货物处理、流通加工、物流管理和信息服务等功能，其含义远远超出了单一的储存功能。

一般来讲，仓库具有以下几方面功能。

1. 仓储和保管的功能

这是仓库最基本的传统功能。仓库具有一定的空间，用于储存货物，并根据货物的特性，仓库内还配有相应的设备，以保持储存货物的完好性。例如，储存精密仪器的仓库，需要防潮、防尘、恒温等，应设置空调、恒温等控制设备。在仓库作业时，防止搬运和堆放时碰坏、压坏货物,从而要求搬运机具和操作方法的不断改进和完善,使仓库真正起到仓储和保管的作用。

2. 配送和加工的功能

现代仓库的功能已由保管型向流通型转变,即仓库由原来的仓储、保管货物的中心向流通、销售的中心转变。仓库不仅具备仓储、保管货物的设备,而且还增加了分装、配套、捆装、流通加工和移动等设施。这样,既扩大了仓库的经营范围,提高了货物的综合利用率,又方便了消费者,提高了服务质量。

3. 调节货物运输能力的功能

各种运输工具的运输能力差别较大,船舶的运输能力很大,海运船舶一般都在万吨以上;火车的运输能力较小,每节车厢能装载 30～60 t,一列火车的运量则多达几千吨;汽车的运输能力相对较小,一般都在 10 t 以下。它们之间运输能力的差异也是通过仓库调节和衔接的。

4. 信息传递功能

信息传递功能总是伴随着以上三方面功能而发生的。在处理有关仓库管理的各项事务时,需要及时而准确的仓库信息,如仓库利用水平、进出货频率、仓库的地理位置、仓库的运输情况、顾客需求状况以及仓库人员的配置等,这对一个仓库管理能否取得成功至关重要。

目前,在仓库的信息传递方面,越来越多地依赖计算机和互联网络,通过使用电子数据交换系统(EDI)或条形码技术来提高仓库货物的信息传递速度的准确性,通过互联网来及时地了解仓库的使用情况和货物的储存情况。

三、仓库的分类

仓库是物流系统的基础设施,按其营运形态、保管形态、建筑形态和功能等可划分为不同的类型。

(一)根据营运形态分类

1. 营业仓库

仓库业主专门为了经营储运业务而修建,根据相关法律法规取得营业资格的仓库。它面向社会服务,或以一个部门的物流业务为主,兼营其他部门的物流业务,如商业、外贸等系统的储运公司的仓库等。营业仓库由仓库所有人独立经营或者由分工的仓库管理部门独立核算经营。

2. 自备仓库

各生产或流通企业,为了本企业物流业务的需要而修建的附属仓库。这类仓库只储存本企业的原材料、燃料、产品或货物,一般工厂企业、商店的仓库以及部队的后勤仓库,多属于这一类。

3. 公用仓库

属于公用服务的配套设施,是为社会物流服务的公共仓库,如铁路车站的货场仓库、港口的码头仓库、公路货场的货栈仓库等。

（二）根据保管形态分类

1. 普通仓库

常温下的一般仓库，用于存放一般性货物，对于仓库没有特殊的要求，只要求具有一般通用的库房和堆场，用于存放普通货物，如一般的金属材料仓库、机电产品仓库等。仓库设施较为简单，但储藏的货物种类繁杂，作业过程和保管方法、要求均不同。

2. 恒温仓库

能够调节温度、湿度的仓库，用于储存对湿度、温度等有特殊要求的货物，包括恒温、恒湿和冷藏库（一般在10℃以下）等，如对粮食、水果、肉类等货物的储存。这类仓库在建筑上要有隔热、防寒和密封等功能，并配备专门的设备，如空调、制冷机等。

3. 特种仓库

用来储存危险品、高压气体的仓库，如油罐仓库、化学危险品仓库等，以及专门用于储藏粮食的粮仓等。特种仓库的储藏物单一，保管方法一致，但需要特殊的保管条件。

4. 水上仓库

漂浮在水面的储藏货物的趸船、囤船、浮驳或者其他水上建筑，或者在划定水面保管木材的特定水域，沉浸在水下保管货物的水域。近年来，由于国际运输油轮的超大型化，许多港口因水深限制，大型船舶都不能直接进港卸油，往往采用在深水区设立大型水面油库作为仓库转驳运油。

5. 露天仓库

露天堆码、保管的室外仓库，如露天木材堆码场等。一般适用于体积较大、价格较低，露天放置不易变质的货物。

6. 储藏仓库

保管散粒谷物、粉体的仓库，以筒仓为代表。

7. 简易仓库

没有正式建筑，如使用帐篷等简易构造的临时仓库，一般用于存放临时货物。

（三）根据建筑形态分类

（1）按建筑构造不同，可分为平房仓库、多层仓库、高层仓库和地下仓库等。

（2）按建筑材料不同，可分为钢筋混凝土仓库、混凝土预制板建筑仓库、钢架金属质仓库和木制建筑仓库等。

（四）根据功能及其他分类

1. 储存仓库

储存仓库主要对货物进行保管，以解决生产和消费的不均衡，如储存季节性生产的大米到第二年卖。常年生产的化肥，要想在春秋季集中供应也只有通过储存来解决。

2. 流通仓库

这种仓库除具有保管功能外，还能进行流通加工、装配、包装、理货以及配送，具有周转快、高附加值、时间性强的特点，从而可减少在连接生产和消费的流通过程中货物因停滞而花费的费用。

3. 配送中心

配送中心是作为向市场或直接向消费者配送货物的仓库。作为配送中心的仓库往往具有存货种类众多、存货量较少的现象，通常要进行货物包装拆除、配货组合等作业，一般还开展配送业务。

4. 保税仓库（保税货场）

经海关批准，在海关的监管下，专供存放未办理关税手续而入境或过境货物的仓库或场所。也就是说，保税仓库是获得海关许可的，能长期储存外国货物的本国国土上的仓库；同样，保税货场是获得海关许可的，能装卸或搬运外国货物并暂时存放的场所。

5. 出口监管仓库

经海关批准，在海关监管下，存放已按规定领取了出口货物许可证或批件，已对外买断结汇并向海关办完全部出口海关手续的货物的专用仓库。

6. 自动化仓库

自动化仓库是指由电子计算机进行管理和控制，不需人工搬运作业，而实现收发作业的仓库。

7. 立体仓库

采用高层货架配以货箱或托盘仓储货物，用巷道堆垛起重机及其他机械进行作业的仓库称为立体仓库。

8. 虚拟仓库

建立在计算机和网络通信技术基础上，进行货物仓储保管和远程控制的物流设施称为虚拟仓库。它可实现不同状态、空间、时间、货主的有效调度和统一管理。

四、仓库管理的基本制度

货物在储存期间，除了受来自外界侵袭而造成质量变化和损失之外，还常因为火灾、水灾、被偷盗以及管理不善而造成不应有损失。因此，不论是一般的普通货物，还是非同寻常的特殊货物，只要是进入仓库而储存的，都应符合以下基本制度要求。

1. 安全防范制度

仓库不单是货物储存的场所，也是国家和企业财产集中存放的地方，因此仓库的安全管理是确保货物安全和人民生命财产安全的重要措施，安全防范制度有利于货物的储存，通常包括以下几个主要方面：

（1）治安管理。仓库要建立健全治安管理组织，加强仓库保卫力量，建立规范的门卫和进出仓人员管理制度。夜间应有正常值班和巡逻制度，并做好值班记录和检查。有条件的单位应安装防盗装置、报警系统，严防偷盗和破坏。

（2）消防管理。仓库应建立健全必要的消防组织，配备完好的消防设施对火源、水源、用电装置加强管理和巡视。仓库民工应进行消防知识培训，掌握设备的简易原理和使用方法，落实责任制进行例规的安全检查。仓库环境，包括过道应定期清理，及时清除废弃物和易燃物。仓库还应制定严禁吸烟和明火管理制度，防患于未然。

（3）仓库安全"十防"。我国仓库安全管理工作经过多年实践，总结和归纳出安全"十防"的内容：防盗，防特，防火，防中毒，防工伤事故，防自然灾害，防漏油混油，防危险品事故，防货物霉变残损，防设备损坏和交通事故。在不同仓库类型，根据不同货物特征，"十防"的重点会有不同，但上述内容应作为仓库安全防范的基本制度。

2. 入库验收制度

货物入库时，应按其质量、数量进行验收，办理入库手续。货物入库验收有利于及时完成入库工作，及时结算货款，及时组织供应；有利于搞活企业，提高经济效益；也有利于划清产、供、销、运之间货物交接责任，防止质量不合格货物进入流通领域；还可以对质量发生变化的货物及时采取相应的措施，以防止扩大损失。

货物入库要安排合理的仓位，遮垫、堆码是两个重要环节。垫护是为了防潮，货物露天存放要妥善遮盖。遮垫要根据货物性质、堆放场所、地势高低、地面潮湿程度以及保管期限、气候条件选用遮垫物料，确定垫底的高度及遮盖的效能。

货物入库堆码时，要确保人身安全和货物安全，要便于仓库作业，便于合理利用仓容。堆码一般由货物的种类、性能、数量和包装情况以及库房高度、设备条件、地面负荷和储存期限、储存季节条件决定所采取的形式。一般可采取散堆、垛堆、货架堆码等各种形式，同时合理确定堆垛的"五距"，即顶距、垛距、墙距、柱距、灯距。这五距由货物的大小、搬运工具及业务情况来具体确定。另外，对含水量高、易霉变，又需要通风的货物，在雨季应堆码通风垛；对小五金、小百货、交电零件等货物，可在货架上堆码；对易弯曲变形的货物，应堆成平直交叉式实心垛等。

3. 在库检查制度

为确保库存货物质量完好，需经常定期或不定期抽查所储存的货物，具体时间和方法应根据货物的成分、性能及其变化规律，结合季节、气候、储存环境和储存时间长短等确定。

货物储存期间，如果环境条件不适宜，质量就会发生变化，有时变化还相当快，如果不能及时发现并采取措施进行救治，将会损失严重，因此在库货物验查工作应引起足够的重视。

在库检查的项目一般包括：库内温度、湿度是否合乎要求，货物堆码是否安全、合理，货物有无异常情况发生或其他变化，仓库环境的清洁卫生状况，等等。

4. 货物出库制度

货物出库是货物储存的最后一个环节，也是仓库业务基本过程的结束。出库应遵循以下原则："先进先出，包装不完好者先出，近期失效者先出，已损坏者不出。"

出库货物要求检查和交接品种、规格，数量要准确，复核要仔细认真；单货同行，不错不漏；货物包装完整，标志准确、清楚，搬运装卸时要注意操作，防止货物震坏、撞击、破损。应建立健全凭证出库、点交签名、出库记录等制度。

五、仓库温、湿度的控制与调节

货物在储存期间，表面上是处于静止状态，实际上由于物质的原子和分子的运动，货物体内部仍处于不停的运动状态。这种微观运动不会因货物储存而停止，只是随不同货物的成分、性质而异。因此，必须对储存环境条件进行有效控制与调节，以保证货物质量的完好。影响货物质量变化的外因主要有温度、湿度、日光、氧气和微生物,其中最为重要和最基本的因素是温度和湿度。因此,储存环境条件最为主要的是对仓库温度和湿度进行调节和控制。

1. 密封

密封就是使货物与外界空气隔离,尽量降低和减少空气温、湿度对货物的影响,以达到安全保管的目的。具体来讲,就是用传热性差、隔潮性好,不透性的材料把整库、整垛、整件的货物尽可能严密地封闭起来,减弱外界不良气候条件的影响,切断外界虫害、霉菌感染途径和造成一定程度的厌氧效果,以达到安全储存的目的。采用密封方法要和通风、吸潮结合起来,可以收到防潮、防霉、防锈等效果。

密封前需检查货物质量状况,根据不同的货物和气候来确定密封时间;根据密封目的(防潮或防热),选择适当的密封材料。密封后应定期检查、加强管理,发现问题及时采取措施。

2. 通风

通风就是利用库内外空气气压不同形成气压差,使库内外空气对流,以达到调节库内外温度和湿度的目的。这种方法简便易行,收效较快,对降温、降潮等方面均可以收到一定的效果,并可以排除库内污浊空气,以适应储存货物在保管上的要求。通风的一般方法有:

(1) 通风散热。有些货物怕热,但对空气湿度要求不严,如桶装化工药品、化学试剂等易挥发的液体货物。在高温季节,只要库外温度低于库内时,就可以进行通风降温,在夏季可以进行夜间通风。对一些怕冷的货物,可以在白天温度较高时进行通风。

(2) 通风散潮。许多货物由于本身的化学成分和结构形态不同,表现的吸湿性不同。当库内相对湿度较大,超过货物的吸湿点时,货物就开始吸湿,货物就会发生霉变、溶化等变质现象。空气的相对湿度对货物有直接影响,但决定湿度的主要因素是绝对湿度,利用通风来降低库内相对湿度时,必须对库内外的绝对湿度加以对比。当库外绝对湿度低于库内时,才能进行通风。

3. 吸潮

对怕潮的货物,当库内外湿度都高时,不宜通风散潮时,可以在密封库内使用一些吸潮剂或利用空气去湿机,吸收和减少空气中的水分,从而降低空气中的相对湿度。吸潮是调节库内空气湿度的辅助措施,通常采用的吸潮方法为机械吸潮和吸潮剂吸潮。

(1) 机械吸潮。常用空气去湿机,用机械方法降低空气的湿度。它适应于空气相对湿度较高的地下建筑、洞库;精密仪器、仪表、电讯器材等仓库,或因仓库相对湿度过高而采取的应急措施。空气去湿机体积小、重量轻、操作简单、管理方便、效果好。

(2) 吸湿剂吸潮。吸湿剂应具有较强的吸湿性,能够迅速吸收库内空气中的水分,降低库内湿度。吸湿剂分为吸附剂和吸收剂两种类型。前者如硅胶、活性炭等,处理后可反复使用;后者如生石灰、氯化钙等,只供一次性使用。

4. 升温和降温

在不能采用通风来调节温度时,可采用暖气设备来提高库房温度,也可以采用空调设备来升温或降温。

货物发生质量变化有一个从量变到质变的过程。因此,货物养护工作必须坚持以防为

主，从加强仓储温、湿度管理入手，同时针对不同货物的不同性质、特点，采取相应技术措施。

六、仓库信息技术的应用

1. 条码技术

仓库管理中条码技术的应用主要是条码的编码和识别技术。条码技术是实现快速、准确而可靠地采集数据的有效手段，条码技术的应用解决了仓库信息管理中数据录入和数据采集的"瓶颈"问题，为仓库信息管理系统的应用提供了有利的技术支持。

条码技术在仓库管理中应用设计时，需根据不同的要求选用不同的软件和条码设备。系统使用的软件分为两部分：一是条码终端使用的软件；另一部分是在仓库计算机中心或服务器上使用的软件。条码终端使用的软件只完成数据的采集功能，较为简单。仓库计算机中心或服务器中使用的软件包括数据库系统和仓库管理软件。另外，系统中还需配置条码打印机，以便打印各种标签，如货位、货架使用的、货物标志用的标签。当然，首先要确定标志的方案。目前，国际上公认的物流条码有三种，即货物条码 EAN 码制中的 EAN－13 条码、储运单元条码和 EAN－128 条码。仓库管理中使用的条码识读设备分两种：线式阅读器和便携式识读器。常见的有笔式扫描器、手持式扫描器（CCD 扫描器）、台式扫描器、卡槽式扫描器和便携式数据采集器等。

2. 数据库技术

数据库技术是一个统称，它是数据库（DB）、数据库管理系统（DBMS）和数据系统（DBS）的总称。

仓库管理中，可以通过应用数据库技术对库存货物种类、数量、价格和销售周转率等进行查询、盘点、分析和控制。

3. EDI 技术

电子数据交换（EDI）在物流系统中的应用主要是用计算机网络来传递信息，包括日常查询、计划、询价和合同等信息的交换。EDI 是一套报文通信工具，它利用计算机的数据处理与通信功能，将交易双方彼此往来的文档（如询价单、订货等）转换成标准格式，并通过通信网络传输给对方。由于建立一个 EDI 应用系统需要大量的资金，因此，对于小型仓储企业来讲，利用互联网通过相关的技术支持传输 EDI 报文是较好的解决方案。

4. 仓库管理信息系统

仓库管理信息系统是以条码技术和数据库技术为基础，实现仓库管理中货物的进货、出货、库存控制管理功能，并依托互联网进行客户订单和查询管理。其基本流程主要包括入库作业管理系统、出库作业管理系统和库存控制系统。

第三节　货物的保管养护

一、货物保管养护的概念

货物养护是指货物在储运过程中所进行的保养和维护。从广义来说，货物离开生产领域,在进入消费领域之前,这一段过程的保养与维护都称为货物养护。

货物只能在一定时期内,在一定条件下,保持其质量的稳定性。经过一定时间,就会发生质量变化。入库货物的保管是指仓库针对货物的特性,结合仓库的具体条件,采取各种科学手段对货物进行养护,防止和延缓货物质量变化的行为。货物保养防护的目的在于保持库存货物的使用价值,最大限度地减少货物的自然损耗,杜绝因保管不善而造成的货物损害,防止造成货物损失。保管人员有义务对仓储货物进行妥善保管,这也是仓储合同赋予仓储保管人员的责任。由于保管不善所造成的损失,保管人员要承担赔偿责任。

货物养护是一项技术性非常复杂的工作,概括起来说,就是对货物"防"与"治"的问题。在货物养护过程中,应贯彻以防为主、防重于治的方针。"防"的措施得当,储运货物就不会出问题或少出问题。"治"是货物出现问题后采取救治的办法,如果货物有问题不治,那么,受害的范围就会不断地扩大。"防"与"治"是货物养护不可缺少的两个方面。

二、仓储货物主要的质量变化及其防治

(一)老化与防老化

1. 老化的概念

老化是指高分子材料,如塑料、橡胶、皮革、纸张等在加工、仓储使用过程中,由于内外因素的综合影响而失去原有的优良性能,以致最后丧失其使用价值的变化。从成分结构来说,主要是高分子物发生"降解""交联"的变化。高分子材料在外界因素的作用下,导致高分子主链断裂或支链分裂,使其聚合度降低的反应,通常称为降解。线型分子通过链与链间的变化,形成具有网状结构的网型大分子的过程称为"交联"。降解会使高分子材料变轻、发黏;而交联会引起高分子材料变硬、发脆,丧失弹性。

高分子材料所制成的货物,在仓储过程中如果养护不当而老化,轻者会降低质量和货物使用寿命,重者造成货物的严重损耗。

2. 影响货物老化的因素

货物老化主要是由于构成货物本身的材料内部存在着易于老化的弱点。在材料结构上,含有易于产生老化反应的双键、三键等,在外界环境的影响下,会形成活化中心而产生老化反应。链结构上的弱点越多,其稳定性也越差,越容易发生老化反应。一般线型结构比网型结构易于老化,货物的耐老化性随分子量增大而提高。

除此之外,还有外界因素的作用。日光是影响货物老化中最主要的因素,尤其是日光中的紫外线,它能量很大,能直接切断高分子物质分子链或者引发其发生光氧化反应从而导致老化;热能也是促使高分子货物老化的重要因素,温度升高,会使分子运动加快,从而促进高分子材料大分子链发生氧化裂解反应,导致老化;氧和臭氧对货物老化的影响也非常大,在大气条件下,高分子货物老化过程就是货物在热、光的引发下产生的氧化反应。氧是老化反应的直接参与者,是影响老化的重要因素,臭氧稳定性差,它能分解出氧原子而化学活性比氧高很多,对货物的破坏性较大;水分、金属离子、有害气体对高分子材料都会发生影响,从而加速老化进程。

3. 防老化措施

既然高分子材料老化有外因和内因，因此高分子材料的防老化也应从这两方面着手。一方面可用改进聚合度和成型时的加工工艺或改性的方法，提高高分子材料本身对外界因素作用的抵抗能力；另一方面可用添加防老剂的方法来抑制光、热、氧等外界因素的作用，也可用物理防护的方法，使高分子材料货物避免受到外界因素的作用。具体措施有：

（1）通过改进聚合度和成型加工工艺，或改变性能的方法，提高高分子材料抗老化能力。高分子材料的性能主要取决于它的化学组成和分子构成。可以通过选择新单体、改进聚合条件，消除老化弱点，引进耐老化结构、利用共聚共混等方法，改变高分子的化学组成和分子构型，达到提高耐老化性能的要求。还可以通过成型加工及后处理工艺的控制与改进，在加工工艺中尽量排除有害因素，创造有利条件，减少老化因素的影响。

（2）通过添加防老剂提高抗老化性能。防老剂是一类能提高材料的热加工性能，延长其仓储与使用寿命的化学物质。高分子材料中添加防老剂，是一种常用而有效的方法，只要选择适宜的防老剂，即使添加量很小，也能使其耐老化性能提高数倍乃至数千倍。

常用的防老剂有抗氧化剂、热稳定剂、紫外线吸收剂、光屏蔽剂、变价金属离子抑制剂等几大类。

（3）通过改变储运中外界影响因素防老化。高分子老化受光、热、氧等外界因素影响较大，所以在仓储以及使用过程中若能严格防止或减弱光、热、氧对高分子材料的作用，就可以达到防止高分子材料货物老化，维护高分子材料货物质量的目的。

（4）通过物理防护法防老化。物理防护法主要是隔绝外界环境因素对高分子材料的作用，从而延缓老化进程。常用的防护法有镀金属、涂蜡、涂油、浸渍或涂布防老剂溶液，以防止老化发生。

（二）金属制品的锈蚀及其防治

1. 锈蚀的概念

金属锈蚀是指金属受到周围介质的化学作用或电化学作用而被损坏的现象。金属制品的锈蚀不仅影响货物的外观和质量，而且严重时会失去其使用价值。

金属制品的锈蚀分为化学锈蚀及电化学锈蚀。

化学锈蚀是金属直接和空气中的氧、二氧化硫、硫化氢等气体作用的结果，电化学锈蚀是金属和介质组成的原电池作用而使金属锈蚀。化学锈蚀较缓慢，作用结果是在金属表面生成一层氧化膜。电化学锈蚀在有水或潮气存在时发生，锈蚀快，是金属锈蚀的主要原因。

2. 金属锈蚀的原因

金属锈蚀的内因是金属本身的不稳定性。活泼金属的原子易失去电子，故而不稳定，与非金属介质如氧发生反应而锈蚀。另外，金属制品本身不纯，含有杂质或其他金属元素，在有水膜时金属表面与杂质之间形成原电池作用而锈蚀。

外界环境对金属锈蚀作用较大。湿度超过某一范围，会在金属表面形成水膜，水膜的产生为原电池反应提供了条件。空气中相对湿度较低时，金属制品是比较稳定的，如钢铁制品在空气相对湿度低于70%时不会被锈蚀。

空气中的有害气体，如二氧化硫、硫化氢、氯化氢等会加速金属的锈蚀。特别是空气中的二氧化硫,对铜、铁、锌、铝等金属的腐蚀速度影响很大。在室温和水汽共同作用下,由于二氧化硫溶于金属表面的水膜而生成亚硫酸,亚硫酸易与金属反应,反应产物与水膜形成电解液,原电池反应亦同时发生。

3. 金属制品防锈的措施

金属的防锈蚀就是防止金属与周围介质发生化学作用或电化学作用,使金属免受破坏。金属表面不存在水膜,原电池作用亦不会发生,也就不会被锈蚀。在仓储中,一般可采用改善仓储条件、涂油防锈、气相防锈、可剥性塑料封存、干燥空气和充氮封存等方法来防锈。一旦出现锈蚀,可以采用手工、机械或化学方法除锈,然后上油防锈。具体措施有:

(1) 改善仓库的仓储条件。仓储金属制品,如精密的机械、仪器、仪表等应选择易于通风、地潮小、密封好、容易调节温湿度的库房。严禁与含水量较大的货物同库仓储。露天货场仓储金属制品应选择地势高、不积水,同时做好遮垫工作以隔潮防雨。

(2) 涂油防锈。在金属表面涂一层油脂薄膜阻隔大气中有害气体,同时防止水膜在金属表面形成,则化学反应中止而停止锈蚀。涂油防锈是目前普遍采用的方法。防锈油的主要成分为润滑脂与缓蚀剂。为了提高防锈油的耐热性、油膜的强度以及对制品的附着力,还常用些石蜡、松香。

(3) 气相防锈。以气相防锈剂挥发出来的气体吸附在货物表面,防止或减缓金属制品锈蚀的方法叫气相防锈。气相防锈剂使用方便,不污染货物和包装。同时,由于气体可以扩散到包装内的各个角落,所以更适用于结构和形状复杂的货物防锈。气相防锈剂的使用,有的浸涂在包装纸上形成气相防锈纸;有的将粉末均匀地撒在货物表面或包装之内;有的将防锈剂溶于蒸馏水或有机溶剂中,直接喷洒或漫涂在货物表面,再用蜡纸或塑料袋包装。

4. 金属制品除锈

金属制品生锈要予以清除,否则会加速制品锈蚀。

一般除锈可采用手工、机械和化学方法。对一些粗糙的工具、刀具或各种零件等,都可以用人工进行擦、刷、磨方法进行除锈,除锈后应立即上油予以保护。

根据不同的货物形状可选择滚筒式除锈机(适用于小五金货物的除锈)或布轮式除锈机,把制品表面的锈迹清除,然后上油防锈。

化学除锈是利用化学药剂将表面的锈溶解掉。化学除锈液大多数是无机酸,如盐酸、硫酸、磷酸以及混合液等。化学除锈后,应做好防锈处理。

(三) 仓库害虫与防治

1. 仓库害虫的生活习性

仓库害虫,习惯简称仓虫。货物在仓储期间遭受仓虫蛀蚀而损坏的现象常常发生,对货物的危害是很严重的。

仓库害虫大都来源于农作物。由于长期生活在仓库中,其生活习性逐渐改变,能适应仓库环境而继续繁殖。仓库害虫的生活习性主要表现为能适应恶劣的环境。大多仓虫都能耐干、耐热、耐寒、耐饥饿、耐药,繁殖力强、繁殖期长。仓虫在适宜的环境下,大多数一年内能持续不断地繁殖,而且能够持续繁殖2~3年之久;食性广而杂,各种仓虫所喜食的东西有所不同,有些食性离奇难以理解。仓虫具有趋光性、趋湿性,有些表现为正趋性,有些表现为负

趋性。

2. 影响仓虫的因素

仓虫的发育受外界条件,主要是温度、湿度、光线等的影响。温度对仓虫发育有很大影响。仓虫对温度的适应性因仓虫的品种和虫期的不同而不同。仓库中的相对湿度较高,仓储的货物中的含水量较大,又在温度适宜的条件下,就能促进仓虫的繁殖。光线的强弱对于仓虫的发育也有一定影响。因为一般仓虫都善于生活在黑暗的环境中。如果光线很强、环境又很洁净的条件下,就会减少仓虫的繁殖。

仓虫主要有黑皮蠹、药材甲、锯谷盗、咖啡豆象、袋衣蛾、印度谷蛾等几类。在库房的货物中,最易招致虫害的是粮食和药材,其次是纺织品、麻制品、竹木制品、纸张、生毛皮等。这些货物遭受虫害,就会在不同程度上降低其使用价值。因此我们要了解仓虫习性及其生活规律,采取措施,达到抑制仓虫的繁殖和消灭仓虫,以确保货物安全。

仓虫的生存与仓库环境因素的影响有关,其中温度和湿度是主要影响因素,仓虫生长、发育和繁殖所要求的温度范围为 8～40℃ 最适宜,相对湿度大多在 70%～90% 之间。

3. 仓虫的预防

一旦仓储货物或包装袋上发生虫害,那么在很短的时间内就会对货物造成很大的危害。所以我们必须采取预防措施,杜绝仓虫的来源,抑制或消除仓虫适宜生长繁殖的条件,防止仓虫的孳生。为此就要严格入库货物的验收,防止有虫的货物或包装进入库内;认真做好在库货物的检查,尤其是易生虫的货物,争取将仓虫消灭在卵或幼虫期间;及时做好仓库的消毒工作,创造一个清洁卫生的环境,使仓虫无藏身之地。

4. 仓虫的杀灭

除了采取预防的措施以外,一旦出现虫情,我们就要采取相应的灭杀措施。目前主要灭杀剂可以通过胃毒、触杀、熏蒸等方式杀灭仓虫。

(1) 杀虫剂。目前是有机磷杀虫剂,主要通过胃毒、触杀作用杀灭仓虫,有的也兼有熏蒸作用。杀虫剂主要有敌敌畏,它具有胃毒、触杀和熏蒸作用,对多种仓虫灭杀效力较好,但熏蒸渗透力差,残效期较短。对塑料、涂漆、橡胶制品及金属附件不能直接喷射杀虫剂,以免影响货物质量。

(2) 熏蒸剂。可以挥发成剧毒气体用以毒杀仓虫的化学药剂,称为熏蒸剂。熏蒸剂挥发的气体,渗透力很强,不仅能毒杀货物表面的仓虫,甚至能毒杀货物内部的仓虫,有的还对仓虫的卵、幼虫、蛹、成虫等各个虫期都有效。熏蒸剂主要有:① 氯化苦。它的气体极易被物体吸附,不易散发,可以充分发挥灭杀仓虫效力,但熏蒸后的通风排毒却有一定的困难。主要用于竹木制品、毛皮制品和纸制品等,不适用于棉、毛、丝、化纤织品等含水量较大的货物。② 溴甲烷。挥发快,在温度较低的条件下也可使用,渗透力强,对多种仓虫的各个虫期都有毒杀作用,适用于竹木制品、棉毛丝皮制品及塑料制品等。③ 磷化氢。气体密度大于空气,渗透力强,对多种仓虫的各个虫期都有很大的杀虫效力,可用于熏蒸中药材、竹木制品和毛制品。

(四)仓库鼠类的防治

1. 仓库鼠类及其生活习性

鼠类是一种机警而狡猾的动物,其触觉、嗅觉和听觉都很灵敏,每天的活动都有一定的规律性,也有一定的活动范围,特别喜欢沿着墙壁、货堆等行走,并尽可能躲藏在较隐蔽的地方。鼠类的门齿终生都在生长,因此平时总要啃咬物品,即使不是它的食物,如各种包装材料和器具、建筑物及其设施等,也被它啃咬,借此磨损不断增长的门齿,这也加剧了鼠类对仓库及仓储货物的危害性。鼠类对仓库及仓储货物的危害有两方面,直接的危害是损坏货物及其包装物,由于鼠类食性很杂,能使大多数仓储货物破损、玷污而严重变质;间接的危害是由于鼠类的啃咬和其他活动而损坏仓库的装置和设施,如管道、电线等,造成仓库有被偷盗、火灾等隐患。

在一般情况下,皮毛、毛制品、皮革制品、竹木制品、纺织品、纸张、烟草、中药材、粮油、豆类和肉品等,都会受到虫鼠的蛀咬。

2. 防鼠方法

防鼠的最主要方法是断绝其食物来源,以及减少可以隐蔽的场所。因此应制造对鼠类不利的环境条件,对食物、水、隐蔽处加以清理和控制,对鼠洞和各种缝隙必须严加堵塞,使鼠类无栖身和取食之处。为防止仓库外面鼠类进入库房,应设置防鼠门或防鼠板。

3. 灭鼠方法

鼠类的捕杀主要有两类方法,器械捕鼠和毒饵诱杀,前者如鼠夹、鼠笼和只对小家鼠有效的粘鼠纸;后者以有毒化学品与食物、谷粒混匀后使用。鼠药安妥还可以与滑石粉按2∶8比例混合,喷洒在鼠洞或鼠道上,鼠类经过时足上沾有药粉,被自己舔食后中毒而死。采用毒饵诱杀,必须注意人畜安全,如毒饵需专人保管,施用时记录地点和数量,注意检查和回收,所毒杀的死鼠应及时集中深埋或焚化。我国民间有众多捕鼠、灭鼠的方法可以利用。近年来,随着对鼠害的严重性认识的深入,科学技术的进步也开发出许多捕鼠、灭鼠的新方法。

(五)霉变与防霉

1. 霉变

微生物主要是霉菌在货物上生长繁殖,使货物颜色和外观改变、产生霉味、强度降低等。在温度、湿度适宜的环境里,微生物能迅速繁殖,使许多货物,如纺织品、皮革制品、纸及纸板、香烟等严重霉变而变质。

不同的货物霉变机理不同。凡含蛋白质为主要成分的货物,如丝毛、皮草制品等微生物借助蛋白酶的作用,使蛋白质分解,使货物发生脆裂或断裂,主要成分为高分子化合物的货物,如塑料和橡胶,其中含有增塑剂和有机填充剂、稳定剂等,它们可被微生物分解,生成可溶于水的简单物质,可使货物变色、加速老化或龟裂,大大降低机械性质;含纤维素的货物,如棉麻、纸制品等微生物可借助纤维素酶的作用,把纤维素经过一系列的分解过程生成二氧化碳和水。

2. 防霉

根据不同货物的霉变机理,采取相应的抑制或终止霉菌繁衍的措施,可以达到保护货物完整,避免货物损失的目的。

(1)加强仓库管理。首先要根据货物的性质,选择合理的储存场所和仓储形式。容易生霉的选择干燥和条件较好的库房保管,同时加强货物入库验收,认真检查入库的每批货物是否有霉迹;货物含水量是否超过安全水分;包装有无破损或受潮现象,商品内部是否发热、

霉腐。凡不合格的，都应采取通风、晾晒等相应措施。要坚持经常对仓库检查，特别是对易霉货物，发现问题应及时解决。最关键的是要加强仓库的温、湿度管理，通过密封、通风和吸潮等方法，使霉腐微生物得不到生存和繁殖的条件，达到有效的防霉目的。

（2）药剂防霉。药剂防霉是把对霉腐微生物具有杀灭或抑制作用的化学药品加在货物上，以防止货物霉腐。采用药剂防霉最好与生产部门结合起来，在生产过程中，就要把防霉剂加在货物上，这样既方便，又可取得良好效果。目前使用效果较好的防霉剂有：① 灭菌丹。它的毒性低，不溶于水，对细菌以及曲霉、青霉、木霉的抑制作用较强。② 多菌灵。也是高效、低毒、广谱性的内吸杀菌剂，对部分曲霉、青霉有较高的抑制作用。通常皮鞋用此防霉效果较好。③ 水杨酰苯胺。毒性较低，0.3%～0.5%的水溶液，对纺织品、皮革、纸张以及鞋帽等货物具有较好防霉效果。④ 多聚甲醛。多聚甲醛在常温下慢慢解聚，能灭杀霉腐微生物。由于甲醛气体有较好的渗透性，可扩散到货物内部空隙中，所以在密闭的环境中有较好的防霉腐作用。

（3）气相防霉。气相防霉是通过挥发出的气体渗透到货物上，抑制霉菌的生长繁殖或杀死霉菌，达到有效防霉的目的。目前使用气相防霉的化学药品主要有：① 多聚甲醛。多聚甲醛在常温下有升华作用，放出气体为甲醛，能使蛋白质凝固，可抑制微生物的生长。② 真空充氮。把堆放货物的货垛或包装用塑料薄膜进行密封，用气泵抽空，再充入氮气，然后封闭，造成封闭环境内缺氧，达到防霉目的。③ 二氧化碳。在密封的仓间或密封的塑料薄膜内充入二氧化碳，使其浓度达到50%，对微生物有强烈的抑制和杀伤作用。④ 环氧乙烷。环氧乙烷能与微生物的蛋白质、酶结合，使微生物的代谢功能受到严重障碍而死亡。

（六）燃烧与爆炸及其预防

1. 燃烧与爆炸

一般把发光、发热剧烈的化学变化过程叫做燃烧。爆炸是指物质自一种状态迅速地转变成另一种状态，并在瞬息间以机械功的形式放出大量能量的现象。

燃烧需要有可燃物质、助燃物质和具有一定的温度，三者缺一不可。多数可燃物质都是由碳、氢、氧所组成，助燃物质属于氧化剂，一般指空气中的氧气。各种可燃物质的着火点和燃烧时释放的热能不同，因此，可燃物质的燃烧需要维持一定的温度，才能保证燃烧的完全性。

燃烧的形式按其特征分为四种，即闪燃、着火燃烧、受热自燃和本身自燃。空气和易燃气体的蒸气混合物遇火时所发生的短暂而迅速的燃烧过程，称为闪燃；可燃物质由于明火或着燃体的作用而不断蒸发气体，当着火后，其燃烧放出的热量足够使可燃物质不断分解而继续燃烧，直至烧完为止，称为着火燃烧；由于可燃物质受到外热的影响，不断地升温所发生的燃烧，称为受热自燃；靠其自身在一定条件下进行的物理、化学、生物的变化反应所生成的热量，超过散失热量时，达到其自燃点而发生的燃烧，称为本身自燃。

爆炸的形式可分为物理性爆炸、化学性爆炸和核爆炸三类。物理性爆炸是由物理变化所引起的，化学爆炸是由化学变化所引起的，核爆炸是由原子核反应所引起的，仓储中多发生化学爆炸。

从化学反应的原理来讲,燃烧与爆炸的化学反应原理是相似的,主要是氧化还原反应,放出热量,产生气体,其主要区别在于反应速度。燃烧的反应速度缓慢,其传播的方式主要是热传导,并且一般用于燃烧的燃料在氧化时所需的氧气是由外界提供的。爆炸是极其迅速的反应,用做爆炸的爆炸物本身就会在化学反应时分解出所需的全部氧或部分氧,不依赖外界供给。

在仓储货物中,有磷类、汽油、苯、油漆、赛璐珞和金属钠等易燃货物,以及黑火药、雷管、导火索和爆竹等易爆货物时,要特别注意,这类货物要存放在特种专用仓库妥善保管,以防不测。

2. 防燃爆

易燃易爆货物在仓储中,发生火灾与爆炸通常是在明火、摩擦和冲击、电火花、化学能或曝晒等外界因素作用下发生的。因此,库内绝对禁止吸烟和明火,禁止带入火种;禁止使用易因机械作用而产生火花的工具;禁止穿带铁钉的鞋入库;防止搬运中相互撞击、摩擦;必须将搬运用的电瓶车等装配防爆或封闭式马达;平时应切断库内电气设备的电源;禁止使用能产生大量热量的吸湿剂吸潮;禁止聚集的日光照射,避免日光曝晒。

一旦发生火灾,要根据燃烧货物的性质采取相应措施进行灭火。

(七)仓储货物的生理生化变化及其预防

食用货物在仓储中发生的生理生化变化,包括食品的呼吸作用、后熟作用、萌发与抽薹、僵直作用、软化作用、自溶作用和腐烂作用等。

为了尽量延缓食品货物的生理生化作用以利于长期仓储,必须破坏或抑制其酶的活性。通常采用低温、加热干燥、气调和辐射等储藏方法。

第四节 库 存 管 理

一、库存及库存合理化

(一)库存的含义和分类

1. 库存的含义

库存(inventory 或 stock),即处于储存状态的货物。广义的库存还包括处于制造加工状态和运输状态的货物。它表示用于将来目的的资源暂时处于闲置状态,是指处于储存状态的货物,是仓储的表现形态。企业为了能及时满足客户的订货需求,就必须经常保持一定数量的货物库存。配送中心为了维持配送的顺利进行,就必须预先储存一定数量的货物来满足订货需求。企业存货不足,会造成供货不及时、供应链断裂,丧失市场占有率或交易机会;整体社会存货不足,会造成货物贫乏、供不应求。而货物库存需要一定的维持费用,同时还存在由于货物积压和损坏而产生的库存风险。因此,在库存管理中既要保持合理的库存数量,防止缺货和库存不足,又要避免库存过量,发生不必要的库存费用。

2. 库存的分类

从生产过程的角度,可分为原材料库存、零部件及半成品库存、成品库存三类。从库存货物所处状态,可分为静态库存和动态库存。静态库存指长期或暂时处于储存状态的库存,这是一般意义上的概念。实际上,广义的库存还包括处于制造加工状态或运输状态的库存,即动态库存。从经营过程的角度可将库存分为以下七种类型。

（1）经常库存。经常库存也叫周转库存,是指企业在正常的经营环境下,为满足客户日常的需求而建立的库存。经常库存的目的是衔接供需,缓冲供需之间在时间上的矛盾,保障供需双方的经营活动都能顺利进行。这种库存的补充,是按照一定的数量界限或时间间隔反复进行的。

（2）安全库存。安全库存也叫保险库存,是指为了防止由于不确定因素（如突发性大量订货或供应商延期交货）影响订货需求而准备的缓冲库存。

（3）季节性库存。季节性库存是指为了满足特定季节中出现的特定需求而建立的库存,或是指对季节性货物在出产的季节大量收储所建立的库存。

（4）生产加工和运输过程的库存。生产加工过程的库存,是指处于加工或等待加工而处于暂时仓储状态的货物。运输过程的库存,是指处于运输状态（在途）或者为了运输的目的（待运）而暂时处于仓储状态的货物。

（5）促销库存。促销库存,是指为了应付企业的促销活动产生的预期销售增加而建立的库存。

（6）增值库存。增值库存也叫时间效用库存,是指为了避免货物价格上涨造成损失,或者指为了从货物价格上涨中获利而建立的库存。

（7）储存库存或积压库存。储存库存或积压库存是指因货物品质变坏或损坏,或者指因没有市场而滞销的货物库存,还包括超额仓储的库存。

（二）库存合理化

库存合理化是指以最经济的方法和手段从事库存活动,并发挥其作用的一种库存状态及其运行趋势。具体来说,库存合理化包含以下内容。

1. 库存“硬件”配置合理化

库存“硬件”是指各种用于库存作用的基础设备。实践证明,物流基础设施和设备不足,其技术水平落后,或者设备过剩、闲置,都会影响库存功能作用的有效发挥。如果设施和设备不足,或者技术落后,不但库存作业效率低下,而且也不可能对库存货物进行有效的维护和保养;如果设施和设备重复配置,以至于库存能力严重过剩,就会增加被储存货物的成本而影响库存的整体效益。因此,库存“硬件”的配置应以能够有效地实现库存职能,满足生产和消费需要为基准,从而做到适当合理地配置仓储设施和设备。

2. 组织管理科学化

库存组织管理科学化有这样几种表现:存货数量保持在合理的限度之内,既不能缺少,也不能过多;货物储存的时间较短,货物周转速度较快;货物储存结构合理,能充分满足生产和消费的需要;货物储存空间合理,能充分满足不同的流通环节和不同地点的需要。

3. 库存结构符合生产力的发展需要

从微观上说,合理的库存结构是指在总量和储存时间上,库存货物的品种和规格的比例关系基本上是协调的;从宏观上说,库存结构符合生产力发展的要求,意味着库存的整体布局、仓库的地理位置和库存方式等应有利于生产力的发展。在社会化大生产的条件下,为了发展规模经济和提高生产、流通的经济效益,库存适当集中应当是库存合理化的一个重要标志。因为库存适当集中,除了有利于采用机械化、现代化方式进行各种操作外,更重要的是,它可以在降低储存费用和运输费用,以及提供保证供应能力等方面取得优势。

(三)库存管理控制的目标

库存管理控制的目标是在满足顾客服务要求的前提下,通过对企业的库存水平进行控制,尽可能降低库存水平、提高物流系统的效率,以强化企业的竞争力。

具体而言,库存控制的目标是:库存成本最低的目标、零库存或者无库存的目标、库存保证程度最高的目标、不允许缺货的目标、限定资金的目标、快捷的目标。

二、库存管理控制方法

(一)库存的分类管理——ABC分类管理方法

一般来说,企业的库存货物种类繁多,每个品种的价格不同,而且库存数量也不等,有的货货物种不多但价值很大,而有的货货物种很多但价值不高。由于企业的资源有限,因此,对所有库存品种均给予相同程度的重视和管理是不可能的,也是不切实际的。为了使有限的时间、资金、人力和物力等企业资源能得到更有效的利用,应对库存货物进行分类,将管理的重点放在重要的库存货物上,进行分类管理和控制。即依据库存货物重要程度的不同,分别进行不同的管理,这就是ABC分类方法的基本思想。

ABC分类管理方法就是将库存货物按重要程度分为特别重要的库存(A类库存)、一般重要的库存(B类库存)和不重要的库存(C类库存)三个等级,然后针对不同的级别分别进行管理和控制。ABC分类管理方法包括两个步骤:一是如何进行分类;二是如何进行管理。

1. 如何进行分类

通常按库存货物所占总库存资金的比例和所占库存总品种数目的比例这两个指标来进行分类。具体地说,A类库存品种数目少但资金占用大,即A类库存品种约占库存品种总数的5%~20%,而其占用资金金额约占库存资金总额的60%~80%。C类库存品种数目大,但资金占用小,即C类库存品种约占库存品种总数的60%~70%,而其占用资金金额占库存资金总额的15%以下。B类库存介于两者之间,B类库存品种约占库存品种总数的20%~30%,而其占用资金金额约占库存资金总额的10%~15%。

2. 如何进行管理

在对库存进行ABC分类之后,接着便是根据企业的经营策略对不同级别的库存进行不同的管理和控制。

(1)A类库存。这类库存货物数量较少,但其耗用的金额较大,对企业最为重要,是最需要严格管理和控制的库存。企业必须对这类库存定时进行盘点,详细记录及经常检查分析货物使用、存量增减和品质维持等信息,加强进货、发货、运送管理,在满足企业内部需要

和顾客需要的前提下，维持尽可能低的经常库存量和安全库存量，加强与供应链上下游企业合作来控制库存水平，既要降低库存，又要防止缺货，加快库存周转。对 A 类库存货物，一般采用连续库存管理控制系统。

（2）B 类库存。这类库存货物属于一般重要的货物，对它的管理强度介于 A 类和 C 类之间。通常的做法是将若干货物合并一起订购，一般需要进行正常的例行管理和控制。

（3）C 类库存。这类库存货物数量最大，但其耗用的金额较少，对企业的重要性最低，对其管理也最不严格。对于这类库存一般只需进行简单的管理和控制。例如，实行大量采购大量库存，减少该类库存的管理人员和设施，库存检查时间间隔长等。对 C 类库存，双堆库存管理系统通常被采用。

（二）经济订货批量模型

企业每次订货的数量多少直接关系到库存水平和库存总成本的大小。因此，企业都希望找到一个合适的订货数量，从而使它的库存总成本最小。经济订货批量模型（economic order quantity model）能满足这一要求。经济订货批量模型就是通过费用分析求得在库存总费用为最小时的每次订购批量，用以解决独立需求货物的库存控制问题。

经济订货批量库存控制模型中的费用主要包括：

（1）储存费。包括货物占用资金应付的利息以及使用仓库、保管货物、货物损坏变质等支出的费用。

（2）订货费。包括手续费、电话往来、派人员外出采购等费用。

（3）缺货费。当储存供不应求时引起的损失，如失去销售机会的损失、停工待料的损失以及不能履行合同而缴纳的罚款等。在不允许缺货的条件下，在费用上处理的方式是缺货费为无穷大。

在需求量是已知的和连续的，订货、到货间隔时间是已知的和固定的，以及不发生缺货现象的条件下，假设 TC 代表每年的总库存成本，PC 代表每年的采购进货成本（包括购置价格），HC 代表每年的保管仓储成本，D 代表每年的需求量，P 代表货物的单位购买价格，Q 代表每次的订货数量，I 代表每次订货的成本，J 代表单位货物的保管仓储成本，F 代表单位货物的保管仓储成本与单位购买价格的比率，则：

每年的平均库存量为 $Q/2$，每年的保管仓储成本为 $(Q/2)\times J$，每年的订货次数为 D/Q，每年的订货成本为 $(D/Q)\times I$，每年的采购进货成本为 $D\times R+(D/Q)\times I$，企业每年的总库存成本（TC）等于采购进货成本（PC）和保管仓储成本（HC）之和。具体方程式为

$$TC = PC + HC = D\times P+(D/Q)\times I+(Q/2)\times J$$
$$= D\times P+(D/Q)\times I+(Q/2)\times F\times P$$

通过对上式进行微分求导数，并令求导后的方程式等于零，最后解该方程式所求得的订货批量就是使总库存成本最小的最佳订货量，又称为经济批量（economic order quantity，EOQ），表示式为

$$EOQ = \sqrt{(2D\times I)/J} = \sqrt{(2D\times I)/(F\times P)}$$

在按经济批量进行订货的情况下，最小的总库存成本 TC、每年的订货次数 N 和订货间隔期间 T 分别表示为

$$TC = D \times P + \sqrt{2D \times I \times J} = D \times P + \sqrt{2D \times I \times F \times P}$$
$$N = D/Q$$
$$T = 365/N = 365 \times Q/D$$

[例题]宇田公司是生产某机械器具的制造企业，按计划每年采购 L 零件10 000 个。L 零件的单位购买价格是 16 元，每次的订货成本是 100 元，每个 L 零件每年的保管仓储成本是 8 元。求 L 零件的经济批量、每年的总库存成本、每年的订货次数和每次订货之间的间隔时间。

解：

经济批量 $EOQ = \sqrt{(2D \times I)/J} = \sqrt{(2 \times 10\,000 \times 100)/8} = 500$（个）

每年的总库存成本 $TC = D \times P + \sqrt{2D \times I \times J} = 10\,000 \times 16 + \sqrt{2 \times 10\,000 \times 100 \times 8}$
$= 164\,000$（元 / 年）

每年的订货次数 $N = D/Q = 10\,000/500 = 20$（次 / 年）

每次订货之间的间隔时间 $T = 365/N = 365/20 = 18.25$（天）

在经济批量模型中，作为参数的每次订货成本 I 和单位货物的仓储保管成本 J 往往难以精确地加以估算。因此，需要分析各个参数的变化对结果（总库存成本）的影响程度，即需要进行灵敏度分析。如果每个参数的变化对结果的影响很大，那么，就需要对该参数进行非常精确的估算，这样才能计算出正确的经济批量。另外，上述模型是建立在许多假定基础上的简单模型，如果考虑到实际情况的复杂性，则还需要对该模型进行修正。

（三）零库存

对于众多的制造商和分销商来说，不断增长的库存量已成为一种沉重的负担。企业管理者希望实现他们梦寐以求的"零库存"，保证物料供应和产品分配的顺畅，实现利润最大化。库存成本降低的潜力比任何市场营销环节都要大，成功的物流战略大多以尽可能低的金融资产维持存货，在对顾客承担义务的同时实现最大限度的流通量，以保证利润最大化。

1. "零库存"的含义

"零库存"管理是物资存储优化理论，即存储理论在管理实践中的运用，它并不是指企业所有的原材料、半成品、成品的库存为零，而是指在确保企业生产经营活动顺利进行的条件下，采用各种科学的管理方法，对库存进行合理的计算和有效的控制，尽可能降低库存量的一种方法。对有条件不设库存的原材料，应按要求由外协企业定时、定点地送到车间等有关生产单位；对资金占用量大且库存不可缺少的原材料，则通过合理的滚动计划和控制，将库存压缩到最低限度。不以库存形式存在就可以免去仓库存货的一系列问题，如仓库建设、管理费用、存货维护、保管、装卸、搬运等费用，存货占用流动资金及库存物的老化、损失、变质等问题。

值得注意的是，零库存并不等于不要储备和没有储备。也就是说，某些经营实体不单独设立库存和储存物资，并不等于取消其他形式的储存活动。实际上，企业（包括生产企业和

流通企业)为了应付各种意外情况,如运输时间延误、到货不及时、生产和消费发生变化等,常常要储备一定数量的原材料、半成品和成品,只不过这种储备不是采取库存形式罢了。从理论上讲,经营实体储备一定数量的产品,并以此形成"保险储备"也是一种合理的行为,它与实现零库存的愿望并不矛盾。现在,有人把零库存的使用范围无限扩大,认为零库存就是"零储备",实现零库存即意味可以从根本上取消库存,这种观点是片面的。

需要指出的是,上面所讲的零库存是针对微观经济领域内的经营实体的库存状况而言的一种库存变化趋势,它属于微观经济范畴。从全社会来看,不可能也不应该实现零库存。为了应付可能发生的各种自然灾害和其他各种意外事件,为了调控生产和需求,通常国家都要以各种形式,其中包括以库存形式储备一些重要物资,如粮食、战略物资、抢险救灾物资等。因此,在微观领域内,一些经营实体可以进行"无库存"生产和进行"无库存"销售,但是整个国家和社会不能没有库存。

此外,就微观主体的储存行为而言,零库存又是在某种特定的经济环境下实现的。也就是说,某些经营实体的"零库存"是在社会集中库存及保障供应的前提下得以实现的。从这个意义上说,零库存是对社会库存结构进行合理调整的结果。

2. 实现企业零库存的主要方式

(1) 看板方式。看板方式是准时方式中的一种简单有效的方式,要求企业各工序之间或企业之间或生产企业与供应者之间采用固定格式的卡片作为凭证,由下一环节根据自己的节奏,逆生产流程方向,向上一环节指定供应。其主要目的是在同步化供应链计划的协调下,使制造计划、采购计划、供应计划能够同步进行,缩短用户响应时间,节约采购资源,降低原材料和外构件的价格,提高企业的适应能力。在具体操作过程中,可以通过增减看板数量的方式来控制库存量。

(2) 按订单生产方式。企业的一切生产活动都是按订单来进行采购、制造、配送的,仓库不再是传统意义上的储存物资的仓库,而是物资流通过程中的一个"枢纽",是物流作业中的一个站点。物是按订单信息要求而流动的,因此从根本上消除了呆滞物资,从而也就消灭了"库存"。这与传统意义上的为"库存"而生产,生产出来产品进入"库存"后再等待订单是根本不同的。

(3) JIT 配送方式。企业及时地将按照订单生产出来的物品配送到用户手中,在此过程中,通过物品的在途运输和流通加工,减少库存的方式称为 JIT 配送方式。企业可以通过采用标准的 JIT 供应运作模式和合理的配送制度,使物品在运输中实现储存,从而实现零库存。以海尔为例,海尔物流本部储运部,负责整个集团的成品分拨物流,统一协调及控制运输业务,为零距离销售提供物流配送保障,实现成品的 JTI 配送,减少库存量。

(4) 协作分包方式。这种方式即美国的"SUB-Contract"方式和日本的"下请"方式,主要是制造企业的一种产业结构形式。这种形式可以以若干企业的柔性生产准时供应,使主企业供应库存为零;同时主企业的集中销售库存使若干分包劳务及销售企业的销售库存为零。在经济发达的国家,制造企业都是以一家规模很大的主企业和数以千百计的小型分包企业组成一个金字塔形结构。例如,分包零部件制造的企业可采取各种形式和库存调节形式,以保证主企业的生产,按指定时间送货到主企业,从而使主企业不再设原材料库存,同时以主企业集中的产品库存满足各分包企业的销售,使分包企业实现销售零库存。

（5）委托保管方式。受托方接受用户的委托，利用其专业化的优势，以较高的库存管理水平、较低的库存管理费用代存代管所有权属于用户的物资，从而使用户不再设有仓库，甚至可以不再保有安全库存，从而实现零库存。这种零库存方式主要是靠库存转移实现的，并不能使库存总量降低。但是委托方省去了仓库规划、建设及库存管理的大量费用，集中力量于生产经营，体现了专业化特色，是目前国内企业发展零库存的主要趋势。

（6）轮动方式。也称同步方式，是指在对系统进行周密设计的前提下，使各个环节完全协调，从而根本取消甚至是工位之间暂时停滞的一种零库存、零储备形式。这种方式是在传送带式生产基础上，进行更大规模延伸形式的一种使生产与材料供应同步进行，通过传送系统供应从而实现零库存的形式。实现轮动方式是一项需要很大投资，而且难度很大的系统工程。

（7）水龙头方式。水龙头方式是一种像拧开自来水管的水龙头就可以取水而无须自己保有库存的零库存形式。这是日本索尼公司首先采用的。这种方式经过一定时间的演进，已发展成即时供应制度，用户可以随时提出购入要求，采取需要多少就购入多少的方式，供货者以自己的库存和有效供应系统承担即时供应的责任，从而使用户实现零库存。适于这种供应形式实现零库存的物资主要是工具及标准件。

（8）无库存储备。国家战略储备的物资，往往是重要物资。战略储备在关键时刻可以发挥巨大作用，所以几乎所有国家都要有各种名义的战略储备。由于战略储备的重要性，一般这种储备都保存在条件良好的仓库中，以防止其损失，延长其保存年限。因而，实现零库存几乎是不可想象的事。无库存的储备，是仍然保持储备，但不采取库存形式，以此达到零库存。有些国家将不易损失的铝这种战备物资作为隔音墙、路障等储备起来，以备万一，在仓库中不再保有库存就是一例。

（9）配送方式。这是综合运用上述若干方式，采取配送制度保证供应，从而使用户实现零库存。

▌ 小结和学习重点 ▌

- 仓储保管的概念
- 仓库的功能和分类
- 货物保养和维护的基本知识
- 库存合理化及库存管理的基本方法

仓储是物流的主要功能要素之一，是社会物质生产的必要条件之一，仓储可以创造"时间效用"，是"第三利润源泉"。要充分发挥仓储的积极作用，以降低成本、增加利润。

仓库是物流系统的基础设施，按其营运形态、保管形态、建筑形态和功能等可划为不同的类型。熟悉仓库管理的基本制度及仓库温、湿度的控制与调节方法。了解常见的仓库信息技术。

货物养护是货物在储运过程中所进行的保养和维护，其重要性在于从数量上降低货物的损耗，在质量上保护货物的品质，是提高社会经济效益、增加社会财富的重要手段。掌握

仓储货物主要的质量变化及其防治。

库存管理的目的是在满足顾客服务要求的前提下，通过对企业的库存水平进行控制，力求尽可能降低库存、提高物流系统的效率，以强化企业的竞争力。重点掌握 ABC 分类、EOQ 及零库存等库存控制方法。

案例分析

宇田公司销售招华公司生产的不同型号的摩托车

已知数据如下：

1. 宇田公司每年对招华公司生产的摩托车的需求量为 3 000 辆，平均每辆价格为 4 000 元。

2. 采购成本。主要包括采购处理一笔采购业务的差旅费、住宿费和通讯费等。以往采购人员到招华公司出差，乘飞机住宾馆，采购人员各项支出平均每人为 6 700 元，每次订货去两名采购人员。

3. 每辆摩托车的年库存维持费用如下：

（1）所占用资金的机会成本。每辆摩托车平均价格为 4 000 元，银行贷款利率年息为 6%。

（2）房屋成本（仓库房租及折价、库房维修、库房房屋保险费用等平均每辆摩托车分担的成本）。租用一个仓库，年租金为 52 000 元。仓库最高库存量为 700 辆，最低时不足 100 辆，平均约为 400 辆。

（3）仓库设施折价费和操作费。吊车、卡车折旧费和操作费平均为 10 元/辆·年。

（4）存货的损坏、丢失、保险费用平均为 20 元/辆·年。

4. 宇田公司每周营业 7 天，除春节放假 5 天外，其他节假日都照常营业。年营业日为360 天。

5. 宇田公司订货提前期的组成如下：

（1）采购准备时间为 4 天（包括了解采购需求、采购人员旅途时间）。

（2）与供应商（招华公司）谈判时间为 4 天。

（3）供应商（招华公司）备货发货的时间为 15 天。

（4）到货验收入库的时间为 2 天。

6. 宇田公司的安全库存为 40 辆。

思考

1. 分析计算宇田公司从招华公司采购摩托车的经济批量以及订购间隔期、订货点、年库存维持成本等。

（参考答案：经济批量为 448 辆，订购间隔期为 52 天，订货点为 250 辆，年库存维持成本为 199 400 元/年）

练习与思考

（一）名词解释

仓储　仓库　货物养护　零库存

（二）填空

1. 仓库信息技术一般包括_____、_____和 EDI 技术等。

2. 根据仓库的营运形态分类可分为_____、_____和公用仓库。

（三）单项选择

1. 空气中的（　　）对铜、铁等金属的腐蚀速度影响很大。

    A. 二氧化碳　　　　B. 二氧化硫　　　　C. 硫化氢　　　　D. 氯化氢

2. 为防止由于不确定因素影响的订货需求而准备的缓冲库存称为（　　）。

    A. 季节性库存　　　B. 安全库存　　　　C. 经常库存　　　　D. 促销库存

（四）多项选择

1. 出库的原则有（　　）。

    A. 先进先出　　　　　　　　　　　　B. 包装不完好者先出

    C. 近期失效者先出　　　　　　　　　D. 已损坏者不出

2. 通风的一般方法有（　　）。

    A. 通风散热　　　　B. 通风散潮　　　　C. 机械吸潮　　　　D. 吸湿剂吸潮

（五）简答

1. 怎样理解仓储的作用？

2. 仓库具备哪些功能？

3. 仓库有哪些类型？

4. 仓库管理的基本制度有哪些？

5. 仓库温、湿度的控制与调节方法有哪些？

6. 仓库管理信息技术包括哪些内容？

7. 货物在仓储期间应怎样进行保管养护？

8. 库存的含义及分类有哪些？

9. 如何对库存进行 ABC 分类管理？

10. 实现企业零库存的主要方式有哪些？

部分参考答案

（二）填空

1. 条码技术　数据库技术

2. 营业仓库　自备仓库

（三）单项选择

1. B　2. B

（四）多项选择

1. ABCD　2. AB

第八章 流通加工

学习目标

学完本章,你应该能够:
(1) 明确流通加工的概念及其与一般生产加工的区别;
(2) 明确流通加工在物流活动中的地位和作用;
(3) 熟悉流通加工的类型和方式;
(4) 掌握流通加工的合理化要求;
(5) 了解流通加工的管理及可行性分析。

基本概念

流通加工　流通加工合理化　流通加工管理

第一节　流通加工的概念

一、流通加工的概念

按照我国的物流术语国家标准,流通加工(distribution processing)是指:"物品在从生产地到使用地的过程中,根据需要施加包装、分割、计量、分拣、刷标志、检标签、组装等简单作业的总称。"流通加工是物流的基本功能之一。

流通与加工的概念本属于不同的范畴,如图8-1所示。

加工是通过改变物品的形态或性质来创造价值,属于生产活动;流通则是改变物品的空间状态与时间状态,并不改变物品的形态或性质。而流通加工处于不易区分生产还是流通的中间领域,不改变商品的基本形态和功能,只是完善商品的使用功能,提高商品的附加价值,同时提高物流系统的效率。可以说,流通加工是生产加工在流通领域中的延伸,

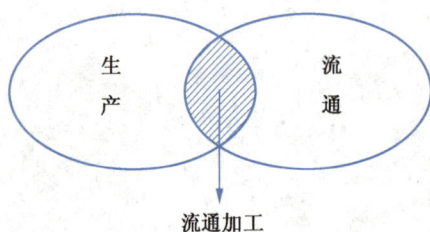

图8-1　流通加工示意图

也可以看成流通领域为了提供更好的服务，在职能方面的扩大如图8-2所示。

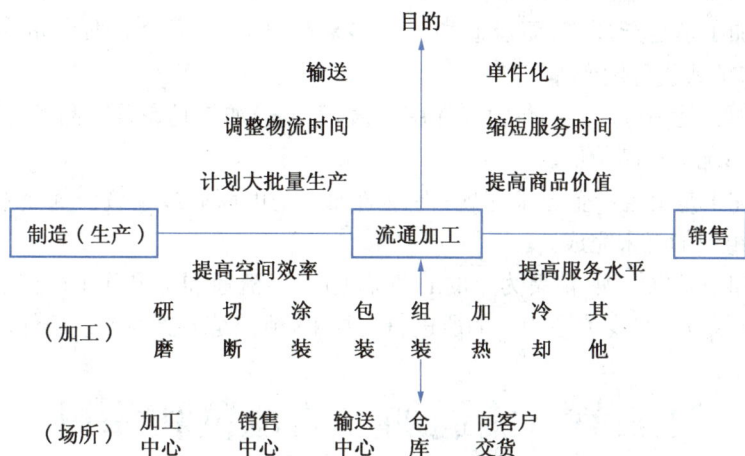

目的

输送		单件化
调整物流时间		缩短服务时间
计划大批量生产		提高商品价值

| 制造（生产） | 流通加工 | 销售 |

提高空间效率　　　　　　　　提高服务水平

| （加工） | 研磨 | 切断 | 涂装 | 包装 | 组装 | 加热 | 冷却 | 其他 |

| （场所） | 加工中心 | 销售中心 | 输送中心 | 仓库 | 向客户交货 |

图8-2　流通加工示意

　　流通加工是在物品从生产领域向消费领域流动的过程中，为促进销售、维护产品质量和提高物流效率，对物品进行一定程度的加工。比如，遵照客户订单要求，将肉、鱼进行分割，或把量分得小一些，家用电器的组装，礼品的拼装，等等。简言之，在流通过程中辅助性的加工活动都称为流通加工。流通加工是流通中的一种特殊形式。

　　随着经济的全球化和国际分工的细化，为了适应激烈的市场竞争和满足消费者日益多样化的需求，流通加工的意义日益增加，在提高物流效率、降低物流成本方面的作用不断加大，对流通加工的管理已成为物流管理的一项重要内容。

二、流通加工和生产加工的区别

　　流通加工是在流通领域从事的简单生产活动，具有生产制造活动的性质。流通加工和一般的生产型加工在加工方法、加工组织、生产管理方面并无显著区别，但在加工对象、加工程度方面差别较大，其主要差别表现在六个方面，见表8-1。

表8-1　流通加工和生产加工的区别

	生 产 加 工	流 通 加 工
加工对象	原材料、零配件、半成品	进入流通过程的商品
所处环节	生产过程	流通过程
加工程度	复杂的、完成大部分加工	简单的、辅助性、补充加工
附加价值	创造价值和使用价值	完善其使用价值并提高价值
加工单位	生产企业	流通企业
加工目的	为交换、消费	为消费、流通

（1）生产加工的对象是原材料、零配件、半成品，不是最终产品；而流通加工的对象是进入流通过程的产品，它具有商品的属性。

（2）生产加工是复杂加工；而流通加工大多是简单加工，是生产加工的一种辅助及补充，它绝不能取消或代替生产加工。

（3）生产加工是创造产品的价值和使用价值；而流通加工是完善产品的使用价值，并在不做大改变的情况下提高价值。

（4）生产加工是由生产企业来完成；而流通加工是由商业或物资流通企业密切结合流通的需要进行组织加工来完成。

（5）生产加工是以交换、消费为目的的商品生产；而流通加工是除了以消费为目的所进行的加工，有时候也以自身流通为目的所进行的加工，纯粹是为流通创造条件。

第二节　流通加工的地位和作用

一、流通加工在物流中的地位

1. 流通加工能有效地完善流通

在物流中，运输（空间效用）和储存（时间效用）是主要功能要素，而流通加工也是不可或缺的功能要素，具有补充、完善、提高与增强的作用，能起到运输、储存等其他功能要素无法起到的作用。例如，由于现代社会生产的相对集中（"少品种、大批量、专业化"）和消费的相对分散（"多品种、小批量、个性化"），生产和消费需要往往不能密切衔接，而通过流通加工就可以较为有效地解决这个供需矛盾。所以，流通加工的产生实际是现代生产发展的一种必然趋势，流通加工是提高物流水平、促进流通向现代化发展的不可缺少的形态。

2. 流通加工是物流中的重要利润源

流通加工是一种低投入、高产出的加工方式，往往以简单加工解决大问题。在物流领域中，流通加工通过满足用户的需要，提高服务功能而成为高附加值的活动。例如，有的流通加工通过改变装潢使商品档次跃升而充分实现其价值，有的产品经过流通加工使利用率提高，如对平板玻璃进行流通加工（集中裁制、开片供应），玻璃利用率从 60% 左右提高到 85%～95%，而采取一般方法是无法这样大幅度提高生产率的。实践证明，在流通企业中，由流通加工提供的利润并不亚于从运输和储存中挖掘的利润。所以说，流通加工是物流中的重要利润源。

3. 流通加工在国民经济中也是重要的产业形态

目前，在世界许多国家和地区的物流中心或仓库经营中都大量存在流通加工业务，有的规模也很大，在美国、日本等发达国家则更为普遍。而在我国，随着经济增长，国民收入增多，消费者的需求出现多样化，从而促使在流通领域也开展流通加工。所以，在我国整个国民经济的组织和运行方面，流通加工是其中一种重要的加工形态，对推动国民经济的发展、完善国民经济的产业结构和生产分工具有一定的意义。

1. 能改变功能,促进销售,提高收益

这是流通加工的一个主要功能,通过流通加工环节可以使物品更好地满足顾客的需要和个性化的需求。例如,内地的许多制成品,如玩具洋娃娃、时装、轻工纺织产品、工艺美术品等,在深圳进行简单的装潢加工,改变了产品外观功能,仅此一项就可使产品售价提高 20%以上。

2. 能提高原材料和加工设备的利用率

利用集中进行的流通加工代替分散在各使用部门的分别加工。例如,按使用部门的要求,采用效率高、技术先进、加工量大的专门设备,将钢板进行剪板、切裁,将木材剖成板材与方木等,可以大大减少原材料的消耗,提高原材料和加工设备的利用率,提高加工质量和加工效率,其结果是降低了加工费用及原材料成本,而原材料的节省是利润的源泉。几乎所有的流通加工都能达到节省原材料的目的,所以有明显的经济效益。

3. 能提高物流效率,降低物流成本

(1) 能方便运输。例如,铝制门窗框架、自行车、缝纫机等,若在制造厂装配成完整的产品,在运输过程中,将耗费很高的运输费用。一般都是把它们的零部件分别集中捆扎或装箱,到达销售地点以后,再分别装成成品,这样能使运输方便而且经济,有效降低物流成本。

(2) 能减少附加重量。有些原材料在运输前先通过流通加工完成必要的切割,去除本来就应废弃的部分,就可以减少附加重量,提高运输与装卸搬运的效率,有效降低物流成本。比如,整块的钢板,先切割后再运输,可以减少运输的重量;整根的原木,先割成板材与方木,可以大大缩小体积,合理利用车、船等运输工具的内容积。

(3) 能协调运输(外)包装与商业(内)包装。因为运输包装与商业包装有时存在一定的冲突。比如,运输包装要求轻薄,商业包装有时需要夸张;运输包装需要单位重量大一点,商业包装有时需要以很小的重量上商店的货架。所以,商品可以先以运输包装进入物流过程,在运达目的地后,再通过流通加工形成商业包装后,进入商店的货架。这样,也能有效降低物流成本。

例如,将自行车在消费地区进行集中的装配加工,可防止整车运输的低效率和高损失;将造纸用木材磨成木屑的流通加工,可极大地提高运输工具的装载率;"集中煅烧熟料、分散磨制水泥"的流通加工,可有效地防止水泥的运输损失,减少包装费用,而且可提高运输效率。

4. 能促进物流合理化

(1) 能方便配送。因为物流企业自行安排流通加工与配送,流通加工是配送的前提,根据流通加工形成的特点布置配送,使必要的辅助加工与配送很好地衔接,能使物流全过程顺利完成。

(2) 能充分发挥各种运输手段的最高效率。因为流通加工环节一般设置在消费地,流通过程中衔接生产地的大批量、高效率、长距离的输送和衔接消费地的多品种、少批量、多用户、短距离的输送之间,存在着很大的供需矛盾。而通过流通加工就可以较为有效地解决这个矛盾。以流通加工为分界点,从生产地到流通加工点可以利用火车、船舶形成大量的、高

效率的定点输送;而从流通加工点到消费者则可以利用汽车和其他小型车辆形成多品种、多用户的灵活输送。这样可以充分发挥各种输送手段的最高效率,加快输送速度,节省运力运费,使物流更加合理。

流通加工不仅能提高商品价值、提高销售效率,而且对于提高物流系统效率、促进物流合理化也将越来越重要。

第三节 流通加工的类型和方式

一、流通加工的类型

根据不同的目的,流通加工一般可分为以下几种类型。

1. 为弥补生产领域加工不足而进行的流通加工

由于存在许多限制因素,有许多产品在生产领域只能达到一定程度的粗加工,而不能完全实现终极加工。例如,钢铁厂只能按照标准规格进行大规模生产,以保证生产具有较高的效率和效益,同时使产品具有较强的通用性,以便在流通过程中根据用户的不同需求进行深加工。为此,在国外有专门进行钢材流通加工的流通中心,进行薄板的切断、型钢的熔断、厚钢板的切割、线材冷拉加工等。

2. 为适应多样化需求的流通加工

生产部门的高效率和大批量生产往往不能完全满足客户对产品多样化的需求。为了满足客户的这种需求,同时又保证社会高效率的大生产,将生产出来的单调产品进行多样化的改制加工,是流通加工中一种重要的加工形式。例如,将平板玻璃按用户的需要规格进行开片加工;将木材集中开木下料,改制成各种规格的锯材,同时将碎木、碎屑集中加工成各种规格的夹板等。

3. 为保护产品所进行的流通加工

目的是保证使产品的使用价值能够顺利实现,防止产品在运输、储存、装卸、搬运等过程中遭受损失,主要采取稳固、改装、冷冻、保鲜、涂油等方式,这种加工并不改变"物"的外形和性质。

4. 为提高物流效率、方便物流的流通加工

有很多产品,由于本身的特殊形状,使之难以进行物流操作,效率较低,而通过适当的流通加工可以弥补这些产品的物流缺陷,使物流各环节易于操作。例如,组装型商品(自行车等)在运输和保管过程中处于散件状态,到达消费地区后再进行集中的组装加工。这种加工往往改变"物"的物理状态,但最终仍能恢复原来的物理性能。

5. 为促进销售的流通加工

这种加工不改变"物"的主体,只进行简单的改装加工,起到促进销售的作用。例如,将大包装或散装货物改换成小包装货物,以满足消费者对商品多样化的需求;将以保护产品为主的运输包装改换成以促进销售为主的装潢性包装,提高商品的附加价值,以满足消费者对商品的个性化的需求;将蔬菜、肉类等食品原料经过分选、洗净、切块、分装、加工成半成品,以满足消

费者对商品高度化的需求;等等。

6. 为提高原材料利用率和加工效率的流通加工

流通加工以集中加工形式,既能解决单个企业加工效率不高的弊病,使单个企业简化生产环节,提高生产水平;又能利用其综合性强、用户多的特点,采用合理规划、集中下料的办法,提高原材料的利用率。例如,利用水泥加工机械和水泥搅拌运输车进行水泥的流通加工,将水泥的使用从小规模的分散形态改变为大规模的集中加工形态,利用现代化的科学技术和组织现代化的大生产,既能采用准确的计量手段和选择最佳的工艺进行集中搅拌,提高混凝土的质量,节约水泥;又能提高加工效率,提高搅拌设备的利用率,减少加工据点,实现大批量运输,使水泥的物流更加合理。这种方式优于直接供应或购买水泥在工地现制混凝土的技术经济效果,因此受到许多工业国家的重视。

7. 为便于运输使物流合理化的流通加工

在干线运输及支线运输的节点设置流通加工环节,可以有效地解决衔接生产的大批量、低成本、长距离的干线运输与衔接消费的多品种、少批量、多批次的支线运输之间的衔接问题。以流通加工为分界点,在流通加工点与大生产企业之间,形成大批量、高效率的定点输送;而在流通加工点与消费者之间,则通过在流通加工点将运输包装转换为销售包装,以及组织多用户的配送,形成多用户、多品种的灵活输送,从而有效衔接不同目的的运输方式,使物流更加合理化。

8. 生产-流通一体化的流通加工

依靠生产企业与流通企业的联合,或者生产企业向流通领域延伸,或者流通企业向生产领域延伸,形成合理分工、合理规划、合理组织、统筹进行的生产与流通加工结合的统一安排,这就是生产-流通一体化的流通加工。它可以促成产品结构及产业结构的调整,充分发挥企业集团的经济技术优势,是目前流通加工领域的新形式。

二、流通加工的方式

我国常见的流通加工方式,主要有以下九种。

1. 剪板加工

剪板加工是指在固定地点设置剪板机或各种剪切、切割设备,将大规模的金属板料裁切为小尺寸的板料或毛坯的流通加工。

2. 集中开木下料

集中开木下料是指在流通加工点,将原木锯裁成各种规格的木板、木方,同时将碎木、碎屑集中加工成各种规格的夹板板材,甚至还可以进行打眼、凿孔等初级加工。

3. 配煤加工

配煤加工是指在使用地区设置加工点,将各种煤及其他一些发热物资,按不同的配方进行掺配加工,形成能产生不同热量的各种燃料。

4. 冷冻加工

冷冻加工是指为解决鲜鱼、鲜肉、药品等在流通中保鲜及搬运装卸问题,采取低温冷冻方式的加工。

5. 分选加工

分选加工是指针对农副产品规格、质量离散较大的情况,为获得一定规格的产品,采取

人工或机械方式进行分选的加工,如对瓜果进行分等分级的挑选分类工作等。

6. 精制加工

精制加工是指在农林牧副渔等产品的产地或销售地设置加工点,去除无用部分,进行切分、洗净、分装等加工,如超市的精加工蔬菜等。

7. 分装加工

分装加工是指为了便于销售,在销售地区对商品按零售要求进行新的包装,大包装改小、散装改小包装、运输包装改销售包装等,以满足消费者对不同包装规格的需求。

8. 组装加工

组装加工是指在销售地区,由流通加工点对出厂配件、半成品进行拆箱组装,随即进行销售,如家具、自行车的组装等。

9. 定制加工

定制加工是指特别为用户加工制造适合个性的非标准用品,这些东西往往不能由大企业生产出来,只好由流通加工企业为其"量身定制"。

第四节　流通加工的合理化

一、流通加工的合理化

流通加工合理化的含义是实现流通加工的最优配置,不仅做到避免各种不合理加工,使流通加工有存在的价值,而且综合考虑流通加工与配送、合理运输、合理商流等的有机结合,做到最优的选择。

为避免流通加工过程中的各种不合理现象,对是否设置流通加工环节、在什么地点设置、选择什么类型的流通加工、采用什么样的技术装备设施等,都需要作出正确抉择。目前,国内在进行这方面合理化的考虑中已经积累了一些经验,获得了一定成果。

实现流通加工合理化,主要考虑以下几个方面。

1. 流通加工与配送相结合

将流通加工设置在配送点中,一方面按配送的需要进行加工;另一方面加工又是配送业务流程中分货、拣货、配货的一环,加工后的产品直接投入配货作业。这样,就不需要单独设置一个加工的中间环节,使流通加工有别于独立的生产,从而使流通加工与中转流通巧妙地结合在一起。同时,由于流通加工在配送之前,可使配送服务水平大大提高。这是当前对流通加工作合理化选择的重要形式,在煤炭、水泥等产品的流通中已表现出较大的优势。但是,如果流通加工地点设置选择不当,则会大大增加物流费用。

2. 流通加工与配套相结合

"配套"是指对使用上有联系的用品集合成套地供应给用户使用。在对配套要求较高的流通中,配套的主体来自各个生产单位。但是,完成配套有时无法全部依靠现有的生产单位。所以,进行适当的流通加工,可以有效地促成配套,大大提高流通作为连接生产与消费的桥梁与纽带的能力。例如,方便食品的配套生产,礼品的拼装包装等。

3. 流通加工与合理运输相结合

流通加工能有效衔接干线运输与支线运输，促进两种运输形式的合理化。利用流通加工，可以减少干线运输与支线运输之间停顿的环节和时间，使两者之间的转换更加合理，从而大大提高运输水平。

4. 流通加工与合理商流相结合

通过流通加工，有效地促进销售，使商流合理化，也是流通加工合理化的考虑方向之一。流通加工和配送的有机结合，提高了配送水平与配送效率，促进了销售，是流通加工与合理商流相结合的一个成功例证。

此外，简单地改变包装，方便购买；或者通过组装加工，消除用户使用前进行组装、调试的困难，都是有效促进商流的例子。

5. 流通加工与节约相结合

节约能源、节约设备、节约人力、节约消耗是流通加工合理化的重要考虑因素，也是目前我国设置流通加工时考虑其合理化的较普遍形式。

对于流通加工合理化的最终判断，是看其是否能实现社会和企业本身的两个效益，而且是否取得了最优效益。对流通加工企业而言，应把社会效益放在首位。如果片面追求企业的微观效益，不适当地进行加工，甚至与生产企业争利，不仅有违流通加工的初衷，而且脱离了流通加工的范畴。

二、不合理的流通加工

流通加工是在流通领域中对生产的辅助性加工，从某种意义来讲，它不仅是生产过程的延续，而且是生产本身或生产工艺在流通领域的延续。而流通加工业务是现代物流企业提供的增值服务，即会提高流通商品的附加价值，从而实现物流企业的经济效益，也给供需双方带来方便与效率。然而，各种不合理的流通加工也会产生抵消效益的负效应。

不合理的流通加工形式有如下几种。

1. 流通加工地点设置得不合理

流通加工地点设置，即布局状况是关系到整个流通加工是否合理、有效的重要因素。一般而言，为衔接单品种大批量生产与多样化需求的流通加工，加工地设置在需求地区，才能实现大批量的干线运输与多品种末端配送的物流优势；否则，会大大增加物流费用。

即使是产地或需求地设置流通加工的选择是正确的，但还存在一个在小地域范围的正确选址问题，如果处理选择不当，仍然会出现不合理。这种不合理，主要表现在交通不便，流通加工与生产企业或用户之间距离较远，流通加工点的投资过高（如受选地昂贵地价影响），加工点周围的社会、环境条件不良，等等。

2. 流通加工方式选择不当

流通加工方式包括流通加工对象、流通加工工艺、流通加工技术、流通加工程度等。流通加工方式的正确选择，实际上是指与生产加工的合理分工。分工不合理，本来应由生产加工完成的，却错误地由流通加工完成；本来应由流通加工完成的，却错误地由生产过程去完成，这都会造成不合理性。

因为流通加工是对生产加工的一种补充和完善,而不是代替。所以,如果工艺复杂、技术装备要求较高,可以由生产过程延续或轻易解决的,一般都不宜再设置流通加工,尤其不宜与生产过程争夺技术要求较高、效益较高的最终生产环节。如果流通加工方式选择不当,就会出现与生产过程夺利的恶果。

3. 流通加工作用不大,形成多余环节

有的流通加工过于简单,或对生产及消费者作用都不大,甚至存在流通加工的盲目性,即未能解决品种、规格、质量、包装等问题,反而增加了多余环节,这也是流通加工不合理的一种形式。

4. 流通加工成本过高,效益不好

流通加工之所以能够有生命力,且发展势头强劲,重要优势之一就是有较大的产出投入比,因而能对生产加工有效地起着补充、完善的作用。如果流通加工成本过高、效益不好,则不能实现以较低投入获得最高回报的目的。所以,除了一些必需的、政策要求即使亏损也应进行的流通加工外,凡是成本过高、效益不好的流通加工都应看成是不合理的。

第五节　流通加工的流程与管理

一、流通加工的流程

由于不同类型的流通加工有不同的加工目的和加工方式(包括加工对象、加工工艺、加工技术、加工程度等),所以也就有不同的加工流程。图8-3所示是服装的流通加工业务流程图,以此说明流通加工的流程。

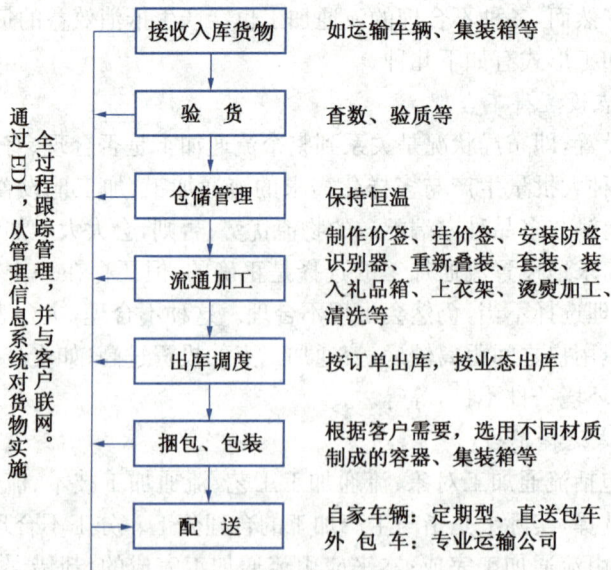

图8-3　服装的流通加工的流程

二、流通加工的管理

1. 流通加工的投资管理

流通加工虽然有许多优越性,但毕竟是在产需之间增加了一个中间环节,它延长了商品的流通时间,增加了商品的生产成本,也存在着许多降低经营效益的因素。因此,投资决策、设置流通加工点、从事流通加工业务必须进行认真的可行性分析。分析的内容有以下几点:

(1) 设置流通加工环节的必要性。流通加工是对生产加工的补充和完善,是否需要这种补充,主要取决于两个方面:一是生产厂家的产品是否能直接满足用户需要;二是用户对某种产品有无能力在流通领域作进一步加工。只有当生产厂家的产品不能直接进入消费,而用户又没有进一步加工能力时,流通加工才是必需的。当然,有时从社会效益和经济效益考虑,为了节约原材料、节约能源、组织合理运输,设置流通加工环节也是必要的。

(2) 设置流通加工环节的经济性。因为流通加工一般都是比较简单的加工,在技术上不会有太大的问题,规模、投资也都必然低于生产性企业,投资决策时要重点考虑的是经济性。其投资特点是:投资额较低,投资时间短,建设周期短。因此,可采用静态分析法进行投资可行性分析,主要是加工量预测及加工项目的发展前景分析。进行加工量预测,是流通加工点投资决策的主要依据。

(3) 投资决策和经济效果评价。流通加工项目的投资决策和经济效果评价,主要使用净现值法、投资回收期和投资收益率。

2. 流通加工的生产管理

由于流通加工也是一种生产,因此流通加工的生产管理在许多方面类似于生产企业的组织管理,而与运输、储存等流通环节的组织管理区别较大。

流通加工的生产管理是指对流通加工生产全过程的计划、组织、指挥、协调与控制,包括生产计划的制定,生产任务的下达,人力、物力的组织与协调,生产进度的控制等。在生产管理中,特别要加强生产的计划管理,提高生产的均衡性和连续性,充分发挥生产能力,提高生产效率。同时,还要制定科学的生产工艺流程和加工操作规程,实现加工过程的程序化和规范化。

此外,生产管理目标,除了劳动生产率、成本利润率等考核指标,还有反映流通加工特殊性的技术经济指标。例如:

(1) 增值指标,表示式为

$$增值率 = \frac{产品加工后价值 - 产品加工前价值}{产品加工前价值} \times 100\%$$

反映流通加工后单位产品的增值程度。

(2) 品种规格增加额及增加率,表示式为

$$品种规格增加率 = \frac{品种规格增加额}{加工前品种规格} \times 100\%$$

（3）资源增加量指标，表示式为

$$新增出材率＝加工后出材率－原出材率$$

$$新增利用率＝加工后利用率－原利用率$$

3. 流通加工的质量管理

流通加工的质量管理，是指对加工产品质量和服务质量的管理。由于加工成品一般是国家质量上没有规定的品种和规格，因此，其质量的掌握，主要是满足用户的要求。由于各用户的要求不一，质量宽严程度也就不同，所以要求流通加工必须能进行灵活的柔性生产，以满足不同用户对质量的不同要求。

流通加工除应满足用户对加工质量的要求以外，还应满足用户对品种、规格、数量、包装、交货期、运输等方面的服务要求。流通加工的服务质量，只能根据用户的满意程度进行评价。

▌ 小结和学习重点 ▌

- 流通加工的概念
- 流通加工的作用
- 流通加工的类型
- 流通加工的合理化

流通加工是现代物流的主要环节和重要功能之一。虽然流通加工并不改变商品的基本形态和功能，只是一种完善商品的使用功能、提高商品附加价值的活动，但它可以满足消费者多样化的需求，促进销售；也可以提高原材料和加工设备的利用率，增加流通企业的经济效益；还可以提高物流效率、降低物流成本、促进物流合理化。而这一切的重要前提是实现流通加工的合理化。

案例分析

生活中的流通加工

生活中有许多流通加工的案例，例如：

1. 钢材流通加工采用集中剪板、集中下料的方式，避免单独剪板下料的一些缺点，提高材料的利用率。

2. 木材流通加工可依据木材的种类、所在地等决定其加工方式。如在木材产区，便可对原木进行流通加工，使之成为容易装载、易于运输的形状，以供日后的进一步加工使用。

3. 平板玻璃流通加工的主要方式是"集中套裁、开片供应"。可提高平板玻璃利用率，简化玻璃生产厂家的备货规格,实现批量生产,提高生产效率。

思考

请你再列举几个流通加工环节的案例。

练习与思考

(一) 名词解释

流通加工　流通加工合理化　流通加工的生产管理

(二) 填空

1. 流通加工既属于_____范畴,也属于_____范畴。

2. 对于流通加工合理化的最终判断,要看其是否能实现_____和_____两个效益,而且是否取得了_____。对流通加工企业而言,应把_____放在首位。

3. 流通加工地点设置是关系到整个物流加工能否有效的重要因素。一般而言,为衔接单品种大批量生产与多样化需求的流通加工,加工地应设置在_____。

4. 设置流通加工点,从事流通加工业务前,需要先进行可行性分析,其分析内容包括_____、_____、_____。

5. 进行_____是流通加工点投资决策的主要依据。流通加工项目的投资决策和经济效果评价,主要使用_____、_____、_____。

(三) 单项选择

1. 流通加工主要是为促进与便利(　　)而进行的加工。

　　A. 流通 　　　　　　　　　　　　B. 增值

　　C. 流通与销售 　　　　　　　　　D. 提高物流效率

2. 流通加工满足用户的需求,提高服务功能,成为(　　)的活动。

　　A. 高附加值 　　　　　　　　　　B. 附加加工

　　C. 必要附加加工 　　　　　　　　D. 一般加工

3. 流通加工的地点和消费地距离过大,形成多品种的末端配送服务困难,这样的不合理流通加工形式是(　　)造成的。

　　A. 流通加工方式选择不当

　　B. 流通加工地点设置不合理

　　C. 流通加工成本过高,效益不好

　　D. 流通加工作用不大,形成多余环节

(四) 多项选择

1. 流通加工大多数可能是(　　)加工。

　　A. 附加性　　　　B. 象征性　　　　C. 简单性　　　　D. 增值性

2. 为使流通加工合理化,在作业时应尽量做到(　　)的结合。

　　A. 加工与配送 　　　　　　　　　B. 加工与装卸

　　C. 加工与合理运输 　　　　　　　D. 加工与合理商流

　　E. 加工与节约

（五）简答

1. 流通加工与生产加工的区别主要有哪些？

2. 简介流通加工的作用。

3. 流通加工有很多优势，但为什么在设置流通加工点前，还必须进行可行性分析？

（六）论述

1. 试分析不合理的流通加工方式有哪些，如何实现流通加工的合理化。

2. 举例说明流通加工的意义。如果从事流通加工业务，必须进行哪些方面的可行性分析？

部分参考答案

（一）名词解释

流通加工：是指物流从生产地到使用地的过程中，根据需要施加包装、分割、计量、分拣、刷标志、检标签、组装等简单作业的总称。

流通加工合理化：是实现流通加工的最优配置，不仅做到避免各种不合理加工，使流通加工有存在的价值，而且综合考虑流通加工与配送、合理运输、合理商流等的有机结合，做到最优的选择。

流通加工的生产管理：是指对流通加工生产全过程的计划、组织、指挥、协调与控制，包括生产计划的制定，生产任务的下达，人力、物力的组织与协调，生产进度的控制等。

（二）填空

1. 加工　物流活动

2. 社会的　企业本身的　最优效益　社会效益

3. 需求地区

4. 设置流通加工环节的必要性　设置流通加工环节的经济性　投资决策和经济效果评价

5. 加工量预测　净现值法　投资回收期　投资收益率

（三）单项选择

1. C　2. C　3. B

（四）多项选择

1. ACD　2. ACDE

第九章 配送与配送中心

■ **学习目标** ■

学完本章,你应该能够:
(1)掌握配送和配送中心的有关概念;
(2)掌握配送计划的制订;
(3)掌握分拣作业和车辆配装的操作;
(4)掌握配送中心的作业流程和订单的管理;
(5)了解配送的种类和配送中心的种类;
(6)了解配送的现代化趋势和配送中心的现代技术。

169

■ **基本概念** ■

配送 配送中心 分拣作业 自动分拣机 自动化立体仓库

配送是一种现代的物流方式和新型的流通体制,在我国虽然配送中心的数量已达到一定的规模,但绝大多数物流中心的管理都比较落后,配送设施不足,与现代化的配送相差甚远。本章介绍配送、配送中心的有关概念及配送中心的作业流程等知识和技能。

第一节 配　送

一、配送的概念及作用

(一)什么是配送

在中华人民共和国国家标准《物流术语》中这样表述:配送是在经济合理区域范围内,根据用户要求,对物品进行拣选、加工、包装、分割、组配等作业,并按时送达指定地点的物流活动。

从上述定义中可以看出,配送几乎包括了物流的所有功能要素(拣选、加工、包装、分割、组配),是在一个经济合理区域范围内全部物流活动的体现。通过拣选、加工、包装、分割、组配等活动,完成将物品送达客户的目的。

理解配送概念要注意区分以下两点。

1. 配送与物流

物流与配送有明显的不同。物流是商物分离的产物，而配送则是商物合一的产物。配送是"配"和"送"的有机结合体，是物流的综合活动形式，是在某一经济合理区域范围内物流的缩影。

2. 配送与送货

配送与一般送货有重要的区别。配送往往要在物流配送中心有效地利用分拣、配货等理货工作，使送货达到一定的规模，以利用规模优势取得较低的送货成本。同时，配送以客户为出发点，强调"按客户的订货要求"为宗旨。所以，配送是特殊的送货，是高水平的送货。

（二）配送的特征

通过上述分析，我们可以看出配送具有以下几方面的特点。

1. 配送是以终端用户为出发点

配送是通过一系列的活动完成最终交付的一种活动，是从最后一个物流结点到用户之间的物品的空间移动过程。这一过程主要是通过配送中心或零售店铺来完成的。

这里所说的最终用户是相对的，在整个流通过程中，流通渠道构成不同，供应商直接面对的最终用户也不一样。

2. 配送是末端运输

从运输角度来看，货物运输分为干线部分的运输和支线部分的配送。这里所说的配送是指支线的、末端的运输，是面对客户的一种短距离的送达服务。

配送与运输的主要区别见表9-1。

表 9-1 配送与运输的区别

项　　目	运　　输	配　　送
线　　路	从工厂仓库到物流中心	从物流中心到终端客户
运输批量	批量大，品种少	小批量，品种多
运输距离	长距离干线运输	短距离支线运输
评价标准	主要看运输效率	主要看服务质量
附属功能	单一	几乎包括了物流的所有功能要素

3. 配送时效性强

配送强调特定时间、特定地点完成交付活动，按客户要求或双方约定的时间送达，充分体现时效性。

4. 配送以满足用户需求为出发点

配送是从用户利益出发、按用户要求进行的一种活动，因此在观念上必须明确"用户第一""质量第一"。配送承运人的地位是服务地位而不是主导地位，因此必须从用户的利益出发,在满足用户利益基础上取得本企业的利益。

5. 配送是各种业务的有机结合体

配送业务中,除了送货,在活动内容中还有"拣选""分货""包装""分割""组配""配货"等项工作。配送是这些业务活动有机结合的整体,同时还与订货系统紧密联系。要实现这一点,就必须依赖现代情报信息,建立和完善整个大系统,使其成为一种现代化的作业系统,这也是以往的送货形式无法比拟的。

6. 配送追求综合的合理效用

对于配送而言,应当在时间、速度、服务水平、成本、数量等多方面寻求最优,不能过分强调"按用户要求"。受用户本身的局限,客户要求有时候存在不合理性,在这种情况下,要对客户进行指导,实现双赢。

(三)配送的作用

完善的配送有利于物流系统的提升,有利于生产企业和流通企业的发展,有利于整个社会效益的提高。

(1)采用配送方式,批量进货、集中发货,以及将多个小批量集中起来大批量发货,可有效节省运力,实行合理、经济运输,降低物流成本。

(2)企业为保证生产持续进行,依靠库存(经常库存和安全库存)向企业内部的各生产工序供应物品。如果社会供应系统既能承担生产企业的外部供应业务,又能实现上述的内部物资供应,那么企业的"零库存"就能成为可能。理想的配送恰恰具有这种功能,由配送企业进行集中库存,取代原来分散在各个企业的库存,就是配送的最高境界。这点在物流发达国家和我国一些地区的实践中已得到证明。

(3)配送可降低整个社会物资的库存水平。发展配送,实施集中库存,可发挥规模经济的优势,降低库存成本。配送可成为流通社会化、物流产业化的战略选择,可产生巨大的社会效应。

二、配送的类型

不同类型的配送其特点也不相同,下面从不同的角度对配送进行分类。

(一)按配送物品的种类和数量多少分类

1. 大批量配送

此类的特点为品种单一或较少,且每种物品的配送量大。配送中心内部的组织工作也较简单,故而这种配送成本一般较低。这种配送形式由于数量大,不必与其他物资配装,可使用整车运输。这种形式多由生产企业直送用户。

2. 小批量配送

此类的特点为品种较多,且每种物品的配送量不大。配送作业难度大,技术要求高,使用设备复杂,配送中心内部必须有严格的作业标准和管理制度。在配送上也应按照用户的要求,随时改变配送物资的品种和数量或增加配送次数。配送的作用主要体现在此种类型

上，这种配送方式在所有配送中是高水平、高技术的一种方式。

3. 配套（成套）配送

此种配送是按用户的需要，将其所需的成套物品直接送达到生产制造企业、建筑工地或其他用户。例如，为装配企业配送，按其生产进度，将装配的各种零配件、部件成套备齐后送达生产线进行组装便是这种配送形式。这种配送方式，配送企业承担了生产企业的大部分供应工作，使生产企业可以专注于生产，它与小批量配送效果相同。

（二）按配送中供给与需求的对象分类

1. 企业对企业的配送

企业对企业的配送发生在两个完全独立的企业之间或者发生在企业集团内的企业之间，基本上是属于供应链系统的企业之间的配送需求。例如供应链系统中，上游企业对下游企业的原材料、零部件配送便是这种。

2. 企业内部配送

这是在大型企业内部进行配送，如连锁商业企业的内部配送。还有一种就是大的生产企业内部，进行统一采购、集中库存，按分公司或车间的生产计划组织配送，这种方式也属于企业内部配送。

3. 企业对消费者的配送

在这种配送中，消费者的需求是不断变化的，消费者也是一个经常变换的群体，所以这是配送供给与配送需求之间最难以弥合的一种类型，供给一方必须采取一定的措施，锁定一部分消费者。

（三）按配送的时间和数量分类

1. 定时配送

定时配送就是按事先双方约定的时间间隔进行配送，每次配送的品种及数量可预先计划，也可以临时根据客户的需求进行调整。在这种方式下，双方均易于安排作业计划。对需求方而言，易于根据自己的经营情况，按照最理想的时间和批量进货；对于配送供给企业而言，这种服务方式易于安排配送计划，有利于组合多个用户共同配送，易于计划安排车辆和规划路线，从而降低成本。但也可能由于配送品种和数量的临时性变化，使管理和作业的难度增加。定时配送有几种具体形式：

（1）按日配送。承诺 24 小时之内将货物送达的配送方式。这种方式实行得较为广泛，一般上午的配送订货，下午可送达；下午的配送订货，第二天早上送达。这种配送适合于有临时需求的客户，如由于事故、特殊情况而出现了临时性需求，消费者由于消费冲动产生的突发需求等。

（2）准点配送。按照双方协议时间，准时将货物配送到用户的一种方式。这种方式往往是根据用户的生产节奏，按指定的时间将货送达，比按日配送方式更为精密。

（3）快递方式。这是一种能在较短时间实现送达的配送方式，但不明确送达的具体时间，承诺期限按不同地域会有所变化。

2. 定量配送

定量配送是将事先协议商定的批量，在一个指定的时间范围内送达。定量配送由于配送品种和数量相对固定,备货工作相对简单,而且时间没有严格限制,可以按托盘、集装箱及车辆的装载能力来有效地选择配送的数量,这样能够有效地利用托盘、集装箱等集装方式,也可做到整车配送,配送的效率较高。定量配送这种服务方式,由于时间不严格规定,可以将不同用户所需物品凑整车后进行合理配装配送,运力利用也较好。定量配送适用于对于库存的控制不十分严格,有一定的仓储能力,不施行"零库存"或运输线路没有保障的客户。

3. 定时定量配送

按照规定的配送时间和配送数量进行配送。这种方式兼有定时配送和定量配送的特点,对配送企业的服务要求比较严格,管理和作业的难度较大,很难实行共同配送,因而成本也较高。

4. 定时定线路配送

在规定的运行路线上,制定配送车辆到达的时间表,按运行时间表进行配送,用户可以按照配送企业规定的路线及规定的时间选择这种配送服务,并到指定位置及指定时间接货。

采用这种方式有利于配送企业计划安排车辆及驾驶人员,可以依次对多个用户实行共同配送,无需每次决定货物配装、配送路线、配车计划等问题,因此易于管理,配送成本较低,比较适用于消费者集中的地区。

5. 即时应急配送

即时配送是完全按客户提出的时间要求和商品品种、数量要求及时地将商品送达指定的地点。即时配送可以满足用户的临时性急需,对配送速度、时间要求相当高。这种配送方式主要应对用户由于事故、灾害、生产计划的突然变化等因素所产生的突发性需求,也应对一般消费者经常出现的突发性需求。

还可以按其他标准进行分类,如按配送组织者分类,可分为以制造商为主体的配送、以批发商为主体的配送、以零售商为主体的配送、以物流业者为主体的配送;如按配送机构不同分类,可分为配送中心配送、仓库配送、生产企业配送和商店配送。

三、配送计划

配送是物流系统的一项综合且复杂的功能,必须按计划进行组织。配送计划是指针对未来一定时期内,对已知客户需求进行前期的配送规划,以便对车辆、人员、支出等作统筹安排,以满足客户需要的方案。

(一)制定配送计划的步骤

一个高效的配送计划是在分析外部需求和内部条件的基础上,按一定的程序制定出来的,这个程序如图9-1所示。

1. 确定配送目的

配送的目的是一定时期配送工作所要达到的结果。在这里要注意处理好配送业务是为了满足短期实效性要求还是长期稳定性要求;是服务于临时性特定顾客还是服务于长期固定客户。配送目的不同,具体的计划安排就不同。

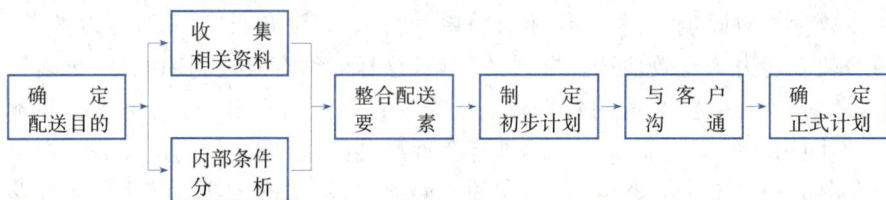

图 9-1 制定配送计划的步骤

2. 进行调查收集资料

要制定出一定时期的配送计划，对未来一定时期的需求进行正确的预测与评估，就必须依据大量的数据。不了解客户的需求，就无法满足客户需求，因此，这阶段是计划工作的基础。需要调查收集的资料有：① 配送活动的主要标的物情况，如原材料、零部件、半成品、产成品等；② 了解当年销售计划、生产计划，流通渠道的规模以及变化情况，配送中心的数量、规模，运输费用、仓储费用、管理费用等数据；③ 了解竞争对手的情况。

3. 内部条件分析

配送往往受到自身的能力和资源的限制，故要对配送中心配送人员（司机或者配送业务员）、配送中心的车辆及其他配送设施进行分析，确定配送能力。

4. 整合配送要素

这些配送要素是指货物、客户、车辆、人员、路线、地点、时间等，也称作配送的功能要素。在制订计划时，要对这些要素综合分析，进行整合。

5. 制定初步配送计划

在完成上述步骤之后，结合自身能力以及客户需求，便可以初步确定配送计划。这个计划精确到到达每一个配送地点的具体时间、具体路线的选择，以及货运量发生突然变化时的应急办法等方面。

6. 进一步与客户协调沟通

在制定了初步的配送计划之后，再进一步与客户进行沟通，请客户充分参与，提出修改意见，共同完善配送计划。这一环节对于提高配送计划质量是非常重要的。

7. 确定正式配送计划

与客户几次协调沟通之后，初步配送计划经过反复修改最终确定，成为正式配送计划。如果是一对一的配送，此计划也是配送合同的组成部分。

（二）配送计划的内容

一项较完整的配送计划主要包括以下内容：配送地点及数量，配送所需的车辆数量，运输路线，各环节的操作要求，时间范围的确定，与客户作业层面的衔接，等等。

计划安排好以后，要按计划完成各项操作，达到预定的目的。

四、分拣作业与车辆配装

配送作业是配送中心运作的核心内容，它由一个完整的作业流程组成，这将在下一节介绍,下面只介绍分拣作业与车辆配装。

(一) 分拣作业方法

分拣是配送工作的重要一步,根据计划,确定需要配送货物的种类和数量,然后在配送中心将所需货物挑选出来,这项工作可采用自动化的分拣设备,也可采用手工方法,这主要取决于配送中心现代化的水平。分拣作业有两种基本形式:摘取方式和播种方式。

1. 摘取方式

摘取方式(又叫拣选方式),是在配送中心分别为每个用户拣选其所需货物。此方法的特点是配送中心的每种货物的位置是固定的,对于货物类型多、数量少的情况,这种配货方式便于管理和实现现代化。进行拣选方式配货时,以出货单为准,每位拣货员按照品类顺序或储位顺序,到每种品类的储位下层的拣货区拣取出货单内该品类的数量,码放在托盘上,再继续拣取下一个品类,一直到该出货单结束后,将拣好的货品与出货单置放于待运区指定的位置,再由出货验收人员接手,如图9-2所示。

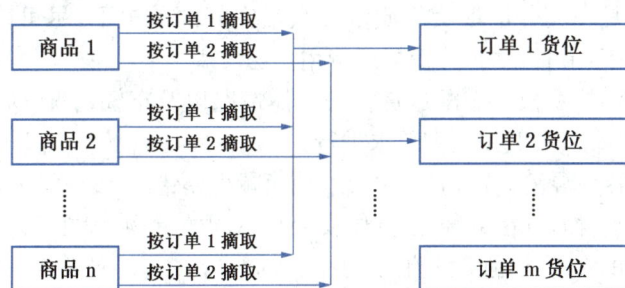

图9-2 分拣作业的摘取方式

摘取方式的优点是:以出货单为单位,一人负责一单,出错的机会较少,而且易于追查。有些配送中心以摘取方式进行配货,甚至省略了出货验收的工作,而由拣货员兼任出货验收的工作。

摘取方式的缺点是:作业重复太多,几乎每张出货单都要走一遍库房;人力负荷重,当出货单的品类多、每单项数量少的时候,人力作业的负担更重。

2. 播种方式

播种方式(又叫分货方式),是将需配送的同一种货物,从配送中心集中搬运到发货场地,然后再根据各用户对该种货物的需求量进行二次分配,就像播种一样。这种方式适用货物易于集中移动,且对同一种货物需求量较大的情况。

播种方式配货的原理和摘取方式完全不同,除了单一的出货单以外,还需要有各个出库商品品类的总数量。拣货员的工作,先是按照"拣货总表"的品类总量,到指定储位下层的拣货区一次取一类货物。取完一个品类后,拖至待验区,按照出货单的代码(位置编号)将该品类应出货的数量放下,如图9-3所示。

此方法的不足之处是需要相当的空间为待验区,对于仓储空间有限的企业而言有相当的困难;而且出货时间必须有一定的间隔(要等到这一批的出货单全部拣完、验完),不能像摘取方式配货那样可以逐单、连续出货。

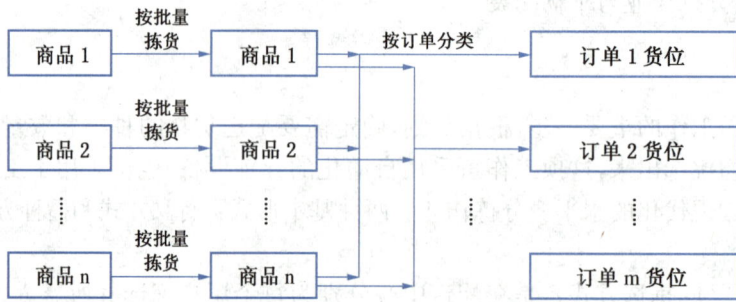

图 9-3　分拣作业的播种方式

（二）车辆的配装

由于需配送的货物的相对密度、体积以及包装形式各异，在装车时，既要考虑车辆的载重量，又要考虑车辆的容积，使车辆的载重和容积都能得到有效的利用。配送车辆配装技术要解决的主要问题，是在充分保证货物质量和数量完好的前提下，尽可能提高车辆的装载率，以提高车辆利用率，节省运力、降低配送费用。

在具体车辆配装时，要根据需配送货物的具体情况以及车辆情况，进行简单的计算，再依据经验确定装车方案。一般按下列要求进行：

（1）外观相近、容易混淆的货物分开装载，从而减少差错。

（2）轻重不同的货物，重在下轻在上；体积大小不同的货物，大在下小在上；强度不同的货物，强度好不怕压的在下面，强度差怕压的在上面。

（3）按确定的送货线路，要先送后装。

（4）货与货之间、货与车厢之间应留有空隙并适当衬垫，防止货损。

（5）互串味的货物不混装。

（6）尽量不将散发粉尘的货物与清洁货物混装。

（7）切勿将渗水货物与易受潮货物一同存放。

（8）包装不同的货物应分开装载，如板条箱货物不要与纸箱、袋装货物堆放在一起。

（9）具有尖角或其他突出物的货物应和其他货物分开装载或用木板隔离，以免损伤其他货物。

（10）装载易滚动的卷状、桶状货物，要垂直摆放。

（11）装货完毕，应在门端处采取适当的稳固措施，以防开门卸货时，货物倾倒造成货损或人身伤亡。

五、配送的合理化

从配送的定义可以看出，配送通过现代物流技术的应用来实现商品的集货、储存、分拣和输送，因此，配送过程集成了多种现代物流技术。建立现代化的、高效率的配送系统，必须以信息技术和自动化技术等先进技术为手段，以良好的交通设施为基础，不断优化配送方式，实现配送的合理化。下面介绍实现配送合理化的一些做法。

1. 实现共同配送

共同配送其实质就是在同一个地区,许多企业在物流运作中相互配合,联合运作,共同进行理货、送货等活动的一种组织形式。共同配送有利于克服不同企业之间的重复配送或交错配送,提高车辆使用效益,减少城市交通拥挤和环境污染。因此,实现共同配送,将带来良好的社会效益和经济效益。

2. 实现区域配送

配送的区域扩大化趋势突破了一个城市的范围,发展为区间、省间,甚至是跨国的更大范围的配送。即配送范围向周边地区、全国,乃至全世界辐射。配送区域扩大化趋势将进一步带动国际物流,使配送业务向国际化方向发展。

3. 推行准时配送系统

准时配送是配送合理化的重要内容。配送做到了准时,用户才有资源把握,可以放心地实施低库存或零库存,可以有效地安排接货的人力、物力,以追求最高效率的工作。另外,保证供应能力,也取决于准时供应。

4. 推行即时配送

即时配送是最终解决用户企业所担心的供应间断问题,是配送企业快速反应能力的具体化,是配送企业能力的体现,可以发挥物流系统的综合效益。

5. 实行产地直送配送

配送产地直送化将有效地缩短流通渠道,优化物流过程,大幅度降低物流成本。特别是对于批量大、需求量稳定的货物,产地直送的优势将更加明显。

6. 实现配送的信息化

配送信息化就是直接利用计算机网络技术重新构筑配送系统。例如,利用计算机技术,建立计算机辅助送货系统、辅助配货系统、辅助分拣系统、辅助调度系统和辅助选址系统等。信息化是其他先进物流技术在配送领域应用的基础。

7. 实现配送的自动化

配送作业的自动化突破了体力劳动和手工劳动的传统模式,出现了大量自动化程度相当高的所谓无人立体仓库,采用了诸如自动装卸机、自动分拣机、无人取货系统和搬运系统等自动化物流设施,提高了配送效率。

8. 实现配送的条码化、数字化以及组合化

为适应配送信息化和自动化的要求,条码技术在配送作业中得到了广泛应用,将所有的配送货物贴上标准条码,同时尽可能归并为易于自动机械装卸的组合化货物单元,利用这些技术可以使分拣、配货的速度大幅度提高。

9. 提倡多种配送方式最优组合

每一配送方式都有其优点,多种配送方式和手段的最优化组合,将有效地解决配送过程、配送对象、配送手段的复杂问题,求得配送效益最大化。

10. 实行送取结合

配送企业与用户建立稳定的协作关系,配送企业不仅成了用户的供应代理人,而且承担用户储存据点,甚至成为产品代销人。在配送时,将用户所需的物资送到,再将此用户生产的产品用同一车运回,这种产品也成了配送中心的配送产品之一,或者作为代存代储,这种

送取结合，使双方受益。

在实现配送合理化的过程中，要时刻观察和克服配送不合理的现象，不合理表现在经营观念、配送决策、库存决策、送货运输、各种资源的配置上等。

第二节　配送中心

近年来，随着国民经济的迅速发展和人民生活水平的提高，消费者的需求日益向精美、个性化方向发展。制造商为了满足大众的需求，纷纷采用多样、少量的生产方式，相应地，高频、少量的配送方式也随之产生，这些都导致物流成本上升。一些工业企业或商品流通企业纷纷准备或开始筹建配送中心，以降低成本，提高服务质量和水平。通过建设配送中心，可以扩大经营规模，满足用户不断发展的多样化需求，使末端物流更加合理。

一、配送中心的概念及作用

配送中心是指作为从事配送业务的物流场所或组织，接受生产厂家等供货商多品种大量的货物，按照多家需求者的订货要求，迅速、准确、低成本、高效率地将商品配送到需求场所的物流结点设施。理解配送中心概念，要注意区分配送中心与物流中心、配送中心与中心库房的联系与区别。

配送中心也可以看作流通仓库，但决不能看成是保管型仓库。物流中心的主要功能是加快商品周转，提高流通效率，满足客户对物流的高度化需求。而保管型仓库主要是为了商品的储存和保管。配送中心是物流中心的一种主要形式，但在物流运作中，我们时常将配送中心和物流中心相混淆，而感到彼此难以区分，表9-2列出了区分配送中心与保管仓库、物流中心的比较。

表9-2　配送中心与保管仓库、物流中心的比较

项　目	配送中心	保管仓库	物流中心
服务对象	特定用户	特定用户	面向社会
主要功能	各项配送功能	物资保管	各项物流功能
经营特点	配送为主，储存为辅	库房管理	强大的储存、吞吐能力
配送品种	多品种	—	品种少
配送批量	小批量	—	大批量
辐射范围	辐射范围小	辐射范围小	辐射范围大
保管空间	保管空间与其他功能各占一半	全是保管空间	—

配送中心是一个连接生产与生产、生产与消费的组织，配送中心的具体作用有如下几点：

1. 可降低物流成本

通过在供应商与客户之间设置配送中心，将干线部分的大批量、高效率运输与支线部分

178

的小批量、快速配送结合起来,从而在保证物流服务质量的前提下,有效降低了供应方物流成本,而需求方也享受了价格优惠。

2. 实现供销方库存集约化和需方零库存

将分散在各家的仓库或多处营业仓库的商品集中存放在配送中心,有利于防止过剩库存和缺货的发生,提高了库存管理水平,有利于维持适当的库存。对需方来说,由配送中心实行及时配送有利于需方实现无库存经营。

3. 实现物流的系统化和专业化

当今世界没有哪家企业不关注成本控制、经营效率和改善服务,而这一切的基础是建立在一个高效率的物流系统上。配送中心在物流系统中占有重要地位,能提供专业化的保管、包装、加工、配送、信息等系统服务。建立配送中心后能够给企业提供更加专业化、系统化的服务。

4. 通过提高服务水平,促进产品销售

配送中心设置在接近顾客的地方,在接到顾客的订货后可以及时供货,而且可以一次满足多品种的订货。

5. 有利于把握销售信息

配送中心一面连着供方,另一面连接着需方,扮演着中介者的角色,有利于促进供需双方的信息沟通。作为商品的分销中心,配送中心通过库存的变化、出库状况,直接掌握着各个方面的需求信息,从这方面来说配送中心又是一个需求信息中心。

6. 减少交易中间环节

利用配送中心的各项功能完成商品从厂商到零售商,甚至最终消费者的直接转移,按照物流合理化的原则,尽可能减少中间环节和交易费用,降低物流整体成本。

7. 促进地区经济的快速增长

在市场经济体系中,物流配送把国民经济各个部分紧密地联系在一起。配送中心同交通运输设施一样,是连接国民经济各地区及沟通生产与消费、供给与需求的桥梁和纽带,是经济发展的保障,是拉动经济增长的内部因素,也是吸引投资的环境条件之一。

二、配送中心的主要类型

配送中心按不同的标准分类,可以划分为多种类型。

按经营主体的角度划分,建立配送中心的主体不同,便有不同类型的配送中心,见表9-3。

表9-3　配送中心按经营主体的分类

配送中心类型	建立配送中心的主导企业	目 的 及 特 点
厂商主导型配送中心	大型生产厂家(如家用电器、汽车、化妆品、食品等)	将产品在最短的时间内以较低的物流成本推向市场,在维持产品低价格水平的基础上,获得较高的收益
批发商主导型配送中心	大型批发企业(各类批发企业)	满足零售商日益高度化的需求,强化批发为零售的服务职能

（续表）

配送中心类型	建立配送中心的主导企业	目 的 及 特 点
零售商主导型配送中心	大型零售企业（连锁企业和大型零售业）	减少流通环节，降低物流成本，是零售业现代化的后勤保障系统
物流企业主导型配送中心	物流企业（第三方物流企业等）	不仅提供设施和保管、配送等作业服务，而且为货主企业提供物流信息系统和配送管理系统，并对配送系统的运输管理负责
共同型配送中心	两个以上企业（一般是由规模比较小的批发业与专业物流企业共同设立）	不仅负责共同配送，还包括共同理货、共同开展流通加工等活动

按服务对象划分，服务于不同的对象便是不同的类型，见表9-4。

表9-4 配送中心按服务对象的分类

配送中心类型	服务对象	特 点
面向最终消费者的配送中心	最终消费者	消费者在店铺看样品挑选确定购买后，商品由配送中心直接送达消费者手中
面向制造企业的配送中心	制造企业	配送中心按制造企业的生产计划及调度的安排，把所需物品送达企业的仓库或直接送到生产现场
面向零售商的配送中心	零售企业	配送中心按照零售店铺的订货要求，将各种商品备齐后送达零售店铺

配送中心还可以按其他的标准进行分类，这里不再介绍。

三、配送中心的作业流程

在配送中心中，从货物的入库一直到配送出货要经过许多作业环节，每一个作业环节还包含不同的作业内容，各项作业之间又有较为固定的先后次序，如图9-4所示。

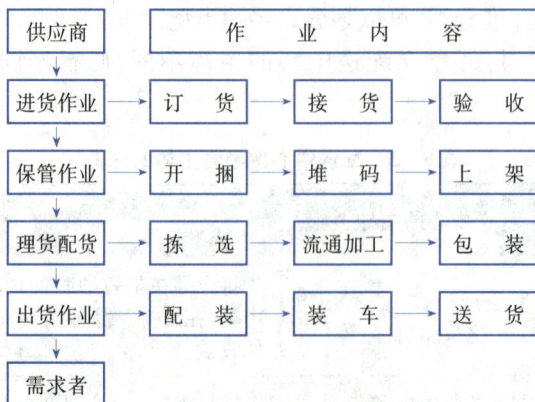

```
供应商            作  业  内  容
   ↓
进货作业 →   订  货  →  接  货  →  验  收
   ↓
保管作业 →   开  捆  →  堆  码  →  上  架
   ↓
理货配货 →   拣  选  →  流通加工  →  包  装
   ↓
出货作业 →   配  装  →  装  车  →  送  货
   ↓
需求者
```

图9-4 配送中心的作业流程

(一)进货作业

配送中心进货作业是进行各项作业的首要环节,这一环节要在对需求者充分调查的基础上进行,它主要包括订货、接货和验收三个环节。

订货是配送中心收到并汇总需求者的订单以后,要确定配送货物的种类和数量,然后了解现有库存商品情况,再确定向供应商进货的品种和数量。对于流转速度较快的商品,为使供货及时,配送中心也可先不看客户订单,根据需求情况提前按经济批量组织订货。

供应商根据订单要求的品种和数量组织供货,配送中心则要做好验货和提货准备,有时还需到港口、车站、码头接运到货,签收送货单后就可以进行验收货物,这一环节称为接货。

验收在进货作业中是一项重要的工作,是保证商品以后能及时、准确、安全地发运到目的地的关键一环。在配送中心应由专人对货物进行检查验收,依据合同条款要求和有关质量标准严格把关。

(二)保管作业

对于验收合格的商品,有的要进行开捆、堆码和上架。配送中心为保证货源供应,通常都会保持一定数量的商品库存(安全库存),一部分是为了从事正常的配送活动保有的存货,库存量比较少;另一部分是集中批量采购形成的库存,具有储存的性质;也有供应商存放在配送中心准备随时满足顾客订货需要的存货。

上架物品保管作业的主要内容就是随时掌握商品的库存动态,看是否到达了订货点,还要进行温度与湿度等控制的保管保养,保证库存商品的质量完好、重量和数量准确。

(三)理货配货作业

理货配货作业是配送中心的核心作业,根据不同客户的订单要求,主要进行货物的拣选、流通加工和包装等工作。

拣选是配送中心作业活动中的核心内容。所谓拣选,就是按订单或出库单的要求,从储存场所选出物品,并放置在指定地点的作业。要在短时间内,高效率、准确地完成上百种甚至更多种商品的拣选,是一项较为复杂的工作。拣选作业的方法分为摘取方式和播种方式两种,分货即为货物分组,要把集中拣选出来的商品按店铺和按照配送车辆、配送路线等分组,分别码放在指定的场所,这样,配送中心才能按照客户的订单要求及时将货物送达到客户手中。在这其中,要进行配货检验和包装环节。

配货检验作业是指根据用户信息和车次对拣送物品进行商品号码和数量的核实,以及对产品状态、品质进行检查,如图9-5所示。

在理货配货环节,有时配送中心还承担着流通加工作业,这项作业属于增值性活动,不是所有的配送中心都具有此功能。通过流通加工可以大大提高用户满意度,并可提高配送货物的附加价值。有些加工作业属于初级加工活动,如按照客户的要求,将一些原材料套裁;有些加工作业属于辅助加工,如对产品进

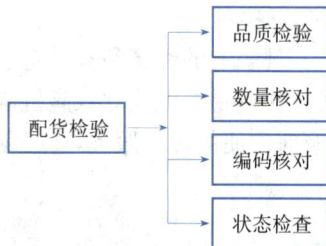

图9-5 配货检验

行简单组装等；也有些加工作业属于深加工，如将蔬菜或水果洗净、切割、过磅等。这些加工能够使配送物品增值。

这里的包装作业是指配送中心将需要配送的货物拣取出来后，为便于运输和识别不同用户的货物，所进行的重新包装或捆扎，并在包装物上贴上标签。

（四）出货作业

这项作业主要包括确定各物品所要装入的车辆、装车和送货。

确定完运输车辆和运输线路后，配送中心要把在同一时间内出货的不同用户的货物组合配装在同一批次的运输车辆上进行运送，这就是配装作业。按后送先装的原则装车，然后按事先设计好的运输路线，把货物最终送达到客户手中。

这一环节直接面对客户进行服务，它的特点主要有以下几点。

1. 时效性

时效性是要确保能在指定的时间内交货。送货是从客户订货至交货各阶段中的最后一个阶段，也是最容易引起时间延误的环节。影响时效性的因素有很多，除配送车辆故障外，所选择的配送线路不当，中途客户卸货不及时等均会造成时间上的延误。因此，必须在认真分析各种因素的前提下，及时有效协调，选择合理的配送线路、配送车辆和送货人员，让每位客户在预定的时间内收到所订购的货物。

2. 可靠性

可靠性就是要将货物完好无损地送到目的地。影响可靠性的因素有货物的装卸作业、运送过程中的机械振动和冲击，以及其他意外事故、客户地点及作业环境、送货人员的素质等。因此，在配送管理中必须注意考虑这些因素，提高送货的可靠性。

3. 沟通性

出货作业是配送的末端服务，它通过送货上门服务直接与客户接触，是与顾客沟通最直接的桥梁，它不仅代表着公司的形象和信誉，还在沟通中起着非常重要的作用。所以，必须充分利用与客户沟通的机会，巩固与发展公司的信誉，为客户提供更优质的服务。

4. 便利性

配送以服务为目标，以最大限度地满足客户要求为宗旨。因此，应尽可能地让顾客享受到便捷的服务。通过采用高弹性的送货系统，如采用急送货、顺道送货与退货、辅助资源回收等方式，为客户提供真正意义上的便利服务。

5. 经济性

实现一定的经济利益是企业运作的基本目标。因此，对合作双方来说，以较低的费用完成送货作业是企业建立双赢机制、加强合作的基础。所以不仅要满足客户的要求，提供高质量、及时方便的配送服务，还必须提高配送效率，加强成本管理与控制。

四、配送中心的订单管理

订单处理是配送中心客户服务的第一个环节，也是配送服务质量得以保证的根本。由于大多数配送中心所配送的商品是多品种、小批量的，这对订单处理提出了更高的要求。如何快速、正确、有效地取得订货资料，如何有效处理因多品种、小批量、高频度订货所引发的大量、繁杂的订货资料，如何按这样的订单组织配送相关作业，以此来提升服务水平，这都是订单管理所要解决的问题。配送中心作业的进行也伴随着订单的管理，其流程如图9-6所示。

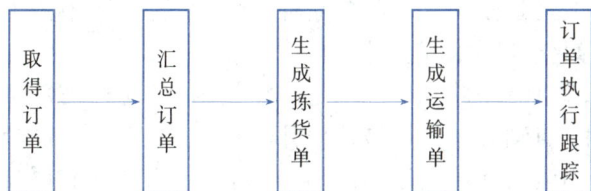

取得订单 → 汇总订单 → 生成拣货单 → 生成运输单 → 订单执行跟踪

图9-6　订单管理流程

1. 取得订单

取得一份订单要做大量的工作：确定供应商、由客户或配送中心的销售人员填制订单、确定订单的真实性等。订单再通过两种基本方式来传输：人工方式和电子方式，其中电子方式又包括电话/传真传输和网络传输。而订单传输时间因所选用的传输方式不同而大不相同。人工方式包括邮寄订单，或由销售人员亲自将订单送到录入地点。作为传输方式之一，销售人员邮寄传送所花费的时间可能最长，但是成本相对低廉。随着免费服务电话、传真机以及互联网的广泛应用，利用电子方法传输订单的做法相当普及，这种高可靠性、高准确度的传输方式几乎可以瞬间完成订单。

2. 汇总订单

得到各单项订单后，要核对订货信息（如商品名称与编号、数量、价格等）的准确性，把各订单录入汇总。订单录入可以由人工完成，也可以进行全自动处理，条形码、光学扫描仪以及计算机的使用极大地提高了该项活动的效率。其中，条形码和扫描技术对于准确、快速、低成本录入订单信息尤为重要。

3. 下达拣货单、运单以便履行订单

依据录入的订单，形成拣货单，安排拣货，库存不足时还要进行采购来获取所订购的货物，再对货物进行运输包装，最后下达运输单准备送货。

有的企业在接到订单后并不立即履行订单发运货物，而是压后一段时间，以使货物集中到一定的运量，降低单位运输成本，这样做增加了问题的复杂性。要妥善安排好送货计划，提高交货作业的效率。

4. 订单执行的跟踪

订单执行的跟踪是通过不断向客户报告订单处理过程中或货物交付过程中的状况，以确保优质的客户服务。它包括：在整个订单周转过程中跟踪订单，与客户交换订单处理进度、订单货物交付时间等方面的信息。这样可以找出影响订单执行质量的各种因素，不断提高服务质量。

五、配送中心现代化物流技术

实现配送的现代化就是将现代物流的高科技广泛应用于配送，使配送的技术水平、

管理水平与现代物流相适应。配送中心应用于配送的现代物流技术主要有以下几个方面。

1. 自动分拣系统

配送中心的作业流程包括入库、保管、拣货、分拣、暂存、出库等作业，其中分拣作业是一项非常繁重的工作。尤其是面对零售业多品种、少批量的订货，配送中心的劳动量大大增加，若无新技术的支撑将会导致作业效率下降。

随着科学技术日新月异的进步，特别是感测技术（激光扫描）、条码识别及计算机控制技术等的导入使用，自动分拣机已被广泛用于配送中心。在日本和欧洲，自动分拣机的使用很普遍，随着物流大环境的逐步改善，自动分拣系统在我国流通领域将大有用武之地。

自动分拣机种类很多，而其主要组成部分相似，基本上由下列各部分组成：

（1）输入装置。被拣商品由输送机送入分拣系统。

（2）货架信号设定装置。被拣商品在进入分拣机前，先由信号设定装置（键盘输入、激光扫描条码等）把分拣信息（如配送目的地、客户户名等）输入计算机中央控制器。

（3）进货装置。或称喂料器，它把被拣商品依次均衡地送入分拣传送带，与此同时，还使商品逐步加速到分拣传送带的速度。

（4）分拣装置。它是自动分拣机的主体，包括传送装置和分拣装置两部分，最终把被拣商品送入分拣道口。

（5）分拣道口。它是从分拣传送带上接纳被拣商品的设施，可暂时存放未被取走的商品。当分拣道口满载时，由光电管控制阻止分拣商品不再进入分拣道口。

（6）计算机控制器。它是传递处理和控制整个分拣系统的指挥中心。自动分拣的实施主要靠它把分拣信号传送到相应的分拣道口，并指示启动分拣装置，把被拣商品送入道口。

2. 自动化立体仓库

自动化立体仓库的出现是物流技术的一个划时代的革新。它不仅彻底改变了仓储行业劳动密集、效率低下的落后面貌，而且大大拓展了仓库功能，使之从单纯的保管型向综合的流通型方向发展。自动化立体仓库是用高层货架储存货物，用巷道堆垛起重机存取货物，并通过周围的装卸搬运设备，自动进行出入库存取作业的仓库。

自动化立体仓库主要由货架、巷道堆垛起重机、周边出入库配套机械设备和仓储管理控制系统等几部分组成。货架长度大、排列数多、巷道窄，故密度高。巷道机上装有各种定位的检测器和安全装置，保证巷道机和货叉能高速、精确、安全地在货架中取货。

3. 计算机智能化技术

计算机智能化技术已应用到物流系统的各个方面。计算机技术在物流上的应用已远远超出了数据处理、事务管理，正在跨入智能化管理的领域。在美、日等国，配送中心的配车计划与车辆调度计算机管理软件已商品化。

配送中心的自动分拣系统、自动化立体仓库、自动拣货系统的计算机控制和无线移动电脑，在配送中心入库、出库、拣货、盘点、储位管理等方面的应用，实现了配送中心物流作业的无纸化。

小结和学习重点

- 配送及配送中心的概念及作用
- 配送合理化
- 配送中心各项业务的操作
- 配送中心订单的运作

配送作为物流系统的重要环节,具有降低物流成本、提高物流效率、优化物流系统、提高用户满意度等作用。要掌握配送计划的制定,把握现代物流配送的趋势,实现物流配送合理化。

配送中心是从事配送业务的物流场所或组织,是现代物流的一个标志,它的业务流程主要由进货作业、保管作业、理货配货作业和出货作业组成。要掌握业务流程中各环节的具体操作,熟悉配送中心中订单的运作,对配送中心中自动分拣系统、自动化立体仓库和计算机智能化技术等现代高科技的应用有一个初步的了解。

案例分析

案例1　戴尔计算机公司的高效物流配送

戴尔计算机公司在不到 20 年的时间内,发展到 250 亿美元的规模,即使面对美国经济的低迷,戴尔公司仍以年均两位数的发展速度飞快前进。根据美国一家权威机构的统计,戴尔公司个人电脑销售额占全球总量的 13.1%,居世界前列。

戴尔公司分管物流配送的副总裁迪克•亨特一语道破天机:"我们只保存可供 5 天生产的存货,而我们的竞争对手则需保存 30 天、45 天,甚至 90 天的存货。这就是区别。"

亨特在分析戴尔公司成功的诀窍时说:"戴尔总支出的 74% 用在材料配件购买方面,2000 年这方面的总开支高达 210 亿美元,如果我们能在物流配送方面降低 0.1%,就等于我们的生产效率提高了 10%。"物流配送对企业的影响之大由此可见。

几乎所有工厂都会出现过期、过剩的零部件。而高效率的物流配送使戴尔公司的过期零部件比例保持在材料开支总额的很小的范围内(0.05%~0.1%),而竞争对手则在 3% 左右。在提高物流配送效率方面,戴尔公司和 50 家材料配件供应商保持着密切、互信的联系,庞大的跨国集团戴尔公司所需材料配件的 95% 都由这 50 家供应商提供。戴尔公司与这些供应商每天都要通过网络进行协调沟通,戴尔公司监控每个零部件的发展情况,并把自己新的要求随时发布在网络上,供所有的供应商参考,提高透明度和信息流通效率,并刺激供应商之间的相互竞争,供应商则随时向戴尔公司通报自己产品发展、价格变化、存量等方面的信息。

思考

1. 根据上述案例分析戴尔公司在物流配送方面的做法。

2. 试分析高效配送对企业的作用。

案例2 7-Eleven 的物流配送中心

1927 年创立于美国德州达拉斯的 7-Eleven,初名为南方公司,主要业务是零售冰品、牛奶、鸡蛋。到了 1964 年,推出了当时便利服务的"创举",将营业时间延长为早上 7 点至晚上 11 点,自此,"7-Eleven"传奇性的名字诞生。1972 年 5 月,日本 7-Eleven 的第一家门店在东京开业。1999 年 4 月 28 日,美国南方公司正式改名为 7-Eleveninc,已遍及全球 20 余个国家和地区;截至 2018 年,在中国共有 1 882 家门店。

普通的一个 7-Eleven 连锁店,要提供 23 000 多种食品,不同的食品有可能来自不同的供应商,运送和保存的要求也各有不同,每一种食品又不能短缺或过剩,而且还要根据顾客的不同需要随时调整货物的品种,种种要求给连锁店的物流配送提出了很高的要求。一家便利店的成功,很大程度上取决于配送系统的成功。7-Eleven 在经历了由特定的批发商配送后,建立了自己的物流配送中心。

7-Eleven 建立了物流配送中心后,分别在不同的区域统一集货、统一配送。配送中心有一个计算机网络配送系统,分别与供应商及 7-Eleven 店铺相连。

为了保证不断货,配送中心一般会根据以往的经验保留 4 天左右的库存。同时,中心的计算机系统每天都会定期收到各个店铺发来的库存报告和要货报告,配送中心把这些报告集中分析,最后形成一张张向不同供应商发出的订单,由计算机网络传给供应商,而供应商则会在预定时间之内向中心派送货物。7-Eleven 配送中心在收到所有货物后,对各个店铺所需要的货物分别打包,等待发送。第二天一早,派送车就会从配送中心出发,择路向自己区域内的店铺送货。整个配送过程就这样每天循环往复,为 7-Eleven 连锁店的顺利运行服务。

配送中心配送与通过批发商配送比较,优点还在于 7-Eleven 从批发商手上夺回了配送的主动权,7-Eleven 能随时掌握在途商品、库存货物等数据,对财务信息和供应商的其他信息也很清楚,对于一个零售企业来说,这些数据都是至关重要的。有了自己的配送中心,7-Eleven 就能和供应商讨价还价。7-Eleven 和供应商之间定期会有一次定价谈判,以确定未来一段时间内大部分商品的价格,其中包括供应商的运费和其他费用。价格一旦确定下来,7-Eleven 就省下了每次和供应商讨价还价这一环节,并能平稳运行一段时间,节省了费用。

思考
1. 结合案例谈谈物流配送中心的运作过程。
2. 配送中心给 7-Eleven 带来了什么好处?

练习与思考

(一) 名词解释
配送　配送中心　分拣作业

（二）填空

1. 配送与物流，物流与配送有明显的不同。物流是_____的产物，而配送则是_____的产物。配送是_____的有机结合体。

2. 定时配送就是按_____时间间隔进行配送，每次配送的品种及数量_____，也可以临时_____进行调整。

3. 分货即为_____，要把集中拣选出来的商品按店铺和配送车辆、配送路线等分组，并分组码放在_____。

（三）单项选择

1. 确定好运输车辆和运输线路后就要按(   )原则装车。
    A. 后送先装   B. 先送先装
    C. 先小件后大件   D. 先轻件后重件

2. 配送作业难度大，技术要求高，使用设备复杂的配送类型为(   )。
    A. 小批量配送   B. 大批量配送
    C. 企业内部配送   D. 企业对企业的配送

3. 下列对摘取方式表述正确的是(   )。
    A. 摘取方式又叫播种方式
    B. 摘取方式又叫拣选方式
    C. 摘取方式又叫分货方式
    D. 摘取方式优点是工作重复程度小

187

（四）多项选择

1. 配送的特点主要有(   )。
    A. 配送是以终端用户为出发点。   B. 配送是末端运输。
    C. 以满足用户需求为出发点。   D. 配送追求综合的合理效用。

2. 分拣作业的两种基本形式是(   )。
    A. 送货方式   B. 摘取方式   C. 播种方式   D. 理货方式

3. 下列属于自动分拣机组成部分的有(   )。
    A. 输入装置   B. 分拣装置
    C. 计算机控制器   D. 货架信号设定装置

（五）简答

1. 配送合理化需做哪些工作？
2. 叙述配送中心的工作流程。
3. 具体说明分拣作业的两种基本方式。

（六）论述

1. 结合我国物流企业现状，试述应从哪些方面提高我国物流配送中心的现代化水平。

部分参考答案

（二）填空

1. 商物分离　商物合一　"配"和"送"

2. 事先双方约定的　可预先计划　根据客户的需求
3. 货物分组　指定的场所
（三）单项选择
1. A　2. A　3. B
（四）多项选择
1. ABCD　2. BC　3. ABCD

第三篇

现代物流管理
物流管理

第十章 企业物流管理

■ 学习目标 ■

学完本章,你应该能够:
(1) 掌握企业物流管理的概念;
(2) 了解企业物流的特点和发展趋势;
(3) 掌握企业物流管理的内容;
(4) 了解我国企业物流管理的现状和改进措施。

■ 基本概念 ■

企业物流管理　企业物流管理的内容　企业物流管理的发展趋势

企业物流管理是现代物流管理的重要组成部分,也是企业管理的一个分支,是对企业内部的物流活动(如物资的采购、运输、配送、储备等)进行计划,组织,指挥,协调,控制和监督的活动。通过使物流功能达到最佳组合,在保证物流服务水平的前提下,实现物流成本的最低化,这是现代企业物流管理的根本任务所在。

第一节　企业物流管理概述

一、企业物流管理的概念

从企业的角度看,与物流的关系有两个方面:一方面物流是企业赖以生存和发展的外部条件。企业的正常运转要保证按生产计划和生产节奏,提供、运达各种原材料,同时要将产品准时交付给用户。这正是依靠物流及有关的活动,才能保证企业的正常生产经营活动。另一方面,物流是企业本身必须从事的重要活动。企业生产过程的连续性和衔接性,靠生产工艺中不断的物流活动,有时生产过程本身和物流活动结合在一起,物流的支持保证作用是不可缺的。

关于企业物流管理的内涵及范畴,可理解为企业物流是以企业经营为核心的物流活动,是具体的、微观物流活动的典型领域。

具体地说，企业物流管理是指从工厂进行生产活动所需的原材料进厂（包括原材料、半成品、零部件及燃料等），经储存、加工、装配、量装，直至产成品出厂送达消费地或消费者这一过程的物料、产成品在仓库与消费地之间、仓库与仓库之间、仓库与车间之间、车间与车间之间、工序与工序之间每个环节的流转、移动与储存含停滞、等待及与此有关的管理活动。它贯穿了整个生产、销售过程的始终，形成一个有机整体。

我国企业界和学术界也注意到企业物流这个企业利润的"第三源泉"和利润流失的"黑洞"。改革开放以来，我国生产企业的观念发生了巨大的变化——从只强调数量（生产设备、生产能力和生产产品的数量）到强调产品的个性化、产品的质量和售后服务的水平，这个变化充分反映了我国商品市场从卖方市场向买方市场的转变。正是由于这样的观念转变，企业之间的竞争不再只是价格的竞争，更多的是产品质量的竞争和产品服务的竞争，企业物流恰恰可以提高产品在质量和服务上的竞争优势。

我国企业物流环节相当薄弱是不争的事实，大部分企业物流管理不畅，时间、空间浪费大，物料管理混乱，重复搬运，产品移动路径不合理，产品的供货周期长，不能及时作出客户反应，废弃物回收不力，企业内卸货、搬运、暂存、拼装、准时等方面失控。这些薄弱的物流环节在企业经营中必然会带来巨大的浪费，形成人们常称的企业"物流冰山"，造成企业利润的流失。同时，企业物流运作的薄弱环节为企业进行物流改进提供活动空间，为企业提高经营利润提供有效途径。目前，我国商品生产总成本中物流开支所占比重与主要发达国家相比（见下表），差距太大，也成为我们的产品无法降低价格的主要原因之一。

国　　家		中　国	美　国	英　国
物流支出占产品生产总成本的比重（％）	最高	70	32	14.8
	最低	50	10	

值得庆幸的是，我国许多企业已经意识到"物流冰山"的存在，开始关注企业物流的价值了。各个行业的龙头企业，把现代物流理念与先进的物流管理技术运用于企业物流活动的管理中，将企业的物流战略作为企业发展战略的重要组成部分。比如，我国的海尔集团就充分地认识到企业物流对企业的生存和发展具有决定性的作用，1999年9月特别成立了物流推进部，2001年3月31日正式启用海尔国际物流中心，着力进行海尔集团的物流重组和改革，并把物流能力定位于海尔集团的核心竞争能力，从而达到以最低的总成本向客户提供最大附加值服务的战略目标，充分挖掘"第三利润源泉"。

二、企业物流的特点

企业物流是物流领域中微观层面的物流，是存在于生产领域的物流。我国物流业大环境的发展会影响到企业物流的发展，同时企业物流也会结合自身的特点来寻求个性化的发展。

企业物流是物流活动与企业经营管理活动的紧密结合，企业物流具有如下一些特点。

（一）企业物流与企业的生产活动密不可分

企业物流渗透于从生产的准备工作开始到生产工作的完成的整个过程中，无论是原材料的采购、运输,还是中间产品的移动都离不开企业物流。例如,计算机集成制造系统(CIMs)中的工件和刀具支持系统、柔性加工制造系统(FMs),现代汽车和家电生产企业中的各种自动化生产线装配线上的坯料、工件、配件、组装件的运达和配送,大型机械制造业、冶金联合企业生产中的铁—钢—各种轧材生产流程中各种中间产品的搬运流转,以及连铸连轧一体化等。此时,物流已与企业生产活动紧密地结合为一个统一的整体,物流系统的流量、流速和作业质量都直接与生产的速率及质量相关联。

(二) 企业物流与生产活动的非独立性关系和与社会物流的相互依存性关系

现代企业的物流活动已不再是独立的或自我封闭的系统,许多企业都采取了开放式的或者半开放式的经营模式。即企业物流活动不再全由企业独立承担,而是将其中的部分甚至是全部交给企业以外的专业物流公司或者生产企业自营的独立核算的物流公司来进行决策、计划、实施、控制和管理。社会物流的发展程度开始影响企业的经营管理,只有相适应的社会物流才能够促进企业的发展,企业物流与社会物流相互影响、相互制约,也相互促进。

(三) 企业物流的发展趋势必然是物流能力的系统化和综合化

企业物流的综合能力是指企业在采购、生产和销售过程中的物流活动——包装、运输、装卸、仓储,加工配送中的统筹协调、合理规划和控制管理。物流的系统化可以形成一个高效、通畅、可调控的流通体系,实现信息流的及时性、准确性,企业内外部的协调合作,可以减少流通环节、节约流通费用,实现科学的物流管理,提高流通的运作效率和经济效益。

(四) 降低企业总的物流成本与提高企业客户服务水平两者之间存在的悖反关系

总的物流成本,是指从原材料的采购开始到最终产品送达消费者的全过程所产生的费用总和。服务水平则是消费者选择产品时考虑的主要因素,通常用送货及时率、现货供应比率等指标来衡量。服务水平的提高必然会带来局部成本的增加,但是在这种情况下企业仍会提高服务水平,是因为这种局部成本的增加可能会带来整体成本水平的下降。例如,企业将产成品的运输方式由公路运输改为航空运输,无疑运输成本会增加,但是如果产品的价值很高,那么采用新的运输方式所节约的库存持有成本就足以弥补运输成本的增加,并实现整体成本的节约。做好服务水平与物流成本的平衡,可以最大限度地发挥物流的积极作用。

(五) 物流已经成为企业生产、销售的重要支持系统

我们现在已经进入信息经济和知识经济的时代,网络技术的应用给电子商务以广阔的发展空间,物流也成为企业生产营销重要的支持系统。物流系统可以为生产系统提供需求变动信息,帮助制订生产计划,预测产品发展趋势;物流系统也可以为销售系统提供库存货量的信息,进行成本核算,帮助销售策略的制定等。毫无疑问,物流给予生产和销售极大的支持和帮助。

三、企业物流的发展趋势

系统化、社会化和专业化是企业物流发展的三个宏观目标,未来几年里企业物流在微观

层面上的具体发展趋势究竟会怎么样呢？

（一）企业物流协同化趋势

随着企业生产社会化的发展趋势越来越明显，企业物流的协同化趋势也将显现出来。企业物流的协同化就是指物流活动的各个环节改变原来独立决策的局面，形成相互协调、共同决策、共同安排的新局面。供应链概念的提出为物流管理的纵向协同提供了条件，上游企业和下游企业为了共同的目标——降低物流成本、提高服务水平，采取物流管理的协同作业；网络为企业提供了一个良好的交易平台，电子商务的开展必将带来企业物流与电子商务的协同发展；企业采购、生产和销售的信息化管理与物流管理也需要协同作业，达到最佳状态。未来社会是一个合作的社会，协同的趋势是我们无法阻挡的。

（二）物资管理的集约化趋势

世界兼并风潮过后，必然造就大型的集团企业，而生产企业每年在销售和采购上的物流成本都是巨大的。集约化趋势就是指企业通过相似业务的共同运作形成一定规模，从而获得规模效益，包括生产企业采购的集约化和销售的集约化。近年来，许多企业都采用了集团采购，这就是一种典型的集约化采购。国际大型的百货连锁企业——沃尔玛公司是集团采购方式的开创者和受益者，沃尔玛公司在全球率先推行以销售价确定货价的采购新模式，改变了价值链增值过程的描述，从而引发了新的产品销售和流动趋势。

集约化的销售重点放在物流中心的建立，也就是厂商配送渠道的建立。集约化的销售可以提高进货、保管、在库管理和发货管理等物流工作的效率，通过运输规模的扩大获得集中运输的好处，从而降低发货的运输成本。海尔公司以其全球销售战略为指导，在国内企业中率先建立自己的全球供货系统，实现了全球联网销售和计算机控制下的物流自动化管理，也是物流管理集约化的受益者。

（三）企业物流管理中将广泛运用计算机技术，实现企业物流管理的信息化

我们已经进入信息时代，计算机技术和网络技术的普及，为企业物资管理的集约化和企业物流管理的协同化创造了良好的发展环境。企业应用计算机技术和网络技术建立自己的电子信息系统，该系统能够很好地协调和统一企业各部门的物流活动，实现有效的物流管理。

企业的电子信息系统在企业物流管理上有如下功能：一是数据的收集和处理。企业所有经营管理数据、仓储数据、运输数据、客户和市场信息数据，均由计算机进行统一、高效、准确的处理，通过建立的数据库进行管理。二是生产作业的计划制定和生产控制。计算机根据已有数据库对市场需求趋势和客户订货变化，提供企业生产的优化计划；通过对仓储数据、市场信息的分析，预测销售情况和库存数量的变化，调整生产速度，保持企业最优的库存数量。三是信息的反馈。根据反馈的信息，将企业的客户服务水平调整到企业战略中制定的目标水平。

（四）构建企业自己的物流中心将是企业物流发展的最终方向

物流中心是前三个企业物流发展趋势的综合体。它能够整合和优化企业物流管理流

程,促进物流管理的一体化——物流、信息流和资金流的一体化,物流活动的一体化,物流设施的一体化,物流组织机构的一体化。它能够降低企业总的物流成本和产品的生产、销售成本,提高企业的最终效益——规模化管理带来的好处。它能够提高企业物流服务的水平,物流中心将配送作为其服务的主体,全方位地改善物流服务。它能够促进先进的物流技术的采用,有助于实现物流的现代化和信息化。

第二节　企业物流管理的内容

企业物流是指以企业生产经营为核心的物流活动,是具体的、微观的物流活动的典型领域。企业的经营过程主要是遵循着投入—转换—产出的模式运行的,但是不同类型的企业投入和产出存在着明显的差异,物流活动的核心也就有所不同。针对生产制造型企业而言,投入的是原材料、燃料、人力、资本等生产要素,经过制造或加工的转换过程,将最终的产成品或服务作为产出;针对服务型企业而言,设备、人力、管理和运营就是投入,通过一系列活动转换为服务成为企业的产出。企业物流活动就是随着企业的投入—转换—产出过程的进行而产生的,正像前面所讲的企业的物流活动已经渗透到企业的各项经营活动之中。

一、企业物流的分类

既然"投入—转换—产出"是企业经营的基本模式,它也就决定着企业经营业务的性质。根据企业经营业务性质的不同,可以将企业物流分为以下三类。

(一)生产型企业物流

生产型企业物流是始于生产所需的原材料、零部件和生产设备等要素的采购活动,经过加工、制造活动,制造出新的产品,止于产品销售的整个社会供应的全过程。生产型企业物流包括原材料、零部件和生产设备供给的供应物流,生产过程中产生的搬运、仓储等的生产物流和将产成品运送到分销商或直接运送到最终消费者的销售物流三个阶段。此外,由于不合格产品的外流、合理资源的回收利用等原因,生产型企业还会产生企业物资的回收活动,即企业的回收物流。

1. 原材料、零部件和生产设备供给的供应物流
这是企业生产前生产准备活动所产生的一系列物流活动,包括生产所需物资的采购,外购物资的仓储、搬运等。原材料、零部件和生产设备的供给活动以采购为主,虽然采购只是一项购买活动,但是企业生产物资的采购决策结果直接影响供应物流中的运输决策和库存决策。采购活动涉及供应商的选择和考核、物资买卖合同的洽谈、购买物资质量的检测、物资的交货方式等。供应商发货地点的选择、采购物资数量的确定、货物供应的时间安排、物资的运输方式、物资的到货时间等因素,都会影响企业供应物流的管理。

2. 生产过程中产生的搬运、仓储等的生产物流
生产物流是企业从开始生产到产成品下生产线的一系列物流活动,包括订单处理,物料的搬运、存储,半成品在生产车间、生产工序之间的移动和在仓库的暂时存储等。生产物流

是典型的企业内部物流，生产物流的管理目标是协调物资在生产的各环节之间的移动，实现物流的通畅，保证生产的顺利进行。

3. 产成品运送到分销商或直接运送到最终消费者的销售物流

销售物流是企业从产成品出厂到送达最终消费者、零售商或批发商的过程所产生的全部物流活动，是典型的企业外部物流。对生产工业品的两个企业而言，如果双方进行产品的买卖，就会产生销售物流和供应物流，只不过针对的对象不同而已。如果物资的运输、仓储等物流活动由销售方负责，则对销售方而言，这些物流活动就属于企业的销售物流范畴；如果物资的运输、仓储等物流活动由购买方负责，则对购买方而言，这些物流活动就属于企业的供应物流范畴。企业销售渠道是企业销售物流运作的主要影响因素，它在很大程度上限制着企业销售物流的管理，销售渠道的多级化会增加销售物流的管理难度，销售渠道的单一化则可以简化销售物流的管理。

4. 回收物流

回收物流是指由于某种原因而使产品逆着销售物流运动方向而产生的物流活动，产生回收物流的原因可以分为以下三种情况。

（1）由于产品本身的质量问题或者销售物流过程中的运输、仓储不当造成的产品破损或丧失实际价值，导致产品逆着销售物流中产品的流动方向而移动。

（2）由于产品超过使用年限，成为废旧物品，但是这些废旧物品的某些部分可以经过特殊处理转化为产成品的主要生产物料，就会产生产品的逆向移动。比如，惠普公司生产的、用于激光打印机的硒鼓，硒鼓中的墨用光后可以通过特殊工序处理恢复硒鼓的使用功效，这样也会产生回收物流。

（3）由于产品失去使用价值，并且不能够再利用，就成为废弃物品，这些物品可以通过销毁、填埋等方式予以处理。这些物品的收集工作也就产生了回收物流，像日常生活中最常用的一次性电池。

（二）服务型企业物流（主要是流通企业物流）

服务型企业是指那些向社会提供无形产品的企业——服务企业，其中流通企业主要是向社会提供物流服务的企业，包括批发企业、零售企业、运输企业、仓储企业和"第三方"物流企业。

1. 批发企业

批发企业处于产品销售渠道的中间环节，将生产厂家与零售企业或最终消费者联系起来，是产品销售渠道的关键环节。批发企业的物流与生产型企业的物流相比，企业物流的四大组成部分中，供应物流和销售物流占据重要位置，而生产物流则只处于次要位置，虽然部分批发企业也进行简单的加工，但不是企业物流活动的主要内容。

2. 零售企业

零售企业处于产品供应链的下端，与最终消费者紧密联系，是产品销售渠道的最后环节。零售企业物流的核心是商品的供应，物流活动几乎不涉及生产。大型超市、连锁商店的供应物流做得比较好，它们凭借采购商品种类、数量的规模，采用集团采购或全球采购的方式获得采购谈判的主动权，从中获得价格和数量等方面的优惠。部分零售企业确定的向客户提供的服务水平较高时,商品的配送也变得十分重要。比如,鲜活产品的供应,就对企业的配送水平提出了很高的要求。因此,销售物流也是零售企业物流管理的重要内容。

3. 运输企业

运输企业提供运输服务,是产品供应链上的重要链条。运输企业提供的物流服务通常是服务于生产型企业、批发企业和零售企业的,渗透于企业的供应物流和销售物流中,是一种较早被我国企业所接受的外包物流形式。

4. 仓储企业

仓储企业是指通过提供原材料、零部件或产品的储存服务而获得利润的企业。仓储企业的物流是以待储货物的接收、入库、保管、保养、出库、分拨、运输等为核心环节而产生的待储货物在各环节之间移动的物流活动,其中储存保管是主要的物流服务。为了满足客户的需要,仓储企业也可以提供简单的包装等加工操作,因此会产生与生产型企业类似的生产物流,但是生产物流并不会成为仓储企业物流活动的重点。

5. "第三方"物流企业

"第三方"物流企业可以向生产型企业提供供应物流、生产物流、销售物流和回收物流中所涉及的专业物流服务,包括传统物流服务——运输、仓储和配送,以及增值的物流服务——换包装、贴标签等简单加工。物流企业可以为那些在物流管理上不具有竞争优势的企业提供优质的物流服务,使企业物流活动的外包成为可能。现代物流企业拥有先进的物流信息系统和管理系统,可以在企业运输、仓储和配送上实现最优模式——快速、准确地货物运输信息传递,降低仓库节余库存成本,实现集中运输、规模储存,从而获得规模效益。

(三)农业生产企业物流

农业生产企业可以分为农产品加工企业和农业种植企业。其中,农产品加工企业的物流与制造型企业的物流相类似,我们不再进行详细的介绍。而农业种植企业的物流是农业生产企业物流的代表,此类型企业的四种物流系统均具有一些特殊性。

1. 供应物流

农业生产企业的供应物流是以组织农业生产资料(如化肥、种子、农药、农业机具)为主要内容的物流活动。除企业物流业务的操作对象不同以外,这种物流和制造型企业供应物流类似,不存在较大的差异。

2. 生产物流

种植业的生产物流与生产型企业生产物流之间差别极大,主要区别是:

第一,种植业的生产对象在种植时是不发生生产过程位移的,而生产型企业的生产对象要不断地发生位移。因此,农业种植业生产物流的对象不需要反复搬运、装卸、暂存,而进行上述物流活动主要是通过劳动手段,如施肥、灌溉、洒农药等。

第二,种植业一个周期的生产物流活动停滞时间长,而运动时间短,它与生产型企业物流的最大区别就在于生产型企业生产物流具有连续性。

第三,生产物流周期长短不同,一般生产型企业生产物流周期较短,而种植业生产物流周期长且有季节性。

3. 销售物流

农业生产企业的销售物流是以组织农业产品（如粮食、棉花等）的销售为主要内容的物流。其销售物流的一个很大特点是，各功能要素中，储存功能的需求较高，储存量较大，且储存时间长，"蓄水池"功能要求较高。

4. 废弃物物流

种植生产的废弃物物流也是具有不同于一般生产制造企业废弃物物流的，其特殊性主要表现在重量上。废弃物物流在重量上远高于销售物流。

二、企业物流的基本业务

企业的物流能力是通过信息技术、运输、仓储、搬运、包装的协调来体现的，企业的物流活动也是在信息的传递、运输、仓储、搬运、包装的协调过程中得到完成的，这些环节构成企业物流的基本业务。

（一）信息的传递

随着企业物流管理活动的综合性的提高，信息在企业物流中的重要作用逐渐显现出来。产品需求的预测和客户订单的处理，是主要依赖于信息的两大物流业务。需求预测是通过系统获得的生产信息、成本状况和市场信息，预测未来客户对某种产品的需求，以便制订生产计划，控制原材料和产成品的库存量，安排合理数量物资的采购，从而达到企业最优的管理目标。订单处理中的信息技术应用，为物流预测提供最新的市场信息。信息技术可以帮助企业建立物流信息系统，为企业各部门提供统一的物流信息存放的平台，信息共享的实现，可以解决各部门物流决策的独立性，容易完善物流管理综合性。

（二）运输

运输是实现物资空间位移的物流活动。企业的运输活动可以通过三种方式来实施：使用企业自有的车队和设备，实现物资的空间位移；与专业的运输公司签订运输合同，由运输公司提供车辆来实现物资的位移；将货物交给铁路、航空等公共运输的承运人，进行公共运输。这三种方式既可以单独使用，也可以搭配起来一起使用。运输的成本、速度和一致性是制定运输决策时主要考虑的因素。运输成本是指物资为了实现两点之间的空间位移，而支付的款项、行政管理费用和持有运输中的存货而产生的相关费用。运输速度是指完成确定的运输所需要的时间。通常运输速度和运输成本呈同方向变化，即运输速度越快，所需要支付的费用也就越高；运输速度越慢，所需要支付的费用也就越低。运输的一致性是指在若干次装运中，履行某一特定的运次所需的时间与原定时间或与前几次运输所需的时间的一致性。这个因素是衡量运输的可靠性和稳定性，也是高质量运输的最重要的特征。

（三）仓储

仓储可以使产品实现时间价值——生产与消费之间存在时间距离，通过仓储活动可以缩短两者的差距,从而实现产品的时间价值。仓库是仓储活动的主要载体,大部分的仓储活动都是在仓库中进行的。仓库可以帮助实现运输的整合,使企业获得运输的规模效益;仓库可以进行产品的分类作业,为产品的配送工作进行准备;仓库可以为生产过程中的部分加工操作的延迟提供可能,为产品提供增值服务;仓库可以为战略性储备提供堆存的场所。

（四）搬运

物资的搬运是仓储活动的重要辅助工作。搬运活动的质量会影响仓库货物破损率的高低,产品搬运的时间越短、搬运次数越少,产品损坏的可能性也就越小,同时仓储的整体效率就会增加。搬运的目标主要是以成本为中心——降低搬运成本,提高仓库利用率。搬运效率的改善可以通过成组化装运、仓库布局的改进、存储设备的选择和搬运设备的选择四个方面来得以实现。

（五）包装

包装可以分为消费包装和运输包装,消费包装在生产过程中就已经完成,而一部分产品的运输包装可能会推迟到产品配送之前来完成,这就意味着仓库将成为运输包装的操作场所。包装的作用是便于仓储和搬运作业、有效利用运输工具、对产品起到保护作用或促销作用、改变产品的密度等。保护性包装对企业物流的进行尤其重要,尽管进行保护性包装会增加包装费用的支出,但是可以降低运输和仓储的费率,减少货物的破损率,企业会在这个悖反关系中寻找平衡。在物流管理中,我们可以协调各成本的支出,从而实现包装的总目标。

第三节　我国企业物流管理的现状和改进措施

一、我国企业物流管理中的不足

目前,我国企业物流管理存在的不足主要表现在以下几个方面。

1. 物流网点建设欠缺规划

企业在全国范围内的物流网点往往是随着企业的销售活动的开展而建立的,随着产品销售范围的不断扩大,建设的物流网点也随之不断增加。由于各仓库之间相互独立,地域之间的销售差异难以通过不同仓库之间的货物移动来解决,即无法形成一个统一的网络,进而在全国范围内实现商品的调剂时,管理部门无法及时掌握全国范围内产品的库存状况。企业缺少全面、系统的物流网点控制与规划。

2. 组织结构问题

目前,我国大部分企业无专门的物流部门,物流部门的职能可能由销售部门代行,也可能在生产部门设立物流管理职能,由生产部门管理企业的物流活动。即使有的生产企业设

立了仓储部门和运输部门，但两个部门分别对不同的领导负责，企业没有对其整体物流活动进行统一的管理。

3. 物流费用庞大

企业的物流成本很大。有的生产企业仅仓储成本就可以占到产品总销售额的 4%，有的生产企业因缺乏物流规划每年仅长距离干线运输的费用就高达几千万元。因此，在物流费用节省方面是大有潜力可挖的。

4. 物流管理技术和方法落后

例如，运输管理方面，采用的多为简单、单一的运输方式，运输资源利用率很低。有些生产企业虽采取了多种运输方式，但是对于运输路线的选择、运输车辆的调配却存在不少问题，最终效果并不理想。再如，库存管理方面，目前国内有些生产企业在库存管理方面，采用原始的产品码垛方式，没有实现产品存放的托盘化，或利用货架储存具有严格时效要求的产品，不同生产日期的产品混合堆码，给货物的先进先出管理带来很大的困难，每年因货物不能先进先出而造成的损失也是很惊人的。国外生产企业非常重视产品的安全库存控制，而国内的生产企业还局限于大规模生产的圈子里，对降低产品库存、降低货物储存成本、减少产成品的资金积压没有给予足够的重视。

5. 信息系统问题

效益较好的生产企业根据实际情况量身定做了企业的 ERP 系统，有的企业没有建立计算机管理信息系统。随着全国性销售网络的建立和全国性物流网点的建设，没有计算机管理系统容易导致信息传输不畅，遇到产品的销售淡季或销售旺季易出现库存积压或货物供不应求的现象，给企业整个物流系统的运作带来很大的麻烦。

6. 传统的会计核算法掩盖了物流成本的真面目

一般情况下，企业会计科目中，只把支付给外部运输、仓储企业的费用列入成本，实际上这些费用仅如冰山的一角。因为，物流基础设施建设费和企业利用自己的车辆运输、利用自己的库房保管货物、由自己的工人进行包装和装卸等费用都没有列入物流费用科目内。尤其是花费在保存货物的库存费用，也没有单独的科目。

在美国，库存费用除了仓储、残损、人力费用及保险和税收外，还包括库存占压资金的利息。其中，利息是当年美国商业利率乘以库存总金额。只有把库存占压的资金利息加入物流成本中，才能将降低物流成本和加速资金周转从根本利益上统一起来。

中国现有的会计项目对物流费用的核算和管理，不能揭示物流费用的分布，掩盖了物流费用的真面目，无法唤起企业对物流的重视。

7. 企业缺乏物流理论支撑和物流人才

长期以来，我国企业物流管理的研究缺乏综合性。无论是物流战略规划还是物流经营管理理论的研究，都只强调某个局部的功能要素，缺乏综合性，导致了人们对物流认识的偏差。直到 2001 年 4 月，我国物流的第一个基础性国家标准《物流术语》才正式发布。虽然"物流学"或类似名称的教材不断问世，但多是对国外概念的引进，适合我国国情的物流理论尚缺乏深入研究，同时部分理论研究与实践严重脱节，理论成果的可操作性不强。理论研究缺乏而导致的另一方面的问题，就是缺乏专业管理人才。种种原因致使过去的教育体系没有给予物流管理足够的重视，一些相关专业的设置也因为国家宏观经济的调整而在高等教育目录中几上几下,割断了其发展的连续性。最后出现的结果是,美国企业中从事物流管理、物流企业的管理层的员工中,具有学士学位以上的占91%,具有硕士学位的占49%。而我国传统物流企业中连本科生都寥寥无几。

二、提高企业物流管理水平的措施

要大力发展我国的企业物流,须从以下几个方面努力。

1. 供应链管理理念

供应链是围绕核心企业,通过对信息流、物流、资金流的控制,从采购原材料开始,制成中间产品以及最终产品,最后由销售网络把产品送到消费者手中,将供应商、制造商、分销商、零售商,直到最终用户连成一个整体的功能网链结构。它是一个范围更广的企业结构模式,包含了所有加盟的节点企业,从原材料的供应开始,经过链中不同企业的制造加工、组装、分销等过程直到最终用户。它不仅是一条连接从供应商到用户的物流链,而且是一条增值链,物料在供应链上因加工、包装、运输等过程而增加其价值,给相关企业都带来收益。为达到上述目的而对供应链上的企业进行有目的的协调和管理,就是供应链管理。对物流的组织活动应该站在供应链管理的角度展开,这样才能从整体达到最终目的。

2. 组织基础

企业的物流管理往往贯穿于企业组织结构的各种职能之中。消费者需求的多样化,产品生命周期的缩短,市场竞争加剧,对物流运营提出了更高的要求。这就要求物流与其他诸如营销和制造等功能领域相结合,将运输、库存、新产品开发、柔性制造和顾客服务整合起来。但是,我国绝大部分企业的组织机构中没有明确的、集中的物流管理职能部门,物流功能分散。其主要原因是对物流管理必要性、重要性的认识尚未成熟,管理者们的注意力集中在生产和销售环节上。物流功能分散的组织机构形式淡化了物流功能,或者说物流功能在各部门之间的责、权、利是模糊不清的,它的弊端在于各运作环节中物流活动重复,造成浪费,难以发挥物流系统总体效益。

因此,要想发挥物流在企业竞争中的作用,必须对企业进行机构重组,突出物流功能。目前,在发达国家,很多企业都建立了物流管理部,或供应链管理部。很明显,这种组织机构的优势在于物流部门的经理可以直接参与公司决策,这有利于实现高效、优质、低成本地为顾客服务。我国企业应该早日形成自己的物流管理体系,以便充分发挥物流的作用。不要让先进的物流管理葬送在落后的组织体系之中。

3. 物流体系基本框架

生产企业可以根据产品销售状况,在全国范围内设立几大区域,在区域内设立中心仓库,该仓库的产品主要用于中转,并负责仓库附近区域产品的供应。在大的销售区域范围内,根据产品销售状况有重点地选择几个销售量较大的城市设立销区仓库,主要负责对最终用户的产品配送。可以根据企业的基本情况将物流业务委托第三方物流公司管理,也可以由生产企业自己管理全国范围的物流业务,视企业的具体情况而定。

4. 库房管理

根据历史销售数据及公司销售政策,确定重点商品,确定不同产品的安全库存;库房划

分为不同区域，区域内又划分为不同的库位；商品分类码放，加强对重点商品的管理；确保货物按照要求出库。

5. 运输管理

企业的物流部门要发挥调度职能，加强对货物流向及流量的调配，尽量减少货物二次搬运，加大由生产厂直达区域中心库的产品数量。应合理规划全国的仓储网点，使仓储费用与运输费用之和达到最低。

6. 信息系统

以信息技术应用为核心，加强网点建设。信息化是衡量现代物流运作的重要标志之一，许多跨国公司的物流系统都拥有"一流三网"，即订单信息流和全球供应链资源网络、全球用户资源网络和计算机信息网络。借助信息技术，企业能够整合物流业务流程，能够融入企业的生产经营过程中去，建立一种"效率式交易"的管理与生产模式。企业要双管齐下抓网络建设：一方面，要根据实际情况建立有形网络，若企业规模大、业务多，可自建物流网点；若仅有零星业务，可考虑与其他物流企业合作，共建和共用网点；还可以与大企业合资或合作，共建网点。例如2001年，小天鹅、科龙和中远集团联合成立一家物流公司，合理配置异地货源，取得可观效益。另一方面，要建立信息网络，通过Internet、管理信息系统、数据交换技术等信息技术实现企业物流和客户（包括第三方物流企业）共享资源，对物流各环节进行实时跟踪、有效控制与全程管理，形成相互依赖的市场共生关系。

随着世界经济的飞速发展，全球数字化、网络化、信息化已成为时代的主要特征，我们已置身于一个信息技术瞬息万变和消费者需求日益多元化的时代。当今社会，工业经济已由主要是制造业转变为制造业和服务业逐步一体化，以顾客需求为中心的现代营销观点已逐步取代了以生产和产品为中心的传统营销观念。市场竞争也不单单是企业内部的竞争，它已逐步拓展为企业整个供应链之间的竞争。物流管理作为现代供应链管理思想的起源，同时也是供应链管理的一个重要组成部分，研究供应链的物流网络及其管理是供应链管理思想的要求，也是供应链真正发挥作用的要求，同时对于理解供应链管理思想的发展以及供应链管理中的物流管理的作用都很有价值。

▌ 小结和学习重点 ▌

- 企业物流管理的概念
- 企业物流管理的特点
- 企业物流管理的主要内容
- 企业物流管理的基本业务

目前，在我国，无论是政府还是企业都已经意识到企业加强物流管理对提高企业经济效益的重要意义。企业通过一体化管理，来统筹安排采购、运输、仓储、配送等服务。通过组织一体化，来实现供应链的统一控制。所以，企业加强物流管理，进行企业物流系统的规划和再造，对增强企业竞争力，提高经济效益具有重要的意义。

海尔的物流革命

海尔集团是在 1984 年引进德国利勃海尔电冰箱生产技术成立青岛电冰箱总厂的基础上发展起来的特大型企业。短短十几年来,海尔坚持品牌出口,实现了国际市场的拓展。虽然集团在创立世界名牌的过程中,紧紧抓住产品开发和客户服务,取得了令国内外同行瞩目的业绩,但正如集团总裁张瑞敏先生在 99 财富上海论坛上的发言所说,海尔集团不仅仅是在考虑如何去做"大",而且考虑如何做"强",使海尔集团与世界著名大型跨国公司一样,让企业具备良好的素质,拥有自己的核心竞争能力。集团在总结世界制造业的先进企业物流管理系统的基础上,将物流重组提到日程上来,突破了单纯降低成本的概念,将物流重组定位在增强企业竞争优势的战略高度上来,希望通过物流重组,推动海尔的发展。对物流的认识,大多数企业惊异于物流成本在总成本中的比例之高,但真正激动人心的并不是成本的内容或如何降低成本,关键是如何对其自身的物流能力进行定位,以获得竞争优势。放眼世界 500 强企业,它们大都是拥有世界一流物流能力的厂商,通过向顾客提供优质服务获得竞争优势。而海尔正是希望通过物流重组,实现物流管理的总目标,即以最低的物流成本向客户提供最优质的服务。

在竞争对手看来,海尔最可畏惧的是思维创新的速度和实现创新的能力。当海尔仅仅一只脚踏进物流时,同行就已经隐约感受到逼人的压力,而海尔国际物流中心的设立,则把这种压力变成了现实。海尔国际物流中心坐落在海尔开发区工业园,由国家 863 计划项目海尔机器人有限公司整合国内外资源建设而成。宏伟的中心立体库高 22 米,拥有 18 056 个标准托盘位,其中原材料 9 768 个盘位,成品 8 288 个盘位,包括原材料和产成品两个自动化物流系统。采用世界上最先进的激光导引技术开发的激光导引无人运输车系统、巷道堆垛机、机器人、穿梭车等,全部实现物流的自动化和智能化。除了硬件的高度专业化外,海尔特色物流管理中的"一流三网"和"同步模式"概念的提出,则形成了中国物流最强劲的冲击波。

事实上,庞大的立体库工程仅仅是冰山一角,海尔针对企业的改革则包含了物流进化中更博大深邃的思维。

海尔对物流的理解,首先是企业的管理革命。企业发展现代物流不能回避的是流程再造,而流程再造将把原有的"直线职能式"的金字塔结构改革为"扁平化"的组织结构。这种企业内部的管理再造对企业来讲是一场非常痛苦的革命。而企业要在国际化的竞争中立足,除了这种革命之外别无出路。海尔的流程再造是用"一流三网"来体现现代物流的信息化和网络化。其中"一流"是订单信息流。企业内部信息系统的构造,全面围绕着订单流动进行设计。作为物流的基础和支撑的"三网",则是指海尔的全球供应网络、全球配送网络和计算机管理网络,"一流三网"是实现物流革命的必然选择。

对海尔来说,物流还意味着速度。依据海尔的理解,信息化时代企业用以制胜的武器就

是速度。对企业来讲，20世纪80年代制胜的武器是品质管理；90年代制胜的武器是企业流程再造；而21世纪头10年，对于新经济时代的企业来讲，制胜的武器就是速度。这个速度，就是能够最快地满足消费者个性化的需求。对个性化需求的考虑，在很多企业"纸上谈兵"时，海尔就已经把产品的定位实现了革命性的调整。而对于如何实现这个速度，海尔提出了"同步模式"。在接到订单的那一刻，所有与这个订单有关系的部门和个人，能够在物流流程明确分工的环节下同步地行动起来，从而实现同步流程、同步送达。

物流帮助海尔实现了革命性"零库存、零距离、零营运资本"的运作目标，这三个"零理念"，成为海尔在物流时代创造财富的源泉。JIT采购、JIT送料、JIT配送是海尔实现零库存的武器。海尔目前的仓库，完成的只是一个配送中心的职能，它是为TTi.～2序配送而暂存的一个地方。零库存，不仅可以避免物资积压形成呆滞物资，更重要的是它为产品生产的零缺陷铺平了道路。由于物资的采购保证了品质和新鲜度，从而使质量保证有了非常牢靠的基础。

"零距离"指的是海尔在拿到用户的订单需求后，以最快的速度满足用户的需求。海尔目前基于物流的生产过程是"柔Ⅰ生"的生产线，都是为订单来进行生产的。然后再通过全国42个配送中心，及时地配送到用户手中。通过这种做法尽可能地实现"零距离"。海尔对"零距离"的理解还有更深的含义，即对企业来讲，不仅仅意味着产品不需要积压送达客户手中，更意味着企业可以在市场当中不断地获取新的市场，创造新的市场。所谓"零营运资本"，就是零流动资金占用。海尔因为有了零库存和零距离，因此已经有能力做到"零营运资本"。简单地说，企业在给分供方付款期到来之前，可以先把用户应该给企业的货款收回来。达成收回货款的前提是企业做到现款现货，而做到现款现货的最有效途径，就是企业根据用户的订单来制造产品。这也是企业进入良性运作的过程。"物流带给海尔最关键的是核心竞争力"，在海尔的理念中，核心竞争力就是在市场上可以获得用户忠诚度的能力。它并非意味着企业一定要生产一个核心部件。拥有这种竞争力的代表企业是戴尔（DELL）公司，它不生产软件也不生产硬件，而是从互联网采购，因为它获取了用户的忠诚度，因此就有了核心竞争力。物流也使得海尔能够一只手抓住用户的需求，一只手抓住可以满足用户需求的全球供应链，把这两种能力结合在一起，形成的就是海尔所期望达到的核心竞争力。而海尔运作现代物流，目的就是要获得在全世界通行无阻的核心竞争力，成为国际化的世界名牌企业。

下面的一组组数字可以从侧面说明物流"革命"给海尔带来的变化：整个集团呆滞物资降低73.8%，仓库面积减少50%，库存资金减少67%；7 200平方米的物流中心吞吐能力相当于30万平方米的普通平面仓库；供应商由原来的2 336家优化到978家，同时国际化供应商的比例上升了20%；在中心城市实现8小时配送到位，区域内24小时配送到位，全国4天以内到位；100%的采购订单由网上下达，采购周期由平均10天降低到3天，网上支付已达到总支付额的20%……这些惊人变化的数字背后，正是给海尔带来惊人变化的物流"革命"。

在专业物流人员看来，与其说海尔创新有方，更不如说海尔的胆识让人叹为观止。从这个意义上看，海尔带来的不仅是企业自身的发展，其革命性的思维方式将更深远地影响到摸索中的中国物流产业。

思考

1. 海尔是怎样认识企业物流管理的?
2. 企业物流管理给海尔带来了哪些好处?

练习与思考

(一) 名词解释

企业物流管理　企业物流管理的基本业务

(二) 填空

1. 构建企业自己的_____将是企业物流发展的最终方向。

2. 企业物流是以企业生产经营为核心的_____。

(三) 单项选择

1. 服务水平的提高必然会带来局部成本的(　　)。

　　A. 增加　　　　　　B. 减少　　　　　　C. 持平

2. 零售企业处于产品供应链的(　　),与最终消费者紧密联系。

　　A. 上端　　　　　　B. 中断　　　　　　C. 下端

(四) 多项选择

1. 企业物流的发展趋势是(　　)。

　　A. 系统化　　　　　B. 社会化　　　　　C. 专业化

2. 农业种植企业的物流主要有(　　)等四种类型。

　　A. 供应物流　　　B. 生产物流　　　C. 销售物流　　　D. 废弃物物流

(五) 简答

1. 企业物流的特点有哪些?

2. 生产型企业物流包括哪些内容?

3. 企业物流有哪些基本业务?

4. 我国企业物流管理存在哪些不足?

5. 如何提高我国企业物流管理水平?

部分参考答案

(二) 填空

1. 物流中心

2. 物流活动

(三) 单项选择

1. A　2. C

(四) 多项选择

1. ABC　2. ABCD

第十一章 物流成本管理

■ **学习目标** ■

学完本章,你应该能够:
(1) 理解物流成本与物流成本管理的概念;
(2) 了解物流成本的构成与分类;
(3) 了解物流成本管理的内容与方法及相关物流理论;
(4) 掌握物流成本的计算;
(5) 理解物流成本分析、预测与决策;
(6) 了解物流成本控制。

■ **基本概念** ■

物流成本　物流成本管理　第三利润源　作业成本法　物流成本分析　物流成本预测　物流成本决策　物流成本控制

物流成本是物流管理的重要内容,也是物流经济效益的量化指标,它能直观地体现出物流的经济效益。从分析物流成本入手,管理企业物流活动,控制企业物流成本,对提高企业的经济效益具有重要的意义。本章阐述了以下内容:物流成本与物流成本管理的概念、构成与分类,物流成本管理的内容与方法及相关物流理论,物流成本计算,物流成本分析、预测与决策,物流成本控制等。

第一节 概　　述

一、物流成本与物流成本管理的概念

(一) 物流成本

成本(cost)是企业为生产商品和提供劳务等所耗费的物化劳动、活劳动中必要劳动的价值的货币表现,是商品价值的重要组成部分。在物流过程中,为了提供有关服务、开展各项

业务活动,必然要占用和消耗一定的物化劳动和活劳动。物流成本是指伴随企业的物流活动而发生的各种费用,是物流活动中消耗的物化劳动和活劳动的货币表现,是物品在实物运动过程中,如运输、仓储、装卸搬运、包装、流通加工、配送、物流信息处理等各个环节支出的人力、财力、物力的总和。

📝 知识连接

　　现代物流活动的七大功能要素是运输、仓储、装卸搬运、包装、流通加工、配送、物流信息处理。其中,运输、仓储是物流的两大支柱。

　　物流成本按其范围分,有广义和狭义两种。狭义的物流成本,是指由于物品实体的位移而引起的有关运输、包装、装卸等成本。广义的物流成本,是指包括生产、流通、消费全过程的物品实体与价值变换而发生的全部成本。它具体包括了从生产企业内部原材料协作件的采购、供应开始,经过生产制造过程中的半成品存放、搬运、装卸,成品包装及运送到流通领域,进入仓库验收、分类、储存、保管、配送、运输,最后到消费者手中的全过程发生的所有成本。

(二)物流成本管理

　　随着成本管理实践深入和物流管理在当今社会的快速发展,使人们深刻认识到,成本管理不能仅停留在原有的模式和内容上,要想大幅度降低成本、提高质量,必须注重物流这个"第三利润源"的管理。而人们对物流管理的关心首先是从关心物流成本开始的,因此要完善成本管理体系、推动成本管理发展,以及加强物流在企业经营中的职能,就必须加强物流成本管理。由于物流管理还是一个新兴的事物,对物流成本管理的研究还处于起步阶段,因此物流成本管理至今没有一个确切的定义。学术上有一种观点认为,物流成本管理不单是一项具体的可操作的任务,不仅仅是管理物流成本,而是通过成本去管理物流,可以说是以成本为手段的物流管理方法,通过对物流活动的管理,从而在既定的服务水平下达到降低物流成本的目的。

📝 知识连接

　　"第三利润源",是对物流潜力及效益的描述。第一源是降低资源消耗。起初是廉价原材料、燃料的掠夺或获得,其后则是依靠科技进步、节约消耗、节约代用、综合利用、回收利用,乃至大量人工合成资源而获取高额利润。第二源是降低人力资源消耗,提高劳动生产率。最初依靠廉价劳动,其后则是依靠科技进步提高劳动生产率,降低人力消耗或采用机械化、自动化来降低劳动耗用从而降低成本,增加利润。在前两个利润源潜力越来越小、利润开拓越来越困难的情况下,物流领域的潜力开始为人们所重视,被称为"第三利润源"。物流作为第三利润源,就是合理组织生产供销环节,将货物按必要的数量,以必要的方式,在要求的时间内送到必要的地点,就是让每一个要素、每一个环节都做到最好。

二、物流成本的构成与分类

（一）物流成本的构成

不同类型企业对物流成本的理解不同。对专业物流企业而言，企业全部营运成本都可理解为物流成本；工业企业则指，物料采购、储存和产品销售过程中为了实现物品的物理性位移而引起的货币支出，通常不包括原材料、半成品在生产加工过程中的位移费用；在商品流通企业，物流成本则指商品采购、储存和销售过程中商品实体运动所发生的费用。一般来说，一切由物流活动引起的支出都是物流成本，具体由以下五个部分构成：

（1）人工费用：从事物流工作人员的工资、奖金、津贴、社会保险、医疗保险、员工培训费等。

（2）作业消耗：物流作业过程的各种物质消耗，如包装材料、燃料、电力等的消耗及车辆、设备、场站库等固定资产的折旧费。

（3）物品损耗：物品在运输、装卸搬运、储存等物流作业过程中的合理损耗。

（4）利息支出：用于各种物流环节占有银行贷款的利息支付等，对工商企业而言，主要指存货占用资金的成本。

（5）管理费用：组织、控制物流活动的各种费用，如通信费、办公费、差旅费、咨询费、技术开发费等。

需要说明的是，管理和决策上的成本概念与财务会计上的成本概念并不完全一致，前者包含并不实际支付的机会成本，如自有资金的利息，而会计成本的核算必须遵循实际发生原则，不能计算机会成本。因此，从财务会计部门取得的物流成本资料不能直接用于成本控制和管理，需要适当调整。

（二）物流成本的分类

1. 按费用支出形式分类

从原理上讲，这种分类方法与财务会计的成本统计方法一致。按照费用支出形式不同，一般可以将物流成本分为企业内部支付的物流成本和企业外部支付的物流成本两大项，即直接物流成本和间接物流成本。直接物流成本可详细分解为材料费、人工费、燃料动力费、管理费、折旧费、维护保养费等；间接物流成本又称为委托物流成本，主要包括包装费、运输费、手续费、保管费等。一般而言，在这两种物流成本中，委托物流成本所占比重较大，一般在 70% 左右，见表 11-1。

2. 按物流活动构成分类

这种分类方法以物流活动的几个基本环节为依据，将物流成本划分为物流环节成本、情报信息成本和物流管理成本三个部分，其中物流环节成本在物流总成本中所占的比重一般在 60%～70%。

（1）物流环节成本，是指产品实体在空间位置转移所流经环节发生的成本，包括以下五个方面：

表 11－1　企业物流成本构成

分　类		项　　目
企业物流成本	直接物流成本 材料费	物资材料费、燃料费、包装材料费、低值易耗品摊销、其他费用
	公益费	电费、水费、煤气费、冬季取暖费、绿化费、其他费用
	人工费	工资、奖金、税金、补贴、福利费、医疗费、劳保费、教育培训费、其他费用
	维护费	保养修理费、折旧费、房产费、土地车船使用费、租赁费、保险费、其他费用
	一般经费	差旅费、交通费、邮电费、城市维护建设费、能源建设费、物资商品损耗费、杂费及其他费用
	特殊经费	特殊折旧费、企业内利息、其他费用
	……	……
	直接物流成本合计	
	委托物流成本	包装费、运输费、手续费、保管费
	企业物流成本合计	

① 包装费包括运输包装费、集合包装与解体费；

② 运输费包括营业性运输费、自备运输费；

③ 保管费包括物料保管费、养护费；

④ 装卸费包括营业性装卸费、自备装卸费；

⑤ 加工费包括自备加工费、营业性加工费。

（2）情报信息成本，指为实现产品价值变换，处理各种物流信息而发生的成本，包括与库存管理、订货处理、为客户服务等有关的成本，如入网费、线路租用费等。

（3）物流管理成本，指为了组织、计划、控制、调配物资活动而发生的各种管理费，包括现场物流管理费和机构物流管理费。

3. 按物流活动进程分类

这种分类方法以物流活动的时序进程为依据，将物流成本分为：

（1）物流筹备成本，主要包括物流计划成本、物流预算成本、物流准备成本。

（2）生产物流成本，包括装卸、运输、加工、包装、存储等各种生产性物流成本。

（3）销售物流成本，主要是指为销售服务的物流成本和储存、运输、包装等服务性物流成本。

（4）退货物流成本，指因退货引起的物流成本。

（5）废品物流成本，指因废品、不合格产品的物流而形成的物流成本。

在这几种物流成本中，生产物流成本和销售物流成本所占的比重较大，一般而言，分别约占总成本的 30％ 和 40％。

4. 按物流成本性态分类

成本性态也称为成本习性,是指成本总额对业务总量之间的依存关系。成本总额与业务总量之间的关系是客观存在的,而且具有一定的规律性。物流成本按性态划分为变动成本、固定成本两大类。这种分类方法,有利于开展物流成本的预测、决策和控制。

（1）变动成本,指成本总额随业务量的增减变化而近似成正比例增减变化的成本,如材料的消耗、燃料的消耗、工人的工资等。这类成本的特征是业务量高,成本的发生额也高;业务量低,成本的发生额也低。成本的发生额与业务量近似成正比关系。

（2）固定成本,指在一定的业务量范围内,成本总额与业务量的增减变化无关的成本,如固定资产折旧费、管理部门的办公费等。这类成本的特征是在物流系统正常经营的条件下是必定要发生的,而且在一定的业务量范围内基本保持稳定。

知识连接

变动成本具有两个特征:一是变动成本总额的正比例变动性,即变动成本总额随业务量的变化而成正比例变化;二是单位变动成本的不变性,即在业务量不为零时,单位变动成本不受业务量的增减影响,始终保持不变。

固定成本有两个特征:一是固定成本总额的不变性,即固定成本总额不随业务量的增减变动而变动;二是单位固定成本的反比例变动性,即单位固定成本随业务量的增减而成反比例变动。

---

5. 按成本的经济性质分类

（1）生产性流通成本,又称追加费用,是生产性费用在流通领域的继续,是为了使物品最终完成生产过程便于消费而发生的费用。生产性流通成本要追加到产品的价值中去,是必要劳动的追加费用。

（2）纯粹性流通成本,也称销售费用,是流通企业在经营管理过程中,因组织产品交换而发生的费用。纯粹性流通成本同商品的交换行为有关,虽然不创造新的价值,但也是一种必要劳动,是物品价值实现过程中必不可少的费用。

物流成本还有其他分类。例如,按可控性分类,可将物流成本分为可控成本和不可控成本;按物流成本的核算目标分类,可分为业务成本、责任成本和质量成本;物流成本按其相关性分类,可分为相关成本和无关成本;按计算方法分类,物流成本可分为实际成本和标准成本等。总之,无论采取什么样的分类方式,都是围绕着如何加强物流成本的管理、如何降低物流成本等目的来进行的。

三、物流成本的特点及影响因素

（一）物流成本的特点

由于现代物流活动贯穿产品的整个生命周期,同时与企业运营的各个环节都有交叉影响,因此物流系统相当复杂,造成物流成本与其他运营成本有很大不同,其特点表现在以下四个方面。

1. 物流成本构成的复杂性

由于物流活动涉及企业运营的各个方面,且会各自产生一定的费用支出,而每个运营环节的费用组成又呈现出多样化的态势。因而综合来说,物流成本的构成相当复杂。

(1) 对于流通型企业而言,其物流成本主要集中在产品的流通环节,包括:① 支付给企业员工的薪水和各种福利费用等人力资源的成本;② 支付给外部企业的各种服务费用,如邮电费、运杂费等;③ 经营过程中的或必要合理的损耗,如固定资产的折旧费用、商品难以避免的合理损耗等;④ 经营过程中的各项管理费用,如办公费用、差旅费用等。

(2) 对于生产型企业而言,其物流成本产生在企业进行生产要素的购进、仓储、搬运及成品的销售过程中发生的运输、包装、仓储、配送、回收等方面。除去人力资源成本、管理成本、合理的消耗与折旧之外,生产企业的物流成本还包括:① 生产资料的采购费用;② 产成品的营销费用;③ 仓库保管、维护的费用;④ 废弃物与破损产品回收的费用等。相比流通型企业,生产型企业的物流成本基本上都是与产品不可分割的,物流成本大体上体现于生产产品的成本之中。

总的来说,物流成本的构成受到了企业的运营环节的影响,成本点分散而复杂,因此对于企业物流成本构成的分析通常是相当困难的。

2. 物流成本点之间的悖反性

所谓的悖反性(contrary),用相对简单的语言描述就是,当我们设法降低物流运营中某个环节的成本时,会引起另一个环节的物流成本的上升。这种物流成本点之间相互联系、矛盾的特征,就是所谓的悖反性。

> ### 小案例
>
> A 公司作为一家生产制造型企业,每年都需要固定数量的原材料以支持其生产活动的正常进行。在 2002 年之前,A 公司采购的方案是每季度的第一个月向其上游的企业购买当季度所需要的原材料来满足该期的生产需要。2002 年开始,A 公司希望通过一次性购入更多的原材料以取得更大幅度的商业折扣,从而希冀降低产品的成本,提高本公司产品的竞争优势。于是,A 公司决定由原先每季度采购一次原材料的频率,减少到每半年采购一次。然而,在企业采购成本降低的同时,由于采购量的增加,A 公司原材料的仓储成本、存货管理成本与存货损耗都大幅上升。在 2002 年年末,企业内部财务核算时发现,每单位产品的成本不降反升,而根本原因在于仓储成本的上升数额远远大于商业折扣带来的采购成本的降低。

A 公司的例子说明了企业物流成本悖反的规律,这种悖反现象还表现在:运输成本与存货成本之间的悖反、配送中心数量与运输成本之间的悖反等。

3. 物流成本分析的系统性

由于各个物流运营环节中物流成本点之间的悖反现象的存在,对物流成本进行分析时,

需要综合反映权衡各方面的因素，从系统的角度全面分析。所谓系统的分析，是通过对产品流通过程中，各项运营环节物流成本间进行取舍，以期取得最优的物流成本组合，从而满足客户需求或企业需要。例如，为了适应产品营销的需要，企业可以适当地增加存货的数量、包装的费用以保障营销战略的实施；企业可通过提高运输支出、增加配送次数来降低企业原材料库存，实现及时制的战略等。可以说，企业物流成本的系统性分析与企业的目标和目的息息相关，这也从一个侧面说明了企业物流成本的状况将直接影响到企业战略实施的成败。

4. 物流成本核算的不确定性

尽管可从企业战略的高度系统分析企业物流成本的状况，但由于我国现行财会制度的框架中，并没有将物流成本作为单独的会计项目进行记录，而是将物流成本分散记入不同的会计项目中。因此，企业的物流成本难以在现行的财务框架下进行确认与区分。

现行的企业会计核算体系，是按照劳动力和产品来分摊企业的成本，这一方式虽然能够提供一些对企业成本分析有用的数据，但由于这种方法掩盖了企业的各项活动与企业各项成本间的联系，导致了不同活动造成的同种成本的合并及同种活动造成的不同成本的分离。例如，同样是仓储成本，存储需要冷藏的产品与存储常规产品所需要的设备、管理措施、人力消耗都是不同的，然而在财务系统中，由于都是属于仓储成本，折算到单位产品的成本却是相同的。两种截然不同的产品，需要的仓储管理活动也是完全不一样的，然而在财会系统中折算单位成本后却是相同的，那么这个单位成本就不能体现出不同的仓储管理活动所产生的成本的区别。

由此可见，在现行的财会体系下，由于物流成本的跨边界的特点，造成了物流成本难以在以产品而非以活动为中心的财会体系中得到明确而清晰的认识。这种物流成本核算的不确定性，同物流成本对于企业战略的重要意义，构成了物流成本的特殊性。

（二）影响物流成本的因素

1. 进货渠道与运输工具的选择

进货渠道决定了企业货物运输距离的远近，同时影响着运输工具的选择、进货批量等多个方面。因此，进货渠道是决定物流成本水平的一个重要因素。不同的运输工具，成本高低不同，运输能力大小不等。一般来讲，运输工具的选择不仅受运输物品的种类、数量、运输距离、运输时间、运输成本五方面因素的影响，同时还取决于企业对某种物品的需求程度及工艺要求。所以，选择运输工具要既保证生产和销售的需要，又力求成本最低。

2. 存货的控制与货物保管制度

无论是生产企业还是流通企业，对存货实行控制，严格掌握进货数量、次数和品种，都可以减少资金占用、贷款利息支出，降低库存、保管、维护等成本。良好的物品保管、维护、发放制度，可减少物品的损耗、霉变、丢失等事故，从而降低物流成本。

3. 产品质量

影响物流成本的一个重要方面还在于产品质量，即产品废品率的高低。生产高质量的产品可杜绝因次品、废品等回收、退货而发生的各种物流成本。

4. 管理成本开支

管理成本与生产和流通没有直接的数量储存关系，但管理成本的大小直接影响着物流成本的大小,节约办公费、水电费、差旅费等管理成本相应可降低物流成本总水平。

5. 资金利用率

企业利用贷款进行生产或流通,必然要支付一定的利息(如果是自有资金,则存在机会成本问题),资金利用率的高低,影响着利息支出的多少,从而也影响着物流成本的高低。

四、物流成本管理的内容与方法

(一)物流成本管理的内容

物流成本管理的内容包括物流成本预测、物流成本决策、物流成本计划、物流成本控制、物流成本核算、物流成本分析等。

1. 物流成本预测

所谓预测,是指采用科学的方法预计推测客观事物未来发展必然性或可能性的行为。物流成本预测是运用一定的技术方法,对未来的成本水平及其变动趋势作出科学的估计,如运输成本预测、库存成本预测等。

> **知识连接**
>
> 凡事预则立,不预则废。预测是决策的依据。科学的预测可减少决策的盲目性和随意性。

2. 物流成本决策

决策是在充分考虑各种可能的前提下,按照客观规律的要求,通过一定程序对未来实践的方向、目标、原则和方法作出决定的过程。物流成本决策主要体现在根据企业决策目标,搜集、整理有关信息资料,选择科学的方法计算有关物流成本决策方案的评价指标,并作出正确的财务评价,最终筛选出最优的行动方案。

3. 物流成本计划

物流成本计划是指通过一定的程序、运用一定的方法,以货币形式规定计划期物流各环节耗费水平和成本水平,并提出为保证成本计划顺利实现所采取的措施。

4. 物流成本控制

物流成本控制就是将对物流成本的事前控制同事中控制有机地结合起来,通过事前确定成本标准,根据执行过程中的实际与计划发生的偏差进行原因分析,并及时采取措施进行调整、改进工作,确保成本目标的实现。

5. 物流成本核算

物流成本核算就是采用相应的成本计算方法,按照规定的物流成本项目,通过一系列的物流费用归集与分配,计算各物流活动的实际总成本和单位成本。

6. 物流成本分析

物流成本分析就是运用一定的方法,揭示物流成本水平的变动及其影响因素,进而采取

有效措施,合理地控制物流成本。

上述各项成本管理的内容是相互配合、相互依存的一个有机整体。成本预测是成本决策的前提;成本计划是成本决策所确定目标的具体化;成本控制是对成本计划的实施进行监督,以保证目标的实现;成本核算与分析是对目标是否实现的检验。

(二) 物流成本管理的方法

1. 物流成本横向管理法

物流成本横向管理法是对物流成本进行预测和编制计划。物流成本预测是在编制物流计划之前进行的。它是在对本年度物流成本进行分析,充分挖掘降低物流成本的潜力的基础上,寻求降低物流成本的有关技术经济措施,以保证物流成本计划的先进性和可靠性。

物流成本计划按时间标准进行划分,有短期计划(半年或一年)、中期计划(3年)和长期计划(5年或10年)等计划体系,在短期计划中又可划分为月度计划、季度计划、半年度计划和年度计划等。

2. 物流成本纵向管理法

物流成本纵向管理法即是对物流过程的优化管理。物流过程是一个创造时间性和空间性价值的经济活动过程。为使其能提供最佳的价值效能,就必须保证物流各个环节的合理化和物流过程的迅速、通畅。物流系统是一个庞大而复杂的系统,要对它进行优化,需要借助于先进的管理方法和管理手段。可在其单项活动范围内进行,对整个物流系统进行模拟,采用最有效的数量分析方法来组织物流系统,使其合理化。具体包括以下内容。

(1)用线性规划、非线性规划制定最优运输计划,实现物品运输优化。

物流过程中,遇到最多的是运输问题。例如,某产品现由某几个企业生产,又需供应某几个客户,怎样才能使企业生产的产品运到客户所在地时总运费最小? 假定这种产品在企业中的生产成本为已知,从某企业到消费地的单位运费和运输距离,以及各企业的生产能力和消费量都已确定,则可用线性规划来解决;如企业的生产数量发生变化,生产费用函数是非线性的,就应使用非线性规划来解决。属于线性规划类型的运输问题,常用的方法有单纯型法和表上作业法。

(2)运用系统分析技术,选择货物最佳的配比和配送线路,实现货物配送优化。

配送线路是指各送货车辆向各个客户送货时所要经过的路线,它的合理与否,对配送速度、车辆的利用效率和配送费用都有直接影响。目前较成熟的优化配送线路的方法是节约法,也称节约里程法。

(3)运用存储论确定经济合理的库存量,实现物资存储优化。

存储是物流系统的中心环节。物资从生产到客户之间需要经过几个阶段,几乎在每一个阶段都需要存储。究竟在每个阶段库存量保持多少为合理,为了保证供给需隔多长时间补充库存,一次进货多少才能达到费用最省的目的,这些都是确定库存量的问题,也都可以在存储论中找到解决的方法。其中应用较广泛的方法是经济订购批量模型,即 EOQ 模型。

(4)运用模拟技术对整个物流系统进行研究,实现物流系统的最优化。

例如,克莱顿·希尔模型,它是一种采用逐次逼近法的模拟模型。这个方法提出了物流系统的三项目标:最高的服务水平、最小的物流费用、最快的信息反馈。在模拟过程中,采用逐次逼近的方法来求解下列决策变量：流通中心的数目、对客户的服务水平、流通中心收发货时间的长短、库存分布、系统整体的优化。

3. 计算机管理系统管理法

计算机管理系统管理法是将物流成本的横向与纵向连接起来，形成一个不断优化的物流系统的循环。通过一次次循环、计算、评价，使整个物流系统不断地优化，最终找出其总成本最低的最佳方案。

五、相关物流理论

（一）"黑暗大陆"学说

所谓"黑暗大陆"学说，主要是指人们尚不认识、尚未了解的事物。如果理论研究和实践探索照亮了这块黑大陆，那么摆在人们面前的可能是一片不毛之地，也可能是一片宝藏之地。"黑暗大陆"学说是对物流本身的正确评价：这个领域未知的东西还很多，理论与实践皆不成熟。为了认识这块"黑暗大陆"，21世纪初经济危机到来之际，美国20世纪财团组织大规模调查，结果发现流通费用占零售总额的59％，其中大部分是物流费用，这为物流理论的研究奠定了基础。从某种意义上看，"黑暗大陆"学说是一种未来学的研究结论，是战略分析的结论，带有较强的哲学抽象性，这一学说对于研究物流成本管理领域起到了启迪和动员作用。

（二）物流成本冰山理论

"物流冰山"学说是日本早稻田大学西泽修教授提出来的。他在研究物流成本时发现，现行的财务会计制度和会计核算方法都不能掌握物流费用的实际情况，因而人们对物流费用的了解是一片空白，甚至有很大的虚假性。他把这种情况比作"物流冰山"，即物流便是一座冰山，其中沉在水面以下的是看不到的黑色区域，而看到的不过是物流成本的一部分，人们过去之所以轻视物流，正是因为只看见了冰山的一角，而没有看见冰山全貌的缘故。西泽修教授用物流成本具体分析了德鲁克的"黑暗大陆"学说，在"黑暗大陆"中和"冰山"的水下部分正是物流尚待开发的领域，也正是物流管理的潜力所在。因此，航行在市场之流上的企业巨轮如果看不到海面下的物流成本的庞大躯体的话，那么最终很可能会遇到与"泰坦尼克号"同样的厄运。而一旦物流所发挥的巨大作用被企业开发出来，它给企业所带来的丰厚利润也是有目共睹的。

（三）"第三利润源"学说

"第三利润源"的说法是日本早稻田大学教授、日本物流成本学说的权威学者西泽修先生在1970年提出的。从历史发展来看，人类历史上曾经有过两个大量提供利润的领域。长期以来，人们都习惯于把创造利润的焦点放在生产领域，因此产生了"第一利润源"和"第二利润源"之说。"第一利润源"是指物质资源的节约，"第二利润源"是指劳动消耗的降低。随着生产领域"利润源"的日益枯竭，人们开始将探寻的目光投向流通领域，发掘"第三利润源"。所谓"第三利润源"是指通过物流合理化，降低物流成本，成为继节约物质资源和降低劳动消耗之后企业获取利润的第三种途径。

这三个利润源着重开发生产力的三个不同要素：第一个利润源挖掘对象是生产力中的劳动对象；第二个利润源挖掘对象是生产力中的劳动者；第三个利润源主要挖掘对象则是生产力中劳动工具的潜力，同时注重劳动对象与劳动者的潜力，因而更具全面性。对第三利润源的理论最初认识是基于以下几个方面：

（1）物流是可以完全从流通中分化出来的独立体系，有目标，可以进行管理，因而能进行独立的总体判断。

（2）物流和其他独立的经济活动一样，它不是总体的成本构成因素，而是单独盈利因素，因而可以成为"利润中心"。

（3）从物流服务角度来说，通过有效的物流服务，可以给接受物流服务的生产企业创造更好的盈利机会，成为生产企业的"第三利润源"。

（4）通过有效的物流活动，可以优化社会经济系统和整个国民经济的运行，降低整个社会的运行成本，提高国民经济的总效益。

经济界的一般理解，是从物流可以创造微观经济效益来看待"第三利润源"的。

（四）"效益悖反"理论

"效益悖反"是物流领域中很常见、很普遍的现象，是这个领域中内部矛盾的反映和表现。"效益悖反"指的是物流的若干功能要素之间存在着损益的矛盾，即某一功能要素的优化和发生利益的同时，必然会存在另一个或几个功能要素的利益损失；反之，也如此。这是一个此消彼长、此盈彼亏的现象，虽然在许多领域中这种现象都是存在的，但物流领域中，这个问题似乎尤其严重。物流系统的效益悖反，包括物流成本与服务水平的效益悖反和物流各功能活动之间的效益悖反。

（五）其他物流成本学说

除了上述较有影响的物流理论学说之外，还有一些物流成本学说在物流学界广为流传。

1. 成本中心说

成本中心说的含义是：物流在整个企业战略中，只对企业营销活动的成本发生影响。物流成本是企业成本的重要组成部分，因而解决物流的问题，并不只要合理化、现代化，不只为了支持保障其他活动，重要的是通过物流管理和物流的一系列活动降低成本。所以，成本中心既是指物流是主要成本的产生点，又是指物流是降低成本的关注点，物流是"降低成本的宝库"等说法正是这种认识的形象表述。

2. 利润中心说

利润中心说的含义是：物流可以为企业提供大量直接和间接的利润，是形成企业经营利润的主要活动。对国民经济而言，物流也是国民经济中创利的主要活动。

3. 服务中心说

服务中心说代表了欧美一些学者对物流的认识。这种认识认为，物流活动最大的作用，并不在于为企业节约了消耗，降低了成本或增加了利润，而是在于提高企业对用户的服务水平，进而提高了企业的竞争能力。因此，他们在使用描述物流的词汇上选择了后勤一词，特别强调其服务保障的职能。通过物流的服务保障，企业以其整体能力来压缩成本，增加利润。

4. 战略说

物流具有战略性,是既能提供成本优势,又能提供价值优势的管理领域之一。高效、合理的物流管理,既能降低企业经营成本,又能为客户提供优质服务,属于企业战略管理范畴。

5. 系统说

物流利润的大部分会间接转移到企业整体效益的提高上,不能仅从物流费用的节省来简单地衡量物流利润。物流产生利润实际上是物流成本、物流利润的一种重新划分,它至少包括这样几个部分:物流时间的节省,物料、半成品、产成品在物流各环节停留时间的减少,意味着物资向资金流转速度的加快;物流费用的降低;用户满意度的增加。物流费用的降低当然可以直接体现出物流利润的增加,物流速度的提高所产生的效益,主要表现为生产周期的缩短、企业物资及资金流转速度的加快;用户满意度的提高,有利于产品形象和企业形象的优化。

第二节　物流成本计算

一、物流成本计算的含义、目的及对象

(一)物流成本计算的含义及目的

物流成本计算,是指企业按物流管理目标对物流耗费进行确认、计量和报告。物流成本计算是加强物流企业管理,特别是加强物流成本管理、降低物流成本、减少资金占用、提高物流企业经济效益的重要手段。物流成本计算的目的表现为:① 通过对物流成本的全面计算,弄清物流成本的大小,从而提高企业内部对物流重要性的认识。② 通过对某一具体物流活动的成本计算,弄清物流活动中存在的问题,为物流运营决策提供依据。③ 按不同的物流部门组织计算,计算各物流部门的责任成本,评价各物流部门的业绩。④ 通过对某一物流设备或机械(如单台运输卡车)的成本计算,弄清其消耗情况,谋求提高设备效率、降低物流成本的途径。⑤ 通过对每个客户物流成本的分解计算,为物流服务收费水平的制定及有效的客户管理提供决策依据。⑥ 通过对某一成本项目的计算,确定本期物流成本与上年同期成本的差异,查明成本超降的原因。⑦ 按照物流成本计算的口径计算本期物流实际成本,评价物流成本预算的执行情况。

(二)物流成本计算对象

成本计算对象,是指企业或成本管理部门为归集和分配各项成本费用而确定的,以一定期间和空间范围为条件而存在的成本计算实体。一般说来,物流成本计算对象有以下九种:

(1)以某种物流功能为对象,即根据需要,以包装、运输、储存等物流功能为对象进行计算。这种核算方式对于加强每个物流功能环节的管理,提高每个环节作业水平,具有重要的意义。

(2)以某一物流部门为对象,如以仓库、运输队、装配车间等部门为对象进行计算。这种核算对加强责任中心管理,开展责任成本管理以及对于部门的绩效考核是十分有利的。

(3)以某一服务客户作为计算对象,这种核算方式对于加强客户服务管理、制定有竞争力且有盈利性的收费价格是很有必要的。特别是对于物流服务企业来说,在为大客户提供

物流服务时,应认真分别核算在为各个大客户提供服务时所发生的实际成本。

（4）以某一产品为对象,这主要是指货主企业在进行物流成本计算时,以每种产品作为计算对象,计算为组织该产品的生产和销售所花费的物流成本。据此可进一步了解各产品的物流费用开支情况,以便进行重点管理。

（5）以企业生产的某一过程为对象,如以供应、生产、销售、退货等某过程为对象进行计算。

（6）以某一物流成本项目为对象,把一定时期的物流成本从财务会计的计算项目中抽出,按照成本费用项目进行分类计算。

（7）以某一地区为对象,计算在该地区组织供应和销售所花费的物流成本,据此可进一步了解各地区的物流费用开支情况,以便进行重点管理。

（8）以某一物流设备和工具为对象,如以某一运输车辆为对象进行计算。

（9）以企业全部物流活动为对象进行计算,确定企业为组织物流活动所花费的全部物流成本支出。

> **知识连接**
>
> 物流成本计算是物流成本管理的基础,物流成本数据是制定物流计划、控制物流作业以及评价物流业绩等活动不可缺少的资料。物流成本计算的科学、准确与否,影响着物流成本管理水平的高低。

二、物流成本计算的步骤

（一）基本步骤

1. 确定物流成本计算期间

物流活动是持续不断进行的,必须截取其中的一段时间作为汇集物流经营费用、计算物流成本的时间范围。这个时间范围就是物流成本计算期间。物流成本计算期间可以年、季、月为周期,也可以是某项作业周期,应当视具体情况而定。

2. 确定物流成本计算范围

物流成本计算范围是物流成本计算的具体内容,即应选取哪些成本费用项目来进行物流成本计算。根据物流成本分析控制的需要,从物流活动范围的角度看,确定供应物流费、企业内物流费、销售物流费、回收物流费和废弃物物流费中的哪些应纳入物流成本计算范围;从物流功能范围的角度看,在运输、搬运、储存、包装、流通加工等物流功能中,确定应选取哪些功能作为物流成本计算对象;从会计计算科目来看,确定把计算科目中的哪些项列入计算对象。在计算科目中,既有运费开支、保管费开支等企业外部开支,也有人工费、折旧费、修理费、燃料费等企业内部开支。这些开支项目把哪些列入成本计算科目,对物流成本的大小是有影响的。企业在计算某一物流成本时,既可实行部分科目计算,也可实行全部（总额）成本计算。另外,还可按费用发生的地点计算外部费用和内部费用。其中,内部费用存在一个费用分解问题，即把物流费用从其他有关费用中分解出来。

3. 确定物流成本承担者

成本承担者是指发生并应合理承担各项费用的特定经营成果的体现形式。物流成本承担者根据实际情况，可以是某一客户、某一作业种类、物流责任中心，乃至整个企业。

从上述三方面确定了物流成本计算对象，就可以收集物流成本数据，计算物流成本了。

(二) 具体步骤

下面以物流成本按支付形态为例说明核算的具体步骤。

1. 分类计算物流成本

按支付形态不同分类，将物流成本从相关科目中抽出并进行计算。

(1) 材料费，是由物流消耗而产生的费用。直接材料费可通过用各种材料的实际消耗量乘以实际的购进价格来计算。材料的实际消耗量可按物流成本计算期末统计的材料支出数量计算，在难以通过材料支出单据进行统计时，也可采用盘存计算法，即

$$本期消耗量 = 期初结存 + 本期购进 - 期末结存$$

材料的购进价格应包括材料的购买费、进货运杂费、保险费、关税等。

(2) 人工费，指对物流活动中消耗的劳务支付的费用。物流人工费用的范围包括职工所有报酬（工资、奖金、其他补贴）的总额，职工劳动保护费、保险费、按规定提取的福利基金、职工教育培训基金及其他费用。

在计算人工费的本期实际支付额时，报酬总额按计算期内支付给从事物流活动的人员的报酬总额或按整个企业职工的平均报酬额计算。职工劳动保护费、保险费、按规定提取的福利基金、职工教育培训基金及其他费用等，都需要从企业这些费用项目总额中把用于物流人员的费用部分抽出来。当实际费用难以抽出计算时，也可将这些费用的总额按从事物流活动的职工人数比例分摊到物流成本中。

(3) 公益费，指对公益事业提供的公益服务（自来水、电、煤气、取暖、绿化等）支付的费用。如果企业具备条件，每一物流设施都应安装计量仪表直接计算，但对没有条件安装计量仪表的企业，此部分费用可从整个企业支出的公益费中按物流设施的面积和物流人员的比例计算得出。

(4) 维护费，根据本期实际发生额计算，对于经过多个期间统一支付的费用（如租赁费、保险费等），可按期间分摊计入本期相应的费用中。对于物流业务中可按业务量或物流设施来掌握和直接计算的物流费，在可能的限度内直接计算出维护费，对于不直接计算出来的，可根据建筑物面积和设备金额等分摊到物流成本中。折旧费应根据固定资产的原值和经济使用年限，以残值为零，采用使用年限法计算，计算公式为

$$固定资产年折旧额 = 固定资产原值 / 固定资产预计经济使用年限$$

$$固定资产月折旧额 = 固定资产年折旧额 /12$$

对于有些按固定资产实际使用年限计提折旧的物流固定资产，其折旧额属于特别经费这一支付形态项目中。对于使用年限长且有价格变动的物流固定资产折旧，可根据实际情

况采用重置价格计算。

（5）一般经费，相当于财务会计中的一般管理费用。其中，对于差旅费、交通费、会议费、书报资料等使用目的明确的费用，直接计入物流成本。对于一般经费中不能直接计入物流成本的，可按职工人数或设备比例分摊到物流成本中。

（6）特别经费，包括按实际使用年限计算的折旧费和企业内利息等。

（7）委托物流费，根据本期实际发生额计算，包括托运费、市内运输费、包装费、装卸费、保管费、出入库费、委托物流加工费等，除此之外的间接委托的物流费按一定标准分摊到各功能的费用中。

（8）其他企业支付的物流费，虽然不是本企业的物流费支付，但对购进商品来讲，实际上已经将商品从产地运到销售地点的运费、装卸费等物流费用包含在进货价格中，如果到商品产地购进，则这部分物流费显然要由本企业支付。对于销售的商品，买方提货所支付的运费也相当于扣减了销售价格，如果销售的商品采用送货制，则这部分物流费也要由本企业支付。因此，其他企业支付的物流费实际上是为了弥补由本企业承担的物流费而计入物流成本的。它以本期发生购进对其他企业支付和发生销售对其他企业支付物流费的商品重量或件数为基础，乘以费用估价来计算，但当本企业也承担与此相当的物流费时，也可用本企业相当的物流费来代替。

2. 编制物流成本计算表

根据计算物流成本的需要，将以上通过计算得出的数据资料编制成各物流功能的成本计算表。物流成本计算表见表 11 - 2。

表 11 - 2　物流成本计算表

支付形态			范围	供应物流费	企业内物流费	销售物流费	退货物流费	废弃物物流费	合计
本企业物流费	本企业支付物流费	企业本身物流费	材料费						
			人工费						
			公益费						
			维护费						
			一般经费						
			特别经费						
			企业本身物流费						
		委托物流费合计							
		本企业支付的物流费							
	外企业支付的物流费								
	企业物流费总计								

三、作业成本法

（一）概述

物流作业成本法是以作业成本计算为指导，将物流间接成本更为准确地分配到物流作业、运作过程、产品、服务及顾客中的一种成本计算方法。

作业成本法的基本思想是在资源和产品之间引入一个中介——作业。由于产品的生产要受不同作业活动的影响，不同作业活动消耗资源费用的水平不同，因而不能把耗用的资源按产量等因素均衡地分配到产品中，而应先按作业活动归集发生的间接费用，然后根据决定或影响作业活动发生的因素，将其分配给不同产品。其基本原则是：产品消耗作业，作业消耗资源；生产导致作业的产生，作业导致成本的发生。作业成本法首先以作业为间接费用归集对象，归集间接费用，形成作业成本；再按不同作业的形成原因（成本动因），将其逐一分配到产品或产品线中。

> ### 知识连接
>
> 作业成本法立足于成本对象与物流作业耗费的因果关系，是一种更为准确也更有发展前途的物流成本计算方法。
>
> 所谓作业，就是指企业为提供一定量的产品或劳务消耗的人力、技术、原材料、方法和环境等的集合体。或者说，作业是企业为提供一定的产品或劳务发生的以资源为重要特征的各项业务活动的统称。
>
> 物流作业包括运输作业、储存与保管作业、包装作业、装卸搬运作业、流通加工作业、信息处理作业等，由这些作业构成物流整体作业。

（二）物流作业成本法的计算步骤

1. 分析和确定物流作业构成，建立物流作业成本库

（1）要辨别和确认物流作业。

作业是工作的各个单位，作业的类型和数量会随着企业的不同而不同。例如，一个顾客服务部门，作业包括处理顾客订单、解决产品问题及提供顾客报告三项。物流作业主要有以下五种。

① 原材料或劳务的接收、储存、分配，如原材料搬运、车辆调度等；

② 生产物流活动，如材料准备、设备测试等；

③ 产品集中储存和销售，如库存管理、送货车辆管理、订单处理等；

④ 产品或服务营销，如报价、定价等；

⑤ 仓库、物流设备设施等投入活动，企业物流管理、物流会计等活动。

（2）建立物流作业成本库（即物流作业中心）。

物流作业成本是成本归集和分配的基本单位，由一项作业或一组性质相似的作业组成。

建立物流作业成本库时，需从以下几方面考虑。

① 核算目的。若为获得相对准确的物流成本信息，则应对质相似和量相关的物流作业进行高度合并；若为加强物流作业管理，则应以利于部门管理为目的，在作业质相似的前提下，将次要物流作业合并到主要物流作业中。

② 作业重要性。对现在和将来重要的物流作业，应将其单独设立为一个物流作业中心。

③ 作业相似性。根据实际情况，合理合并作业动因相同、相似的物流作业。

正确确定物流作业，并建立物流作业中心，是进行物流作业成本计算必不可少的环节，应当引起企业的足够重视。

2. 分析和确定物流资源

资源是成本的源泉，一个企业的资源包括直接人工、直接材料、生产维持成本（如采购人员的工资成本）、间接制造费用及生产过程以外的成本（如广告费用）。资源的界定是在作业界定的基础上进行的，每项作业必涉及相关的资源，与作业无关的资源应从物流核算中剔除。

3. 确认物流成本动因

成本动因是指诱发企业成本发生的各种因素，也是引起成本发生和变化的原因，可分为资源动因和作业动因。物流资源动因反映了物流作业量与资源耗费间的因果关系，说明资源被各作业消耗的原因、方式和数量。因此，物流资源动因是把资源分摊到作业中去的衡量标准。作业成本计算要观察、分析物流资源，为每项物流资源确定动因，如仓库面积、体积是仓库折旧的资源动因。物流作业动因是最终成本对象耗费物流作业的原因和方式，反映成本对象使用物流作业的频度和强度，如商品检验活动的作业动因是商品检验的次数，是分配、计算商品检验成本的依据。进行物流作业成本计算时，物流成本动因的确认是难度最大也是最关键的步骤，物流成本动因确认不当，将影响物流成本的计算。物流成本动因可分为以下五种。

（1）作业批次数量。它引起了物流作业计划的制订、机械设备调试成本的发生。

（2）购货单数量。它引起了采购、收货部门物流成本的发生。

（3）发货单数量。它引起了发货部门物流成本的发生。

（4）销货单和用户的数量。它驱动了销售部门物流成本的发生。

（5）物流职工人数和工作通知单的数量。它是后勤服务和管理部门物流成本发生的原因。

辨别成本动因种类，以此确定适当的物流成本动因。例如，生产准备部工人的工资分配，以人工小时为资源动因，以生产准备次数为作业动因；采购部职员的工资分配，以职工人数为资源动因，以采购合同为作业动因。

4. 分配计算物流成本至成本对象

物流资源是物流成本耗费的基础，分配计算物流成本从分配计算物流资源开始。首先确定好物流资源，根据资源动因，把物流资源分配至各物流作业中心，形成物流作业成本库；然后根据作业动因，将各作业成本库中的物流成本分摊至各成本计算对象。

5. 计算各成本对象的物流总成本

将成本对象中分摊的各物流作业加总，即得成本对象负担的间接物流成本，再加上直接物流成本，就是各成本对象的物流总成本，并可据以计算单位物流成本。

物流作业成本法深入到作业，为对间接成本和辅助资源进行更为合理的分配和计算，提供了更科学、更准确的物流成本数据。

某家用电器制造公司生产两种产品 X 和 Y,与制造费用相关的作业成本及其他有关资料,见表 11-3。

表 11-3 作业成本资料

产 品	机器工时(小时)	调整准备(次)	检验(批次)	材料订购验收(次)
产品 X	1 500	50	50	200
产品 Y	1 500	25	100	100
制造费用(元)	300 000	7 500	9 000	30 000

要求:(1)确认每一成本库的成本动因,计算每一成本库的费用分配率。

(2)按每一成本库的分配率,将制造费用分配于产品 X 和 Y。

解:(1)确认成本动因,计算费用分配率,见表 11-4。

表 11-4 制造费用分配率表

成 本 动 因	动 因 数 量			制造费用(元) a	分配率 e=a/d
	产品 X b	产品 Y c	合计 d=b+c		
使用机器(小时)	1 500	1 500	3 000	300 000	100
调整准备(次数)	50	25	75	7 500	100
检验(批次)	50	100	150	9 000	60
材料订购验收(次数)	200	100	300	30 000	100
合 计					

(2)分配制造费用,见表 11-5。

表 11-5 制造费用分配表

作业活动	分配率 a	产品 X		产品 Y		制造费用(元) f=c+e
		动因量 b	分配费用(元) c=a×b	动因量 d	分配费用(元) e=a×d	
使用机器(小时)	100	1 500	150 000	1 500	150 000	300 000
调整准备(次数)	100	50	5 000	25	2 500	7 500
检验(批次)	60	50	3 000	100	6 000	9 000
材料订购验收(次数)	100	200	20 000	100	10 000	30 000
合 计			178 000		168 500	346 500

223

第三节　物流成本分析、预测与决策

　　物流成本分析是物流成本决策的基础,而物流成本预测则为企业物流成本决策提供依据。根据物流成本分析提供的素材,企业可制定各类物流成本决策,从而达到降低物流成本、提高物流成本使用效益及优化物流管理的目的。物流成本预测是企业物流成本管理的一个重要环节,能与物流成本分析一起为企业的物流成本决策提供科学的依据,以减少物流成本决策中的主观性和盲目性。

一、物流成本分析

（一）物流成本分析的含义及内容

1. 含义

　　分析是人们认识客观事物本质特征及其发展规律的一种逻辑思维方法。物流成本分析就是利用物流成本核算结果及其他有关资料,分析物流成本水平与构成变动的情况,研究影响物流成本升降的各种因素及其变动原因,寻找降低物流成本的途径。

　　物流成本分析并不只是对过去成本管理工作的回顾、总结与评价,更重要的是通过对过去企业物流资金耗费活动规律的了解,正确评价企业物流成本计划的执行结果,揭示物流成本升降变动的原因,为编制物流成本预算和成本决策提供重要依据,达到对未来成本管理工作展望和指导的目的。因而,物流成本分析是企业成本管理的重要组成内容。

　　其任务主要有:依据物流核算资料,对照成本计划和历史同期成本指标,了解物流计划完成情况和变动趋势,查找影响物流成本变动的原因,测定其影响程度,为改进物流成本管理工作,降低产品成本提供依据和建议。

2. 内容

　　物流成本分析贯穿于成本管理工作的始终,包括事前成本分析、事中成本控制分析和事后成本分析。

　　（1）事前成本分析。

　　事前成本分析是指事前预计和测算有关因素对成本的影响程度,主要包括两方面内容,即成本预测分析和成本决策分析。

　　（2）事中成本控制分析。

　　事中成本控制分析是指以计划、定额成本为依据,通过分析实际成本与计划成本、定额成本的差异,对成本进行控制。

　　（3）事后成本分析。

　　事后成本分析指将产品过程中发生的实际成本与计划成本进行比较,对产生的差异进行分析,找出成本升降的原因,这是成本分析的主要形式。事后成本分析主要包括:全部产品成本分析、可比产品成本分析、主要产品单位成本分析、产品成本技术经济分析。

（二）物流成本分析的原则及步骤

1. 原则

物流成本分析的原则，是指对与物流相关的费用进行分析时所应遵循的基本要求。物流成本分析应遵循以下四个主要原则：

（1）管理有用原则。管理有用是指物流成本分析要为物流成本管理服务，不是简单地为分析而分析，要求分析的物流成本数据能够为企业进行科学的管理决策和业绩考评提供帮助。

（2）经济可行原则。经济可行是指企业所选择的物流成本分析模式要坚持成本效益原则，即获取有关管理方面的信息时应充分考虑经济上的合理性。如果花费了大量的人力、物力、财力，事无巨细地追求趋向于详尽或精确的成本分析，结果就可能是得不偿失的。

（3）相容性原则。物流成本与物流服务是一种此消彼长的关系。不计后果地追求降低物流成本、提高经济效益，不仅可能损害客户的利益，而且最终可能导致企业自身的毁灭；而无限度地追求更高水平的物流服务，在导致物流成本迅速上升的同时，可能引发物流服务效率的下降。因此，物流成本分析就是要使处于竞争状态的企业，在物流成本一定的情况下实现物流服务水平的提高，或在降低物流成本的同时实现较高的物流服务水平。

（4）协调性原则。物流各个部门的活动常常处于一种相互矛盾的体系之中，由于物流中效益悖反现象是客观存在的，所以协调性原则要求为追求企业的最佳利益，妥善协调各部门之间的关系，从而实现成本最小化、效益最大化的管理目标。

2. 步骤

（1）确定分析目标。分析时，首先要明确物流成本分析所要达到的目标，然后才能根据实际情况进行分析。

（2）明确分析对象。物流成本的构成相当复杂，有些成本是显而易见的，有些又隐含在其他成本之中，出于降低物流整体成本的需要，也要把后者考虑在内。这样就必须明确物流成本分析的出发点，明确分析的对象。

（3）制定分析计划。对于一个比较系统的分析来说，制定计划是非常必要的，因此在开始进行分析前，应制定一个可行的分析计划。

（4）收集基本数据。进行成本分析的数据都来自企业已有的实践，这些数据应尽可能收集得完整和精确，只有这样才能计算出正确的结果。

（5）统计与核算。对收集到的数据，要用一定的数学工具进行统计与核算，从而得出科学的结论，以此为企业提供物流方面决策的依据。

（6）得出分析结果，提出改进建议。根据上面步骤得出的分析结果，有针对性地提出降低整体物流成本和提升企业绩效的意见。

二、物流成本预测

（一）物流成本预测的概念及必要性

所谓物流成本预测，就是指依据物流成本与各种技术经济因素的依存关系，结合发展前

景及采取的各种措施，利用一定的科学方法，对未来期间的物流成本水平及其变化趋势作出科学的推测和估计。在物流成本管理工作中，物流成本预测具有非常重要的意义。物流成本预测能使企业对未来的物流成本水平及其变化趋势做到"心中有数"，并能与物流成本分析一起为企业的物流成本决策提供科学的依据，以减少物流成本决策中的主观性和盲目性。

物流成本预测是企业物流成本管理的一个重要环节，在企业物流成本管理过程中有着不可替代的作用，主要有以下三点。

1. 物流成本预测为企业物流成本决策提供依据

物流成本预测是从客观实际出发，系统地研究物流过程中有关的信息资料，并对客观实际情况作出科学的论断，提出物流过程成本支出的若干可行性方案，以供企业决策。

2. 物流成本预测为确定目标成本打下基础

物流成本预测是物流成本管理的重要组成部分，是制定物流成本预算过程中必不可少的科学分析阶段。在物流过程之前，必须进行科学的分析论证，对每一步物流过程都应当有精心的成本预测，以免造成不应有的失误。

3. 物流成本预测可确定最佳的物流成本投入方案

物流成本预测可对物流各功能成本投入的多少及物流过程中的设计等方面进行分析、考核、测算，并以此为依据，提供若干套方案，根据多方面的综合平衡，测算企业最终的物流成本。

（二）物流成本预测的原理及内容

物流成本之所以能预测，是因为事物的发展变化总呈现出一定的规律或表现出一定的特征。这些规律或特征就是预测的理论依据，即预测原理，主要有：惯性原理、类推原理、相关原理、概率原理等。在进行物流成本预测时，根据预测原理对不同的对象选择不同的预测模型进行预测。物流成本预测的内容包括：运输成本的预测、仓储成本的预测、配送成本的预测、包装成本的预测、流通加工成本的预测、物流信息成本的预测。

（三）物流成本预测的分类及步骤

1. 分类

（1）按对象的范围，可分为宏观预测和微观预测。宏观预测是指对大系统的综合的、总体的预测，如对整个流通领域物流成本的预测，它要求对整个流通领域在物资流通的整个过程中所消耗的成本进行预测。而微观预测是对个别具体的物流企业物资流通过程中所支付的成本进行预测，如基层企业所作的生产成本、运输成本、仓储成本、配送成本的预测等。

（2）按时间的长短，可分为短期预测和长期预测。一般把一年或一年以内的预测称为短期预测，短期预测由于预测的时间短，不肯定因素和影响因素较少，所以预测结果比较准确。一般把一年以上的预测统称为长期预测，长期预测由于预测的时间比较长，有许多不确定因素的影响，所以预测结果一般不很精确，需要经常搜集新的信息或数据对预测方案和预测结果不断地进行完善和修补。

（3）按预测目的、所用方法不同，可分为定性预测和定量预测。定性预测是指预测者依靠熟悉业务知识、具有丰富经验和综合分析能力的人员与专家，根据已掌握的历史资料和直观材料，运用个人的经验和分析判断能力，对事物的未来发展作出性质和程度上的判断；然后再通过一定的形式综合各方面的意见，作为预测未来的主要依据。在定性预测法中主要有集合意见法、德尔菲法、主观概率法和历史类比法、经济指标法、调查预测法等。定量预测是根据过去和现在的资料，运用一定的数学方法建立预测模型，对现象未来的变化数值做出预测，包括时间序列分析预测法、回归分析预测法等。实际应用中应从预测对象的发展规律出发，正确地选择和运用预测方法。一般来说，当能够占有较多的数据资料时，可采用各种定量预测的方法；而当缺乏足够的数据资料时，只能采用定性预测的方法。在实际预测时，往往根据掌握的情况采用多种方法同时预测，以获得较为可靠的结论。

2. 步骤

为了保证预测结果的客观性，企业在进行物流成本预测时，通常分为以下五个具体步骤：

(1) 确定预测目标。

进行物流成本预测，首先要有一个明确的目标。物流成本预测的目标又取决于企业对未来的生产经营活动所欲达成的总目标。物流成本预测目标确定之后，便可明确物流成本预测的具体内容，据以搜集必要的统计资料和采用合适的预测方法。

(2) 搜集和审核预测资料。

物流成本指标是一项综合性指标，涉及企业的生产技术、生产组织和经营管理等各个方面。在进行物流成本预测前，必须掌握大量的、全面的、有用的数据和情况，并对原始资料进行加工整理和审核推算，以便去伪存真、去粗取精。对审核调整后的数据要进行初步分析，画出统计图形，以观察统计数据的性质和分布，作为选择适当预测模型的依据。

(3) 选择预测模型并进行预测。

在进行预测时，必须对已搜集到的有关资料进行分析研究，了解预测对象的特性，同时根据预测的目标和各种预测方法的适用条件及性能，选择出合适的预测模型，借以揭示有关变量之间的规律性联系。预测方法是否选用得当，将直接影响预测的精确度和可靠性。

(4) 分析评价。

分析评价是对预测结果的准确性和可靠性进行验证。预测结果受到资料的质量、预测人员的分析判断能力、预测方法本身的局限性等因素的影响，未必能确切地估计预测对象的未来状态。此外，各种影响预测对象的外部因素在预测期限内也可能出现新的变化。因而要分析各种影响预测精确度的因素，研究这些因素的影响程度和范围，进而估计预测误差的大小，评价预测的结果。预测误差虽然不可避免，但若超出了允许范围，就要分析产生误差的原因，以决定是否需要对预测模型加以修正。在分析评价的基础上，通常还要对原来的预测值进行修正，得到最终的预测结果。

(5) 提交预测报告。

将预测的最终结果编制成文件和报告，提交上级有关部门，作为编制计划、制定决策和拟订策略的依据。预测报告应概括预测研究的主要活动过程，列出预测的目标、预测对象及有关因素的分析结论、主要资料和数据、预测方法的选择和模型的建立，以及模型预测值的评价和修正等内容。

三、物流成本决策

（一）物流成本决策的含义与原则

决策是指决策者为了达到某种特定的目标，根据客观的可能性，在调查、预测和对现象规律性认识的基础上，运用科学的方法，从若干个可供选择的方案中选出一个令人满意的方案作为未来行动的指南。

物流成本决策是指针对物流成本，在调查研究的基础上确定行动的目标，拟订多个可行方案，然后运用统一的标准，选定适合本企业的最佳方案的全过程。在科技咨询成本决策中，要强调科学的决策，杜绝非科学的决策，才能减少决策失误。因此，决策必须遵从一些基本原则，包括最优化原则、系统原则、信息准全原则、可行性原则和集团决策原则。

最优化原则要求以最小的物质消耗取得最大的经济效益，或以最低的成本取得最高的产量和最大的市场份额，获取最大的利润等；系统原则要求决策时要应用系统工程的理论与方法，以系统的总体目标为核心，以满足系统优化为准绳，强调系统配套、系统完整和系统平衡，从整个经营管理系统出发来权衡利弊；信息准全原则要求不仅决策前要使用信息，就是决策后也要使用信息，通过信息反馈，了解决策环境的变化与决策实施后果同目标的偏离情况，以便进行反馈调节，根据反馈信号适当修改原来的决策；可行性原则要求决策必须可行，决策前必须从技术上、经济上以及社会效益上等方面全面考虑；集团决策原则要求决策不能靠少数领导"拍脑袋"，也不是找某几个专家简单地讨论一下，或靠少数服从多数进行决策，而是依靠和充分运用智囊团，对要决策的问题进行系统的调查研究，弄清历史和现状，掌握第一手信息，然后通过方案论证和综合评估以及对比择优，提出切实可行的方案供决策者参考。

（二）物流成本决策的分类

物流成本决策所要解决的以及所面临的问题是多方面的，因此有不同类型的决策。根据决策学理论，物流成本决策可归纳为以下五种类型。

1. 战略决策与战术决策

战略决策是一类关系到全局性、方向性和根本性的决策，这种决策产生的影响深远，在较长时间范围内会对企业物流成本产生影响，如物流企业配送中心的选址决策、仓库是租赁或自建决策等就对企业物流成本产生基础性影响。战术决策是为了保证战略决策的实施对一些带有局部性、暂时性或其他执行性质的问题所作的决策，如运输决策、库存控制决策等。

2. 规范性决策和非规范性决策

规范性决策是指在管理工作中，经常遇到一些重复出现的问题，这些问题的决策一般来说有章可循、有法可依，凭借已有的规章制度就可以解决，如物流成本的预算与控制决策。非规范性决策是指偶然发生的或初次出现的非例行活动所作出的决策，这种决策依赖于决策者的经验智慧和判断能力。

3. 单目标决策和多目标决策

决策目标仅有一个,称此类决策为单目标决策;若决策目标不止一个,就称为多目标决策。

4. 个人决策和集体决策

个人决策效率高,但决策有局限性,风险也较大,适合于物流成本决策中的战术性决策或非规范性决策问题。集体决策能充分发挥集体智慧,信息比较全面,可避免局限性,但决策过程较长,领导人较多,对一些紧急的决策问题,常常不能当机立断。

5. 确定型决策与非确定型决策

确定型决策是指所决策的问题的未来发展只有一种确定的结果,决策者的任务就是分析各种可行方案所得的结果,从中选择一个最佳方案,如企业常常用到的量本利分析决策就是确定型的物流成本决策。非确定型决策是指决策所处理的未来事件的各种自然状态发生具有不确定性,这种不确定性又分为两种情况:一种是可判明其各种自然状态发生的概率,这种类型的决策不论选取何种方案,都要冒一定的风险,故称为风险型决策;另一种是指对未来的自然状态虽有一定程度的了解,但又无法确定其各种自然状态发生的概率,故称为非确定型的决策。

(三) 物流成本决策的基本程序与要求

1. 确定决策目标

物流成本决策的目标就是要求在所处理的生产经营活动中,资金耗费水平达到最低,所取得的经济效益最大,这是物流成本决策的总体目标。在某一具体问题中,可采取各种不同的形式,但总的原则是必须兼顾企业目前和长远的利益,并且要通过自身努力能够实现。为了针对具体问题建立物流成本决策目标,应注意以下问题:认真分析决策的性质,以需要和可能为基础,选择适当的目标约束条件,目标必须具体明确等。

2. 广泛搜集资料

搜集的资料指与进行该项物流成本决策有关的所有成本资料及其他资料。广泛地搜集资料是决策是否可靠的基础。一般来讲,全面、真实、具体是这种搜集工作的基本要求。若做不到,决策便很难保证正确可信。

3. 拟定可行性方案

物流成本决策的可行性方案,就是指保证成本目标实现、具备实施条件的措施。进行决策必须拟定多个可行方案,才能从比较中择优。换言之,一个成功的决策应该有一定数量(当然应各自具备一定的质量)的可行性方案为保证。拟定可行性方案时,一般应把握住两个基本原则:一是保持方案的全面完整性;二是满足方案之间的互斥性。当然在实际工作中,这些原则可以根据具体情况,灵活掌握应用。

4. 作出选优决策

对各种可行性方案,应在比较分析之后根据一定的标准,采取合理的方法进行筛选,作出成本最优化决策。对可行性方案的选优决策主要应把握两点:一是确定合理的优劣评价标准,包括成本标准和效益标准;二是选取适宜的抉择方法,包括定量方法和定性方法。企业组织物流成本决策的方法,因决策内容、类型及资料等的不同而体现出差异和多样性,主要有差量分析法、决策表法、均衡分析法等。

第四节　物流成本控制

物流成本控制是企业在物流活动中依据物流成本标准,对实际发生的物流成本进行严格的审核,进而采取不断降低物流成本的措施,实现预定的物流成本目标。在现代企业管理中,物流成本控制占有十分重要的地位,它突破了传统物流成本管理把物流成本局限为"唯成本而成本"的研究领域,把重心转向企业整体战略这一更为广阔的研究领域。

一、物流成本控制的概念

物流成本控制就是在物流成本的形成过程中,对物流活动过程进行规划、指导、限制和监督,使之符合有关成本管理的各项法规、政策、目标、计划和定额,及时发现偏差,采取措施校正偏差,将各项消耗控制在预定的范围内。物流成本控制侧重于事后进行分析评价,并总结推广先进经验和实施改进措施,在此基础上修订并建立新的成本目标,促进企业不断降低整个物流系统的活动成本,达到有效管理物流活动的目的。

一般情况下,物流成本控制可按成本发生的时间先后划分为事前控制、事中控制和事后控制三类,也即成本控制过程中的设计阶段、执行阶段和考核阶段。物流成本事前控制通常采用目标成本法,也采用预算法,是指经过物流成本预测和决策,确定目标成本,并将目标成本分解,结合责任制,层层控制。物流成本事前控制主要涉及物流系统的设计,如物流配送中心的建设,物流设施、设备的配备,物流作业过程改进控制、物流信息系统投资控制等。据估计,物流中有 60%～80% 的部分在物流系统设计阶段就已经确定了,因此物流成本事前控制是极为重要的环节,它直接影响到以后物流作业流程成本的高低。

物流成本事中控制通常采用标准成本法,是对物流活动过程中发生的各项费用按预定的成本标准(如设备耗费、人工耗费、劳动工具耗费和其他费用支出等)进行严格审核和监督,通过计算差异、分析差异和及时的信息反馈来纠正差异。

物流成本的事后控制是对目标成本的实际发生情况进行分析评价,揭示问题、查明原因,为以后进行成本控制和制定新的成本目标提供依据。

> **知识连接**
>
> 物流成本控制,可分为广义的物流成本控制和狭义的物流成本控制。广义的物流成本控制,贯穿于物流的各个阶段,具体来说,包括事前控制、事中控制和事后控制。狭义的物流成本控制,仅指事中控制,是指在物流过程中,从物流过程开始到结束对物流成本形成和偏离物流成本要素指标的差异进行的日常控制。就目前来说,客观的实际情况要求不仅要注重日常物流成本控制,还必须重视事前的物流成本控制。

物流成本控制是加强物流成本管理的一项重要手段,经过一系列的成本控制可有效分析物流成本居高不下的原因,并找到相应的对策,促使企业不断提高物流管理水平,提高企业的经济效益。

二、物流成本控制的原则

在物流成本控制中,需要遵循以下几条原则。

(一)经济原则

这里所说的"经济"是指节约,即对人力、物力和财力等的节省,这是提高企业经济效益的核心。因此,经济原则是在物流活动过程中进行成本控制的基本原则,也是物流成本控制过程时刻要注意的一条原则。

(二)全面原则

在物流成本控制中要遵循全面原则,包括如下三个方面的含义。

(1)全过程原则。物流成本控制不限于生产过程,而是从生产向前延伸到投资、设计,向后延伸到用户服务成本的全过程。

(2)全方位控制。物流成本控制不仅对各项费用发生的数额进行控制,而且还对费用发生的时间和用途加以控制,讲究物流成本开支的经济性、合理性和合法性。

(3)全员控制。物流成本控制不仅要有专职成本管理机构的人员参与,而且还要发挥广大职工群众在物流成本控制中的重要作用,使物流成本控制更加深入和有效。

(三)责、权、利相结合的原则

只有贯彻责、权、利相结合的原则,物流成本控制才能真正发挥其效益。显然,企业管理机构在要求企业内部各部门和单位完成物流成本控制职责的同时,还必须赋予它们在规定范围内决定某项费用是否可以开支的权利。如果没有这项权利就无法进行物流成本的控制。此外,还必须定期对物流成本控制的业绩进行评价,据此进行奖惩以充分调动各单位和职工进行物流成本控制的积极性和主动性。

(四)目标控制原则

目标控制原则要求企业管理机构以既定的目标作为管理人力、物力、财力和各项重要经济指标的基础。物流成本控制是目标控制的一项重要内容,即以目标物流成本为依据,对企业物流活动进行约束和指导,力求以最小的物流成本获取最大的盈利。

(五)重点控制原则

这项原则要求对超出常规的关键性差异进行控制,旨在保证管理人员将精力集中于偏离标准的一些重要事项上。企业日常出现的物流成本差异往往成千上万、头绪复杂,管理人员对异常差异实行重点控制,有利于提高物流成本控制的工作效率。重点控制原则通常用 ABC 管

理法来实现,这种方法盛行于西方国家,在对物流成本指标的日常控制方面应用得也非常广泛。

三、物流成本控制的基本工作程序

物流成本控制可按以下程序进行。

（一）制定物流成本标准

物流成本标准是物流成本控制的准绳,物流成本标准首先包括物流成本预算中规定的各项指标,但物流成本预算中的一些指标都比较综合,还不能满足具体控制的要求,这就必须规定一系列具体的标准。确定这些标准的方法大致有三种:

（1）计划指标分解法。即将大指标分解为小指标,分解时可按部门、单位分解,也可按功能分解。

（2）预算法。就是用制定预算的办法来制定控制标准。有的企业基本上是根据年度的生产销售计划来制定费用开支预算,并把它作为物流成本控制的标准。采用这种方法特别要注意从实际出发来制定预算。

（3）定额法。就是建立定额和费用开支限额,并将这些定额和限额作为控制标准来进行控制。在企业里凡是能建立定额的地方,都应把定额建立起来。实行定额控制的办法有利于物流成本控制的具体化和经常化。

在采用上述方法确定物流成本控制标准时,一定要进行充分的调查研究和科学计算,同时还要正确处理物流成本指标与其他技术经济指标的关系（如和质量、生产效率等关系）,从完成企业的总体目标出发,经过综合平衡,防止片面性,必要时还应搞多种方案的择优选用。

（二）监督物流成本的形成

这就是根据控制标准对物流成本形成的各个项目,经常地进行检查、评比和监督。不仅要检查指标本身的执行情况,而且要检查和监督影响指标的各项条件,如设备、工作环境等,所以物流成本日常控制要与生产作业控制等结合起来进行。日常控制不仅要有专人负责和监督,而且要求费用发生的执行者实行自我控制,还应当在责任制中加以规定,这样才能调动全体职工的积极性,使物流成本的日常控制有群众基础。

（三）及时纠正偏差

针对物流成本差异发生的原因查明责任者。然后分别情况,分别轻重缓急,提出改进措施,加以贯彻执行。对于重大差异项目的纠正,一般采用下列程序:

（1）提出课题。从各种物流成本超支的原因中,提出降低物流成本的课题,这些课题首先应当是那些物流成本降低潜力大、各方关心、可能实行的项目。提出课题的要求包括课题的目的、内容、理由、根据和预期达到的经济效益。

（2）讨论和决策。课题选定以后应发动有关部门和人员进行广泛的研究讨论。对重大课题可能要提出多种解决方案,然后进行各种方案的对比分析,从中选出最优方案。

（3）确定方案实施的方法步骤及负责执行的部门和人员。

232

（4）贯彻执行确定的方案。在执行过程中要及时加以监督检查，方案实现以后还要检查方案实现后的经济效益，衡量是否达到了预期的目标。

四、物流成本控制的作用

物流成本控制在企业物流成本管理过程中可发挥巨大作用，对提高企业物流活动的竞争力至关重要，主要表现在以下三个方面。

（一）能够激发职工对物流成本控制的责任感

建立物流责任成本控制制度，把物流成本按相关标准划分成经济责任，层层落实到部门、物流过程以至个人。把物流成本信息处理及工作考核与各有关的物流成本控制指标紧密联系到一起，这样做可增强各部门、单位、个人的责任感，促进他们在各自的责权范围内，对物流成本行使控制权，达到降低物流成本、提高企业经济效益的目的。

（二）加强企业管理部门对物流各部门的业绩考核监督

物流成本控制能够使物流各部门、单位明确责任权限之后，有了考核业绩的目标，是好是坏一目了然，能够有效地改变物流过程中的职责不清、功过难分的"大锅饭"现象。由于功过分明便于奖惩，能充分调动物流部门的积极性和创造性，达到物流成本控制的目的。

（三）促使节约资金并合理利用资金

物流成本在企业成本中占有很大的比例，在整个物流过程中需要投入大量的人力、物力和财力，如果组织和处理不当就会造成大的损失和浪费，应把物流设备和物流活动看作一个系统，各物流要素同处于该系统之中，发挥着各自的功能和作用。努力提高物流效率可减少资金占用，缩短物流周期，降低储存费用，从而节省物流成本。

物流成本控制是物流成本管理的重要环节，它贯穿于整个物流过程之中。物流成本控制制度能够把事前物流成本预算、日常的物流成本控制有机地结合起来，因此它是加强物流成本管理、提高物流效率的重要步骤。

■ 小结和学习重点 ■

- 物流成本和物流成本管理的含义
- 物流成本的构成和分类
- 物流成本管理的内容与方法
- 相关物流理论
- 作业成本法
- 物流成本分析的原则
- 物流成本预测与决策的分类
- 物流成本控制的原则

本章对物流成本与物流成本管理进行了阐述。物流成本是指伴随企业的物流活动而发生的各种费用，是物流活动中消耗的物化劳动和活劳动的货币表现，是物品在实物运动过程中，如运输、仓储、装卸搬运、包装、流通加工、配送、物流信息处理等各个环节支出的人力、财力、物力的总和。物流成本管理不仅仅是管理物流成本，而是通过成本去管理物流，可以说是以成本为手段的物流管理方法，通过对物流活动的管理，从而在既定的服务水平下达到降低物流成本的目的。接着对物流成本的计算进行了阐述，主要介绍了作业成本法。同时，对物流成本分析、预测与决策进行了分析。最后介绍了物流成本控制的原则、工作程序与作用。

案例分析

物流成本：让你赢得最后一桶金

在超市里花 6 元钱买一瓶 2.25 L 的可口可乐时，有没有想过，这 6 元钱里，包含多少人工成本、多少原材料成本、多少利润，又有多少是物流的成本呢？也许听到答案后会感到吃惊：制造的成本，也就是把人工和原材料的费用加在一起，也不过 4 元左右，利润不过几毛钱，而相比之下，物流的成本超过了 1 元钱。

一瓶可乐，在仓储、运输上消耗的费用能够占到销售价格的 20%～30%。事实上，物流成本已经成为企业生产成本中不可忽视的一笔消耗。在市场竞争日益激烈的今天，原材料和劳动力价格利润空间日益狭小，劳动生产率的潜力空间也有限，加工制造领域的利润趋薄，靠降低原材料消耗、劳动力成本或大力提高制造环节的劳动生产率来获取更大的利润已较为困难。因而，商品生产和流通中的物流环节成为继劳动力、自然资源之后的"第三利润源泉"，而保证这一利润源泉实现的关键是降低物流成本。

思考

1. 为什么说物流是"第三利润源泉"？
2. 调查一下一瓶化妆品的物流成本占总成本的比例。

练习与思考

（一）名词解释

物流成本　物流成本管理　第三利润源　作业成本法　物流成本分析　物流成本预测　物流成本决策　物流成本控制

（二）单项选择

1. 物流活动中所消耗的物化劳动和活劳动的货币表现称为（　　）。

　　A. 物流成本　　　　B. 物流收益　　　　C. 物流价值　　　　D. 物流价格

2. 降低物流成本是企业的（　　）。

　　A. "第一利润源泉"　　　　　　　　　　B. "第二利润源泉"

C.“第三利润源泉” D.“第四利润源泉”

3. 效益悖反理论主要包括（   ）与服务水平的效益悖反和物流各功能活动的效益悖反。

A. 物流价格 B. 物流收益

C. 物流价值 D. 物流成本

4. （   ）是根据有关成本数据和企业具体的发展情况，运用一定的技术方法，对未来的成本水平及其变动趋势作出科学的估计。

A. 物流成本预测 B. 物流成本分析

C. 物流成本决策 D. 物流成本核算

5. （   ）是指运用预算的方法，设定成本费用标准，将实际物流成本（费用）与预算标准作比较，发现并纠正不利差异，提高经济效益。

A. 物流成本降低 B. 物流成本控制

C. 物流成本预测 D. 物流成本分析

（三）多项选择

1. 影响物流成本的因素有（   ）。

A. 产品因素 B. 时间因素 C. 空间因素 D. 竞争性因素

E. 人员因素

2. 物流成本管理的方法有（   ）。

A. 物流成本横向管理法 B. 物流成本纵向管理法

C. 物流成本降低 D. 计算机管理系统管理法

E. 物流成本核算

3. 物流成本管理的内容有（   ）。

A. 物流成本预测 B. 物流成本计划

C. 物流成本核算 D. 物流成本分析

E. 物流成本决策

4. 物流成本分析的原则包括（   ）。

A. 管理有用原则 B. 经济可行原则

C. 相容性原则 D. 协调性原则

E. 以历史最高水平为依据的原则

5. 物流控制的原则包括（   ）。

A. 经济原则 B. 全面原则

C. 责权利相结合原则 D. 目标控制原则

E. 重点控制原则

（四）简答

1. 什么是物流成本与物流成本管理，物流成本的构成与分类？

2. 物流成本管理的内容与方法有哪些？

3. 简述作业成本的特点及其计算程序。

4. 物流成本分析的原则、预测与决策有哪些分类？

5. 什么是物流成本控制？它所遵循的原则及工作程序有哪些？

部分参考答案

（二）单项选择

1. A　2. C　3. D　4. A　5. B

（三）多项选择

1. ABC　2. ABD　3. ABCDE　4. ABCD　5. ABCDE

第十二章 物流客户服务

学习目标

学完本章,你应该能够:

(1) 明确物流客户服务的概念;

(2) 掌握物流客户服务的重要性;

(3) 说明物流客户服务的内容;

(4) 掌握物流客户关系管理与客户满意度;

(5) 理解物流客户服务质量管理。

基本概念

物流客户服务　客户关系管理　客户满意度

第一节　物流客户服务概述

一、物流客户服务概述

1. 物流客户服务的概念

对企业来讲,外延的客户是指市场中广泛存在的、对企业的产品和服务有不同需求的个体和消费群体;内涵的客户是指企业的供应商、分销商,以及下属的不同职能部门、分公司、办事处、分支机构等。客户是相对于产品或服务的提供者而言的,是所有接受产品或服务的组织和个人的统称。

服务是企业为他人的需要提供的一切活动。服务是人或组织的活动,或者对一种可触知产品的临时可支配性,目的是满足客户的需求和预期的要求。

客户服务是指企业与客户交互的一个完整过程,包括听取客户的问题和要求、对客户的需求作出反应,并探询客户新的需求。广义上讲,任何能提高客户满意程度的项目,都属于客户服务的范畴。

物流服务是指物流企业,为其他需要物流服务的机构与个人提供的一切物流活动。

因此，物流客户服务是指物流企业为促进其产品或服务的销售，发生在客户与物流企业之间的相互活动。

物流客户服务是按照货主的要求，为克服货物在空间和时间上的间隔而进行的经济活动。其内容是满足货主的要求，保障供给。而且在量上，满足货主在适量性、多批次、广泛性上的需求；在质上，满足货主安全、准确、迅速、经济等方面的需求。具体包括运输与配送、保管、装卸搬运、包装、流通加工等，以及与其相关联的物流信息。

2. 物流客户服务的要素

物流客户服务是企业对客户的一种承诺，是企业战略的一个重要组成部分，它与当今企业高度重视的质量管理是完全一致的，因此必须引起管理人员的重视。

从物流服务的过程来看，物流客户服务可以分为交易前要素、交易中要素和交易后要素三部分，每部分都包含了不同的服务要素。

（1）交易前要素。

它是指产品销售前为客户提供各种服务的要素，如制定和宣传客户服务政策、完善客户服务组织，使之能按客户的要求提供各种形式的帮助。

（2）交易中要素。

它是指在将产品从供应方向客户实际运送过程中的各种服务要素，这些服务与客户有着直接的关系，是制定客户服务目标的基础。因此，这些服务对客户满意度具有重要影响。其中，包括商品断货标准、反馈、订货的能力、订货周期的要素、时间、货物周转、系统精度、订货方便性以及产品替代性。

（3）交易后要素。

它是指产品销售和运送后，根据客户要求提供的后续服务的各项要素，如设备安装、变更维修零部件、售后维修及维护、零配件供应、产品包装、处理客户投诉等。

3. 物流客户服务的作用

随着物流概念的成熟，人们越来越认识到客户服务成为物流系统，甚至整个企业成功运作的关键，是增强服务产品的差异性、提高产品和服务竞争优势的重要因素。物流服务的主要作用表现在以下三个方面。

（1）提高销售收入。

客户服务通常是物流企业的重要因素，它直接关系到企业的市场营销，通过物流活动提供时间与空间效用来满足客户需求，是物流企业功能的产出与最终产品。

目前，物流行业呈现不断发展的趋势，即期望通过服务使产品差异化，通过为客户提供增值服务与竞争对手有所区别。在许多情况下，客户对企业所提供的服务水平的变化与对产品价格的变化一样敏感。提高客户服务水平，可以增加企业的销售收入，提高市场占有率。

（2）提高客户满意度。

客户服务是由企业向购买其产品或服务的人提供的一系列活动。从现代市场营销概念的角度来看产品，对满足消费者需求来说，它具有三个层次的含义：即核心产品、形式产品和延伸产品。

客户关系指的是购买的全部产品，即不仅仅是产品的实物特点，还有产品的附加价值。

物流客户服务就是提供这些附加价值的重要活动,它对客户满意程度产生重要影响。从本质上来说,物流功能是买卖交易的最后阶段。客户服务水平在交易时自动产生,良好的客户服务可以提高产品的价值,从而提高客户对产品及服务的满意程度。因此,许多企业都将客户服务作为企业物流的一项重要功能。

(3) 留住客户。

过去,许多企业将工作的重点放在新客户的开发上,而对如何留住现有客户研究较少。最近研究表明,留住老客户更为重要,据统计,有近70%的销售份额是来自老客户,而开发一个新客户的成本,是留住一个老客户的5～10倍。对于企业来说,保持、挖掘一个老客户的服务能力,增加自身的份额比重,是实现销售增长的较容易的途径。

二、物流客户服务的内容

1. 供应链客户服务

供应链是围绕核心企业,通过对信息流、资金流和物流的控制,从原材料采购开始,制成中间产品以及最终产品,最后由销售网络把产品送到消费者手中的将供应商、分销商、零售商和最终用户连成一个整体的功能网链结构模式。

要提高供应链客户服务管理水平,就必须遵循供应链管理的原则和双赢策略,并建立战略合作伙伴关系。

供应链客户服务管理水平的高低主要取决于供应链性能水平的高低,评价供应链性能的关键因素主要有:速度、柔性、质量、成本、服务和库存水平。

2. 物流运输客户服务

搞好物流运输客户服务的主要内容就是物流运输的合理化,合理化的主要目的就是消灭运输过程中存在的一些不合理运输,从而提高运输效率、节约运输成本。不合理运输大多是由运输线路选择不当或对运输作业缺乏统筹规划造成的,其主要表现形式有:倒流运输、迂回运输、对流运输、无效运输、重复运输、过载运输等。

(1) 选择合理的运输方式。

选择运输方式应当依据货物的特性、批量、运输距离、时间要求和运输成本五个方面的影响因素,结合各种运输方式的特点进行。

总之,所选择的运输方式应当在满足物流服务总体要求的前提下,达到成本最低的目的,从而实现运输服务合理化。运输服务的合理化是企业降低物流成本、挖掘第三利润源的主要手段,也是物流服务管理人员的一项重要任务。

(2) 物流运输的合理化。

由于运输是物流的最重要的功能之一,因此物流的合理化在很大程度上依赖于运输的合理化。运输合理化的影响因素很多,起决定性作用的主要有以下五个方面,称作合理运输的"五要素"。

① 运输距离。在运输时,运输时间、运输货损、运费、车船周转等运输的若干技术经济指标,都与运距有一定比例关系,运距长短是运输合理与否的一个最基本的因素,缩短运输距离对宏观、微观方面都会带来好处。

② 运输环节。每增加一次运输环节，不但会增加起运的运费和总运费，而且必然要增加运输的附属活动，如装卸、包装等，各项技术经济指标也会因此下降。所以，减少运输环节，尤其是同类运输工具的环节，对合理运输有促进作用。

③ 运输工具。各种运输工具都有其使用的优势领域，对运输工具进行优化选择，按照运输工具的特点完成装卸运输作业，最大限度地发挥所用运输工具的作用，是运输合理化的重要环节之一。

④ 运输时间。运输是物流过程中花费较多时间的环节之一，尤其是远程运输，在全部物流过程中，运输时间占据物流时间的大部分，所以运输时间的缩短对整个物流时间的缩短有决定性的作用。除此之外，缩短运输时间，有利于加速运输工具和货物所占资金的周转，有利于运输线路通过能力的提高，对运输合理化有很大贡献。

⑤ 运输费用。运费在全部物流费用中所占比例最大，运费的高低对整个物流系统的竞争能力有很大的决定作用。事实上，运费的降低，无论对货主还是对物流企业，都是运输合理化的一个重要目标。运费的高低也是各种合理化措施是否行之有效的最终判断依据之一。

3. 物流配送客户服务

配送服务是直接面向最终客户所提供的物流服务，它需要将小批量、多品种的货物在较短的时间内交付给客户。合理的配送服务对提高整个物流服务水平具有重要的影响。

物流合理化的问题是物流配送要解决的问题之一，也是衡量配送本身是否合理的重要标志，国内外推行物流配送合理化，有以下方法可供借鉴。

（1）推行一定综合程度的专业化配送。

通过采用专业设备、设施及操作程序，取得较好的配送效果，并降低配送过分综合化的复杂程度及难度，从而追求配送合理化。

（2）推行加工配送。

在配送的过程中进行一定的加工，充分利用不可避免的中转，但不增加新的中转而追求配送合理化。同时借助于配送，使得加工的目的更加明确、与用户的联系更加紧密，避免了盲目性。加工与配送结合，在投入不增加太多的情况下可追求两个优势、两个效益，这是配送合理化的重要手段。

（3）推行协同配送。

通过协同配送，可以以最近的路程、最低的成本完成所有配送，从而取得合理化。

（4）实行送取结合。

配送企业与用户建立稳定、密切的协作关系。配送企业不仅成了用户的供应代理人，而且成为用户的储存据点，甚至成为产品代销人。在配送时，将用户所需的物资送到，再将该用户生产的产品带回，这种产品也成了配送中心的配送产品之一，或者作为带存代储，免去了生产企业库存的成本。这种方法，使运力充分利用，也使配送企业功能更有效地发挥，从而使得配送更加合理化。

（5）推行即时配送。

即时配送是企业快速反应能力的具体化，是最终解决客户担心断供之忧、大幅度提高供应保证能力的重要手段，是配送企业能力的体现。即时配送成本较高，但它是整个配送合理化的重要保证手段。此外，即时配送也是使用户实现零库存的保证手段。

4. 物流保管客户服务

物流保管服务，也就是为客户提供仓储服务或称库存服务。要提高物流保管客户服务水平，最基本的就是要做到库存合理化，它是以最经济的手段和方法从事库存活动。具体来说，库存合理化包括以下三方面内容。

（1）库存"硬件"配置合理化。

库存"硬件"是指用于库存的各种基础设备。事实证明，物流基础设施和设备不足、技术水平落后，或者设备过剩、闲置，都会影响库存功能的有效发挥。库存"硬件"不足，不但库存作业效率低下，而且也不可能对库存物资进行有效的维护和保养；反之，如果库存"硬件"过剩，就会增加被库存物资的成本从而影响库存的整体效益的发挥。所以，库存"硬件"的配置应以满足生产和消费为基准，从而做到恰当、合理地配置仓储设施和设备。

（2）组织管理科学化。

库存组织管理科学化有如下几种表现：

① 库存货物数量保持在合理限度之内，既不能缺少，也不能过多。

② 货物存储的时间较短，货物周转速度较快。

③ 货物存储结构合理，能充分满足生产和消费的需要。

④ 货物存储空间合理，能充分满足不同的流通环节和不同地点的需要。

（3）库存结构符合生产力的发展需要。

从微观上讲，合理的库存结构是指在总量和存储时间上，库存货物的品种和规格的比例关系基本上是协调的；从宏观上说，库存结构符合生产力发展的需要，库存的整体布局、仓库的地理位置和库存方式等应有利于生产力的发展。库存适当集中，除了有利于采用机械化、现代化方式进行各种操作外，更重要的是，它可以降低存储费用和运输费用，以及提供保供能力方面取得优势。

另外，提供一些增值的库存服务，特别是在仓库管理工作中的流通加工，如包装、组配、贴标签等为方便销售的初步加工，这些工作不仅会带来更多的客户，同时也增加了企业自身的收益。

第二节 物流客户服务关系
管理与客户满意度

一、客户关系管理的概念

CRM(customer relationship management)即客户关系管理，它是企业以客户关系为重点，通过开展系统化的研究，不断改进与客户相关的全部业务流程，使用先进的技术优化管理，提高客户满意度和忠诚度，实现电子化、自动化运营目标，提高企业的效率和效益的过程。其内涵是企业利用信息技术和互联网技术，实现对客户的整合营销，是以客户为核心的企业营销的技术实现。

客户关系管理是一种真正意义上的体制，包括如何为客户开展工作、如何解决客户问题、如何刺激客户购买公司的产品和服务，以及如何进行财务交易。简单地说，客户关系管理包括我们与客户打交道的所有方面。

二、物流客户关系管理的内容

物流客户关系管理是把物流的各个环节作为一个整体，从整体的角度进行系统化管理。它并不是单纯的管理软件和技术，而是融合了企业经营理念及生产管理、市场管理和客户服务等内容的管理方法。其主要内容有以下四个方面。

1. 物流客户识别与管理

这是物流客户管理的首要内容，它以支持企业在合适的时间和合适的场合，通过合适的方式，将合适价格的合适产品提供给合适的客户。物流客户识别与管理包括客户信息资料的收集和分析、信息交流与反馈管理、服务管理和时间管理等。

2. 物流客户满意度管理

物流客户服务是通过物流活动向客户提供及时、准确的产品。客户需求是现代物流的起点和动力，构成了物流服务的市场，同时也是物流企业的获利潜力；而在市场上，需求活动的最佳状态是满意，因此，客户满意是物流企业效益的源泉，客户满意度管理相应地也成为物流客户管理的中心和出发点。

3. 物流客户服务的开发

如何开发物流客户服务是物流客户关系管理的工作中心。物流客户具有一定的特性，因此，开发物流客户就要根据客户的特性，结合企业自身的特点，运用市场营销管理，通过建立良好的物流服务体系，进行精确的物流市场定位以及开展多样的物流促销活动等途径来开发物流客户，为企业赢得利润。

4. 巩固物流客户

除了要开发新客户，企业还应重视巩固现有的老客户，提高客户的忠诚度。巩固老客户最关键就是要使客户满意，与客户建立长期的合作关系。巩固老客户是一项长期、复杂的艰巨任务，物流服务企业可以采用建立物流服务品牌、提高物流客户满意度、开发物流服务新产品、实施忠诚客户计划等方法来巩固老客户，培养客户的忠诚度。

三、物流客户满意度

1. 物流客户满意度

客户满意是"客户对其要求已被满足的程度的感受"，是人们在接受了产品或服务后所作出的一种肯定的心理状态，是人们对产品的一种主观综合评价。

客户满意度（customer satisfaction measurement，CSM）来源于市场营销理论的基本概念。"满意度"是客户满足情况的反馈，它表示客户在每一个满意属性上的深度，是对满意的量化界定方法，是客户对所消费的产品、服务的满意状态和程度，是由事先期望与实际感受之比构成。

客户满意度分为两种：行为意义上的客户满意度和经济意义上的客户满意度。

行为意义上的客户满意度，是客户在历次购买活动中逐渐积累起来的连续的状态，是一种经过长期沉淀而形成的情感诉求，它是一种不仅仅限于"满意"和"不满意"两种状态的总体感觉。

经济意义上的客户满意度，可以从其重要性方面加以理解。企业的客户服务处于一般水平时，客户的反应不大，一旦其服务质量提高或降低一定限度，客户的赞誉或抱怨将呈数倍的增加。

2. 物流客户满意度评价

（1）实施客户满意度评价的战略意义。

自 1989 年瑞典、1994 年美国采用客户满意度指数测量本国经济的宏观和微观运行质量以来，世界上很多国家都开始采用客户满意度指数作为重要的经济指标。2000 版 ISO9000 也将客户满意作为基本质量理念之一。仅以上海为例，已有 300 家企业或行业接受了客户满意度指数的测评，取得了较好的反响。

实施客户满意度的重要性可以从宏观和微观两个方面来分析。

1）从宏观角度来看：客户满意度满足客户及社会需要，促进国民经济持续发展；适应全球经济一体化趋势；有利于提高企事业核心竞争能力，扩大市场份额；增强全民客户满意意识。

2）从微观角度来看：客户满意度充分了解企业的用户及潜在用户的需求；改善企业的公共关系及形象，增加企业获得各种商业的机会；确保企业得到各种正确的反馈信息，减少企业拓展、投资、改进中的失误；提高企业的市场决策管理水平和工作效率，以提高企业的市场竞争能力；提高企业的综合经济效益。

（2）物流客户满意度评价指标和体系。

物流客户满意度评价是客户服务评价的一个重要方法，它是从客户感受的角度研究客户服务质量的一种方法，包括面向供应链终端客户的服务满意度评价和面向供应链伙伴的服务满意度评价。

要实现客户满意战略，就必须有一套衡量、评价、提高客户满意度的科学指标体系。这套体系至少应该具有三项功能：测量和评价企业目前的客户满意度，提供提高客户满意度的思路，寻求实现客户满意度的具体方法。

建立客户满意度测评指标体系，应该遵循以下四项原则。

① 建立客户满意度测评指标体系，必须是客户认为重要的。因此，要准确把握客户的需求，选择客户认为是最关键的测评指标。

② 测评指标必须能够控制。客户满意度测评会使客户产生新的期望，促使企业采取改进措施，但是如果企业无条件或没有能力改进，则应该不采用这类测评指标。

③ 测评指标必须是可测量的。客户满意度测评的结果是一个量化的值，因此设定的测评指标必须是可以进行统计、计算和分析的。

④ 建立客户满意度测评指标体系还需考虑到与竞争者的比较。

客户满意度测评指标体系是一个多指标的结构，运用层次化结构设定测评结果，能够由浅入深、清晰地表述客户满意度测评指标体系的内涵。通过长期实践总结，将测评指标体系

划分为四个层次较为合理：

第一层次：总的测评目标"客户满意度指数"为一级指标。

第二层次：客户满意度指数模型中的六大要素——客户期望、客户对质量的感知、客户对价值的感知、客户满意度、客户抱怨、客户忠诚度，为二级指标。

第三层次：由二级指标具体展开而得到的指标，符合不同行业、企业产品或服务的特点，为三级指标。

第四层次：三级指标具体展开为问卷上的问题，形成四级指标。

测评体系中的一级和二级指标适用于所有的产品和服务，三级和四级指标根据具体的产品或服务的特点而定。

3. 提高物流客户满意度的方法

提高客户的满意度，关键是企业能为客户提供个性化的产品和及时的服务。

（1）提供个性化产品和服务。

随着商品经济的发展，较多的客户已经不再满足成批生产出来的产品，他们对体现个性的产品更加青睐。因此，企业可以在保持一定规模生产的同时，为客户提供满足其个性需求的产品，使客户能获得满意的感受。

（2）增强客户体验。

通常大部分的客户对细节十分注意，他们希望企业所提供的服务是"够水准"的服务，希望企业能拿出实际行动做好服务，希望企业能及时为他们解决难题，他们在购买产品和服务时是在接受一种体验，他们经常购买某一企业的产品或服务，是因为该企业创造了比竞争对手更让他们喜爱的体验。

（3）制定服务质量标准。

企业可以从服务的可靠性、反应性、权威性、体贴性等方面制定一定的标准来衡量自身所提供服务的好坏。

（4）重视客户关怀。

客户关怀是指物流企业对其客户从购买服务到购买服务后所实施的全部服务活动，如客户服务、优质的服务质量、及时完整的售后服务。客户关怀不仅仅是对客户有礼貌、不回避客户的目光等内容，更重要的是产品和服务的质量。客户关怀活动包含在客户接受产品和服务的客户体验的全部过程之中。

第三节 物流客户服务的质量与绩效管理

一、物流客户服务质量标准

盖尔定义："简单地说，价值就是质量，但是定义质量的是顾客，由他们来判断价格是否合适。"

客户服务与客户满意常常被混淆。客户满意是指客户对产品和服务可感知的效果，它是对产品和服务的全方位评价;客户服务的质量直接影响客户满意程度。研究表明,如果有一个客户对你的产品和服务抱怨,企业就会失去 19 个潜在客户。如果对客户抱怨处理得当,就会提高客户的忠诚度。现代物流管理的实质就是以客户满意为基础,向物流客户提供迅速、有效的产品。

在许多发达国家,现代的物流管理已经不仅仅是局限在降低物流成本上,而是通过提供最适宜的物流服务实现企业效益的最大化。

发达国家的服务业对附加值的贡献比其他任何领域都大,无论是个人还是机构,都越来越多地购买服务。质量作为形成服务差别和竞争优势的因素,显得越来越主要。

物流服务质量内涵丰富,主要包括以下内容。

(1) 商品质量。它是指商品在运送过程中对原有质量的保证。

(2) 物流服务质量。它是物流服务固有的特性,即满足物流客户和其他相关要求的能力。

(3) 物流工作质量。它是指物流服务各环节、各岗位具体的工作质量。这是对物流企业内部而言的,是在一定标准下的物流质量内部控制。

二、物流客户服务质量体系及其管理

物流客户服务质量体系就是为实施物流服务质量管理所需的组织结构、程序、过程和资源。企业必须把物流服务质量管理作为企业管理的核心和重点,把不断提高物流服务质量,更好满足客户和其他受益者的需求作为企业发展的宗旨。物流客户服务质量体系一般是按照 ISO9000 系列标准构建的,其作用是为了达到和保持物流客户服务质量的目标,使企业内部相信物流客户服务达到要求,使客户相信物流客户服务符合要求。

1. 物流客户服务质量体系

按照全面质量管理(TQM)的思想,物流客户服务质量体系应当具备下列要素。

(1) 物流管理者的职责。管理者首要的问题应该是认清自己在组织内部的职责,知道自己该做什么、怎样做,不能盲目行事。例如,当客户向组织提出新要求时,管理者应该向组织传达满足客户和法律法规要求的重要性,科学地制定物流客户服务质量方针,确保质量目标的执行,并按规定要求进行管理评审,确保资源的获得。管理者还要以达到客户满意为目的,确保客户的要求得到满足。

(2) 质量管理体系结构。质量管理体系结构是进行物流客户服务质量管理的基本框架。在这个框架中,应当明确质量管理的层级关系,各部门的目标、职责和权限等,通过组织结构的形式将管理过程的各环节联系起来,使之成为一个完整的质量管理体系。具体包括以下四个部分。

① 组织结构:质量管理体系的组织结构是组织为行使质量管理职能的一个组织管理的框架,其重点是将组织的质量方针、目标层层展开成多级的职能,再转化分解到各级、各类人员的质量职责和权限,明确其相互关系。

② 程序文件:程序是为进行某种活动所规定的途径。对于服务质量体系,所有程序必须最终形成程序文件,使之有章可循。程序文件是质量体系可操作性的具体体现,是质量体

系得以有效运行的可靠保证。程序文件没有固定的格式,形成文件的格式应根据服务企业的规范、活动的具体性质、服务质量体系的结构而采取不同的形式。

③ 控制过程:控制的过程就是要使执行情况与预期目标保持一致,确保预期目标的实现。设计的服务质量及其标准要通过测评和监控来确保实施情况和标准相吻合,当测评结果超出允许范围时,应分析原因并及时采取纠正措施。

④ 资源要素:构成物流客户服务质量管理体系的资源要素包括信息资源、人力资源和物质资源三部分。

信息资源。物流客户服务质量管理应当有效地利用来自客户、员工、企业管理层以及社会公众的质量反馈信息,并对它们进行必要的分析,使之成为质量控制和改进的依据。

人力资源。人力资源对于能否实施有效的质量管理具有决定性的因素,要充分发挥人力资源的作用,应当发挥企业高层管理者的领导地位,不断向员工提供质量培训,鼓励员工自己解决质量问题,并且对员工进行适当的激励。

物质资源。建立完善的质量体系需要对服务工具、通信设备、信息系统等基础设施投入大量的资金。

2. 物流客户服务的质量管理

物流客户服务过程的质量管理可以分为以下三个主要过程。

(1) 物流客户服务市场研究与开发的管理。

物流企业市场研究与开发过程是指通过预测把握客户期望、要求和行为特点,创造和提供客户个性化服务产品,从而永久地建立客户忠诚,获得和保留最大的利润,最终获得企业利益。

物流服务市场研究与开发的职责是确定和提高对服务的需求和要求,具体内容包括:对各种市场的确认和测量,对各种市场进行特征分析,对各种市场进行预估、确认、衡量,分析该项服务的各个构成要素。

(2) 物流客户服务设计的质量管理。

物流客户服务设计是物流客户服务的主要因素,物流客户服务设计质量管理的内容包括物流企业员工、物流客户、物流组织和管理结构、物流的有形环境与技术环境。

(3) 物流客户服务提供过程的质量管理。

物流客户服务提供过程是将服务从服务方提供到服务消费者的过程,是客户参与的主要过程,内容包括物流客户服务提供方的评定、物流客户的评定、不合格物流客户服务的补救等。

3. 评价物流客户服务质量管理体系

按照全面质量管理的思想构建出的物流服务质量管理体系是进行物流服务质量管理的基本保证,在实际运行过程中,随时对系统运行状况作出评价,以保证质量管理的全面实施。

物流客户质量管理体系的评价主要从以下方面进行。

(1) 始终坚持让客户满意的目标。让客户满意不但是全面质量管理的目标,也是物流客户服务质量管理的指导思想,不仅要求企业提供满足客户现有需要的物流服务,而且要不断开发新的服务项目以适应客户需求的变化。

(2) 实现全过程的质量管理。企业所构建的物流客户服务体系应当能够实现全过程的质量管理。

（3）有全面的质量观念。全面的质量观念不仅要求重视物流客户服务提供过程中的质量保证和控制，还应当重视与之相关的所有工作质量。

（4）重视全员参与。企业的物流客户服务活动是涉及各个部门，由各项工作组成的整体，因此，从企业的负责人到与物流活动相关的具体操作人员、后勤人员都通过自己的工作直接地或间接地影响着物流服务质量。

（5）以数据作为质量管理基础。对物流客户服务进行全面的质量管理是建立在数据统计上的，应当尽量避免在分析和解决质量问题时凭直观、凭经验的做法。

（6）有科学的工作程序。按照全面质量管理的思想构建的物流客户服务应当有科学的工作程序，即 PDCA 循环。PDCA 循环四个字母分别代表计划（plan）、实施（do）、检查（check）、处理（action），四个环节不断地循环运动，每经历一个循环解决一个主要问题，服务质量就提高一步。

4. 改进物流客户服务质量的途径

物流客户服务质量管理的改进可通过以下方法进行。

（1）营造持续改进物流服务的良好环境。在企业内部营造良好的环境，要员工通过学习明确改进物流服务质量的目标和目的，要让他们理解现代质量管理的真正内涵，了解服务质量测量和评价的方法，从而改进客户服务质量。

（2）设定物流服务质量标杆。企业要把行业中具有竞争力的佼佼者作为横向比较的对象，并且结合企业的实际，明确企业自身的服务质量改进战略，制定相应的改进措施。

（3）改善业务流程。业务流程是物流客户服务提供过程中各环节相互关系的写照，它涵盖了影响服务质量的绝大部分因素。改进服务质量应当实施有效的流程管理，不断地对业务流程进行审查，必要时对业务流程进行再造。

（4）改进服务方法。要通过倾听客户、员工、竞争对手以及公众的声音，了解客户习惯或喜欢的服务方式，并努力使之实现。

三、物流客户服务绩效评价指标

对物流客户服务的绩效水平进行全面的评价，可以运用以下几个指标。

1. 客户满意度

客户满意度是一个概括性指标，反映了企业对客户的重视程度。虽然通过问卷、座谈的方式可向客户获得客户满意与否的相关信息，但它在绩效评价体系中可操作性较差。因此，在具体的评价过程中，可将这一指标分解成若干指标进行评价，如企业的市场份额、企业形象、声誉、客户忠诚度等指标。

2. 物流客户服务的组成要素指标

物流客户服务要素可分为交易前要素、交易中要素、交易后要素。可根据这三类要素分别建立客户服务各项指标。

（1）交易前要素。

交易前要素有库存可得率、目标交付时间和信息能力三个指标，见表 12-1。

表 12-1　交 易 前 要 素

库存可得率	指企业及时满足客户需求的能力，当需求超过库存可得率时就会发生缺货
目标交付时间	指企业计划或承诺的交付时间
信息能力	指企业满足交易前客户咨询、运价谈判、培训等需求的能力

（2）交易中要素。

交易中要素有下订单的方便性、订单满足率、订货周期一致性等八个指标，见表 12-2。

表 12-2　交 易 中 要 素

下订单的方便性	指客户通过多种方式进行订货的可能性和每种方式的方便程度
订单满足率	指一定时期内满足订单的数量与订单总数的比率
订货周期一致性	指订货周期的波动情况
订货周期时间	指客户从下订单到接收货物、完成货款结算的实际时间
订单处理正确率	指一定时期内无差错的订单处理总数与订单总数的比率
订单跟踪	指对订单货物所处状态进行跟踪的能力
灵活性	指满足客户加急发货或延迟发货的可能性及企业应付突发事件的能力
货损率	指在物流服务作业过程中发生损坏或灭失的货物金额数与货物金额总数的比率

（3）交易后要素。

交易后要素有票据的及时性、退货与调换率、客户投诉率和客户投诉处理时间四个指标，见表 12-3。

表 12-3　交 易 后 要 素

票据的及时性	指回单、发票等票据的正确性和及时性
退货与调换率	指一定时期内退货或调换的货物总量与发送货物总量的比率
客户投诉率	指客户投诉的次数与总的服务次数的比率
客户投诉处理时间	指企业对客户投诉进行调查、采取补救措施，达到客户要求的总时间

企业在进行物流客户服务的绩效评价时应当结合自身的特点，对上述指标体系进行修改完善，并根据评价结果找到与目标水平的差距，通过采取必要的纠正和改进措施，不断提高客户服务质量。

- 物流客户服务的重要性
- 物流客户服务的内容
- 物流客户关系管理
- 物流客户满意度
- 质量服务体系

在计划经济时代,消费者注重的只是商品的有无、质量的高低和款式、外观的新颖与否,而很少注意其他的附加价值。近30年来,我国经济的高速发展、社会主义市场经济的建立导致服务业的迅速增长,企业经营和消费无处不感到服务的存在。客户对服务的要求也在增加。本章从物流客户服务的概念入手介绍了什么是客户服务、客户服务的要素以及客户服务的作用;阐述了供应链环境下物流客户服务的内容、客户满意度;最后介绍了物流客户服务质量的管理以及客户服务质量绩效的评价。

案例分析

沃格林的顾客服务

一、背景

1. 沃格林的规模现状

沃格林在 2008 年已不知不觉上升为全美地位最牢固、利润最高的零售企业之一,它顺利地度过了衰退期,创造了 17 年利润持续上涨的好成绩。它经营的 1 700 家商店分布在 29 个州,年获利 70 亿美元,居全国第一。

2. 沃格林的经营特点

沃格林公司的零售商店,给人以不同的感觉:长长的走廊里陈列着各种各样的小商品、小礼物,如钟表、拖鞋、土豆片、玩具、磁带、首饰、工艺品等。也许看起来有点杂乱无序,但它们可以用一个词来表达:便利。公司的商品陈列及位置的选择无不体现了公司"无论何时何地都将便利放在最重要的地位"的经营理念。沃格林便利店吸引了许多人,包括青年人、老年人、已婚的、单身的,之所以有如此大的吸引力,关键在于便利,这正是顾客最希望的。

沃格林公司之所以取得如此辉煌的成绩,在于它们从小处做起,不放过任何机会,做好每一笔生意,从每一个细小的地方来方便客户。沃格林便利店从每周、每年的销售记录中了解它们出售的每一种商品的市场占有率正在发生什么样的变化,从而把握机会。沃格林的便利策略经过实践的考验被证明是有效的,以下我们从几个方面具体分析一下沃格林公司

的经营战略。

二、实施

1. 从价格方面方便客户

沃格林的每一件商品都是"个人的日用商品"，这不仅指食物和药品，还包括电池、磁带、手表、闹钟、收音机等其他商品。贝鲁纳认为，价格也与方便客户有关，"从方便客户的角度看，如果你的一台有毛病的收音机需要修理的话，你是否愿意去商店花 3.99～19.99 美元换一台呢？这就涉及方便客户的问题"。

2. 在商品的选择上方便客户

沃格林选择商品一方面基于市场调查；另一方面则源于直觉。在追踪购买者趋势之后，公司成功推出了一种新型双铃闹钟，年销量达 3 万只，这里面也有决策和勇气的因素。吉列剃须刀一经面世，沃格林马上购进。

公司管理人员一直引以为豪的是无论顾客希望在沃格林买到什么商品，他们都很快予以满足，并且他们与生产商密切联系，随时可获取最新产品的动态。

3. 商品的陈列以方便顾客为主旨

公司经营的基本战略之一就是：陈列商品使之便于购买，并支持生产商的广告宣传，介绍新商品，最终使人们熟悉并大量购买。由于沃格林抢先出售吉列产品，它的销量竟占吉列产品第一年总产量的 10%。

当然，不是所有的产品都像"吉列剃须刀"这么成功，泰特卷刀就是一例。它恰好在1991 年圣诞节前推出，是一种可切片、切丁、削皮的小工具。"我们认为它是一个多功能、精致的工艺产品，销量应该看好，况且还有广告助阵。结果不然，它的销量平平，不足以弥补投资。"贝鲁纳继而总结道："当你在季节性销售时期推出产品，你总得冒风险，难免不出现失误。"

4. 不断推陈出新以便利顾客

沃格林的标志之一，就是商店后面的喷泉和饭馆。但现已消失得无影无踪，如劳利·梅那所言，这是"麦当劳"现象引起的，因为"快餐业确实压制了饭馆业的发展"。

引起饭馆业滑坡的另一个关键原因是地理位置问题。公司已经发现了更有利可图的业务，扩展了维生素、药品等个人用品的销量。空间设置表明了企业每日的商品经销状况，因为"新商品是零售业的生命"，企业必须在有限的空间内调整产品布局，增设新品种。

毫无疑问，每增加一个新品种，沃格林必须淘汰某一旧品种，决策的依据仍然是感觉和潮流。比如，它曾淘汰室内用品，给蓬勃兴起的化妆品和药品市场让出经营的空间。这样公司在不放弃顾客提供便利的前提下，可以用增加的空间来经营利润更高的产品线。

5. 店铺的选址以便利顾客为条件

在零售业中，地点选择是一个重要因素，沃格林对此十分清楚并采取行动。在喧闹的商业区的中心地带，在城市郊区的交叉点，在商业大厦的显眼处，你都可以发现沃格林的商品，贝鲁纳认为地点是零售业成功的关键所在。

对公司商店选址的考查，需对每一待选地点的交通状况、出口和入口、人口增长、人口分布、竞争性、销售潜力和便利性等情况进行认真研究，其中便利性又是关键。商店是否醒目？停车是否困难？进出是否方便？

250

进行地点决策的程序一般是这样的：首先由市场调查委员会研究各潜在地点，搜集信息；其次，由一个执行小组评估经济上的可行性，然后由一个财团评估该地点；最后由包括董事长和总裁在内的决策委员会评审决定，这样复杂的决策过程使许多地点方案难以通过，因为沃格林不仅希望处于一条合适的街道上，而且还要求位于这条街道的合适的一侧。

6. 利用先进的信息系统便利顾客，战胜竞争对手

在美国的沃格林商店都有卫星通信系统联系，这套系统不仅提供各商店的销售收入存货情况，而且还可以用来战胜竞争对手。沃格林便利店起先是从生产角度考虑安装这套设备的，现在它们试图同样转向市场观念，利用它创造沃格林独一无二的市场景象。

具体做法是：顾客可以从任何地方拨通 1-800-沃格林专线，找到 24 小时营业的最近的沃格林商店。如果有登记过的订货单，可以在任意商店取货，即使你处于沃格林市场区域之外，公司也会把商品送到门前。因为公司最近的广告词为："任何时候，任何地方"。

除此之外，卫星通信网还有一些其他好处，监测系统有助于配售中心追踪购买行为，维持适当存量；在一家商店售罄的商品，顾客可通过卫星指示到附近其他的沃格林商店购买；重要信息可以快速传递。比如，1982 年泰莱依贿赂曝光，沃格林的所有商店都迅速撤离，价格变化可以瞬间传至 1 700 家店，"以前出纳员总是忘记什么东西在削价，因此错误总是难免的，"梅那解释道，"现在则不同了。"公司可以将音乐和广播传送到所有的 1 700 家店，向所有的顾客介绍新产品，且具有"双市场"功能。也就是说，如果梅奈波利雨雪霏霏而佛罗里达烈日炎炎，则可分别播放由中心控制的雪刷和防晒霜广告。

展望未来，沃格林计划继续靠新技术在竞争中战胜对手，公司创立了一个"计算机集成制造系统（SIMS）"以促进商店的自动组货。沃格林公司的领导人认为，SIMS 的秘密在于它具有预测功能。传统的"卖一买一"的存货控制战略也有优点，但缺乏季节调整，商店购货更多地依据过去的销售量而非未来可预见的销售量。SIMS 将注重季节性和购买趋势对货物分配的影响，这成为沃格林在未来几年内继续保持领先的又一有力的营销策略。

三、述评

国外零售企业从 10 年前开始抢滩中国零售市场，至今已成站稳脚跟之势。从进入到扎根的十余年时间里，与之竞争的中国零售企业真正体会到了国际化竞争的艰难，其中的酸甜苦辣自不必说。但国外厂商开拓、占领市场的成功经验是值得我们学习的，本案例沃格林经营中的一些做法就很有特色。沃格林经营的做法，如果独立来看都是市场营销教科书中最基本的内容，并无过人之处，但是沃格林的经营理念："便利"二字串联起来，这些做法就极富特色了，或许这正是它的成功所在。

沃格林作为一个零售企业，其经营策略最突出的特色表现在对顾客的便利上，在于它所有的经营活动都是以方便和满足顾客的要求为前提，一切为顾客着想。

（1）店铺中商品排放的原则是：便利顾客，便利体现在商品陈列及陈列商品的组合。"新产品是零售业的生命，企业必须在有限的空间内调整产品的布局，增设新品种。"既要不断增设新品种的陈列位置，又要把仍然拥有顾客的老品种保留下来。沃格林的做法是，把商品布局中的地理位置问题，很巧妙运用到商品摆放布局中。

（2）以最优惠的价格吸引顾客，在最便利的地方为顾客提供便利服务。"价格也与方便

顾客有关"这是一种很有见解的思维方式。

(3) 善于发现顾客的潜在需要,不断以最新的产品为顾客提供所需要的服务。

(4) 紧跟时代潮流以最新进的物流信息系统方便顾客,赢得竞争优势。不仅沃格林,大凡成功的企业多是以先进技术为先导的,物流行业更是如此,没有先进的信息技术,物流的发展是不可能的。

(5) 顾客资源是一个企业特别是零售企业的生命,谁拥有了丰富的顾客资源,谁就能在竞争中脱颖而出,获得良好的效益。"便利"就是沃格林赢得顾客的资本,在经营的每一个环节都突出"便利"二字,就成为沃格林成功的法宝。一切为顾客着想,不折不扣地实行企业经营活动的基本原则,给顾客提供优质的服务。

思考

1. 如何解决好企业本身获取最高利润给予顾客最多优惠之间的矛盾? 如何理解对于竞争性强的日用消费品,薄利多销往往更有利于企业获得更好的整体利润?

2. 你如何理解零售商业中的"便利"二字? 如果你是企业经理人怎样将"便利顾客"的思想灌输到每一个员工的头脑中,并转化为实实在在的行动?

3. 企业该如何不断增强老顾客的忠诚度?

4. 你认为便利顾客与方便自己能否实现完美的统一?

练习与思考

(一) 名词解释

物流客户服务　客户关系管理　客户满意度

(二) 填空

1. 物流客户服务的要素包括_____、_____、_____、_____。

2. 物流服务质量内涵包括_____、_____、_____。

(三) 多项选择

1. 全面质量管理的内涵包括( )。

　　A. 全面的质量观念　　　　　　　　B. 全过程的质量管理

　　C. 全员参与的质量管理　　　　　　D. 全部的质量管理

2. 合理化运输的五要素包括( )。

　　A. 运输距离　　　　　　　　　　　B. 运输时间

　　C. 运输费用　　　　　　　　　　　D. 运输环节

3. 客户满意度分为( )。

　　A. 行为意义上的客户满意度　　　　B. 经济意义上的客户满意度

　　C. 实践意义上的客户满意度　　　　D. 时间意义上的客户满意度

(四) 简答

1. 客户关系管理的内容包括哪些?

2. 怎样提高客户满意度?

3. 物流客户服务绩效评价指标都有哪些?

部分参考答案

1. 交易前要素　交易中要素　交易后要素
2. 商品质量　物流服务质量　物流工作质量

（三）多项选择

1. ABC　2. ABCD　3. AB

第十三章 物流与电子商务

■ 学习目标 ■

学完本章,你应该能够:
(1) 了解电子商务的定义及其模型;
(2) 了解电子商务与物流的关系;
(3) 熟悉电子商务物流常见的模式;
(4) 熟悉跨境电商中的物流模式。

■ 基本概念 ■

电子商务 电子商务物流 跨境电商

随着信息技术的快速发展,电子商务迅速兴起,电子商务的产生,给传统商业交易行为带来了巨大的冲击。传统物流业线下的布局不再按部就班、按照传统的商业习惯进行了,物流业的行为开始受到电子商务行业的影响,物流业开始向着信息化、智能化的高速发展道路发展。

本章主要介绍电子商务的基本概念、物流电子商务的概念、电子商务下物流模式的演变以及跨境电商中的物流模式。

第一节 物流电子商务概述

一、电子商务概述

电子商务通常是指在全球各地广泛的商业贸易活动中,在因特网开放的网络环境下,基于浏览器/服务器应用方式,买卖双方不谋面地进行各种商贸活动,实现消费者的网上购物、商户之间的网上交易和在线电子支付以及各种商务活动、交易活动、金融活动和相关的综合服务活动的一种新型的商业运营模式。

1. 电子商务的概念模型

电子商务的概念模型由交易主体、电子市场、交易事务、信息流、资金流、物资流等基本要素构成。如图 13-1 所示。

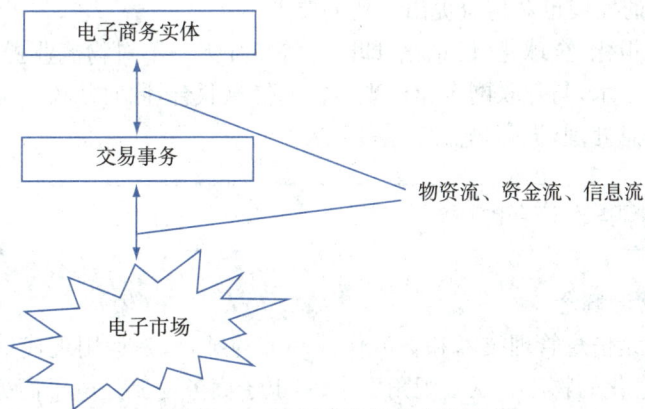

图 13-1　电子商务的概念模型

电子商务实体，又称为电子商务交易主体，是指能够从事电子商务活动的客观对象，可以是企业、银行、商店、政府机构、科研教育机构和个人等。

电子市场是指电子商务交易主体从事商品和服务交换的场所，它由各种各样的商务活动参与者，利用各种通信装置，通过网络连接成一个统一的经济整体。

交易事务是指电子商务交易主体之间所从事的具体的商务活动的内容，例如询价、报价、转账支付、广告宣传、商品运输等。

电子商务的任何一笔交易，包含着以下三种基本的"流"，即物资流、资金流和信息流。

（1）物资流也就是物流，主要是指商品和服务的配送和传输渠道，对于大多数商品和服务来说，物流可能仍然经由传统的经销渠道；然而对有些商品和服务来说，可以直接以网络传输的方式进行配送，如各种电子出版物、信息咨询服务、有价信息等等。

（2）资金流主要是指资金的转移过程，包括付款、转账、兑换等过程。

（3）信息流既包括商品信息的提供、促销营销、技术支持、售后服务等内容，也包括诸如询价单、报价单、付款通知单、转账通知单等商业贸易单证，还包括交易方的支付能力、支付信誉、中介信誉等。

2. 物流与电子商务的关系

（1）物流是电子商务的一个组成部分。

从电子商务的概念模型的构成可以看出，物流是电子商务重要的一个组成部分，所有的电子商务交易活动都要涉及物流、资金流、信息流，而物流就是资金流和信息流的基础和载体。

（2）物流是电子商务成功的关键要素。

任何电子商务活动，如果没有一个高效、合理、畅通无阻的物流系统支持，电子商务活动

就无法顺利进行，电子商务所具备的优势也无法发挥。电子商务发展的速度很大程度要受到物流发展速度的制约，物流业的技术、物流业的信息化程度等都不同程度的影响着电子商务的发展。因此，从某种意义而言，物流是电子商务成功与否的关键要素。

（3）电子商务的发展促进了物流业的发展。

电子商务的发展，为物流产业的发展带来了广阔的空间，信息技术的发展也为物流企业建立高效、敏捷的信息化网络提供了坚实基础。

（4）电子商务的发展也对物流提出了新的要求。

电子商务的虚拟化、全球化、信息化、即时性等特征无一不对物流业提出了新的要求，物流业需要应用新的技术，与互联网企业实现紧密的信息联合，同时物流企业内部也需要采用技术进行高效的信息处理，提高物流综合服务水平。

三、电子商务物流的概念和特征

1. 电子商务物流概念

电子商务物流是信息管理技术和物流作业环节的结合，是运用现代信息技术整合物流环节，实现高度信息化的物流。从宏观角度来讲，电子商务物流是电子商务和物流两个行业的结合，是为电子商务这一新兴行业作配套，主要为电子商务客户提供服务的物流。

2. 电子商务物流的特征

（1）信息化。

物流信息化表现为物流信息的商品化、物流信息收集的数据库化和代码化、物流信息处理的电子化和计算机化、物流信息传递的标准化和实时化、物流信息存储的数字化等。

（2）电商物流服务的柔性化。

柔性化本来是为实现"以顾客为中心"的理念而在生产领域提出的。柔性化要求根据消费者需求的变化来灵活调节生产工艺，没有配套的柔性化的物流系统是不可能达到目的的。作为连接电商商家和消费者之间的最后一道桥梁，物流服务商要充分根据环境的变化、消费者需求的变化而适时进行服务的调整。

（3）物流服务功能的多样化。

电子商务概念模型中的资金流、信息流、物资流的"三流合一"将是物流服务发展的趋势。在进行最后配送的过程中，物流配送人员在将货物交付到客户手中的同时，也在进行着信息流的适时反馈，有的还会承担货到付款的代收款服务等多种服务综合。

四、电子商务物流的发展趋势

1. 物流信息技术智能化趋势

智能化是物流自动化、信息化的一种高层次应用。为了提高物流现代化的水平，物流的智能化已成为电子商务背景下物流发展的一个新趋势。在整个电商物流服务过程中，所有信息的及时处理都需要信息的连接，物流服务人员要想完全发挥信息载体的作用，必须采用现代化的信息技术手段。

2. 物流服务人性化趋势

未来的电子商务物流在服务过程中会越来越贴近消费者的需求，越来越人性化。比如消费者可以实时查看自己的商品配送的时间、地点、配送人员信息等，同时消费者也可以对物流配送服务提出个性化的需求。

3. 全球化趋势

电子商务的无边界特征使得全球商贸环境变成了一个地球村，尤其最近几年我国对外开放的步伐加快，"一带一路"倡议的提出，使得跨境电商物流成为未来物流发展的一个重要趋势。

第二节　国内电子商务环境下的物流模式

电子商务物流就是基于互联网技术，旨在创造性地推动物流行业发展的新商业模式。通过互联网，物流公司能够被更大范围内的货主客户主动找到，能够在全国乃至世界范围内拓展业务；贸易公司和工厂能够更加快捷地找到性价比最适合的物流公司。网上物流致力于把世界范围内最大数量的有物流需求的货主企业和提供物流服务的物流公司都吸引到一起，提供中立、诚信、自由的网上物流交易市场，帮助物流供需双方高效达成交易。目前已经有越来越多的客户通过网上物流交易市场找到了客户，找到了合作伙伴，找到了海外代理。网上物流提供的最大价值，就是更多的机会。

目前我国电子商务物流常见的模式主要有自营物流模式、第三方物流模式、物流联盟模式和物流一体化模式。

一、自营物流模式

自营物流模式就是企业借助自身的资源条件，包括物流设备、设施、物流技术、物流组织等，自行组织各种物流服务活动的模式。也就是企业自己建立属于自己的物流配送体系。

自营物流是在电子商务刚刚萌芽的时期，那时的电子商务企业规模不大，从事电子商务的企业多选用自营物流的方式。企业自营物流模式意味着电子商务企业自行组建物流配送系统，经营管理企业的整个物流运作过程。在这种方式下，企业也会向仓储企业购买仓储服务，向运输企业购买运输服务，但是这些服务都只限于一次或一系列分散的物流功能，而且是临时性的纯市场交易的服务，物流公司并不按照企业独特的业务流程提供独特的服务，即物流服务与企业价值链是松散的联系。如果企业有很高的顾客服务需求标准，物流成本占总成本的比重较大，而企业自身的物流管理能力较强时，企业一般不采用外购物流，而采用自营方式。由于中国物流公司大多是由传统的储运公司转变而来的，还不能满足电子商务的物流需求，因此，很多企业借助于他们开展电子商务的经验也开展物流业务，即电子商务企业自身经营物流。

1. 自营物流模式的特点

（1）自有固定物流设施，如仓库、车队等。自营物流企业需要进行投资，自行购置或者租赁仓库、组建运输车队等。

（2）统一管理。自营物流的企业中，物流部门在组织结构中是与其他部门相辅相成的一个部门，在实际运作中，需要根据公司的战略统一计划、执行。

2. 自营物流模式的优势

（1）掌控主动权，提高服务水平。通过自营物流，企业可以对物流配送中的每一个环节进行完全控制，能够确保有效减少失误，提升物流服务质量水平。

（2）降低交易成本，提高物流效率。企业自营物流模式可以合理地规划管理流程，使物流与信息流、资金流、商流紧密结合，敏捷处理，提高物流服务效率，减少各环节的成本支出。

（3）物流服务具有针对性、专业性优势，能够实现战略一体化的作用。自营物流可以根据企业自身的情况，从采购到生产、销售等各方面进行一体化的管理，最大限度地实现零库存生产、营销。

（4）保护商业秘密，提升品牌价值。企业自营物流可以最大限度地做好信息管理工作，降低商业秘密泄露的风险，能够树立良好的企业形象，提升企业的品牌价值。

3. 自营物流模式的风险

（1）投资大、风险高。想要采用自营物流模式，需要投入大量的人力、设备还有技术，必然会带来高昂的资本支出，而这将会给企业的资金利用带来一定的风险。

（2）管理风险。相对于企业自身业务而言，自营物流属于跨行业运营，而跨行业的管理必然会存在一定的难度和风险，还可能会降低原有的专业优势。

（3）效益值无法得到准确评估。自营物流的物流部门与业务部门属于组织结构中的并列部门，物流部门的投入产出与公司整体的成本收益混合在一起，很难准确区分出物流的成本收益，因此，想要评估自营物流的效益值相对较难。

（4）物流终端风险的扩散可能。企业自营物流，目的是提升自身的服务水平和实力，但是如果终端服务存在不足，反过来可能会影响企业自身的品牌价值。

目前在中国，采取自营模式的电子商务企业主要有两类：第一类是资金实力雄厚且业务规模较大的电子商务公司。电子商务在中国兴起的时候，国内第三方物流的服务水平还远不能满足此类电子商务公司的要求。第二类是传统的大型制造企业或批发企业经营的电子商务网站，由于其自身在长期的传统商务中已经建立起初具规模的营销网络和物流配送体系，在开展电子商务时只需将其加以改进、完善，便可满足电子商务条件下对物流配送的要求。选用自营物流，可以使企业对物流环节有较强的控制能力，易于与其他环节密切配合，全力专门地服务于该企业的运营管理，使企业的供应链更好地保持协调、简洁与稳定。

小案例　苏宁物流

苏宁物流已经完成了在中国内地、中国香港、日本等 280 多个地级城市的网络布局，2015 年，苏宁物流建成 12 个自动化分拣中心、60 个区域物流中心、300 个城市分拨中心以及 5 000 个社区配送站，并逐步向社会开放物流资源和能力。

苏宁自建区域物流中心已交付 23 个，在建及代建近 14 个，仓储总面积近 400 万平方米，车辆数超 5 000，高峰时期可达两万辆，日均配送量超过 300 万件。

为大力发展快递业务,苏宁物流将原先使用的 SAP 系统升级为 LES 系统,可支持多样化的物流业务。

在行业主管部门的指导下,苏宁物流积极申请快递从业牌照,已经取得 200 多个城市的国内快递牌照及电商企业唯一一个国际快递牌照。

2014 年,苏宁物流推出急速达、半日达、一日三送等特色化产品,不断完善覆盖城市及农村市场的物流网络布局。苏宁正在建设中的 20 万平方米的南京雨花二期自动化仓库,建成后仓库存储能力可达到约 150 万 SKU、2 000 万件商品,日发货量 181 万件。

2014 年 11 月 24 日,苏宁物流云综合信息服务平台正式成为第一批次国家认定的 10 家物流信息服务平台之一,这也是唯一一家入围的电商物流公司。

苏宁 2015 年度目标责任书签署大会上,董事长张近东提出,苏宁将全面开放物流云,2015 年苏宁物流仓储面积将达 500 万平方,90% 以上乡镇实现次日达,同步将低成本、高质量、广覆盖的仓储配送能力向平台商户和供应商全面开放。

2017 年 4 月,苏宁"共享快递盒"正式诞生,用可循环使用的塑料"漂流箱",代替传统的纸盒包装,这种绿色、环保的物流行动直击快递业过度包装、污染环境的痛点,很快受到人民日报、中央电视台、新华社等权威媒体的关注,并受到商务部点名表扬。

二、第三方物流模式

随着信息技术的发展和经济全球化趋势,越来越多的产品在世界范围内流通、生产、销售和消费,物流活动日益庞大和复杂,而第一、第二方物流的组织和经营方式已不能完全满足社会需要;同时,为参与世界性竞争,企业必须确立核心竞争力,加强供应链管理,降低物流成本,把不属于核心业务的物流活动外包出去。于是,第三方物流应运而生。

第三方物流(third-party logistics,简称 3PL 或 TPL)是指生产经营企业为集中精力搞好主业,把原来属于自己处理的物流活动,以合同方式委托给专业物流服务企业,同时通过信息系统与物流企业保持密切联系,以达到对物流全程管理控制的一种物流运作与管理方式。

第三方物流是指独立于买卖之外的专业化物流公司,长期以合同或契约的形式承接供应链上相邻组织委托的部分或全部物流功能,因地制宜地为特定企业提供个性化的全方位物流解决方案,实现特定企业的产品或劳务快捷地向市场移动,在信息共享的基础上,实现优势互补,从而降低物流成本,提高经济效益。第三方物流是相对"第一方"发货人和"第二方"收货人而言的,是由第三方物流企业来承担企业物流活动的一种物流形态。

3PL 既不属于第一方,也不属于第二方,而是通过与第一方或第二方的合作来提供其专业化的物流服务,它不拥有商品,不参与商品的买卖,而是为客户提供以合同为约束、以结盟为基础的、系列化、个性化、信息化的物流代理服务。服务内容包括设计物流系统、EDI 能力、报表管理、货物集运、选择承运人、货代人、海关代理、信息管理、仓储、咨询、运费支付和

谈判等。

1. 第三方物流模式的特点

（1）长期性。生产企业与物流企业的合作属于委托关系，为了保证服务质量，长期合作是必然特点。

（2）合约性。将物流服务全盘委托给第三方物流公司，双方必然要签订符合法律的正式合同，双方合作具有合约的强制制约性质。

（3）增值性。第三方物流公司的专业服务，将会给生产企业带来较大增值。

（4）扩展性。第三方物流公司的业务内容不仅仅局限于简单的物流转移，还会扩展到信息服务、安全支付等，这就使得第三方物流公司必然会不断拓展产品服务线，提供多元化增值服务。

2. 第三方物流模式的优点

（1）企业可以专心于核心业务，充分发挥管理优势。

（2）借助专业技术，提高信息服务水平。第三方物流公司具有专业的物流服务技术，物流信息化水平较高，企业可以借助物流公司的专业优势，削弱原本企业物流信息化方面的瓶颈制约，有效提高服务水平。

（3）降低固定投资成本，减少风险。选择第三方物流，意味着企业可以在物流的固定资产方面减少较大的投资，降低资金占用风险，提高资金的充分利用率。

（4）降低运作成本。第三方物流公司借助原有的技术和成本优势，可以对资源进行集约利用，从而有效降低运作成本。对于企业而言，可以顺势减少可变成本的支出。

（5）充分利用第三方物流公司的网络优势，提升服务效率和质量。第三方物流公司有着生产企业无法比拟的地域网络。利用覆盖面广的地域网络，第三方物流公司可以高效地完成商品物流配送，提高效率和服务质量。

（6）提升品牌价值。第三方物流公司提供的服务多种多样，通过与物流公司灵活多样的合作，企业可以借力提升品牌服务的实力，从而提升品牌价值。

3. 第三方物流模式的缺点

（1）企业对于物流环节的控制能力下降。物流服务由第三方公司来提供，中间过程中可能会存在各种风险和变数，而企业很难进行有效地把控，这有可能会带来一定的管理风险。

（2）服务风险。将物流服务转给第三方物流公司，就意味着企业放弃了与终端客户的直接接触的机会。第三方物流公司的服务水平将会直接影响到生产企业的服务水平。

（3）信息安全风险。物流终端配送服务由第三方物流公司承担，客户的隐私信息将全部暴露在物流公司面前，面对复杂多变的商业环境，客户隐私资料被泄露的风险将会加大。

（4）连带风险。生产企业与第三方物流公司的合作，必然会是长期的合作，在合作过程中，物流公司的经营风险可能会影响生产企业的正常经营。

在国内，第三方物流企业一般都是具有一定规模的物流设施设备（库房、站台、车辆等）及专业经验、技能的，批发、储运或其他物流业务的经营企业。第三方物流是物流专业化的重要形式，它的发展程序体现了一个国家物流产业发展的整体水平。

目前,物流配送模式主要分为自建物流模式、第三方物流模式以及物流联盟。

1. 京东物流配送的模式

京东采用的是自建物流模式和与第三方物流合作的配送模式。自建物流控制能力较强,可跟踪物流变化,服务水平可以不断改进提高,提供个性化的服务,反应速度也比较快,但是投资成本比较高,缺乏物流专业管理人才,专业化水平低。配送点的选址、人员配备等很难进行合理确定,且配送的费用也因为配送规模小而较难降低。第三方物流配送模式成本较低,比较专业,但是无法保障对用户的服务,以及无法对配送的过程实施监控。

(1) 自建物流配送模式。对于京东的自建物流配送模式,其属于服务业,因此客户的体验是一个非常重要的问题。京东自营物流配送模式是物流配送的每个环节都由他们自己来管理和运行,通过建立完整、先进的配送系统来完成每个配送任务,包括企业的内部物流和外部物流,这种运营模式有利于京东进行自身的管理,并且能保证服务的质量。京东在北京、上海、广州市区的配送全部是通过自己的配送体系来完成的。另外,还在北京、广州、上海三地设立多处自提点,顾客收到到货信息后自己前往提货点进行提货。京东选择这样的自营物流使得它更方便地监管、控制物流的每一个环节,并且可以保证服务的高质量。由于京东物流网点的覆盖范围比较广,顾客可以以最快的速度收到自己的货物,从而提高顾客的满意度和忠诚度,使企业更具有竞争力。

(2) 第三方物流配送模式。京东采用的另外一种配送模式是第三方物流配送模式,就是指京东为了节约配送成本,将原本属于自己配送的货物委托给专业的物流服务企业进行配送,同时通过信息系统与物流企业保持密切联系,以达到对配送过程的监控与管理。京东相对专业的物流企业来说,配送必然没有物流企业的专业化。因此,在没有网点或者配送成本比较高的情况下,京东则将部分物流配送业务外包给专业的第三方物流公司。通过这种配送模式京东可以节省物流成本,并且可以根据自身的需求来选择合适的第三方物流企业,灵活性较大。京东在自营配送无法到达的领域,选择与当地的第三方物流企业进行合作,来完成货物的配送任务。虽说京东商城在2010年获得了100亿元的销售额,可其主要业务仍局限于北京、上海、广州等经济发达城市。因此从长远考虑,京东就必须将业务阵营扩展到二级城市或三级城市。但是在全国每个二级城市都建立自己的物流配送网点,成本非常高昂。并且现在二级城市的利润还比较低,经济不是很发达,难以维持物流配送网点的运营。因此,对于一些难以配送或者配送成本较高的地区和城市,京东选择与第三方物流合作来完成物流配送。

2. 京东物流配送中存在的问题

京东面对的多数是个人消费者,他们较为分散,一次性购买的量也比较少。消费者对配送的速度、质量、价格是非常重视的,消费者总希望以较低的成本买到更好的服务。对于京东而言,同样也希望以最低的成本来为消费者提供最好的服务,此时双方就产生了利益的冲突,因此京东就要选择合适的配送体系,来提高企业效益。

（1）配送延迟。随着网购的流行,京东商城的订单量在快速增长,货运量也因此越来越多,京东的物流配送能力无法满足这么庞大的订单量,使得大量的订单出现延误,并且已经配送的货物出现不同程度的货损和货差。每当"双十一"、春节来临,网购的人会剧增,订单量也会随之增加,配送的货物量十分庞大,因此在这种网购高峰期时,京东的配送能力更是无法满足,从而出现了订单延误和配送延迟。

（2）客户满意度低、投诉增多。电子商务企业物流配送服务水平的高低直接影响网购者购物的满意度,配送的快慢、配送货物的货损货差、配送人员的服务态度都会影响顾客的体验。例如京东配送不及时、货物出现问题、损坏赔偿不完善、配送人员服务态度有待提高、信息沟通机制不能及时顺畅等,都大大地影响了顾客满意率。

（3）物流成本高昂。在国内找不到一家能在服务、速度、费用三者之间取得平衡的物流公司来满足京东物流需求。对于京东而言,自营物流配送模式的物流成本是一项特别高的支出,基础设施的瓶颈、物流资源未能有效整合导致成本偏高、物流滞后。消费者在网上下过订单后,其余的活动由电子商务企业完成,但由此产生的运输费用还是由消费者承担,这样也间接增加了物流成本。

（4）无法监控第三方物流。京东将一部分业务外包给第三方物流企业,由于无法对其进行实时监控,在配送过程中产生的各种问题京东也都无法得知和控制。比如:野蛮搬运导致货物损坏,快递公司私自向顾客收取额外的费用等,都影响到企业形象和信誉度。

对于京东自营而言,京东物流属于自营物流,对于其余商家而言,京东物流属于第三方专业物流。

三、物流联盟模式

物流联盟是指物流服务的当事人在物流服务方面选择少数稳定且有较多业务往来的物流公司通过契约形成长期互利、优势互补、要素双向或多向流动、互相信任、共担风险、共享收益的物流伙伴关系,是战略联盟的一种具体形式。

物流联盟是制造业、销售企业、物流企业基于正式的相互协议而建立的一种物流合作关系,参加联盟的企业汇集、交换或统一物流资源以谋取共同利益;同时,合作企业仍保持各自的独立性。物流联盟为了达到比单独从事物流活动取得更好的效果,在企业间形成了相互信任、共担风险、共享收益的物流伙伴关系。企业间不完全采取导致自身利益最大化的行为,也不完全采取导致共同利益最大化的行为,只是在物流方面通过契约形成优势互补、要素双向或多向流动的中间组织。联盟是动态的,只要合同结束,双方又变成追求自身利益最大化的单独个体。

1. 物流联盟模式的优点

（1）降低经营风险。一个企业的力量是有限的,在物流方面的战略实施和投资等都会有较大的风险和压力。多家企业共同承担,摊薄成本的同时也降低了运营风险,从而有效提升了风险的承受能力。

（2）集多家之长，提高竞争实力。多家企业的联合，在降低成本的同时，也可以集合多家企业各自的优势领域，1+1＞2，能够有效抵御外来竞争的对抗，提升竞争优势。

（3）强化专业实力，提升服务水平。多家企业的联盟，有利于优势互补，减少重复劳动，取长补短，共同进步，从而使得物流服务水平更加专业。

2. 物流联盟模式的缺点

（1）多方关系的巩固将会成为难题。作为联盟各方，各自追求的利益目标不可能完全一致，在多角关系的维系中，巩固很难，破坏却是一件非常容易的事情。

（2）联盟的协调管理，可能会从不同程度上影响主业的运营。多家企业的联盟，在管理风格上可能会存在极大差异，企业有可能要耗费极大精力进行管理，而这就有可能会造成对主营业务的冲击。

（3）一荣俱荣、一损俱损的风险。联盟中任何一员的不当行为都可能会影响整个联盟的品牌价值。

选择物流联盟伙伴时，要注意物流服务提供商的种类及其经营策略。一般可以根据物流企业服务的范围大小和物流功能的整合程度这两个标准，确定物流企业的类型。物流服务的范围主要是指业务服务区域的广度、运送方式的多样性、保管和流通加工等附加服务的广度。物流功能的整合程度是指企业自身所拥有的提供物流服务所必要的物流功能的多少，必要的物流功能是指包括基本的运输功能在内的经营管理、集配、配送、流通加工、信息、企划、战术、战略等各种功能。一般来说，组成物流联盟的企业之间具有很强的依赖性，物流联盟的各个组成企业明确自身在整个物流联盟中的优势及担当的角色，内部的对抗和冲突减少，分工明晰，使供应商把注意力集中在提供客户指定的服务上，最终提高了企业的竞争能力和竞争效率，满足企业跨地区、全方位物流服务的要求。

🛩 小案例　菜鸟联盟

菜鸟联盟是提升电商物流服务体验的组织，成立于2016年3月28日，由阿里巴巴三大战略业务板块之一的菜鸟网络牵头，联合国内外主要物流合作伙伴组建。

菜鸟联盟的目标是用5—8年的时间，服务1 000万家企业，每年配送1 000亿个包裹。

菜鸟联盟成立以来，已经推出当日达、次日达、预约配送等优质产品，并承诺"说到就到、不到就赔"。

截至2016年7月，菜鸟联盟当日达、次日达已经覆盖700多个区县，预约配送覆盖了全国2600多个区县，大大提升了电商物流的时效和服务品质。

菜鸟联盟成立当天，中国主要的快递企业和落地配企业均到场支持，并承诺一起致力于提高中国电商物流的服务品质。

目前，菜鸟联盟首先开始推动物流行业的服务分层，把大数据、云计算等能力赋予物流合作伙伴，帮助合作伙伴提升服务能力，并在电商平台的商品页面上，给这些优质物流服务打上专用标志。

四、物流一体化模式

1. 物流一体化模式的定义

所谓"物流一体化"就是以物流系统为核心的始于生产企业、经由物流企业、销售企业直至消费者供应链的整体化和系统化模式。只有当物流业高度发达，物流系统日趋完善，物流业成为社会生产链条的领导者和协调者，才能够为社会提供全方位的物流服务。

物流一体化是在第三方物流的基础上发展起来的新的物流模式。20世纪90年代，西方发达国家如美、法、德等国提出物流一体化现代理论，并应用和指导其物流发展，取得了明显效果。在这种模式下物流企业通过与生产企业建立广泛的代理或买断关系，使产品在有效的供应链内迅速移动，使参与各方的企业都能获益，使整个社会获得明显的经济效益。这种模式还表现为用户之间的广泛交流供应信息，从而起到调剂余缺、合理利用、共享资源的作用。在电子商务时代，这是一种比较完整意义上的物流配送模式，它是物流业发展的高级和成熟的阶段。

2. 物流一体化模式的优势

（1）稳定的契约关系，有利于集约优势的发挥。在物流一体化的模式下，生产产业与物流企业将会建立稳定的契约关系，与销售企业进行长期广泛的合作模式，从而有效地集成发挥各方的优势，能够实现资源有效集约化的特征。

（2）共享信息、共享资源。物流一体化使得参与的各方的信息资源需要不同程度地向合作方进行放开，部分资源需要共建、共享，能够更有效地提高资源的高效利用。

（3）提高服务效率和水平。物流一体化的实现，使得整个物流活动得到统一整合，有效实现了物流系统要素的集成化、相互制约和相互联系，促成了整个物流环节要素的统一管理，进一步提高了物流的服务效率和服务水平。

（4）有效控制了物流成本。一体化的物流配送模式，使得成本的核算是根据整个供应链的集成运作来进行的，因为资源得到了充分的利用，效率得到了提升，从而有效控制了物流成本。

（5）提高了物流服务能力的综合利用率。物流一体化模式有利于将物流服务能力全力投入，有效避免了物流能力的浪费，从而提高了物流的绩效和服务的增值。

3. 物流一体化模式的缺点

（1）我国物流服务企业的同质化制约了物流一体化模式的优势。我国的物流企业普遍属于劳动密集型的企业，在信息技术的应用和服务质量水平等方面都只是处于起步阶段，而且服务内容也具有同质化的特征。因此想要实现多家企业优势互补，目前看来只是一种理想状态。

（2）观念和理念的落后也成为物流一体化的掣制。我国目前的物流企业在信息化方面的观念相对比较落后，很多企业并不愿意在信息技术方面投入大量资本。另一方面，物流服务水平的观念也是处于很初级的程度，而这也会制约着物流一体化模式的发展。

（3）专业人才缺乏，管理水平不足。我国在物流一体化方面的人才相对缺乏，目前很多物流从业人员的水平还处于初级落后的阶段，而具备一体化管理的经营的中高级管理人才更是极为稀少。

物流一体化的发展可进一步分为三个层次:物流自身一体化、微观物流一体化和宏观物流一体化。物流自身一体化是指物流系统的观念逐渐确立,运输、仓储和其他物流要素趋向完备,子系统协调运作,系统化发展。微观物流一体化是指市场主体企业将物流提高到企业战略的地位,并且出现了以物流战略作为纽带的企业联盟。宏观物流一体化是指物流业发展到这样的水平:物流业占到国家国民总产值的一定比例,处于社会经济生活的主导地位,它使跨国公司从内部职能专业化和国际分工程度的提高中获得规模经济效益。物流一体化是物流产业化的发展趋势,它必须以第三方物流充分发育和完善为基础。物流一体化的实质是一个物流管理的问题,即专业化物流管理人员和技术人员,充分利用专业化物流设备、设施,发挥专业化物流运作的管理经验,以求取得整体最优效果。同时,物流一体化的趋势为第三方物流的发展提供了良好的发展环境和巨大的市场需求。

小案例　海尔一体化物流

海尔物流成立于 1999 年,将原来分散在 28 个产品事业部的采购、原材料仓储配送、成品仓储配送统一整合,成立运作。

海尔物流依托海尔集团的先进管理理念以及海尔集团的强大资源网络构建海尔物流的核心竞争力。为全球客户提供最有竞争力的综合物流集成服务,成为全球最具竞争力的第三方物流企业。

海尔物流一体化运作情况如下。

(一)一流三网

1. "一流"——订单信息流

"一流"就是订单信息流。没有订单不生产;要生产订单,不要生产库存,这是订单信息流。

2. "三网"

(1)计算机信息网。物流操作基本上在计算机信息网络平台上运作,这就为物流效率的提高提供了很好的基础。

(2)全球供应资源网。海尔的供应是全球化的,海尔已经不仅仅是企业的国际化,而且是国际性的企业了,它在国外有很多工厂,那些工厂是用当地的资源、当地的人力、当地的资金,在当地市场进行销售。

(3)全球配送资源网。供应是全球化的网络,它的配送也要全球配送,形成全球配送资源网络。

(二)三个 JIT 同步流程

1. JIT 采购

何时需要就何时采购,采购的是订单,不是库存,是需求拉动采购。

2. JIT 生产

JIT 生产也是生产订单,不生产库存。顾客下了订单以后,开始生产。答应五天或者六天交货,在这个期限内可以安排生产计划。

3. JIT 配送

这三者有机地结合在一起,这种物流的流程跟传统的做法不一样,它完全是一体化的运作,而且海尔物流跟一般企业的物流还有比较大的差别,海尔对物流高度重视,把它提升到战略高度,投入了大量资金。流程化、数字化、一体化,是三个 JIT 流程的一个基本特色。

（三）一个物流信息化平台

海尔物流与社会物流的关系如下。

（1）海尔集团通过建立以订单信息流为中心的物流管理信息系统,提升了全球供应链管理效率。其服务对象正在向社会扩展。企业物流如何转向社会物流,关键要看能不能提供明显优于企业物流的效率、效益和服务。要重视企业物流和物流企业相辅相成、相互转化的关系,在培育发展第三方物流服务的同时,鼓励有条件的企业物流增加服务功能,扩大服务领域,积极向社会物流拓展。

（2）目前海尔物流已经拥有了三个 JIT 的速度、一流三网的资源和信息化平台的支持,在不断完善内部业务运作的同时,大力拓展社会化物流业务,目标是以客户为中心,建立起高效的供应链体系。海尔的社会化物流业务分三部分:即社会化第三方采购、社会化第三方物流和第四方物流咨询。

第三节 跨境电商环境下的物流模式

现在跨境电商外贸卖家越来越多,每当开始做业务、开始有订单时,第一个要考虑的问题就是怎么选择快递物流把货发到国外去。一般来讲,大的跨境电商卖家或者独立平台的卖家,其大宗交易完全可以借助国际贸易运作中的传统物流模式,而小卖家在进行跨境交易的时候,既需要优化物流成本,又需要考虑客户体验,那该选择什么样的物流模式呢?

本节主要研究目前主要的跨境电商平台在物流方面的选择模式。

一、跨境电子商务

1. 跨境电子商务的定义

跨境电子商务(cross-border electronic commerce)是指分属不同关境的交易主体,通过电子商务平台达成交易、进行支付结算,并通过跨境物流送达商品,完成交易的一种国际商务活动。

2. 跨境电子商务的特征

跨境电子商务是基于网络发展起来的,网络空间相对于物理空间来说是一个新空间,是一个由网址和密码组成的虚拟但客观存在的世界。网络空间独特的价值标准和行为模式深刻地影响着跨境电子商务,使其不同于传统的交易方式而呈现出自己的特点。

跨境电子商务具有如下特征。

（1）全球性。

电子商务与传统商务相比,本身就具备着无边界的特性,跨境电商同样拥有无边界和去中心化的特征,彻底打破了传统交易的地理限制。利用跨境电商,消费者可以忽略国界限制进行网络购物行为,而这些行为必然会影响传统法律管辖权的一些规定。

（2）无形性。

电子商务交易的数字性特征,在跨境电商领域也同样具备。如数字音像产品、软件、服务等无形产品在跨境电商平台上都随处可见,而这势必给跨境电商的管理和税收带来很大的挑战。

（3）匿名性。

网络技术的特殊性造就了跨境电子商务的匿名性。消费者可以隐藏个人身份和地址信息进行交易,而这也给税收和监管机构带来了难题。

（4）实时性。

网络交易中,距离已经无法影响传输的速度。跨境电子商务交易中,从下单到支付结算的过程都可以在瞬间完成。而跨地域的网络管理,又会因各国信息技术的开放程度的不同而有所限制,因此跨境电子商务的实时交易会给执法部门的追踪带来难题。

（5）法律的滞后性。

目前跨境电子商务在法律方面还存在太多空白,基本还是依赖平台的规定以及各交易方所在国家的法律规定,而这些给跨境电商的运营带来了很多的隐患和风险。

（6）复杂性。

跨境电子商务涉及全球的多个国家、多种文化、多种语言、多种法律政策等,同一交易平台面临的交易问题可能是复杂多变的,这些都给跨境电子商务在实际运作中带来了很多的挑战。

3. 跨境电子商务的模式

从交易模式上来分,跨境电子商务主要分企业对企业(B2B)和企业对消费者(B2C)两种模式。

（1）B2B 模式。

企业运用电子商务以广告和信息发布为主,成交和通关流程基本在线下完成,本质上仍属于传统国际贸易,在海关中被纳入一般国际贸易统计。

我国比较著名的 B2B 平台是阿里巴巴(www.alibaba.com)。

（2）B2C 模式。

企业直接面对国外消费者,以销售个人消费品为主,物流方面主要采用航空小包、邮寄、快递等方式,报关主体是邮政和快递公司,目前尚有很多未被纳入海关登记。

从进出口方向来分,我国跨境电子商务的 B2C 主要分为进口跨境电商和出口跨境电商两类。

我国进口跨境电商平台包括:洋码头、天猫国际、网易考拉、小红书、苏宁云商海外购、顺丰海淘等。

我国出口跨境电商平台包括:速卖通、亚马逊、eBay、Wish、兰亭集势、敦煌等。

二、跨境电商平台常用的物流模式

1. 国际快递模式

（1）国际快递模式的定义。

国际快递（international express），是指在两个或两个以上国家（或地区）之间所进行的快递、物流业务。国家与国家（或地区）传递信函、商业文件及物品的递送业务，即通过国家之间的边境口岸和海关对快件进行检验放行的运送方式。国际快件到达目的国家之后，需要在目的国进行再次转运，才能将快件送达最终目的地。

（2）国际快递模式的特点。

国际快递运输是国家与国家、国家与地区之间的运输，与国内货物运输相比，它具有以下几个主要特点。

① 政策性。国际快递运输涉及国际关系问题，是一项政策性很强的涉外活动。国际快递运输是国际贸易的一个组成部分，在组织货物运输的过程中，需要经常同国外发生直接或间接的广泛的业务联系，这种联系不仅是经济上的，也常常会涉及国际的政治问题，是一项政策性很强的涉外活动。因此，国际快递运输既是一项经济活动，也是一项重要的外事活动，这就要求我们不仅要用经济观点去办理各项业务，而且要有政策观念，按照中国的对外政策的要求从事国际运输业务。

② 全球性。国际快递运输是中间环节很多的长途运输。国际快递运输是国家与国家、国家与地区之间的运输，一般来说，运输的距离都比较长，往往需要使用多种运输工具，通过多次装卸搬运，要经过许多中间环节，如转船、变换运输方式等，经由不同的地区和国家，要适应各国不同的法规和规定。如果其中任何一个环节发生问题，就会影响整个运输过程，这就要求我们做好组织、环环紧扣，避免在某环节上出现脱节现象，给运输带来损失。

③ 复杂性。国际快递运输涉及面广，情况复杂多变。国际快递运输涉及国内外许多部门，需要与不同国家和地区的货主、交通运输、商检机构、保险公司、银行或其他金融机构、海关、港口以及各种中间代理商等打交道。同时，由于各个国家和地区的法律、政策规定不一，贸易、运输习惯和经营做法不同，金融货币制度有差异，加之政治、经济和自然条件的变化，都会对国际快递运输产生较大的影响。

④ 时间性。国际快递运输的时间性强。按时装运进出口货物，及时将货物运至目的地，对履行进出口贸易合同，满足商品竞争市场的需求，提高市场竞争能力，及时结汇，都有着重大意义。特别是一些鲜活商品、季节性商品和敏感性强的商品，更要求迅速运输，不失时机地组织供应，才有利于提高出口商品的竞争能力，有利于巩固和扩大销售市场。因此，国际快递运输必须加强时间观念，争时间、抢速度，以快取胜。

⑤ 风险性。国际快递运输的风险较大。由于在国际快递运输中环节多、运输距离长、涉及面广、情况复杂多变，加之时间性又很强，在运输沿途发生国际形势的变化、社会的动乱，各种自然灾害和意外事故的发生，以及战乱、封锁禁运或海盗活动等，都可能直接或间接地影响到国际快递运输，以至于造成严重后果。因此，国际快递运输的风险较大。为了转嫁运输过程中的风险损失，各种进出口货物和运输工具，都需要办理运输保险。

⑥ 国际快递运输相比于商业快递速度偏慢。查询网站信息滞后，通达国家较少，一旦出现问题查询只能做书面查询，时间较长。

目前国际上有四大商业快递巨头，即 DHL、TNT、FEDeX 和 UPS。这些国际快递商通过自建的全球网络，利用强大的 IT 系统和遍布世界各地的本地化服务，为网购中国产品的海外用户带来极好的物流体验。例如通过 UPS 寄送到美国的包裹，最快可在 48 小时内到达。然而，优质的服务伴随着昂贵的价格。一般中国商户只有在客户时效性要求很强的情况下，才使用国际商业快递来派送商品。

2. 国内快递模式

国内快递主要指 EMS、顺丰和"四通一达"。在跨境物流方面，"四通一达"中申通、圆通布局较早，但也是近年才发力拓展，比如美国申通 2014 年 3 月才上线，圆通也是 2014 年 4 月才与 CJ 大韩通运展开合作，而中通、汇通、韵达则是刚刚开始启动跨境物流业务。顺丰的国际化业务则要成熟些，目前已经开通到美国、澳大利亚、韩国、日本、新加坡、马来西亚、泰国、越南等国家的快递服务，发往亚洲国家的快件一般 2—3 天可以送达。在国内快递中，EMS 的国际化业务是最完善的。依托邮政渠道，EMS 可以直达全球 60 多个国家，费用相对四大快递巨头要低，中国境内的出关能力很强，到达亚洲国家 2—3 天，到欧美则 5—7 天左右。

3. 邮政快运模式

邮政网络基本覆盖全球，比其他任何物流渠道都要广。这主要得益于万国邮政联盟和卡哈拉邮政组织（KPG）。万国邮政联盟是联合国下设的一个关于国际邮政事务的专门机构，通过一些公约法规来改善国际邮政业务，发展邮政方面的国际合作。万国邮政联盟由于会员众多，而且会员国之间的邮政系统发展很不平衡，因此很难促成会员国之间的深度邮政合作。于是在 2002 年，邮政系统相对发达的 6 个国家和地区（中、美、日、澳、韩以及香港）的邮政部门在美国召开了邮政 CEO 峰会，并成立了卡哈拉邮政组织，后来西班牙和英国也加入了该组织。卡哈拉组织要求所有成员国的投递时限达到 98% 的质量标准。如果货物没能在指定日期投递给收件人，那么负责投递的运营商要按货物价格的 100% 赔付客户。这些严格的要求都促使成员国之间深化合作，努力提升服务水平。例如，从中国发往美国的邮政包裹，一般 15 天以内可以到达。据不完全统计，中国出口跨境电商 70% 的包裹都是通过邮政系统投递，其中中国邮政占据 50% 左右。中国卖家使用的其他邮政包括香港邮政、新加坡邮政等。互联易专注于跨境电商物流供应链服务，是唯一一家集全球邮政渠道于一身的企业。

邮政快运包括特快邮寄和邮政小包模式。

（1）邮政小包又称中国邮政航空小包，是中国邮政开展的一项国际、国内邮政小包业务服务，属于邮政航空小包的范畴，是一项经济实惠的国际快件服务项目，可寄达全球 230 多个国家和地区各个邮政网点。

（2）特快邮寄服务区别于邮政服务（或译：特快专递/快捷邮件，英文：Express Mail Service，简称 EMS）是由万国邮政联盟（UPU）邮政部成员提供的一种国际特快邮政服务，由消费者付出较贵的费用以获得快速的邮政传递服务，常应用于必须快速发送的重要信函或邮件。

4. 跨境专线物流

一般是通过航空包仓方式运输到目的国，再通过合作公司进行国内派送。专线物流的

269

优势在于其能够集中大批量到某一特定国家或地区的货物，通过规模效应降低成本。因此其价格一般比商业快递低，在时效性上，专线物流稍慢于商业快递，但比邮政包裹快很多。市面上最普遍的专线物流产品是美国专线、欧洲专线、澳洲专线、俄罗斯专线等，也有不少物流公司推出了中东专线、南美专线、南非专线等。

5. 海外仓模式

海外仓储服务指为卖家在销售目的地进行货物仓储、分拣、包装和派送的一站式控制与管理服务。确切来说，海外仓储应该包括头程运输、仓储管理和本地配送三个部分。

(1) 头程运输：中国商家通过海运、空运、陆运或者联运将商品运送至海外仓库。

(2) 仓储管理：中国商家通过物流信息系统，远程操作海外仓储货物，实时管理库存。

(3) 本地配送：海外仓储中心根据订单信息，通过当地邮政或快递将商品配送给客户。

2015 年 5 月份商务部《"互联网＋流通"行动计划》的推出，不少电商平台和出口企业正通过建设"海外仓"布局境外物流体系。海外仓的建设可以让出口企业将货物批量发送至国外仓库，实现该国本地销售，本地配送。

这种新的跨国物流形式有利于解决发展跨境电子商务的种种痛点，鼓励电商企业走出去。客户下单后，出口企业通过海外仓直接本地发货，大大缩短配送时间，也降低了清关障碍；货物批量运输，降低了运输成本；客户收到货物后能轻松实现退换货，也改善了购物体验。在各大跨境电商和出口企业建设海外仓的同时，相关政府部门应完善跨境电商相关的法律、税收服务建设。

三、我国部分跨境电商平台介绍

从进出口方向来分，我国跨境电子商务的 B2C 主要分为进口跨境电商和出口跨境电商两类（见图 13 - 2）。

图 13 - 2　我国部分跨境电商平台

1. 进口跨境电商示例

我国进口跨境电商平台包括：洋码头、天猫国际、网易考拉、小红书、苏宁云商海外购、顺丰海淘等。

（1）洋码头（www.yMatou.com、洋码头 APP）。

洋码头成立于 2009 年，是中国海外购物平台，满足了中国消费者不出国门就可以购买到的全球商品的需求。洋码头 APP 拥有首创的"扫货直播"频道；另一个特色频道"聚洋货"，则汇集全球各地知名品牌供应商，提供全球各地知名品牌供应商，提供团购项目，认证商家一站式购物，保证海外商品现货库存，全球物流护航直邮。

洋码头的愿景是通过整合优化低效率运作的国际物流资源和全球零售供应链来促进在线零售的全球化进程，改造中间环节多，库存过高，市场门槛高的传统代理制跨国零售模式。

洋码头采用的物流模式主要是自营物流体系以及专业航空运输。

2010 年，洋码头打造的跨境物流体系——贝海国际速递成立，当年 2 月，成为第一家与中国邮政速递签署"海外直接进入业务"合作协议的物流公司。2010 年 4 月，为北美第一批跨境电商从业者提供物流服务；2010 年 9 月，Xlobo 国际物流系统上线，于全球首创无首重运费模式，大幅度降低快件成本压力。2011 年 3 月，成为唯一一家也是第一家承运天猫国际双 11 大促销的国际快递公司。2013 年 12 月，成为与天猫及淘宝全球购唯一对接状态的国际快递公司。2014 年 5 月，成为中国主流跨境电商平台洋码头、天猫国际、苏宁、京东等首选的国际快件服务商。目前洋码头全球化布局已经完成，在海外建立 10 大国际物流仓储中心，覆盖 20 多个国家。

在专业航空运输方面，洋码头与多家国际航空公司合作实施国际航班包机运输，每周 40 多架全球班次航线入境，大大缩短了国内用户收到国际包裹的时间。

（2）网易考拉海购（www.kaola.com、网易考拉 APP）。

网易考拉海购是网易旗下以跨境业务为主的综合型电商，于 2015 年 1 月上线。销售品类涵盖母婴、美容彩妆、家居生活、营养保健、环球美食、服饰箱包、数码家电等。

网易考拉海购主打直营直采的理念，在美国、德国、意大利、日本、韩国、澳大利亚、中国香港、中国台湾设有分公司或办事处，深入产品原产地直采高品质、适合中国市场的商品，从源头杜绝假货，保障商品品质的同时省去诸多中间环节，直接从原产地运抵国内，在海关和国检的监控下，储存在保税区仓库。

网易考拉的海外物流主要是交给了中外运和顺丰等合作伙伴，还采用了更好的定制包装箱，让用户享受相对标准化的物流服务。

2015 年 1 月，网易宣布与中国外运股份有限公司达成战略合作，中国外运将为网易考拉提供物流服务。

2016 年 3 月，亚马逊全球物流中国与网易考拉海购正式签署合作协议，通过亚马逊物流＋为网易考拉提供仓储运营服务。

（3）小红书（www.xiaohongshu.com、小红书 APP）。

小红书与其他跨境电商平台的最大区别是它是以社区起家。最初的小红书，主要是让用户通过文字、图片、视频等分享吃喝玩乐买的生活方式，然后通过口碑营销引导消费者在小红书商城进行购物。

目前小红书在 29 个国家建立了专业的海外仓库，在郑州和深圳的保税仓面积超过 5 万平方米，并在仓库设立了产品检测实验室。

2017年，小红书建成REDelivery国际物流系统，确保国际物流的每一步都可以追溯，用户可以在物流信息中查找到商品是坐哪一列航班来到中国的。

2. 出口跨境电商平台实例

（1）速卖通。

全球速卖通（英文名：AliExpress）正式上线于2010年4月，是阿里巴巴旗下唯一面向全球市场打造的在线交易平台，被广大卖家称为"国际版淘宝"。全球速卖通面向海外买家，通过支付宝国际账户进行担保交易，并使用国际快递发货，是全球第三大英文在线购物网站。

全球速卖通（AliExpress）是阿里巴巴帮助中小企业接触终端批发零售商，小批量多批次快速销售，拓展利润空间而全力打造的融合订单、支付、物流于一体的外贸在线交易平台。

在全球速卖通上有三类物流服务，分别是邮政大小包、速卖通合作物流以及商业快递。其中90%的交易使用的是邮政大小包。

中国邮政大小包、香港地区邮政大包的特点是费用便宜（如：500克的货物发往俄罗斯，大致费用只需要四五十人民币），但邮政大小包时效相对较慢，且存在一定的丢包率，建议跟买家做好服务沟通的前提下使用。

合作快递的特点是经济实惠、性价比高、适应国际在线零售交易，由全球速卖通分别与浙江邮政、中国邮政合作推出。

四大商业快递特点是速度快、服务高、专业、高效，但相对快递价格比较高。适用于货值比较高、买家要求比较高的宝贝或交易。

卖家发货时，可以根据不同的物流服务，选择在速卖通上线上发货，也可以联系各主要城市的货代公司上门收件进行发货。

（2）亚马逊。

亚马逊公司（Amazon，简称亚马逊；NASDAQ：AMZN），是美国最大的一家网络电子商务公司，位于华盛顿州的西雅图。作为网络上最早开始经营电子商务的公司之一，亚马逊成立于1995年，一开始只经营网络的书籍销售业务，现在则扩及了范围相当广的其他产品，已成为全球商品品种最多的网上零售商和全球第二大互联网企业，在公司名下，也包括了Alexa Internet、a9、lab126和互联网电影数据库（Internet Movie Database，IMDB）等子公司。

亚马逊及其他销售商为客户提供数百万种独特的全新、翻新及二手商品，如图书、影视、音乐和游戏、数码下载、电子和电脑、家居园艺用品、玩具、婴幼儿用品、食品、服饰、鞋类和珠宝、健康和个人护理用品、体育及户外用品、玩具、汽车及工业产品等。

2014年8月20日，美国电商巨头亚马逊宣布，将在上海自贸区设立国际贸易总部，通过"跨境通"平台，实现美国货物直邮中国。这意味着海淘族不用再绕道国外借助第三方物流，可以直接在美国或欧洲等境外亚马逊网站上购物，商品一律同款同价，并用人民币结算。

与此同时，亚马逊自2012年开始招募中国卖家入驻，此后中国卖家不断扩张势力。仅2015年，亚马逊中国卖家的总销售额比上一年增长了两倍。在美国站，中国卖家的销售额则增长了 10 倍。根据亚马逊欧洲平台所提供的数据显示,中国卖家在亚马逊平台上的份额约为 25%。

（3）Wish。

Wish 是一款根据用户喜好,通过精确的算法推荐技术,将商品信息推送给感兴趣用户的移动优先购物 APP。2011 年成立于美国旧金山硅谷,2013 年 3 月进入外贸电子商务领域,2014 年 2 月,在中国成立全资子公司。

Wish 平台采用的物流模式有以下几类。

① 出口易是 Wish 推荐的物流合作伙伴,提供 Wish 邮华南揽收和派送,专注跨境电商海外仓储,在英国、美国、德国、加拿大、俄罗斯、澳洲都有多年自营海外仓。

② 国际小包:比如中邮、EUB、荷兰邮政、中国香港邮政、新加坡邮政、比利时邮政、马来西亚小包等等。小包适合低值轻小物品,比如到美国的话 EUB 是最便宜的,服务质量也稳定。邮政小包一般可以有平邮和挂号,挂号可以查询派送的轨迹,平邮则没办法知道是否妥投。挂号服务要收取多个挂号费,略微贵一些,其中中邮的挂号费最便宜。挂号只能发 2 kg 内包裹,体积限制最长边不超过 60 cm,三边之和不超过 90 cm。

③ Wish 邮:其本质就是中邮、EUB 的派送服务,由邮局负责上门揽收,针对 Wish 邮有特殊的赔偿标准以及 wish 邮护航计划。实际派送时效和对应的邮政服务一致。

④ 国际专线:出口易是国内首家提出专线概念的供应商,覆盖欧盟、俄罗斯等全球主流跨境电商市场。其特点是重量限制放宽,使用空运运至国外再交给当地物流派送,时效稳定,性价比高,全程详细跟踪。适合高价值,对时效要求高的包裹。

⑤ 国际快递:其中包括 DHL、UPS、EMS、Fedex 等,并且区分香港地区和内地,香港地区的运费便宜一点。EMS 运费相对比较便宜,限重 30 kg。国际快递适合高值的产品,时效快,一般 3—5 天,EMS 大概 7—15 天。快递要计算泡重,一般 20 kg 以上才会有价格优惠。

⑥ 海外仓储派送:提前备货至海外仓,待买家采购后再从海外仓发货,时效快,成本低,位置标记为当地,与国外卖家同台竞争,买家体验好。出口易在英、美、澳、德、加拿大、俄罗斯有海外仓,海外仓已经成为跨境电商的标配和趋势,无品类限制,如要求时效快可以空运补货,如希望便宜可以选择海运补货。

派送时间比较:海外仓储派送＜国际快递＜国际专线＜国际小包。

价格比较:国际小包＜海外仓储派送＜国际专线＜国际快递。

小结和学习重点

- 电子商务的定义和概念模型
- 物流与电子商务之间的关系
- 电子商务环境下的物流模式
- 跨境电子商务的概念
- 跨境电商的物流模式

现代物流业的发展除了受到商业环境变化的影响外,也受到技术发展的影响,随着电子商务的发展,物流业势必要向着信息化、智能化的方向看齐。而随着跨境电商的发展,物流的全球化扩张也必然成为趋势。

案例分析

HT 劳保用品有限公司位于山东省高密市经济开发区,该公司东临海滨城市——青岛,西靠国际风筝之都——潍坊。胶济铁路、胶新铁路、济青高速公路横穿高密,离青岛机场只有 60 公里,交通非常方便。

HT 公司占地面积 1 万多平方米,具有 2 000 多平方米的现代化标准厂房,公司注册资金 350 万元,员工 200 多人,设备先进,工艺精良,具有二十几年的生产经验,是专业生产劳保手套的企业。

HT 公司先进的生产工艺,超前的经营理念,使得公司业务迅速发展。公司产品也以卓越的品质、实在的价格和优良的服务在行业中享有极高的声誉,畅销全国各地,并逐步远销到俄罗斯、非洲、中东、东南亚、欧盟等国家和地区。

2010 年以前,HT 公司的劳保用品主要是内销,2010 年,公司在义乌国际商品城设立办事处,开始承接国内外业务。随着电子商务的发展,HT 公司也开始尝试电子商务之路。2010 年,公司在阿里巴巴 B2B 国际交易平台发布产品供应信息,寻求拓展全球贸易之路。2016 年,HT 公司开始试水跨境电子商务,公司在速卖通平台创建企业店铺,采取 B2C 模式,直接面向国外开展零售业务。在跨境零售方面,公司目前主要的客户集中在俄罗斯、非洲、中东等市场区域。

思考

1. 该公司的国际营销主要选择的电子商务模式是什么?

2. 在阿里巴巴 B2B 国际交易平台上的订单,HT 公司可以选择的物流模式有哪些?

3. 在速卖通 B2C 的交易平台上的零售订单,HT 公司可以选择的物流模式有哪些?

练习与思考

(一) 名词解释

电子商务　电子商务物流　跨境电商　海外仓

(二) 填空

1. 电子商务的任何一笔交易,包含着以下三种基本的"流",即_____、资金流和_____
_____。

2. 柔性化本来是为实现_____的理念而在生产领域提出的。

3. 目前我国电子商务物流常见的模式主要有自营物流模式、_____模式、物流联盟模式、_____模式。

（三）单项选择

1. 以下说法正确的是（　　　　）。
　　A. 电子商务物流是虚拟的
　　B. 物流电子商务的发展影响不大
　　C. 电子商务的发展离不开物流
　　D. 电子商务的技术与物流的技术是不相关的

2. 阿里巴巴国际站是属于（　　　　）。
　　A. B2B　　　　　B. B2C　　　　　C. C2C　　　　　D. A2C

3. 贝海国际是属于哪家公司的？
　　A. 网易考拉　　　B. 洋码头　　　　C. 小红书　　　　D. 亚马逊

（四）多项选择

1. 电子商务的概念模型由（　　　　）等基本要素构成。
　　A. 电子商务主体　　B. 交易事务　　　C. 物流　　　　　D. 资金流
　　E. 信息流

2. 京东的物流模式是（　　　　）。
　　A. 自营物流　　　　B. 第三方物流　　C. 物流联盟　　　D. 物流一体化
　　E. 专线物流

3. 下列属于进口跨境电商的有（　　　　）。
　　A. 小红书　　　　　B. 洋码头　　　　C. 速卖通　　　　D. 敦煌网
　　E. 兰亭集势

（五）简答

1. 电子商务物流的发展趋势是什么？
2. 电子商务物流中常见的物流模式有哪些？
3. 跨境电子商务的分类包括哪些？
4. 跨境电子商务中的物流配送模式？

部分参考答案

（二）填空

1. 物资流、信息流
2. 以顾客为中心
3. 第三方物流、物流一体化

（三）单项选择

1. C　2. A　3. B

（四）多项选择

1. ABCDE　2. AB　3. AB

第十四章 供应链管理

第一节　供应链概述

20世纪80年代以来,全球经济一体化的浪潮不断推进,资本流动国际化、跨国界生产和流通、在消费地生产和组装产品形成一种新趋势。由于全球采购、全球生产、全球销售趋势的形成,也由于新经济和信息时代的到来,国际专业分工日趋明显;同时还因为国际贸易竞争、企业争夺国际市场的激化,为了降低成本、加强竞争力,越来越多的跨国公司采取了加强核心业务,甩掉多余包袱的做法。它们将生产、流通和销售等多种业务外包给合作伙伴,自己只做自己最擅长、最为专业的部分。这样做既维持了国际贸易份额,又与贸易对象国紧紧地融合在一起,增强了抗风险的能力,减少了外界干扰。供应链形成后,它们既达到了预想的目的,又节省了费用,而利润不减少,稳定度加强,风险降低。跨国公司在全球范围内寻求合作伙伴,在众多的选择对象中择优选择,结成广泛的生产、流通、销售网链,形成了一股潮流和趋势。

一、供应链的概念

美国供应链协会对供应链的概念给出了权威性的解释:"供应链,目前国际上广泛使用的一个术语,它囊括了涉及生产与交付最终产品和服务的一切努力,从供应商的供应商到客户的客户。供应链管理包括管理供应与需求,原材料、备品备件的采购、制造与装配,物件的存放及库存查询,订单的录入与管理,渠道分销及最终交付用户。"

我国国家标准《物流术语》对供应链的定义是:"供应链(supply chain)是生产及流通过程中,涉及将产品或服务提供给最终用户活动的上游与下游企业所形成的网链结构。"

实际上,供应链的范围比物流要宽,不仅将物流系统包含其中,还涵盖了生产、流通和消费,从广义上涉及了企业的生产、流通,再进入到下一个企业的生产和流通,并连接到批发、零售和最终用户,既是一个社会再生产的过程,又是一个社会再流通的过程。狭义地讲,供应链是企业从原材料采购开始,经过生产、制造,到销售至终端用户的全过程。这些过程的设计、管理、协调、调整、组合、优化,是供应链的主体;通过信息和网络手段使其整体化、协调化和最优化,是供应链的内涵;运用供应链管理实现生产、流通、消费的最低成本、最高效率和最大效益,是供应链的目标。供应链是由各种实体构成的网络,网络上流动着物流、资金流和信息流。这些实体包括一些子公司、制造厂、仓库、外部供应商、运输公司、配送中心、零售商和用户。一个完整的供应链始于原材料的供应商,止于最终用户,如图 14-1 所示。

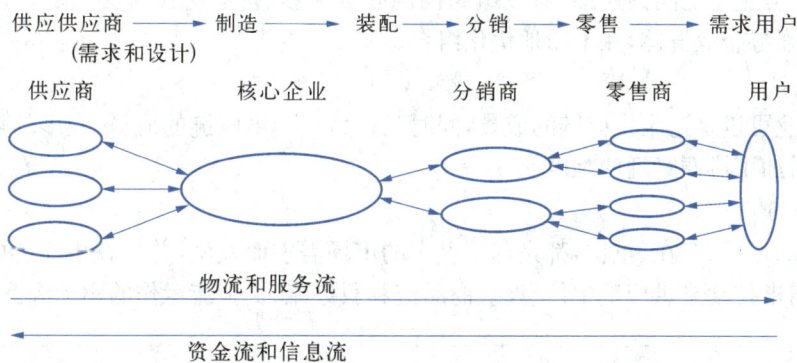

图 14-1 供应链中的物流、资金流和信息流

从图 14-1 中可见,供应链是围绕核心企业,通过对信息流、物流、资金流的控制,从采购原材料开始,到制成中间产品以及最终产品,最后由销售网络把产品送到消费者手中的将供应商、制造商、分销商、零售商直到最终用户连成一个整体的功能网链结构模式。

二、供应链的特征

从供应链的含义可以看出,供应链是一个网链结构,由围绕核心企业的供应商、供应商的供应商和用户、用户的用户组成。一个企业是一个节点,节点企业和节点企业之间是一种需求与供应关系。因此,供应链主要具有以下一些特征。

1. 协调性和整合性

供应链本身就是一个整体合作、协调一致的系统,它有多个合作者,像链条似的环环连接在一起,大家为了一个共同的目的或目标,协调动作、紧密配合。每个供应链成员企业都是"链"中的一个环节,都要与整个链的动作一致,绝对服从于全局,做到方向一致、动作

一致。

2. 选择性和动态性

供应链中的企业都是在众多企业中筛选出的合作伙伴，合作关系是非固定性的，也是在动态中调整的。因为供应链需要随目标的转变而转变，随服务方式的变化而变化，它随时处在一个动态调整过程中。

3. 复杂性

不少供应链是跨国、跨地区和跨行业的组合。各国的国情、体制、法律、文化、地理环境、习俗都有很大差异，经济发达程度、物流基础设施、物流管理水平和技术能力等也有很大不同，而供应链操作又必须保证其目的的准确性、行动的快速反应性和高质量服务性，这便不难看出供应链复杂性的特点。

4. 虚拟性

在供应链的虚拟性方面，主要表现在它是一个协作组织，而并不一定是一个集团企业或托拉斯企业。这种协作组织以协作的方式组合在一起，依靠信息网络的支撑和相互信任关系，为了共同的利益，强强联合、优势互补、协调运转。由于供应链需要永远保持高度竞争力，必须是优势企业之间的连接，所以组织内的吐故纳新、优胜劣汰是必然的。供应链犹如一个虚拟的强势企业群体，在不断地优化组合。

5. 交叉性

节点企业可以是这个供应链的成员，同时又是另一个供应链的成员，众多的供应链形成交叉结构，增加了协调管理的难度。

6. 面向用户需求

供应链的形成、存在、重构，都是基于一定的市场需求而发生，并且在供应链的运作过程中，用户的需求拉动是供应链中信息流、商品流和服务流、资金流运作的驱动源。

三、供应链的类型

根据不同的划分标准，我们可以将供应链分为以下几种类型。

（一）稳定的供应链和动态的供应链

根据供应链存在的稳定性，可以将供应链划分为稳定的和动态的供应链。基于相对稳定、单一的市场需求而组成的供应链稳定性较强，而基于相对频繁变化、复杂的需求而组成的供应链动态性较高。在实际管理运作中，需要根据不断变化的需求，相应地改变供应链的组成。

（二）平衡的供应链和倾斜的供应链

根据供应链容量与用户需求的关系，可以划分为平衡的供应链和倾斜的供应链。一个供应链具有一定的、相对稳定的设备容量和生产能力（所有节点企业能力的综合，包括供应商、制造商、运输商、分销商、零售商等），但用户需求处于不断变化的过程中。当供应链的容量能满足用户需求时，供应链处于平衡状态；而当市场变化加剧，造成供应链成本增加、库存增加、浪费增加等现象时，企业不是在最优状态下运作，供应链则处于倾斜状态。

（三）有效性供应链和反应性供应链

根据供应链的功能模式（物理功能和市场中介功能），可以把供应链划分为两种：有效性供应链（efficient supply chain）和反应性供应链（responsive supply chain）。有效性供应链主要体现供应链的物理功能，即以最低的成本将原材料转化成零部件、半成品、产品，以及在供应链中的运输等；反应性供应链主要体现供应链的市场中介的功能，即把产品分配到满足用户需求的市场，对未预知的需求作出快速反应等。

（四）以客户要求为核心构筑的供应链、以销售为核心构筑的供应链和以产品为核心构筑的供应链

根据供应链的构筑核心，可以把供应链划分为三种：以客户要求为核心构筑的供应链、以销售为核心构筑的供应链和以产品为核心构筑的供应链。

1. 以客户要求为核心构筑的供应链

以客户要求为核心构筑的供应链是指根据客户的要求和标准，以达到客户满意为目标来设计和组合的供应链。这种类型的供应链一要考虑该企业的实际需要、现有条件；二要考虑该企业的外围条件和环境；三要考虑该企业的可操作性。例如，为一个汽车制造厂设计一个汽车零配件的采购与供应系统。首先要对该汽车制造厂每年、每月、每天的汽车零配件的使用量，厂区内汽车零配件的存放容量，生产线上汽车零配件的使用数量、使用频率等情况作充分的了解。如果采用零库存管理系统，该企业的管理水平能否达到要求，物流管理人才以及能力是否符合标准，该企业的汽车零配件运输条件、装卸条件、场地条件如何等都是设计中考虑的要素。其次，要考虑外购零配件的供应企业和零配件生产企业的供货率、信誉度，以及零配件运输能力、配送方式及交通运输路线、路况等情况。此外，还要考虑如果采取零库存供货方式，相关的条件能否配套和协调运转，是否符合该汽车制造厂的现有条件，配套能力能不能达到预定目标，等等。

2. 以销售为核心构筑的供应链

在市场饱和及买方市场的条件下，销售是生产企业的主要矛盾。以销售为核心构筑的供应链往往是众多生产企业的客观需求，而且这方面的需求在不断增加。以销售为核心构筑的供应链，重点在于销售的数量、时间、成本和服务水平。

3. 以产品为核心构筑的供应链

以产品为核心构筑的供应链，其重点是各供应链企业的产品质量保证和各供应链企业的服务水平。提高产品质量和服务的同时，还要达到降低成本、增加效益的目标。构筑这种类型的供应链往往要从最初的原材料开始，到采购、加工、制造、包装、运输、批发、零售为止的全过程。

（五）企业内部供应链、产业供应链或动态联盟供应链和全球网络供应链

根据供应链的发展进程可以把供应链划分为三种：企业内部供应链、产业供应链或动态联盟供应链和全球网络供应链。

1. 企业内部供应链

供应链管理最初起源于 ERP（企业资源规划），是基于企业内部范围的管理。它将企业内部经营所有的业务单元，如订单、采购、库存、计划、生产、质量、运输、市场、销售、服务等，以及相应的财务活动、人事管理均纳入一条供应链内进行统筹管理。当时企业重视的是物流和企业内部资源的管理，即如何更快更好地生产出产品并把其推向市场，这是一种"推式"的供应链管理，管理的出发点是从原材料推到产成品、市场，一直推至客户端。随着市场竞争的加剧，生产出的产品必须要转化成利润，企业才能得以生存和发展，为了赢得客户、赢得市场，企业管理进入了以客户及客户满意度为中心的管理，因而企业的供应链运营规则随即由推式转变为以客户需求为原动力的拉式供应链管理。这种供应链管理将企业各个业务环节的信息化孤岛连接在一起，使得各种业务和信息能够实现集成和共享，如图 14-2 所示。

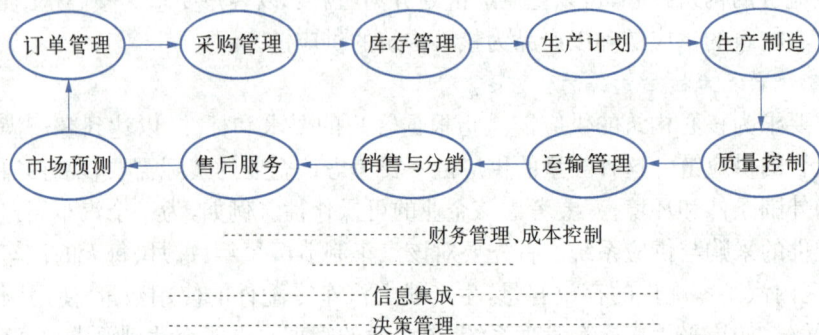

图 14-2　企业内部供应链

2. 产业供应链或动态联盟供应链

随着全球经济的一体化，人们发现在全球化大市场竞争环境下，任何一个企业都不可能在所有业务上成为最杰出者，必须联合行业中其他上下游企业，建立一条经济利益相连、业务关系紧密的行业供应链实现优势互补，充分利用一切可利用的资源来适应社会化大生产的竞争环境，共同增强市场竞争实力。因此，企业内部供应链管理延伸和发展为面向全行业的产业链管理，管理的资源从企业内部扩展到了外部。

产业供应链将各个企业独立的信息化孤岛连接在一起，建立起一种跨企业的协作，以此来追求和分享市场机会，通过 Internet、电子商务把过去分离的业务过程集成起来，覆盖了从供应商到客户的全部过程，包括原材料供应商、外协加工和组装、生产制造、销售分销与运输、批发商、零售商、仓储和客户服务等，实现了从生产领域到流通领域一步到位的全业务过程。

3. 全球网络供应链

Internet、交互式 Web 应用以及电子商务的出现，将彻底改变我们的商业方式，也将改变现有供应链的结构，传统意义的经销商将消失，其功能将被全球网络电子商务所取代。传统多层的供应链将转变为基于 Internet 的开放式的全球网络供应链，其结构对比如图14-3和图 14-4 所示。

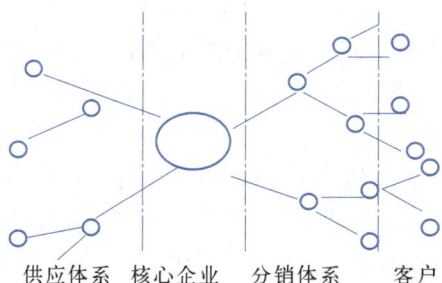

图 14-3　传统多层式的供应链

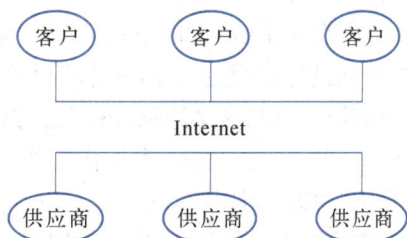

图 14-4　基于 Internet 的全球网络供应链

在网络上的企业都具有两重身份,既是客户又同时是供应商,它不仅是上网交易,它更重要的是构成该供应链的一个元素。在这种新的商业环境下,所有的企业都将面临更为严峻的挑战,它们必须在提高客户服务水平的同时努力降低运营成本,必须在提高市场反应速度的同时给客户以更多的选择。同时,Internet 和电子商务也将使供应商与客户的关系发生重大的改变,其关系将不再仅仅局限于产品的销售,更多的将是以服务的方式满足客户的需求来替代将产品卖给客户。越来越多的客户不仅以购买产品的方式来实现其需求,而是更看重未来应用的规划与实施,系统的运行维护等,本质上讲他们需要的是某种效用或能力,而不是产品本身,这将极大地改变供应商与客户的关系。企业必须更加细致、深入地了解每一个客户的特殊要求,才能巩固其与客户的关系,这是一种长期的有偿服务,而不是产品时代的一次或多次性的购买。

在全球网络供应链中,企业的形态和边界将产生根本性改变,整个供应链的协同运作将取代传统的电子订单,供应商与客户间信息交流层次的沟通与协调将是一种交互式、透明的协同工作。一些新型的、有益于供应链运作的代理服务商将替代传统的经销商,并成为新兴业务,如交易代理、信息检索服务等,将会有更多的商业机会等待着人们去发现。这种全球网络供应链,将广泛和彻底地影响并改变所有企业的经营运作方式。

(六) 不同主体的供应链形态结构

上面所介绍的供应链形态结构是从其一般性来看待其结构的,应该引起重视的是不同经济主体的供应链结构是有差异的。这是由于各经营主体的特定性和在供应链中的地位所决定的。经营主体一般可划分为生产商、批发商、零售商和各种形式物流服务商(第三方物流企业)。

第二节　供应链管理概述

一、供应链管理的含义

供应链管理 SCM(supply chain management)是一个自 20 世纪 80 年代使用和风靡起来的术语,它最早开始于咨询业,后来人们对其投入了极大的关注,但对于供应链管理的定义,

不同的学者有许多不同的表述。

我国《物流术语》将供应链管理定义为：利用计算机网络技术全面规划供应链中的商流、物流、信息流、资金流等，并进行计划、组织、协调与控制。

供应链管理的含义应从以下几个方面理解：

第一，供应链管理是一种运作管理技术，它能够使企业的活动范围从仅仅最佳的物流活动扩展到所有的企业职能。这些职能包括市场营销、加工制造和财务，所有这些职能都以最佳的方式紧密地结合在一起，成为一个整体。在这个层面上的企业集成将使企业管理者能够将他们日常的、在竞争中起决定性作用的主要价值活动的运作连接在一起，并保持高度的协同。这种运作活动包括四个方面：第一个方面是输入物流，包括销售预测、库存计划、寻找资源和采购以及内向运输；第二个方面是处理活动，包括生产、增值处理、处理过程中的库存管理以及产成品仓储；第三个方面是输出活动，包括产成品存货、客户订单管理、企业外部和企业内的运输活动；第四个方面包括物流系统计划、物流设计和物流控制。对供应链管理的运作进行高效管理，可以确保围绕着企业的战术目标，将所有的工作职能优化，并为客户创造价值。

第二，供应链管理是物流一体化管理的扩展，其目的是将组织的物流职能和供应链中合作伙伴使用的对等职能的物流部分进行合并或紧密连接，以便将企业内部物流职能和外部供应商和客户，或者第三方物流联盟连接在一起，形成一个完整的集成化系统。另外，还能使库存计划人员直接通过计算机网络查看他们供应商的库存，或者使生产人员能够满足统一计划的客户需求。在当今的业务环境中，任何企业都不能独立地参与竞争，或是自己全部占有保持市场领导地位的所有竞争能力和知识，所以对物流环节的集成，是供应链运作管理的一个重要方面。

第三，战略。供应链管理的实际应用，是以一个共同目标为核心的组织管理。供应链管理包含加快发货速度、降低成本的方面，也包含利用新的管理方法和信息技术的力量，以便在针对市场具体需求的产品和服务方面实现重大突破。尽管供应链管理的运作方面能为企业提供生存能力及市场竞争能力，然而供应链管理的战略作用能使供应链中的合作伙伴达成共识，构筑发展和互利的供应链联盟，管理复杂的客户和供应商之间的关系，以便在市场中处于领导地位，并开拓业务、探索新的机遇。

因此，供应链管理是指运用集成的管理思想和方法，以实现供应链整体高效率为目标，对整个供应链系统，包括从原材料阶段一直到最终产品交付用户这一过程中，与产品相关的物流、信息流、资金流、价值流及业务流所进行的计划、协调、组织、执行和控制等管理活动。

二、供应链管理涉及的内容

供应链管理主要涉及四个主要领域：供应（supply）、生产计划（schedule plan）、物流（logistics）、需求（demand）。供应链管理是以同步化、集成化生产计划为指导，以各种技术为支持，尤其以 Internet/Intranet 为依托，围绕供应、生产作业、物流（主要指制造过程）、满足需求来实施的。供应链管理主要包括计划、合作、控制从供应商到用户的物料（零部件和成品等）和信息。供应链管理的目标在于提高用户服务水平和降低总的交易成本，并且寻求两个目标之间的平衡（这两个目标往往有冲突）。在以上供应链管理涉及的四个领域的基础上，我们可以将供应链管理细分为职能领域和辅助领域。职能领域主要包括产品工程、产品技术保证、采购、生产控制、库存控制、仓储管理、分销管理，而辅助领域主要包括客户服务、制造、设计工程、会计核算、人力资源、市场营销。

由此可见，供应链管理关心的并不仅仅是物料实体在供应链中的流动，除了企业内部与企业之间的运输问题和实物分销以外，供应链管理还包括以下主要内容：

（1）战略性供应商和用户合作伙伴关系管理。

（2）供应链产品需求预测和计划。

（3）供应链的设计（全球节点企业、资源、设备等的衡量、选择和定位）。

（4）企业内部与企业之间物料供应与需求管理。

（5）基于供应链管理的产品设计与制造管理、生产集成化计划、跟踪和控制。

（6）基于供应链的用户服务和物流（运输、库存、包装等）管理。

（7）企业间资金流管理（汇率、成本等问题）。

（8）基于 Internet/Intranet 的供应链交互信息管理等。

供应链管理注重总的物流成本（从原材料到最终产成品的费用）与用户服务水平之间的关系，为此要把供应链各个职能部门有机地结合在一起，从而最大限度地发挥出供应链整体的力量，达到供应链企业群体获益的目的。

三、供应链管理的目标

供应链管理的目标是在总成本最小化、客户服务最优化、总库存最少化、总周期时间最短化以及物流质量最优化等目标之间寻找最佳平衡点，以实现供应链绩效的最大化。

1. 总成本最小化

众所周知，采购成本、运输成本、库存成本、制造成本以及供应链的其他成本费用都是相互联系的。因此，为了实现有效的供应链管理，必须将供应链各成员企业作为一个有机整体来考虑，并使实体供应物流、制造装配物流与实体分销物流之间达到高度均衡。

2. 客户服务最优化

供应链管理的本质在于为整个供应链的有效运作提供高水平的服务。而由于服务水平与成本费用之间的悖反关系，要建立一个效率高、效果好的供应链网络结构系统，就必须考虑总成本费用与客户服务水平的均衡。供应链管理以最终客户为中心，客户的成功是供应链赖以生存与发展的关键。因此，供应链管理的主要目标就是要以最小化的总成本费用实现整个供应链客户服务的最优化。

3. 总库存最少化

在实现供应链管理目标的同时，要使整个供应链的库存控制在最低的程度，"零库存"反映的即是这一目标的理想状态。所以，总库存最少化目标的达成，有赖于实现对整个供应链的库存水平与库存变化的最优控制，而不只是单个成员企业库存水平的最低。

4. 总周期时间最短化

当今的市场竞争不再是单个企业之间的竞争，而是供应链与供应链之间的竞争。从某种意义上说，供应链之间的竞争实质上是基于时间的竞争，如何实现快速、有效的客户反应，

最大限度地缩短从客户发出订单到获取满意交货的整个供应链的总周期时间,已成为企业成功的关键因素之一。

5. 物流质量最优化

在市场经济条件下,企业产品或服务质量的好坏直接关系到企业的成败。同样,供应链物流服务质量的好坏直接关系到供应链的存亡。如果在所有业务过程完成以后,发现提供给最终客户的产品或服务存在质量缺陷,就意味着所有成本的付出将不会得到任何价值补偿,供应链的所有业务活动都会变为非增值活动,从而导致整个供应链的价值无法实现。

四、供应链管理的原则和实施步骤

(一)供应链管理的七项原则

1. 根据所需的服务特性来划分客户群

传统意义上的市场划分基于企业自己的状况,如行业、产品、分销渠道等,然后对同一地区的客户提供相同水平的服务;供应链管理则强调根据客户的状况和需求,决定服务方式和水平。

2. 根据客户需求和企业可获利情况,设计企业的后勤网络

一家造纸公司发现两个客户群存在截然不同的服务需求:大型印刷企业允许较长的提前期,而小型的地方印刷企业则要求在 24 小时内供货,于是它建立的是 3 个大型分销中心和 46 个紧缺物品快速反应中心。

3. 倾听市场的需求信息

销售和营运计划必须监测整个供应链,以及时发出需求变化的早期警报,并据此安排和调整计划。

4. 时间延迟

由于市场需求的剧烈波动,而且距离客户接受最终产品和服务的时间越早,需求量预测就越不准确。因此,企业不得不维持较大的中间库存。

5. 与供应商建立双赢的合作策略

迫使供应商相互压价,固然能使企业在价格上收益;但与供应商相互协作则可以降低整个供应链的成本,企业将会获得更大的收益,而且,这种收益将是长期的。

6. 在整个供应链领域建立信息系统

信息系统首先应该处理日常事务和电子商务;然后支持多层次的决策信息,如需求计划和资源规划;最后应该根据大部分来自企业之外的信息,进行前瞻性的策略分析。

7. 建立整个供应链的绩效考核准则

供应链的绩效考核准则应该建立在整个供应链上,而不仅仅是局部的、个别企业的孤立标准,供应链的最终验收标准是客户的满意程度。

(二)供应链管理的实施步骤

第一,将企业的业务目标同现有能力及业绩进行比较,首先发现现有供应链的显著弱点,经过改善,迅速提高企业的竞争力。

第二，同关键客户和供应商一起探讨、衡量全球化、新技术和竞争局势，建立供应链的远景目标。

第三，制定从现实过渡到理想供应链目标的行动计划，同时衡量企业实现这种过渡的现实条件。

第四，根据优先级安排上述计划，并且承诺相应的资源。根据实施计划，首先定义长期的供应链结构，使企业在与正确的客户和供应商建立的正确的供应链中，处于正确的位置；然后重组和优化企业内部和外部的产品、信息和资金流；最后在供应链的重要领域，如库存、运输等环节提高质量和生产率。

五、供应链管理的体系结构

供应链管理是基于最终客户需求，对围绕提供某种共同产品或服务的相关企业的信息资源，以基于 Internet 技术的软件产品为工具进行管理，从而建立整个渠道商业流程优化的一个平台。供应链管理的内涵包括以下七个方面，共同形成了供应链管理的体系结构。

1. 供应链管理强调价值的整体创造与分享

对于最终客户而言，为其提供价值的不是某一个单独的企业，而是由为了提供这种共同价值的众多企业有机组成的一个价值链。供应链的整体效率和价值创造能力并不指某一个企业的效率和价值创造能力，这是决定最终客户所获价值大小的根本因素。供应链管理以整个供应链作为管理对象，其根本目的是通过协调、优化链上各个环节的共同努力，为最终客户创造价值，并享受最终客户提供的价值回报。最终客户通过供应链获取自己所需要的价值，同时也将自己的回报反馈给整个供应链，但这种价值回报并不是平均分配在供应链上的每一个环节，不同环节通过供应链管理获得的收益并不相同，也不是一成不变的。

2. 供应链管理以最终客户需求为管理起点

供应链的关注焦点是最终客户所获取的价值，供应链管理以最终客户价值最大化为管理目标，而最终客户价值最大化则以有效满足最终客户需求为实现手段，即在合适的时间和地点，以合适的方式和价格，将合适的产品提供给合适的用户。

3. 供应链管理以商业流程优化为实现策略

供应链管理关注的不是某一个企业内部的流程效率，而是企业之间的协同效率，尽管整个供应链的效率在相当程度上取决于单个企业的内部流程效率。借用系统论的方法，供应链的效率主要取决于商业流程的优化程度，而不是某个企业内部的业务流程优化程度。所以，供应链管理必然以供应链上各个环节之间的商业流程优化为基本的实现策略。

4. 供应链管理以渠道为核心管理范围

供应链管理不可能面面俱到，必须集中在最能够创造价值的区域，所以供应链管理基于最终客户需求，重点关注以核心企业为中心的渠道的商业流程优化，也就是以渠道为核心管理范围。

5. 供应链管理以最终客户需求为核心的信息资源在供应链中的获取、应用和反馈为管理内容

供应链管理通过商业流程的动态优化来提高整个供应链的效率和价值创造能力，其作

用机理就在于通过获取最终客户需求信息,与企业自身的产品提供能力和商业伙伴的产品提供能力进行匹配,对外确定自己的供需计划并传递给自己的相关商业伙伴(核心是渠道成员),对内确定自己的产品提供计划。供需计划和产品提供计划的制订过程就是对最终客户需求的应用和反馈过程。

企业在将自己的供需计划传递给相关商业伙伴后,将进一步通过监控相关商业伙伴的反应,实时调整和优化自己的产品提供计划和供需计划,形成一个信息处理为核心内容的动态优化过程,减少供应链中相关企业的等待、重复、投机和错误行为,借助优化的信息处理结果指挥物流和资金流的运动,实现物流、资金流的更优化配置。

从信息角度来看,供应链管理过程中需要处理的信息包括四个方面:一是最终客户需求信息;二是企业自身资源和能力信息;三是相关伙伴的资源和能力信息;四是综合处理前三类信息形成的供需计划信息。所以,供应链管理强调内外信息资源的同步处理,以整个供应链对最终客户需求信息的获取、应用、反馈为主线。

6. 供应链管理以相应的软件为基本实现工具

供应链管理以信息处理为核心管理内容的特性,决定供应链管理实现工具必须以相应的信息系统为有形化的实现手段,其核心是相应的供应链管理软件。

国外企业应用的供应链管理软件以整个供应链的整体计划与优化为核心内容,功能主要包括:需求预测与协同预测、生产排程(生产计划、调度计划及多工厂计划)、ATP分析、分销策划、配送计划、高级计划及优化、仓库管理等。

中国企业的供应链管理以渠道为核心管理范围,其应用的供应链管理软件功能主要包括以下几个方面。

(1)需求管理:最终客户需求的预测、发布、控制等,关注对最终客户需求的准确掌握和发布,是供应链管理软件的基础。

(2)渠道管理:销售渠道管理和供应渠道管理,关注最终客户需求在整个供应链中的应用和反馈,如产品目录、价格管理、渠道库存、销售计划、采购计划、订单管理、情报中心等,是供应链管理软件的核心。

(3)促销管理:促销计划、促销品管理等。

(4)采购管理:供应商选择、衡量、采购订单管理、采购合同管理等。

(5)集成管理:数据同步复制、二次开发、标准中间件等,处理信息在不同系统之间的共享。

(6)综合分析:提供相关的报表功能,对渠道运行情况进行监控和分析。

供应链管理软件通常应是对最佳供应链商业流程的软件化、产品化表达,企业应用供应链管理软件的过程,本身就是一个向最佳供应链商业流程看齐、实现供应链商业流程优化的过程。

7. 供应链管理以基于Internet技术的软件应用平台建设为实现方式

由于供应链管理涉及多个不同的产权主体,这些不同的产权主体分布在不同的地理区域,要求能够以经济、高效的技术手段进行信息沟通,而Internet技术以其特有的优势,已成为目前信息沟通的主要方式。所以,供应链管理的主流趋势是以Internet访问为基本应用方式,Internet已成为供应链管理最重要的技术基础之一。供应链中的企业通过Internet调用供应链管理平台上的相关信息,同时以 Internet 为技术(包括 HTTP 技术、数据中心、数据可视化等)手段,以供应链管理平台为中心相互联结和沟通,形成一个物理上的供应链。同时各个产权主体以 Internet 为技术基础、以充分参与供应链管理为目标,改造自己的内部信息系统。

整个供应链管理体系结构的核心是基于最终客户需求的渠道商业流程优化,而流程优化的实现必须依赖于一个相应的供应链管理平台的建设才能实现,所以软件功能设计和平台建设就成为供应链管理实现的两个根本措施。

六、供应链管理的效益

(一)供应链管理的内部效益

1. 实现供需的良好结合

供应链把供应商、生产商、分销商、零售商紧密连接在一起,并对之进行协调、优化管理,使企业之间形成良好的相互关系,使产品、信息的流通渠道达到最短,从而可以使消费者需求信息沿供应链逆向准确地、迅速地反馈到生产厂商。生产厂商据此对产品的增加、减少、改进、质量提高、原料的选择等作出正确的决策,保证供需良好的结合。

2. 促使企业采用现代化手段

供应链是一个整体,相关的各企业为共同的整体利益而奋斗。要达到这个目标,整个供应链中的物流、资金流、信息流必须畅通无阻。为此,各企业——供应链中的每个节点,必须采用现有的先进技术与设备,科学的管理方法,共同为销售提供良好的服务。

3. 降低社会库存

供应链的形成,要求对组成供应链的各个环节进行优化,建立良好的相互关系,采用先进的设备,从而促进了产品、需求信息的快速流通,减少了社会库存量,避免了库存浪费,减少资金占用,降低了库存成本。

4. 减少流通费用

供应链通过各企业的优化组合,成为最快捷、最简便的流通渠道,是供应网络中的最优化网络。它的实现,除去了中间不必要的流通环节,大大地缩短了流通路线,从而有效地减少了流通费用。

(二)供应链管理的外部效益

1. 实现信息资源共享

在信息化的时代,谁拥有信息,谁就能在激烈的竞争中多一个坚强的后盾,在赢取成功的奖杯时捷足先登。供应链管理充分意识到这一点,它不仅利用现代科技手段,采用最优流通渠道,使信息快速、准确反馈,而且在供应链的各企业之间实现了资源共享。

2. 提高服务质量

现代企业均把消费者奉为上帝,而消费者要求提供消费品的前置时间越短越好。为此,供应链通过生产企业内部、外部及流通企业的整体协作,大大缩短了产品的流通周期,加快

了物流配送的速度，并将产品按消费者的需求生产出来，快速送到消费者手中。

3. 产生规模效应

供应链管理把供应商、生产厂商、分销商、零售商等作为一个整体，联系在一条链上，并对之优化，使企业与相关企业形成了一个融会贯通的网络整体。该整体中的各个企业虽各为一个实体，但为了整体利益的最大化共同合作、协调相互关系、加快商品从生产到消费的过程、缩短了产销周期、减少库存等，使整个供应链对市场作出快速反应，大大提高了企业在市场中的竞争力。

第三节 供应链管理与物流管理的关系

一、物流与供应链的关系

物流与供应链是两个不同的范畴。目前，国际上对于供应链的理解基本上有三种观点。

(1) 供应链概念是物流概念的扩展；

(2) 物流与供应链是一回事；

(3) 相关企业业务、资源的集成与一体化。

我们认为，供应链不仅仅只是对物流概念进行扩展，供应链与企业的业务集成息息相关。

物流是物质以物理形态在供应链中流动，因此物流是供应链的载体、具体形态或表现形式。供应链的载体或表现形态不止物流，还有信息流和资金流，只不过物流的有形流动更外在一些。现代物流由于现代科技进步和信息化的作用，使得物流的流速、流量、流向、流通规模、范围和效益等方面发生了质的变化，感觉上物流更具体、更明显，实质上供应链及其管理的巨大效应恰恰由物流这种外在的表现而体现出来，使供应链的构成具有现代意义，在经济社会中体现出十分重大的影响。

没有供应链的生产环节就没有物流，生产是物流的前提与条件；反过来，没有物流，供应链中生产的产品的使用价值就不能得以实现。从本质上讲，物流不创造价值，只增加供应链成本，因此存在一个"最小物流费用问题"；物流强调的是过程，物流运动及其管理的控制作用是由供应链中的信息流来完成的，信息互动使高效率供应链和物流活动成为可能。

物流供应商是供应链构成中的一个节点，在一个供应链网链结构中往往需要有多个物流供应商提供物流服务。物流解决方案一般由供应链决定，由第三方物流和综合企业来实施；供应链管理提供现代供应链问题解决方案，并由自身实施。

二、供应链管理与物流管理的联系与区别

1. 供应链管理与物流管理的联系

人们最初提出"供应链管理"一词，是用来强调物流管理过程中，在减少企业内部库存的

同时也应考虑减少企业之间的库存。随着供应链管理思想越来越受到欢迎和重视，其视角早已拓宽，不仅仅着眼于降低库存，其管理触角伸展到企业内外的各个环节、各个角落。从某些场合下人们对供应链管理的描述来看，它类似于穿越不同组织界限的、一体化的物流管理。实质上，供应链管理战略的成功实施必然以成功的企业内物流管理为基础。能够真正认识并率先提出供应链管理概念的正是一些具有丰富物流管理经验和先进物流管理水平的世界级顶尖企业，这些企业在研究企业发展战略的过程中发现，面临日益激化的市场竞争，仅靠一个企业和一种产品的力量，已不足以占据优势，企业必须与它的原料供应商、产品分销商、第三方物流服务商等结成持久、紧密的联盟，共同建设高效率、低成本的供应链，才可以从容应对市场竞争，并取得最终胜利。

2. 供应链管理与物流管理间的区别

越来越多的顶级企业和组织已认识到并承认供应链管理和物流管理间的区别。

（1）从范围来看，物流作为供应链管理的一个子集，两者并非同义词。物流在恰当的实施下，总是以点到点为目的；而供应链管理将许多物流以外的功能穿越企业间的界限整合起来，它的功能超越了企业物流的范围。供应链涉及范围从新产品的研发、工程设计、原料采购、生产制造、储存管理、配送运输和订单履行直到客户服务及市场需求预测这样一个全过程。供应链可以指所有组成部分均在同一地区的单一独立企业，也可以指由分散在不同地区的许多企业组成的大型公司。这样一个大系统的子系统可以是一个装置、一个车间、一个分厂，乃至一个公司。强大的产品开发能力可以成为企业有别于其对手的竞争优势，乃至于成为促使其长期发展的核心竞争能力。而在产品开发过程中，需要涉及方方面面的业务关系，包括营销理念、研发组织形式、制造能力和物流能力、筹资能力等。这些业务关系不是一个企业内部的，往往还涉及企业的多个供应商或经销商，以便缩短新产品进入市场的周期。

（2）从学科发展来看，供应链管理也不能简单地理解为一体化的物流管理。一体化物流管理分为内部一体化和外部一体化两个阶段。目前，即使是在物流管理发展较早的国家，许多企业也仅仅处于内部一体化的阶段，或者已经认识到结合企业外部力量的重要性。也正是因为这样，一些学者才提出"供应链管理"这一概念，以使那些领导管理方法潮流的企业率先实施的外部一体化战略以区别于传统企业内部的物流管理。要真正使得供应链管理能够成熟发展，成为一门内涵丰富的新型独立学科，就有必要将供应链管理与一体化物流管理加以区分，不能将供应链管理简单地视为一体化物流管理的代名词。一些实施供应链管理战略的世界顶级企业的高层管理者，对供应链管理的理解和把握比研究者更为准确。在供应链管理的定义中所指出的，供应链管理所包含的内容比传统物流管理要广泛得多，在考察同样的问题时，从供应链管理来看，视角更为宽泛，立场更有高度。

（3）供应链管理的研究者范围也比物流管理的更为广泛。除了物流管理研究领域的研究者以外，还有许多制造与运作管理的研究者也研究和应用供应链管理。他们对供应链管理研究的推进和重视，绝不亚于物流管理的研究者们。

（4）供应链管理思想的形成与发展，是建立在多个学科体系（系统论、企业管理等）基础上的，其理论根基远远超出了传统物流管理的范围。正因为如此，供应链管理还涉及许多制造管理的理论和内容，它的内涵比传统的物流管理更丰富、覆盖面更加广泛，而对企业内部单个物流环节的注意就不如传统物流管理那么集中、考虑那么细致。

（5）供应链管理把对成本有影响和在产品满足客户需求的过程中起作用的每一方面都考虑在内：从供应商的供应商、制造工厂、仓库和配送中心，到零售商和商店及客户的客户；而物流管理考虑自己路径范围的业务。物流管理主要涉及组织内部商品流动的最优化，而供应链管理强调光有组织内部的合作和最优化是不够的。

（6）供应链管理的目的在于追求效率和整个系统的费用有效性，使系统总成本达到最小，这个成本包括从运输和配送成本到原材料、在制品和产成品的库存成本。因此，供应链管理的重点不在于简单地使运输成本达到最小或减少库存，而在于采用系统方法来进行整体供应链管理；而物流管理的运作在这方面是孤立和个别地进行的。

（7）供应链管理是围绕着把供应商、制造商、仓库和商店有效率地结合成一体这一问题来展开的，因此它包括公司许多层次上的活动，从战略层次到战术层次一直到作业层次。战略层处理的是对公司有着长远影响的决策，这包括关于仓库和制造工厂的数量、布局和能力，以及材料在物流网络中流动等方面的决策；战术层处理一般每季度或每年都要进行更新决策，这些包括采购和生产决策，库存策略和运输策略；作业层的活动指日常决策，如计划、估计提前期、安排运输路线、装车等。

第四节　电子商务下的集成供应链管理

自 20 世纪 90 年代以来，随着电子商务的推广，集成供应链管理（integrated supply chain management）系统研究，已经成为国内外管理学领域专家学者的一个研究热点。

一、电子商务下集成供应链管理的概念

供应链各链节之间彼此相互制约、相互影响，组成一个有机整体，共同实现供应链的总目标。为了优化其性能，供应链的各个链节必须以一种协调的方式以相同的节奏运作。但是，电子商务下经济活动的多变性使这种协调关系变得复杂化，从而导致传统供应链运作的实际进程和结果与计划发生偏差。在某些情况下，这些问题可能在局部得到解决，也就是说，可能在某个供应链节或某个供应链功能范围之内得到协调解决；而在另外一些情况下，问题就不这么简单了，可能需要涉及供应链跨链节、跨组织、跨职能之间的协调。

因此，供应链管理系统必须具有跨越供应链多个链节或功能来协调计划调整的内在机制。具有这种内在机制的供应链就是电子商务下研究重点：集成供应链管理系统。

要成功地实施供应链管理，使供应链管理真正成为有竞争力的武器，就要抛弃传统的管理思想，把企业内部以及节点企业之间的各种业务看成一个整体功能过程，形成集成化供应链管理体系。通过信息、制造和现代管理技术，将企业生产经营过程中有关的人、技术、经营管理三要素有机地集成并优化运行。通过对生产经营过程的物料流、管理过程的信息流和决策过程的决策流进行有效控制和协调，将企业内部的供应链与企业外部的供应链有机地集成起来进行管理，达到全局动态最优目标，以适应在新的竞争环境下市场对生产和管理过程提出的高质量、高柔性和低成本的要求。

为了能及时传播信息,准确地协调决策管理人与系统的行为,供应链在战术和战役层次中需要不断提高供应链管理系统的协调敏捷性和灵活性。正是这种协调的敏捷性和灵活性,最终决定了企业组织能够有效地、协调地实现它自身的目标。

二、集成供应链管理的目标、内容和方法

优化供应链管理系统的功能,使供应链的各链节、各功能实现最佳配合与协调,共同保证供应链目标的实现,是集成供应链管理系统研究的基本出发点和基本目标。

集成供应链管理系统研究的内容主要包括:供应链的需求和资源预测、供应链服务水平、供应链运作的多层次计划、供应链控制机制、供应链的分析诊断咨询、供应链的设计开发和改进、供应链计划的执行、供应链活动的指挥协调、供应链效益衡量、供应链的竞争力分析等。

应该说,上述研究内容对供应链管理系统非常重要,但是,如前所述,集成供应链管理研究的重点必须致力于解决供应链系统中战役和战术层次的协调问题,特别是协调的敏捷性和灵活性问题。

目前,多数研究人员正是基于这种认识,遵循一条既有重点又有一般的研究思路:将集成供应链管理系统的内在机制视为由相互协作的、智能代理模块(MAS)组成的网络,每个代理模块实现供应链的一项或几项职能,每个代理模块又与其他代理模块之间协调其行动。

为了建立适应电子商务要求的供应链敏捷的代理模块,必须建立与供应链各链节配套的实时信息发布与传输系统、智能决策支持系统等。因此,从供应链应用信息技术的实际以及存在的问题看,集成供应链管理系统在现阶段的研究目标集中于以某种方式支持供应链智能代理模块系统的构建;从系统开发者的角度而言,这种方式需要最少的代码设计,能够确保代理模块之间采用最迅捷的信息交流、最有效的协调机制以及最佳解决问题的机制。

为达到上述研究目标,目前主要采用以下研究方法:

(1)研究供应链的信息交流和协作的理论及方法,以便供应链系统代理模块能够和谐地适应变化,并协调推理以解决问题。

(2)规范一种供应链系统的标准术语,用于统一代理模块的信息交流和协调。

(3)建设智能信息基础设施,提供各类最新信息,使供应链系统的代理模块能够保持相关信息的一致性。

(4)开发基于约束理论(theory of constraints)的推理方法,作为供应链系统代理模块推理技术的基础。

(5)将上述的原理、方法封装到代理模块开发工具中,以确保供应链系统的代理模块能重复使用规范的协调机制和推理机制。

三、集成供应链管理实现的步骤

企业从传统的管理模式转向集成供应链管理模式,一般要经过五个阶段,包括从最低层次的基础建设到最高层次的集成化供应链动态联盟,各个阶段的不同之处主要体

现在组织结构、管理核心、计划与控制系统、应用的信息技术等方面，其步骤如图 14-5 所示。

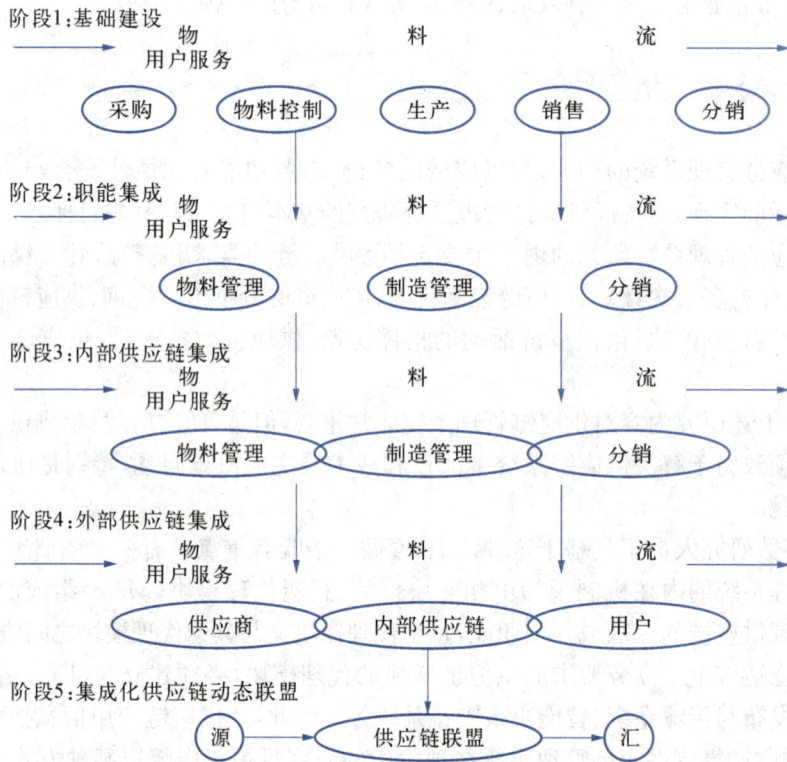

图 14-5　集成供应链管理实现的步骤图示

（一）基础建设

这一阶段是在原有企业供应链的基础上分析、总结企业现状，分析企业内部影响供应链管理的阻力和有利之处；同时，分析外部市场环境，对市场的特征和不确定性作出分析和衡量；最后，相应地完善企业的供应链。

在传统型的供应链中，企业职能部门分散、独立地控制供应链中的不同业务，企业组织结构比较松散。这时的供应链管理主要具有以下几个方面的特征。

（1）企业的核心注重于产品质量。由于过于注重生产、包装、交货等的质量，可能导致成本过高，所以企业的目标在于以尽可能低的成本生产高质量的产品，以解决成本-效益障碍。

（2）关于销售、制造、计划、物料、采购等的控制系统和业务过程相互独立、不相匹配，因部门合作和集成业务失败导致多级库存等问题。

（3）组织部门界限分明，单独操作，往往导致相互之间的冲突。采购部门可能只控制物料来源和原材料库存，制造和生产部门通过各种工艺过程实现原材料到成品的转换，销售和分销部门可能处理外部的供应链和库存，而部门之间的关联业务往往就会因各自为政而发生冲突。

处于这一阶段的企业主要采用短期计划,出现困难时需要一个一个地解决。虽然企业强调办公自动化,但这样一种环境往往导致整个供应链的效率低下,同时也增加了企业对供应链和需求变化影响的敏感度。

(二)职能集成

职能集成阶段集中于处理企业内部的物流,企业围绕核心职能对物流实施集成化管理,对组织实行业务流程重构,实现职能部门的优化集成,通常可以建立交叉职能小组,参与计划和执行项目,以提高职能部门之间的合作,克服这一阶段可能存在的不能很好满足用户订单的问题。

职能集成强调满足用户的需求。事实上,用户需求在今天已经成为驱动企业生产的主要动力,而成本则在其次,但这样往往导致第二阶段的生产、运输、库存等成本的增加。此时供应链管理主要有以下特征。

(1)将分销和运输等职能集成到物流管理中来,制造和采购职能集成到生产职能中来。

(2)强调降低成本,而不注重操作水平的提高。

(3)积极为用户提供各种服务,满足用户需求。

(4)职能部门结构严谨,均有库存做缓冲。

(5)具有较完善的内部协定,如采购折扣、库存投资水平、批量等。

(6)主要以订单完成情况及其准确性作为衡量指标。

在集成化供应链管理的第二阶段一般采用 MRP 系统进行计划和控制。对于分销网,需求得不到准确的预测和控制,分销的基础设施也与制造没有有效的连接。由于用户的需求得不到确切的理解,从而导致计划不准确和业务的失误,所以在第二阶段要采用有效的预测技术和工具对用户的需求作出较为准确的预测、计划和控制。

但是,以上采用的各项技术之间、各项业务流程之间、技术与业务流程之间都缺乏集成,库存和浪费等问题仍可能困扰企业。

(三)内部供应链集成

这一阶段要实现企业直接控制的领域的集成,要实现企业内部供应链与外部供应链中供应商和用户管理部分的集成,形成内部集成化供应链。集成的输出是集成化的计划和控制系统。为了支持企业内部集成化供应链管理,主要采用供应链计划(supply chain planning,SCP)和 ERP 系统来实施集成化计划和控制。这两种信息技术都是基于客户/服务(client/server)体系在企业内部集成的应用。有效的 SCP 集成了企业所有的主要计划和决策业务,包括:需求预测、库存计划、资源配置、设备管理、优化路径、基于能力约束的生产计划和作业计划、物料和能力计划、采购计划等。ERP 系统集成了企业业务流程中主要的执行职能,包括:订单管理、财务管理、库存管理、生产制造管理、采购等职能。SCP 和 ERP 通过基于事件的集成技术联结在一起。

本阶段企业管理的核心是内部集成化供应链管理的效率问题,主要考虑在优化资源、能力的基础上,以最低的成本和最快的速度生产最好的产品,快速地满足用户的需求,以提高企业反应能力和效率。这对于生产多品种或提供多种服务的企业来说意义更大。投资于提

高企业的运作柔性也变得越来越重要。在这阶段需构建新的交叉职能业务流程，逐步取代传统的职能模块，以用户需求和高质量的预测信息驱动整个企业供应链的运作。因满足用户需求而导致的高服务成本，是此阶段管理的主要问题。

这一阶段可以采用 DRP 系统、MRP Ⅱ 系统管理物料，运用 JIT 等技术支持物料计划的执行。JIT 的应用可以使企业缩短市场反应时间、降低库存水平和减少浪费。

在这个阶段，企业可以考虑同步化的需求管理，将用户的需求与制造计划和供应商的物料流同步化，减少不增值的业务。同时，企业可以通过广泛的信息网络（而不是大量的库存）来获得巨大的利润。

此阶段的供应链管理具有以下特征。

（1）强调战术问题而非战略问题。

（2）制定中期计划，实施集成化的计划和控制体系。

（3）强调效率而非有效性，即保证要做的事情尽可能好、尽可能快地完成。

（4）从采购到分销的完整系统具有可见性。

（5）信息技术的应用。广泛运用 EDI 和 Internet 等信息技术支持与供应商及用户的联系，获得快速的反应能力。EDI 是集成化供应链管理的重要工具，特别是在进行国际贸易合作需要大量关于运输的文件时，利用 EDI 可以使企业快速获得信息和更好地为用户提供优质服务。

（6）与用户建立良好的关系，而不是"管理"用户。

（四）外部供应链集成

实现集成化供应链管理的关键在于第四阶段，将企业内部供应链与外部的供应商和用户集成起来，形成一个集成化供应网链。而与主要供应商和用户建立良好的合作伙伴关系，即所谓的供应链合作关系（supply chain partnership），是集成化供应链管理的关键之关键。

此阶段企业要特别注重战略伙伴关系管理。管理的焦点要以面向供应商和用户取代面向产品，增加与主要供应商和用户的联系，增进相互之间的了解（产品、工艺、组织、企业文化等），相互之间保持一定的一致性，实现信息共享等，企业通过为用户提供与竞争者不同的产品/服务或增值的信息而获利。供应商管理库存（vendor management inventory，VMI）和共同计划预测与库存补充（collaborative planning forecasting and replenishment，CPFR）的应用就是企业转向改善、建立良好的合作伙伴关系的典型例子。通过建立良好的合作伙伴关系，企业就可以很好地与用户、供应商和服务提供商实现集成和合作，共同在预测、产品设计、生产、运输计划和竞争策略等方面设计和控制整个供应链的运作。对于主要用户，企业一般建立以用户为核心的小组，这样的小组具有不同职能领域的功能，从而更好地为主要用户提供有针对性的服务。

处于这个阶段的企业，生产系统必须具备更高的柔性，以提高对用户需求的反应能力和速度。企业必须能根据不同用户的需求，既能按订单生产（make-to-order）、按订单组装、包装（assemble or package-to-order），又能按备货方式生产（make-to-stock），这样一种根据用户的不同需求对资源进行不同优化配置的策略称为动态用户约束点策略，延迟技术（postponement)可以很好地实现以上策略。延迟技术强调企业产品生产加工到一定阶段后,等待收到用户订单以后根据用户的不同要求完成产品的最后加工、组装,这样企业供应链的生产就具有很高的柔性。

为了达到与外部供应链的集成,企业必须采用适当的信息技术,为企业内部的信息系统提供与外部供应链节点企业的很好的接口,达到信息共享和信息交互,以及相互操作的一致性。这些都需要采用 Internet 信息技术。

本阶段企业采用销售点驱动的同步化、集成化的计划和控制系统。它集成了用户订购数据和合作开发计划、基于约束的动态供应计划、生产计划等功能,以保证整个供应链中的成员同步化地进行供应链管理。

(五)集成化供应链动态联盟

在完成以上四个阶段的集成后,已经构成了一个网链化的企业结构,我们称之为供应链共同体,它的战略核心及发展目标是占据市场的领导地位。为了达到这一目标,随着市场竞争的加剧,供应链共同体必将成为一个动态的网链结构,以适应市场变化、柔性、速度、革新、知识等需要,不能适应供应链需求的企业将从供应链联盟中被淘汰。供应链从而成为一个能快速重构的动态组织结构,即集成化供应链动态联盟。企业通过 Internet 网络商务软件等技术集成在一起以满足用户的需求,一旦用户的需求消失,它也将随之解体。而当另一需求出现时,这样的一个组织结构又由新的企业动态地重新组成。在这样的一个环境中求生存,企业如何成为一个能及时、快速满足用户需求的供应商,是企业生存、发展的关键问题。

集成化供应链动态联盟是基于一定的市场需求、根据共同的目标而组成的,通过实时信息的共享来实现集成。主要应用的信息技术是 Internet/Intranet 的集成,同步化、扩展的供应链计划和控制系统是主要的工具,基于 Internet 的电子商务取代传统的商务手段。这是供应链管理发展的必然趋势。

在供应链中,所有的节点企业基于为用户提供质量最好、价值最高的产品或服务的共同目标而相互紧密地联结在一起,而松散的连接是不能增值的,不管链中哪一点的失误,都可能导致整个供应链出现产品或服务的质量问题,而 EC、QR、ECR 等的出现与应用,则消除了用户和供应商之间的障碍。

知识经济时代的到来,信息替代劳动力和库存成为提高生产力的主要因素,而企业用于提高决策水平的信息更多地来源于 EC。供应商通过 EDI 给其用户发出船运通知单,通知用户什么产品将于什么时候出运,用户利用这条信息更改其库存水平。而分销商把销售点和预测信息传送给他们的供应商,供应商再根据这些信息进行计划和生产。当供应链中节点企业能很好地通过 EC 达到信息共享后,企业就可以提高生产力、提高质量,为产品提供更大的附加值。

通过电子商务的运用,能有效改善供应商、制造商、分销商和用户之间在供应链中的关系,而且在企业内部,EC 也可以加强部门之间的联系。例如,Internet 加强了用户"pull"机制,使用户可以直接从供应商那里获得产品的同时,获得有用信息,而且通过 Internet,企业能以更低的成本加入到供应链联盟中。根据电子商务与供应链管理的结合应用,可以建立

基于电子商务的信息组织与集成模式。

■ 小结和学习重点 ■

- ● 供应链的内涵及其特征
- ● 供应链管理的内涵及其实施的方法
- ● 物流管理与供应链管理的联系及区别
- ● 电子商务下集成供应链系统的含义

供应链是围绕核心企业，通过对信息流、物流、资金流的控制，从采购原材料开始，到制成中间产品以及最终产品，最后由销售网络把产品送到消费者手中的将供应商、制造商、分销商、零售商和最终用户连成一个整体的功能网链结构模式。要掌握供应链的特征及其不同的类型。

供应链管理是指运用集成的管理思想和方法，以实现供应链整体高效率为目标，对整个供应链系统，包括了产品从原材料阶段一直到最终交付用户这一过程中，与产品相关的物流、信息流、资金流、价值流及业务流所进行的计划、协调、组织、执行和控制等管理活动。掌握供应链管理的内容及其原则与实施的步骤。

案例分析

一个沙漏折射的供应链管理小故事

案例来自上海某餐饮公司。在这家公司，服务员会在顾客点完菜后拿上一个沙漏摆放在顾客餐桌上，并告知顾客这个沙漏将在25分钟之内漏完，如果届时顾客的菜还没有上完，餐厅将免费赠送酸奶两罐。从小小的沙漏我们可以看出，这家餐饮公司非常注重供应链管理，为什么这么说？请看下文……

首先，店家意识到在上海餐饮市场竞争如此激烈的情况下，及时交付是个非常关键的问题。菜品的及时交付也就是供应链的及时交付。无论菜品多少，都能在25分钟之内承诺上齐，可见其背后的供应链管理水平之高。

其次，这家餐饮公司把承诺可视化，无形之中给顾客看得见的时间与看得见的供应链，从而为等待的过程增添了趣味。有这样的服务，顾客一定还会再来。

最后，如果达不到承诺，店家还主动承诺赔偿。且不说两罐酸奶价值多少，关键是这种为客户服务的意识态度及对自己的要求，还有对自身供应链管理水平的自信。

一个小小的沙漏，可以折射出这家餐饮公司对供应链管理的重视程度。放眼制造业，其实也是如此。工作中的每一个细节都体现着企业的形象，供应链管理水平就是其中之一，做好供应链管理，也是企业利润的直接来源。

思考

要解决餐饮的供应链管理,需要从那几个方面入手?

练习与思考

(一) 名词解释

供应链　供应链管理　协同生产　集成供应链系统　ERP　MAS

(二) 填空

1. _____是生产及流通过程中,涉及将产品或服务提供给最终用户活动的上游与下游企业所形成的网链结构。

2. 根据供应链容量与用户需求的关系可以划分为_____。

3. 传统多层的供应链将转变为_____的开放式的全球网络供应链。

4. 供应链管理的目标是_____。

5. 在信息化的时代,谁拥有_____,谁就能在激烈的竞争中多了一个坚强的后盾,在赢取成功的奖杯时捷足先登。

(三) 单项选择

1. 根据供应链的( )可以把供应链划分为两种:有效性供应链和反应性供应链。
   - A. 功能模式(物理功能和市场中介功能)　　　B. 容量与用户需求的关系
   - C. 供应链存在的稳定性　　　　　　　　　　D. 供应链的发展进程

2. 从范围来看,物流作为( )的一个子集。
   - A. 供应链管理　　　B. 商流　　　C. 信息流　　　D. 资金流

3. 企业从传统的管理模式转向集成供应链管理模式,一般要经过( )。
   - A. 六个阶段　　　B. 五个阶段　　　C. 四个阶段　　　D. 三个阶段

4. ( )集中于处理企业内部的物流。
   - A. 职能集成阶段　　　　　　　　　　B. 内部供应链集成
   - C. 外部供应链集成　　　　　　　　　D. 集成化供应链动态联盟

5. Internet 加强了用户( )机制,使用户可以直接从供应商那里获得产品的同时,获得有用信息。
   - A. push　　　B. make　　　C. pull　　　D. buy

(四) 多项选择

1. 集成供应链管理系统研究的内容主要包括( )。
   - A. 供应链的需求和资源预测　　　　　B. 供应链服务水平
   - C. 供应链运作的多层次计划　　　　　D. 供应链控制机制

2. 供应链主要具有以下特征( )。
   - A. 协调性和整合性　　　B. 选择性和动态性　　　C. 复杂性　　　D. 虚拟性

3. 供应链管理主要涉及四个主要领域( )。
   - A. 供应　　　B. 生产计划　　　C. 物流　　　D. 需求

4. 供应链管理的内部效益为( )。

第十四章　供应链管理

Xian Dai Wu Liu Guan Li

A. 实现供需的良好结合　　　　　B. 促使企业采用现代化手段

C. 降低社会库存　　　　　　　　D. 减少流通费用

5. 供应链管理的外部效益有(　　　)。

A. 实现信息资源共享　　　　　　B. 提高服务质量

C. 产生规模效应　　　　　　　　D. 以上皆否

（五）简答

1. 什么是供应链？它有哪些特征和类型？

2. 简述供应链管理涉及的内容和供应链管理的目标。

3. 试述供应链管理的原则和实施步骤。

4. 结合实践描述供应链管理的体系结构。

5. 阐述供应链与物流、供应链管理与物流管理的关系。

6. 阐述集成的供应链实施的阶段。

（六）论述

1. 结合供应链管理的基本原理，画出某种产品的供应链并论述其成员之间的关系。

部分参考答案

（二）填空

1. 供应链

2. 平衡的供应链和倾斜的供应链

3. 基于 Internet

4. 在总成本最小化、客户服务最优化、总库存最少化、总周期时间最短化以及物流质量最优化等目标之间寻找最佳平衡点，以实现供应链绩效的最大化。

5. 信息

（三）单项选择

1. A　2. A　3. B　4. A　5. C

（四）多项选择

1. ABCD　2. ABCD　3. ABCD　4. ABCD　5. ABC

参 考 文 献

1. 黄中鼎. 现代物流管理学. 上海财经大学出版社,2004.
2. 翁心刚. 物流管理基础. 中国物资出版社,2002.
3. 郝渊晓. 现代物流管理学. 中山大学出版社,2001.
4. 夏春玉. 现代物流概论. 首都经济贸易大学出版社,2004.
5. 刘俐. 现代物流学. 东北财经大学出版社,2003.
6. 朱金玉. 现代物流基础. 中国物资出版社,2003.
7. 孙秋菊. 现代物流概论. 高等教育出版社,2003.
8. 牛鱼龙. 现代物流经典案例. 海天出版社,2003.
9. 真虹. 物流装卸与搬运. 中国物资出版社,2004.
10. 杨霞芳. 现代物流技术. 上海财经大学出版社,2004.

图书在版编目(CIP)数据

现代物流管理/黄中鼎主编.—4 版.—上海：复旦大学出版社，2019.1(2023.12 重印)
(复旦卓越)
21 世纪物流管理系列教材
ISBN 978-7-309-13837-5

Ⅰ.①现…　Ⅱ.①黄…　Ⅲ.①物流-物资管理-高等学校-教材　Ⅳ.①F252

中国版本图书馆 CIP 数据核字(2018)第 185942 号

现代物流管理(第四版)
黄中鼎　主编
责任编辑/姜作达

复旦大学出版社有限公司出版发行
上海市国权路 579 号　邮编：200433
网址：fupnet@ fudanpress. com　http://www. fudanpress. com
门市零售：86-21-65102580　团体订购：86-21-65104505
出版部电话：86-21-65642845
浙江临安曙光印务有限公司

开本 787 毫米×1092 毫米　1/16　印张 19.25　字数 439 千字
2023 年 12 月第 4 版第 7 次印刷

ISBN 978-7-309-13837-5/F・2487
定价：48.00 元